ミッテラン

カトリック少年から社会主義者の大統領へ

ミシェル・ヴィノック
大嶋 厚＝訳

吉田書店

1. 1922年のミッテラン一家。左右の端は、従兄弟のピエールとイヴォンヌ・サラザン。二人に挟まれて、左からジュヌヴィエーヴと膝の上にコレット、マリー・ジョゼフ（通称ジョゼット）、フランソワ、最年長のアントワネットと膝の上にいちばん下のフィリップ、そしてロベールおよびジャック（PVDE/Bridgeman Images/amanaimages）

2. 1930年代のフランソワ・ミッテラン
(PVDE/Bridgeman Images/amanaimages)

3. 1930年代の学生時代、ヴォージラール通りのマリスト会学生寮にて
(Droits réservés/Institut François Mitterrand)

4. 二等兵当時、イヴリー要塞にて。ジョルジュ・ダヤンとともに(1938年)
(Droits réservés/Institut François Mitterrand)

5. ペタン元帥とともに。マルセル・バロワ、カンペ将軍およびフランソワ・ミッテラン（Gamma Rapho/アフロ）

6. 臨時政府捕虜担当委員アンリ・フレネイ（左から二人目）と、捕虜担当事務局長フランソワ・ミッテラン（1944 年 8 月）（AFP =時事）

7. 1944年10月28日、結婚式でのフランソワ・ミッテランとダニエル・グーズ
（Droits réservés/Institut François Mitterrand）

8. 1954年、マンデス・フランス首相とともに（Gamma Rapho/アフロ）

9. 1965年大統領選挙用ポスター
(Droits réservés/Institut François Mitterrand)

10. 1965年大統領選挙で勝利を収めたド・ゴール将軍 (Dalma/Sipa/amanaimages)

11. 1972年12月、左翼連合の集会で。ジョルジュ・マルシェ、ルイ・アラゴンらとともに（DARDE/SIPA/amanaimages）

12. 1974年5月19日、シャトー＝シノンにて。大統領候補となり、投票するミッテラン社会党第一書記（AFP＝時事）

13. 1979年4月22日、社会党幹部会にて。ジャン＝ピエール・シュヴェーヌマン、ローラン・ファビウス、リオネル・ジョスパンらの姿が見える（AFP＝時事）

14. 1981年6月24日、モロワ内閣の記念写真（VILLARD/SIPA/amanaimages）

15. 1984年9月22日、ヴェルダンにおける第一次大戦の記念式典で手をつなぐ仏大統領とヘルムート・コール西独首相（SIPA/amanaimages）

16.「レクスプレス」紙 1983 年 3 月 25-31 日号表紙（Coll. Part.）

17. 1986 年 5 月 8 日、第二次世界大戦戦勝記念日での大統領とジャック・シラク首相（WITT/SIPA/amanaimages）

18. 1988年4月19日エロー県にて、大統領選に向けた集会の前にミシェル・ロカールとともに（AFP＝時事）

19. ベレゴヴォワ内閣最初の閣議後に、エリゼ宮にて（1992年4月8日）
（AGIP/Bridgeman Images/amanaimages）

20. 1995年6月（Gamma Rapho/アフロ）

ミッテラン

——カトリック少年から社会主義者の大統領へ——

目次

凡　例

一、本書は、Michel Winock, *François Mitterrand* の全訳である。
一、訳注は、本文中に〔　〕でくくって入れた。
一、本文内における（　）、［　］は原書のままである。

略称一覧

（本文内では以下の略称を用いている）

CERES	Centre d'études, de recherches et d'éducation socialiste（社会主義研究教育センター）
CFDT	Confédération française démocratique du travail（フランス民主労働連盟）
CFLN	Comité Français de Libération Nationale（国民解放フランス委員会）
CGT	Confédération Générale du Travail（労働総同盟）
CIR	Convention des institutions républicaines（共和国制度協議会）
CSG	Contribution sociale généralisée（一般社会拠出金）
ENA	Ecole nationale d'administration（国立行政学院）
FFI	Forces Françaises de l'Intérieur（フランス国内軍）
FGDS	Fédération de la Gauche Démocratique et Socialiste（民主社会左派連盟）
FLN	Front de Libération Nationale（民族解放戦線〔アルジェリア〕）
FN	Front National（国民戦線）
ISF	Impôt de solidarité sur la fortune（資産連帯税）
MNPGD	Mouvement National des Prisonniers de Guerre et Déportés（全国戦争捕虜・流刑者運動）
MRP	Mouvement Républicain Populaire（共和民衆運動）
OAS	Organisation Armée Secrète（秘密軍事組織）
ORA	Organisation de la Résistance de l'Armée（軍レジスタンス組織）
PCF	Parti communiste français（フランス共産党）
PS	Parti socialiste（社会党〔1969年以後〕）
PSA	Parti socialiste autonome（独立社会党）
PSF	Parti Social Français（フランス社会党）
PSU	Parti socialiste unifié（統一社会党）
RDA	Rassemblement Démocratique Africain（アフリカ民主連合）
RGR	Rassemblement des gauches républicaines（共和左派連合）
RMI	Revenu minimum d'insertion（同化最低所得）
RPF	Rassemblement du Peuple Français（フランス民衆連合）
RPR	Rassemblement pour la République（共和国連合）
SFIO	Section française de l'Internationale ouvrière（社会党〔1969年以前〕）
UDF	Union pour la Démocratie Française（フランス民主連合）
UDR	Union des démocrates pour la Cinquième République（第五共和制民主連合）
UDSR	Union Démocratique et Socialiste de la Résistance（民主・社会主義レジスタンス連合）
UNR	Union pour la Nouvelle République（新共和国連合）

日本語版への序文――フランス大統領の役割とその変遷

フランスは何世紀にもわたって王政を敷き、一七世紀からは絶対王政の国となった。一七八九年のフランス革命の第一の目的は、この絶対王政を立憲君主制に改めることであり、これは一七九一年のフランス最初の憲法により実現した。しかし、外国との戦争は革命の内部にまた革命を生む結果をもたらした。ルイ一六世は反逆罪のかどで逮捕され、裁判にかけられ、死刑を宣告された。この立憲君主制の失敗から、一七九二年に生まれたのが共和国である。

特に、革命的原理に対するカトリック教会の反対、外国との戦争、革命勢力同士の対立に起因する国内での闘争が、結局のところ、一七九九年のボナパルト将軍によるクーデターの後に共和国を倒したのである。それから一八四八年二月に第二共和制が誕生するまでには、半世紀を待たねばならなかった。この共和国の憲法は、米国に倣い、行政府の長としての大統領職を創設した。大統領に選出されたのは、ナポレオン一世の甥にあたるルイ＝ナポレオン・ボナパルトだった。彼は叔父を真似て、一八五一年一二月二日のクーデターにより共和国を葬った。それに引き続く第二帝政は一八七〇年まで続いたが、皇帝はプロイセンとの戦争に敗北し、パリでは再び共和国が宣言された。

一九四〇年まで続くことになる第三共和制は、国家元首としての大統領職を維持した。実際のところ、この共和国は議会制であり、あらゆる権限は下院議員と上院議員に属していた。大統領の職務は国家を代表することにあり、その役割は行動よりも象徴となることだった。それは、第二次世界大戦による激動とドイツによる占領の後に生まれた第四共和制でも変わらなかった。

新しい共和国の体制には、議会で多数派形成ができないため、政治的に大きな脆弱性があることが明らかになった。一方には強力な共産党があり、もう一方には第四共和制の制度に反対するド・ゴール派が存在した。これに加えて、左右両派の歴史的な対立が、この体制から統治能力をほとんど奪ったのである。フランスの伝統的な行政機構の強靭さが、国家の継続を保障していた。しかしこの体制は、少数派ながら多くのフランス人が暮らすアルジェリアの脱植民地化の問題を解決できなかったために崩壊した。軍の支援を受けたアルジェリア在住フランス人の反乱が、一九五八年五月のド・ゴール将軍の政権復帰という結果をもたらした。

シャルル・ド・ゴールが権力の座に呼び戻されたのは、第二次世界大戦中に、彼が自由フランスとレジスタンスの指導者として名声を得たことによる。彼は第四共和制の制度に強い反対を唱え、大統領に行政上の最高の権限を付与し、議会の権限を大幅に縮小する新憲法制定の必要性を以前から主張していた。第五共和制憲法は国民投票で八〇パーセントの賛成を得て、正式に承認された。しかしながら、この憲法が最終的な形態に至るのは、ド・ゴールが一九六二年に、今後は大統領を直接選挙により選出するよう提案したときである。ド・ゴール派を除く左右両派の政治家は、この改革を「ボナパルト的」だとして強く反発した。フランス史上最初の大統領ルイ＝ナポレオン・ボナパルトが、いかにして実力行使により共和制を葬り、国家の頂点に君臨し続けたかが思い起こされた。それでも、一九六二年の国民投票により、この改革は正式に決定された。ド・ゴール将軍が任期満了を迎えた一九六五年には、直接選挙による最初の大統領選が実施され、フランソワ・ミッテランはこれに立候補した。

大統領選挙は二回投票制で行われ、第一回投票で過半数の票を得る候補がない場合には、決選投票が実施される。立候補には一定の条件が設けられ、特に国会議員・地方議員による推薦――当初は一〇〇人、その後は五〇〇人――が必要とされる。決選投票には、第一回投票の上位二候補のみが進出することができる。これによって、当選者は有効投票の過半数を獲得したと主張できるのである。大統領の任期は七年と定められた。二〇〇〇年以来、任期は五年に短縮された。二〇〇八年の憲法改正により、任期は連続二期までと定められた。

こんにちでは、このような大統領の権限を中心とする行政府の強化は行き過ぎたものだと見なされている。ド・ゴール将軍以来、フランスの政治体制は「選挙による君主制」と評されているほどだ。いかにも、君主制とは言っても期限付きであり、選挙に基づくものだ。しかし、大統領権限をよく見てみると、これが君主制と変わらないことがわかる。大統領はその任期中、議会に対してまったく責任を負っていない。さらに、憲法が大統領に認める広範な権限に加えて、第五共和制当初からの運用は、大統領が自在に任命し解任できる首相ではなく、大統領を実際の行政府の長とした。その結果、当初は七年ごと、その後は五年ごとに行なわれる大統領選挙が、フランス政治の最大の節目となるようになった。

フランソワ・ミッテランは一九五八年以来、この第五共和制憲法に反対してきた。一九六四年に政治的文書『恒常的クーデター』を著した彼は、すぐれた論争者の筆致でド・ゴール体制の基盤を形成する法と、その政治制度の運用を糾弾した。注目すべきは、一九八一年に大統領に当選すると、自分が拒絶してきたこの憲法に、彼がいかなる修正も加えなかったことだ。実のところ、彼はこの憲法は自分以外にとっては有害だと考えていたのである。

それでも、二期にわたるミッテランの大統領時代は、ある一点について新たな展開をもたらした。「コアビタシオン」である。彼以前の大統領は、常に議会多数派の支持を受けてきた。ある政治的傾向に属する大統領と、異なる政治的傾向の下院が対峙した場合に、何が起きるだろうか。この質問に対しては、一九八六年に右派が総選挙で勝利を得たときに回答が出された。そのときの大統領は、社会党出身のフランソワ・ミッテランである。彼は辞任することなく、新たな議会多数派の指導者ジャック・シラクを首相に指名した。両者は、曲折はありながらも、何とか役割を分担した。首相は、憲法の条文が定める権限を取り戻した。いまや、彼が政府の政策を遂行した。しかし、ミッテランは自らの権限を最大限に確保するために全力を尽くした。特に、軍の最高司令官として、また外交上の役割においてである。多少ぎこちないこの実験は、二年間しか続かなかった。ミッテランは、一九八八年に再選を果たした。しかし、一九九三年の総選挙に右派が勝利したことで、新たなコアビタシオンが訪れた。

こんにち、憲法改正の問題について世論は二分されている。特に強大な大統領権限ゆえに、多くの人々が一九五八－一九六二年の憲法は古びていると判断している。他の人々は、第五共和制の体制はフランスにとってこれまでで最も安定したものだと反論する。議論は尽きるところを知らない。

まえがき

フランソワ・ミッテランは、人の心をとらえずにはおかない人物だ。第四共和制の下で、そしてそれ以上に第五共和制下において第一級の政治家だった彼は、その長い生涯をあたかも小説であるかのように作り上げてきた。なぜなら、彼の生涯は、スタンダールの定義を借用するなら、「大街道を散歩する鏡」だったからだ。しかしながら、距離を示す道標はこんにちでは霞んで見えにくくなり始めた。

第四共和制期の次々と交代する内閣のほとんどすべてで閣僚を務めたミッテランは、ごく若いうちからその個人的魅力、弁舌の巧みさ、政治的直感と、それ以上に国政において重要な位置を占めようとする粘り強い野心によって、抜きん出た存在だった。第四共和制の崩壊により、現在では忘れられた多くの政治家が表舞台から退場させられたが、彼はかえって舞台の前面に押し出されることになった。彼はまず新憲法反対派を代表する人物だったが、それから二三年を経て同じ憲法の下で大統領となり、その厳格な擁護者となった。統治不能な共和国の下で長いこと大臣を務めた後、そしてド・ゴールの強権的政治の弾劾者となった後、彼は二期一四年にわたり――これは最長記録である――「共和政下の君主」の衣装をまとったのである。

第五共和制のすべての大統領の中でも、フランソワ・ミッテランはド・ゴールとともに、ド・ゴールの後に、フランスの政治制度のあり方にも、フランス政界の風景にも、深い刻印を残した。そして、何よりもフランス社会主義運動の運命に深い影響を与えたのである。彼は、第五共和制を「恒常的クーデター」と評し、容赦なく批判したが、当選するとド・ゴールが自身に合わせて仕立て上げた大統領の職務をいきなり身にまとうことができた。この恐るべき権力、政治性と象徴性が分かちがたく結びついたこの権力を、彼は楽々と、自然に、そしてある種の威厳をもって体現した。ときとしてこれを政治的に、あるいは個人的に濫用することはあったが。かつてあれほど批判した制度の精神を受け入れることで、ミッテランはその継続を保障したのである。特に、彼の前任者たちが経験しなかった政敵との「コアビタシオン」(保革共存政権)の時期において。このきわめて鋭い政治的感覚を備えた人物は、文字通り――これは誰にでもできることではないが――憲法の擁護者と野党指導者という、二重の役割を持つ国家元首を作り出すことに成功したのである。

歴史家としては、フランソワ・ミッテランの政治経歴が二〇世紀後半におけるフランスの左派勢力の歴史と重なることを忘れるわけにはいかない。最初に、それもいわば一人で左翼連合再建の計画を練り上げたのは、彼だったのである。それは、彼がフランス共産党に何らかの親近感を覚えていたからではなく――彼は、この政党に対していかなる幻想も抱いていなかった――、彼がこの党との連携が左派の政権復帰と自らが国家の頂点を極めるための条件を整える唯一の方法だと見たからだ。一九八一年の大統領選での彼の勝利は、政権交代を陳腐化させることで、逆説的にも、この制度の永続性を実証したのである。

これらの出来事を再訪するとき、私は――ここで、伝記作家と歴史家の見方は一致する――フランソワ・ミッテランの生涯は、二〇世紀の申し子の物語、それもまだ書き終えられていない、結びのない物語として読まれるべきものだと考えないわけにはいかない。「バレス的」な少年時代から、ヴィシー、レジスタンス、第四共和制の舞台裏、長くかつ波乱に満ちた困難な時期、遅くに加入した左派陣営の希望の体現者を経て大統領の座に至るまで、この人物は決して変わらなかったとの印象を与えようとしつつも、いくつもの人生を生きたのである。これらの、彼が次々と生きたいくつもの人生、しかし一つのまとまりである人生は、それだけで伝記作家に仕事をするよう促すものだ。

私は、いつかこの仕事に取り組むことになるだろうとわかっていた。しかしながら、私は主人公を揺りかごから墓場まで一歩一歩追い、その生涯を網羅的に再構築する伝記作者の手法を取ろうとは考えなかった。私は、その種の伝記に対して基本的に偏見は持っていないし、優れた作品が多数あるのも知っている。しかし、フランソワ・ミッテランの生涯に関して、こうしたアプローチは私にとって魅力的ではない。第一に、そうした著作は、断片的であれすでに書かれているからだ。彼の少年時代、戦時中の体験、左翼連合、二期一四年の大統領時代、外交政策、私生活、さらには生涯の最後における病と死に至るまで、何冊もの本が書かれ、中には非常によい著作がある。また次に、フランソワ・ミッテランという人物の複雑性を知り、フランスの政治史において彼が演じた役割を評価するためには、彼の生涯の一日一日を再構成する必要はないように私には思われるからだ。いくつもの時代、いくつもの社会環境、いくつもの思想傾向を経験しながら、それらを一つとして否認しなかったこの人物の首尾一貫した部分と矛盾する部分を考慮しようとするときには、特にそうである。

私が書きたいと考え、いまこうして読者に向けて発表する伝記は、したがって網羅的でも、断片的でもない。フランソワ・ミッテランの生涯を、他の多くの書物の後に、しかし異なる手法で描くことで、本書は彼の政治経歴と個人としての道のりを対比させようとするものだ。そうすることで、この複雑であるとともに、多くの意味でとらえがたい人物を読み取る、あるいは垣間見ることができるのである。ド・ゴール、マンデス・フランスあるいはアイゼンハワーの伝記であれば、私的な、内面的な部分は、公的な活動に比して小さな部分しか占めず、私と公の間の相関関係も限られる。フランソワ・ミッテランはそうではない。彼の場合、私と公は緊密に結びついていて、一方を参照しなければ他方を正確に理解することはできないのである。ミッテラン自身、恐らくこの見方に同意したことだろう。

彼の生前、私はあるときは同意し、あるときは反対するごく普通のフランス市民だった。ここでは、時間が経ったことで、私はできる限り彼の生涯を分析し、私たちの歴史における一人の人物と一つの時代を理解しようとし、また評決を下すことなしに、そこから真実を導き出そうとした。私には、ミッテランにも、また彼に反対する人々にも、批判を浴びせる意図はなかった。私としては、政治宣伝の文書になることも、弁明の書になることも避けるよう努めたつもりだ。

ゆえに、私はこの伝記において、表情、風景、交友、情熱とさまざまなエピソードを重視し、これらを次々と配して、幼少期から死にいたるまでの、この独特な人物の肖像を描こうとしたのである。

第1章　「バレス的な少年」

「人が自己について語ることは、常に詩である」とルナンは『若き日の思い出』に記した。フランソワ・ミッテランは回想録を書かなかったが、彼は何度にもわたり、いくらかノスタルジーをこめて、シャラント県で過ごした少年時代を振り返っている。彼の母親の友人だったフランソワ・モーリアックは、政治的意見の相違にもかかわらず、彼には常に好意的だった上、彼のことをよく知ってもいた。モーリアックは、一九五九年にこう書いている。「彼は、地方に住む私たちと同じキリスト教徒の少年だった。彼は、波のように起伏があり、パリへと向かう道路が横断するギュイエンヌ地方とサントンジュ地方の丘の斜面、また森を前にして、私たちと同じように夢を見、希望を抱いた。彼は〝人生を自らの手でつかもうと望んで、拳を握り締めるほどに苦しんだ〟バレス的な少年だった[1]」。

未来の大統領の少年時代に関する伝記的、あるいは自伝的叙述は、実際に読者の心にはモーリス・バレスの作品のこだまのように感じられることだろう。わけても、このフランス・ナショナリズムの指導者が、国民意識を、我々が生まれた土地と、我々がその「延長」である死者たちへの崇敬の結びつきと定義した、一八九九年の有名な講演「大地と死者」が思い出される。バレスは、抽象的な祖国ではなく、「肉と骨でできたフランス」への帰属を訴えていた。フランス人の団結は、国民の精髄の形成に寄与する各地方の、各地域の、郷土のポリフォニーによって表現されなければならなかった。「各地域の特性を尊重する」ことが至上命題だった。

フランソワ・ミッテランにとっての大地とはサントンジュであり、シャラント地方だった。彼はそこで一九一六年に生まれ、最後までこの土地に忠実だった。一九九四年、彼は「ラ・シャラント・リーブル」紙創刊五〇周年に際して、同紙に自らの「過度なまでの郷土愛」を語っている。「シャラントにいるとき、私は我が家にいると感じます。空と、大地と、産物と、生活と、人々の素晴らしさ、これらは私にとってある種の文明の規範を表しているのです」。郷土から遠く離れて、彼はこの土地の持つ均衡、静謐、持続性といった美徳を好んで思い出した。「ほとんど変わることないシャラントというものがあります。私が心の中に常に持ち続けているのは、そのシャラントだと言って差し支えないでしょう」。

†大地と死者

彼は少年時代を、生まれ故郷で両親が住むジャルナック、そしてそこから七〇キロの距離にある、オーブテール＝シュル＝ドロンヌに近いナビノーにあるトゥーヴァンの一軒家の二カ所で暮らした。トゥーヴァンは母方の祖父ジュール・ロランの家で、一年のうちの一部を過ごした「魔法の家」だった(2)。林と、川と、丘の斜面と森の間で、彼は自然にひたることができた。「私の頭の中は、乾いた風の音、小川といった自然の音楽でいっぱいでした。どの時刻にも特有の匂いがありました。私の日常は、非常に感覚的でした」(3)。彼は風景に陶酔し、いばらの生垣が続く小道を自転車で走り、樹齢何百年という冬楢あるいはリムーザン松の前で時間を過ごし、独特な光、実りつつある麦にそそぐ強くて暑い陽の光を楽しみ、スードル川、シャラント川、ジコンド河を、密かに詩に詠んで称賛した。彼は、この地方に数多いロマネスク様式の教会を好んで訪ねた。ジャルナックでは一一世紀の旧修道院付属教会、オーブテールではヨハネに捧げられたモノリス建築の教会、より離れたところではポワトゥー地方とサントンジュ地方の境にあるオーネイの珠玉のようなサン＝ピエール教会である。一九八一年の大統領選挙のポスター「静かなる力」は、候補者の写真の背後に村の教会がはっきりと写っていたため、物議を醸した。産業革命とともに生まれ、起重機と高炉の陰で成長し、進歩を愛する社会主義の精神に、この田園の小教区を思わせる雰囲気はふさわしいものだっただろうか。これは間違いなく、深奥部のフランス、地方のフランス、まだ農民的な美徳を大切にするフランスに向けて差し伸べられた手だったのだろう。しかし、この景観が、いずれも信心深く、その信仰を息子に分け与えた父と母とともに先祖代々の教会でのミサを欠かすことがない人物の個人的感性、さらには肉体的な地理感覚に合致したものだったことを過小評価すべきではない。「私は、自分のうちに不変の場があると感じています。そこでは、子供だった私の性格も、資質も、人格も、変わっていないのです」(4)。ジャルナックの楡の木の香りを嗅ぎ、小鴨の立てる音あるいは四十雀の鳴き声を楽しむために立ち止まることを習慣とした半ズボン姿のこの少年の感覚を、彼は終生持ち続けた。「私は、子供時代を否定したことは一度もありません」(5)。

ごく自然に、ミッテランはシャラント地方の作家たち、その中でも最もすぐれたウジェーヌ・フロマンタンとジャック・シャルドンヌを尊敬するようになった。フロマンタンは、小説『ドミニク』によって知られた作家で、季節、労働と「とても穏やかな」気候の中での日々の暮らし、そして「田園生活の知恵と魅力である無数の小さな出来事」を描いた。少年時代のフランソワが、冬が終わったときに、「陽の光を浴びて、萌え出る草木の匂い、大気にしみわたる、生まれつつある春の清涼な風によって刺激された[6]」様子を想像してみることができる。彼がより好んだのはシャルドンヌだ。「この世代の作家として、彼は私にとっての模範だった。それは愛郷心によるものだったかもしれない。私が生まれたのは彼の家から数里のところで、よく〝砂の丘〟の近辺を散歩した。休暇には、彼は〝砂の丘〟で、友人にして隣人のジャック・ドラマンとともに、鳥の声を聞いていた[7]」。シャルドンヌは『バルブジウーの幸福』――バルブジウーは、ジャルナックの南にある同規模の町である――で、幸福な少年時代の思い出、「類なき」シャラントの光、ジャルナックの石畳と白い石の建物、「メランコリーの傷[8]」を描いたが、これはミッテランの心に深い共感を呼び起こした。彼は、そのために揶揄されたこともある。何ということだ！　対独協力作家を愛好するとは！　しかし、ジャルナック生まれの彼は気にかけなかった。彼の目には、作家の才能はその政治的傾向を超越するものだった。議論の余地はなかった。

この「大地」への忠誠と同様に、ミッテランは自分より先に生きた人々を否定したことはない。彼はまず、自分の両親に忠実だった。父、ジョゼフ・ミッテランはベリー地方の出身で、まず鉄道会社に勤めた鉄道員である。フランソワが生まれた直後に、アングレームの駅長になった。彼は、ジャルナックに戻ってきてほしいとの妻の求めに応じて職業を変え、保険業を営んだ。やがて、六六歳になった岳父ジュール・ロランはジョゼフに自分が経営する酢の製造所の後を継ぐよう提案した。彼はサラリーマンから自営業者となり、いまや商人となった。社会主義者となってから、ミッテランは庶民出身の父親の最初の職業を紹介することが多かった。「紳士録」に掲載されたミッテランの紹介文は、彼を鉄道員の子供だとしている。実際のところ、彼の父は全国酢製造業者組合会長、自由学校協会シャラント支部長、聖ヴァンサン＝ド＝ポール協会地方支部長を務め、ジャルナックでは名士になっていた。というのは、コニャックの製造販売に携わる新教徒が高い地位を占めるこの地方にあって、彼はカトリックで、ミサに参列し、ルルドでボランティアの担架係を務め、妻と同様にローマ教会を崇拝していたからだ。商才に欠け、金銭欲がまったくないこの人物は、むしろ控え目で、地味で、穏やかだった。それでも、彼のカトリシズムは明確に右寄りで、全国カトリック連盟会長のカステルノー将軍の支持者だった。一九二四年の下院選でカルテル・デ・ゴーシュ（左派連合）が勝利し、フランスの他の地方と同様にアルザス・ロレーヌ地方にも政教分離法を適用しようとしたとき、全国カトリック連盟はこれに反対した。ジョゼフ・ミッテランのことを、彼の息子は「義の人だった」と語っており、宗教的傾向からうかがわれるよりは自由な精神の持ち主でもあった。

母の影響はより強かった。イヴォンヌ・ロランはよい教育を受け、文学と音楽に関する教養を身につけていた。一家は読書好きで、フランソワは家の蔵書を読むことができた。書棚にはバレスの隣にバルザック、シャトーブリアン、ラマルティーヌの作品が並び、またルネ・バザンをはじめとする、それほど大作家とはされていない著者の作品もあった。イヴォンヌの八歳年下の弟ロベールはモーリアックと親交があり、キリスト教民主主義の運動「ル・シヨン」を結成したマルク・サンニエの思想に共鳴していた。結核のため、一九〇八年に二〇歳で亡くなった――「一家にとっての大きな悲劇」――この叔父を、フランソワは直接知らなかったが、母親からよく話を聞かされていたため、彼が崇拝する死者の一人となっていた。『キリストにならいて』を読んでいたイヴォンヌは、夫と同じように信心深く、社会の規範と教会の教えを尊重していた。二人は、マルサス主義〔産児制限論〕が支配的なフランスにあって、八人の子供の親となった。一家の主婦として、愛情深い母親として、彼女は晩に子供たちに本を読み聞かせ、子供たちの勉強を監督し、学業の成功のために家計の節約を図った。一九二九年には、イヴォンヌは父親の財産のうち、ジョゼフが経営することになる酢製造所と、フランソワが生まれたアベル・ギィ通り二二番地の家を相続した。この模範的な夫婦のうち、心臓に疾患のあったイヴォンヌが先に、一九三六年一月一二日に亡くなった。

フランソワに最も大きな影響を及ぼしたと思われるのは、イヴォンヌの父で、「パパ・ジュール」と呼ばれたジュール・ロランである。材木商の息子で、個性的で、人を惹きつける人物だった彼は、単なる酢の醸造業者だったが、商売で成功した。彼はカトリック家庭の出身だったが、ポンの中学で哲学教師だったエミール・コンブ――後に首相になった、修道会の敵である――に教わっていた。当時、コンブはトマス・アクィナスに関する、やや非正統的な博士論文の審査を受けたばかりで、彼が批判的な立場から教会に対して距離を置いていたのはコンブの影響によるものだったかもしれない。クレマンソー同様、彼は毎朝体操し、大きな歩幅で歩き、人生を愛し、顔が広かった。つまりは、尊敬される名士だった。パパ・ジュールが領主のように振る舞っていたトゥーヴァンの家で、フランソワは一年の半分を過ごした。それは、彼を愛し、シャラント方言で物語を語り、彼が敬愛していた祖父の記憶と混じり合って、彼にとって最も心地よい思い出の一つになっていた。「私の祖父は多彩な輝きを放つ、あらゆることについて意見のある人物だった」。

当時の他の多くのフランスの家庭と同様に、ジュールの妻ウージェニーは非常に敬虔だった。フランソワの母イヴォンヌは、彼女から熱い信仰を受け継いだ。フランソワ・ミッテランは、祖父母と、シャラント県とドルドーニュ県[9]の境にあるトゥーヴァンの大きな家を、やさしさを込めて愛していた。この家には水道も電気もなかったが、歌声と子供たちの笑い声で満ちあふれていた。馬車に乗って、毎週リベラックの市に出かけ、普段の買い物のためにはオーブテールに行き、週末には日曜のミサのためにナビノーに赴いた。自然との触れ合いを好む少年は、豊かな日々を送っていた。「屋根裏の窓から、このあたりの土地一帯を見渡すことができた。北側には楡の木と楢の木が生え、東側の土地は石ころで覆われ、西側はトスカーナ地方のようだった……[10]」。あたたかい家族の雰囲気は祖母ウージェニーから広がり、いつでも陽気なパパ・ジュールのお陰でそれは絶えることがなかった。一九三〇年にトゥーヴァンの家が売却されたときには、彼は心が張り裂けそうに感じた。「これが私の最初の服喪だった」と、未来の大統領は語ることになる。

しかしながら、死者たち、悲しいものであれ楽しいものであれ詩的な思い出と混じり合う本物の死者たちも、フランソワ・ミッテランの青春において大きな位置を占めていた。叔父ロベールの死——彼はこの叔父を直接知ることはなかったが、ウージェニーは生涯を通じて喪に服していた。一九三一年の、その祖母ウージェニーの死。フランソワは彼女のお気に入りの孫で、死ぬ間際には彼をベッドの脇に呼び寄せた。「私は、真の愛情を知るという特権を得たことを忘れないでしょう」[11]。一九三六年の、愛する母の死。同じ年の、祖父ジュールの死。その一〇年後の父の死……。「私は、この世では死者に忠実でなければならないと考えていました」[12]。ミッテランは墓の前で瞑想する人物であり、死という大いなる神秘からずっと離れることができなかった。

土地に対する本能的な感覚、生者に手を差し伸べる死者、これらはミッテランがまだ幼い時分から自らのものとしたバレスの言葉である。私のように幼年期と青春期をパリ郊外で過ごし、祖父母をほとんど知ることがなく、地方に一族の家を持たなかった者たちにとっては、こうした先祖代々の、大地に根づいた人間形成を理解するのは困難かもしれない。いや、むしろ、こうした人間形成が左派の政治指導者にこれほど深い影響を与えたことを、訝しく思うのではないだろうか。それは、想像力の不足というものだ。人間は、オーブテール＝シュル＝ドロンヌの教会のように、一塊の岩でできているのではない。ミッテランの場合は、誰にもましてそうだ。その後の彼の変化がどのようなものであったにせよ、シャラントで過ごした年月のバレス的な側面を頭に置いておく必要がある。これが、彼の態度や行動を理解する鍵となるからだ。

彼の人間形成は、学校を通じても行なわれた。当然ながら、カトリックの学校である。ライック〔非聖職者、非宗教的〕な教師たちによる教育と、神父たちによる教育の間の境界線が明確にあった時代のことだ。正確に言うと、中等教育では、フランソワは修道会系の学校ではなく、司教区の在俗司祭が運営するアングレームのサン＝ポール中学・高校に通った。この数年間、彼は寮生活をし、バカロレアまで在学するが、教師たちは親元から離れていたこの生徒に規律違反があったとは記録していない。兄のロベールが、一年先に同じ学校に入学していたから、この兄の存在が彼を安心させたことは確かだ。特に、その頃のフランソワは規律を重んじる生徒で、信仰に熱心だった。ミサなどの際の連禱、参列者全員が唱える祈り、毎日のミサと聖体拝領、日曜の祈りと晩課に、文句を言うことなく従った。カトリックの典礼暦に従い、毎月生徒たちに課される典礼にも、不平も言わずに参加した。無原罪のお宿り、日曜ごとの礼拝、四旬節、聖週間、聖母月、聖心の月などである。多くの生徒たちは、口には出さないものの、心の中では悪態をついていた。彼は違った。同級生で、後に将軍となるベヌーヴィルは、彼が「とても信仰に篤く、知識を得ることと愛することを渇望する少年[13]」だったと語っている。

キリスト教信仰から解放されて、彼は一九九五年にエリー・ウィーゼルに次のように告白した。「私は、人は祈る必要があると感じます。それは、想念によってコミュニケーションを求めることです。カトリックの最も美しいところは、聖徒の交わりです。それはすなわち祈りの共同体であり、神秘的な経験にもつながるものです[14]」。未来の大統領は、決して無神論者を自称したことはない。あたかも、この語が無礼であるかのように。彼は、「不可知論者」だと称していた――無を主張するよりも、懐疑が彼にはふさわしかろう。

否、彼は反抗しなかった。苦痛を乗り越え、典礼と、規則と、学校の厳しさに適応することを受け入れた。素直な生徒は、次第に自分自身を見出した。煩わしい課題を行なう一方で、彼は楽しみのための読書を忘れなかった。やはりジャルナックの出身で、アングレームで寮生活をしながらゲ＝ド＝バルザック高校に通学していたクロード・ロワによれば、ミッテランはモーリアック、シャルドンヌ、フロマンタン、ベルナノス、クローデルを読んでいた。「私たち二人は〔ジャルナックからアングレームまでの列車で〕、政治より文学を話題にしていた。彼はモーリアックを称賛した。彼が私にベルナノスとクローデルを読むよう勧めてくれたのだった。彼はカトリックで、落ち着いていた」[15]。バスク・ペロタ〔バスク地方の球技〕、卓球、サッカーが、読書以外に清涼な空気を送り込んだ。教室では、彼は好きな科目に力を入れた。フランス語、歴史、そして少し後から哲学である。数学、物理、英語は好まなかった。大統領になっても、彼はフランス語以外で会話することができなかった。修辞学級〔高校二年に相当〕の学年末に行なわれるバカロレア一年目の試験では、彼は筆記では合格したが、口頭試問に失敗した。彼はこの学年を落第しなくてはならなかった。

彼はスフィンクス〔謎めいた人、動じない人の意。ミッテランが大統領になってからの異名の一つ〕ではなかった。それでも、彼は人格的に成長し、同級生に対して影響力を持ち、教師にも自信を持って接するようになっていた。彼は内気だったが、ある弁論大会で優勝した。アンジェ・カトリック学院が始めたＤＲＡＣ（旧軍人聖職者擁護）杯である。これは、彼が後に弁護士、そして議員となる前触れだった。

彼は聖職者である教師たちに関して、よい印象を持っていた。特に、一九三二年の新学期から哲学級〔高校の最終学年〕で習ったジョビ神父があげられる。歴史を教えていたイリゴイエン神父も同様だった。神父は、ミッテランが引用した『石と思索』を著している。バカロレアに合格してサン＝ポール校を去ったとき、彼には愛校心があり、これはその後も変わらなかった。

そして、パリ、俺とお前の勝負だ！　彼は息を荒くして、自由を求め、反抗したのだろうか。私たちの印象では、彼は暖かい巣から別の暖かい巣に移動したのだった。フランソワ・ミッテランはおとなしく、勉学に励む、倹約家の学生だった。ジャルナックの生家では、彼の個人資料の中にある一九三五－一九三六学年度の手帳を閲覧することができる。彼は毎日の支出を、丹念に手帳に書きとめていた。新聞代に〇・二五フラン、タクシー代に三フランあるいは五フラン、地下鉄代に〇・七フラン。すべてが記録されている。石鹸代、劇場の入場料、寮費、洗濯代、スープ・ポピュレール〔貧しい人々に無料で食事を提供する慈善事業〕への寄付、ときどき食前酒……。彼は足し算と引き算をし、平均を計算した。一日当たり、四フランから五フランの支出である。

彼は法律を学びながら、これと並行して入学試験に合格すると自由政治学院に通った。毎日の生活と、食事と、よい交友関係が得られるよう、イヴォンヌは彼をヴォージラール通り一〇四番地にあるカトリック系の学生寮に入寮させた。この寮には、かつて叔父のロベール・ロランとフランソワ・モーリアックが生活していた。彼女は彼に四通の推薦状を持たせた。そのために彼は四人の推薦者を訪問したが、彼に強い印象を与えたのはフランソワ・モーリアックだけだった。「彼は私のこと、私の将来を話題にしました。他の三人は、自分のことを語っていました」。まじめで、信仰に忠実な彼は、寮生活で気骨のある性格と、他人に影響を与え、惹きつける力を身につけた。将来のリーダーの

†ヴォージラール通り一〇四番地

萌芽である。

一八九八年に、マリスト会士のプラズネ神父によって作られた「一〇四番地」は、寮生たちに専攻分野にとどまらない付加価値を与えることを目的としていた。祈りと講演に加えて、学生たちは慈善事業への参加を求められた。フランソワは、父と同様に聖ヴァンサン＝ド＝ポール協会の会員だった。彼は、一九三七年にその会長に選出された。文学も、忘れられてはいなかった。彼は、「一〇四番地」の雑誌である「ルヴュー・モンタランベール」（*Revue Montalembert*）誌上で、初めて文章を発表した。彼がこの雑誌に載せた一編は、何回もフランソワ・モーリアックによって引用された。それは、モーリアックの小説『黒い天使』の読後レポートである。それ以上に注意を引いたのは、一九三五年一二月の、モンテルランのエッセー『無駄な仕事』の批評だ。青年ミッテランは、著者が主張するこのある種のヒューマニズム的個人主義に、いくらか惹かれていた。「高潔であることは、人間の価値を示す（モンテルランにとって、高潔であるとは、公民精神、誇り、公正、そして無私の精神である）。高貴な人間とは〝この世で最も数少ない〟ものであり、卑俗な意見にとらわれない本物の芸術家は、何よりもまず名誉に則り生きなくてはならない。こうして、作家の役割が示される。多くの弱点、臆病さ、愚かさにもかかわらず、行く末もわからず、どこに導かれるのかも知らない群集に作家は目を向けるだろう――ただし、群集に賭けることはせずに。それは、役に立たない仕事だ。それは、名誉ある、高潔な仕事だ。存在の価値を理解するがゆえに、低俗で些細な出来事を蔑む芸術家の高貴さこそが、この存在に負うと見なされるものを全面的に完成させるのだ。軽侮する俗悪と、忌避すべき日和見から遠く離れて」。謙虚さと誇りの混合であるモンテルランのエッセーは、パスカルの引用で終わっているが、これをミッテランは見逃さなかったようだ。「おのおのの真理の最後に、反対の真理が想起されることも付け加えなくてはならない」。そして、モンテルランは次のように結論づけた。「その生涯を通じて、この考えに従って行動した人間は、成功しなかったかもしれない。しかし、賢い人間ではあっただろう」[16]。これは、両義性の賛美、いや、曖昧さの賛美だったと言える（モンテルランは、「交替」の原則を主張している。これは、自分自身であることと、またその反対になりうる能力、自由である）。このような思索は、政治活動にはつながらない。実際、学生時代のミッテランは、長いこと、ある種非政治的で、むしろ社会的活動に忙しく、より文学に関心があるように思われていた。一九九四年初めにも、義兄のロジェ・グーズは、『ミッテランによるミッテラン』の中で、フランソワにあっては著述が「第二の天性」であり、「戦争までは…（中略）…政治にはあまり関心がなかった」と述べている。ただしこの見方は、当事者本人が彼に吹き込んだものだ。この見解は、再検討しなくてはならない。

一九六九年に出版した『我が真実』で、当時民主社会左派連盟（ＦＧＤＳ）議長だったミッテランは、自己の政治経歴について、事実とは言い難いことを書いていた。彼は、「マルロー、シャンソン、バンダが演説する反ファシスト知識人の集会」に参加したのだと言う。「マルロー、シャンソン！　彼らを信じるべきだったのだろうか。大学では、私は社会主義者の友人たちの前で気後れがしたものだ。私が通ったアングレームの高校では、マルクス主義に関する教育はなかった…（中略）…しかしながら、一九三六年には大いなる風が吹き、民衆が歓喜した。私は、投票日の晩、パリの市街を『サ・イラ』（フランス革命時の革命歌）が喜びとともに歌われたのを記憶している。私は、この陽気な気分の中で、かつての息が切れるような徒競争の際の気持ちの高まりを思い出した。私は、そのために生き、また死ぬに値する大義がまだ存在すると知ったのだ。まだ世界の苦しみを知らない私だったが、二〇歳のこのときが、私を高揚させる世界の解放の始まりにあたることが喜ばしく感じられた。それは、政治的な選択ではなかった。私は、どのような政治的勢力があるのか、区別がつかなかった。私は、それを知るための鍵を持っていなかった。しかし、理由がわからないまま、私は法と正義がいずれの側にあるかが識別できたような気がしたのである」[17]。

この文章を読むと、事実がどうだったかを知る者として、私は一九六〇年ごろの、当時ユルム通りにあったシネマテークでのある晩の出来事を思い出す。私は、ある友人と彼の母親とともに、マルローの『希望』を見終わったところだった。友人の母にとって、それは私たちに人民戦線の時代の体験を伝える機会になった——彼女が、労働者とともに、賑やかにデモ行進をしていたときの記憶である。実際には、彼女は極右の新聞の記者だった夫とともに、反対側の陣営にいた。私は、彼女がずうずうしくも嘘をついているのではないかと自問したが、結局そうではないと思うに至った。彼女は、第二次大戦後に共産党の支持者となってから、自分の過去を作り変えたのだ。記憶はいつでも気づかれないようにして、現在の自分とはかみ合わなくなった過去の断片を塗りつぶすのである。第五共和制初の直接投票による大統領選挙で左派統一候補となってから四年を経た一九六九年に、フランソワ・ミッテランは現在の主義主張と過去の調和を取るべく、筋書きを作り直したのだ。それは、意識的に行なわれたのだろうか。彼に敵対的な観察者は、この叙述を小さなマキャヴェリストの大嘘だと解釈するだろう。しかしながら、すべての人間が持っている、自らの過去を脚色し、自分自身それを信じるに至る傾向を完全に除去することは不可能だ。ましてや、政治家においては。エリー・ウィーゼルとの対話『ある回想——大統領の深淵』で、ミッテランはいくつもの反ファシスト集会に参加したが、政治活動に直接加わったわけではないと主張している。[18] ミッテランの最初の伝記にあたる一九七七年の著書で、フランツ＝オリヴィエ・ジスベールは反ファシスト集会に参加する若きミッテランのイメージを取り上げて、「一九三五年から、フランソワ・ミッテランは左派に傾斜していたようだ」[19]と断言した。果たしてそうだろうか。

彼が王党派で、アクシオン・フランセーズ会員だったと噂されたこともある。彼は、それについて当然のことながら説明した。「私がアクシオン・フランセーズに入っていたという噂は、繰り返し言われているものです。ドブレ氏は、首相だった当時、上院の演壇から、私がかつて極右と関わりがあった（あるいはあったのではないか）として非難しました…（中略）…非難を受けた者は、どのようにして無実を証明すればよいのでしょうか。何もできません。否定すれば、自らを貶めることになるでしょう」。モーラスが書いたものとアクシオン・フランセーズの文書は、一九二六年に教皇ピウス一一世によって禁止処分とされた。ミッテランはモーラスの作品、特に詩を評価したかもしれないが、彼は教会の教えにあまりにも忠実だったから、その決定に反したとは考えられない。彼は後にこう語っている。「私は子供のころ、アクシオン・フランセーズは恐ろしいものだと教えられて育ちました。アクシオン・フランセーズが右翼だったからではなく、破門されていたからです」[20]。ミッテランがカグール団と呼ばれた、反共和国でファシスト的性格を持ち、いくつものテロ行為を行なっていた革命行動秘密委員会（ＣＳＡＲ）のメンバーだったとする説もあった。悪意による場合は別として、この非難は多分にミッテランの交友関係に基づいている。彼の幼なじみの一人、ジャン・ブーヴィエはカグール団員で、イタリアの反ファシスト運動家ロッセリ兄弟の暗殺後、サンテ刑務所に収監された。生涯を通して示し続けたように、フランソワ・ミッテランは政治的意見の相違を超えて、友情に厚かった。彼は、ブーヴィエに面会するため、刑務所まで出向いた。また、フランソワの姉コレットは、カグール団幹部のフランソワ・メテニエと非常に親しかった。加えて、兄ロベールは一九三九年にエディト・カイエと結婚するが、彼女の叔母メルセデスはカグール団の団長ウジェーヌ・ドロンクルと結婚していた。こうした関係と偶然の積み重ねが、ミッテランが王党派でカグール団の活動家だったとする伝説を作ったのである。戦後になって、対独協力者らの追放が行なわれた時期に、ミッテランはブーヴィエとメテニエに有利な証言を行なっている。その間に彼はレジスタンスに加わっていたから、こうした証言を行なうのを避ける方が自然だった。しかしながら、これが彼の性格の一面であり、あるいは彼の行動規範だった。友人を見放さないこと。友人が政治的に白黒をつけるための標的とされている場合には、特にそうだった。

彼は王党派でも、カグール団員でもなかったが、それでは彼は極右だったのだろうか。「リストワール」誌は、一九八二年に、ナショナリストの学生デモの中にいる若きフランソワ・ミッテランの写真を紹介している。この写真は、当時の新聞に掲載されたものだ。写真の説明は、非常に慎重だった。「この青年は、デモに参加していたのだろうか。それとも、見物していたのだろうか」[21]。その後に得られた証言は、後者の仮説を打ち消すものだった。

一九八四年に出版されたフランソワ・ミッテランの伝記『黒と赤』で、著者のカトリーヌ・ネイは、早くも「一〇四番地」[22]の学生が非政治的だったとの説に疑問を呈している。彼女はいくつもの証言と、彼がラ・ロック大佐の思想に親近感を覚えていることを明らかにした「ラ・ルヴュー・モンタランベール」誌の記事を引用した。この情報は、ほとんど誰からも注目されなかった。ピエール・ペアンが取材を重ねて書き、一九九四年秋に出版された『あるフランスの青春』によって、都合のよい証言や中傷が事実と異なることが明らかになったのだ。[23]この本によって、一九三〇年代のミッテランの政治活動への参加がどのようなものだったかが突き止められた。彼は、ラ・ロック大佐の国民義勇兵団（Volontaires nationaux）に加わっていたのだ。それは、極右だったのだろうか。

始まりは、一九二八年結成の小さな在郷軍人組織、火の十字団（クロワ・ド・フー、Croix-de-Feu）だった。前線で戦った人々を集めることが目的だった。メンバーの一人に、リヨテー元帥の信奉者フランソワ・ド・ラ・ロック大佐がいた。一九三〇年に副団長となり、一九三二年に団長に就任すると、彼はこの小集団を市民行動団体に変身させた。すでに団員の子供たちも加入できるようになっていた火の十字団は、一九三三年からは「戦後世代」にも門戸を開放し、この世代は、独立した国民義勇兵団に組織された。「諸君には、三色旗のために尽くすこと、職業を愛し、フランスの家族を守り、名誉をもって平和を求めること以外には、いかなる義務も課されることはない」。この運動の第一の原則は愛国的なもので、ヴェルサイユ条約の擁護がその代表的な主張だった。この大義のためには、共産主義および平和主義との戦い、反体制的な動きに対抗する秩序の防衛が必要とされた。ブルボン宮（下院議事堂）周辺における一九三四年二月六日の出来事は、ラ・ロックが警察の非常線を突破しないよう命じたために、団員たちは非合法行為には走らなかったが、火の十字団の役割に光を当てた。入団希望者が殺到した。示威行動、集会、大規模集会、行進などが次々と続いた。一九三五年の人民戦線結成時には、火の十字団は最も組織化された対抗勢力と見なされた。

ラ・ロック大佐は、自分たちの思想には二つの源があると主張していた。神聖同盟〔第一次大戦時の挙国一致体制〕の記憶と、教会の社会的教義である。「タラ」〔ミサに行く、を意味する vont à la messe の略〕と呼ばれた、ミサに通う学生の国民義勇兵団への加入を理解するには、後者に注目する必要がある。社会カトリシズムは、その大部分において、一八九一年五月一五日に公布されたローマ法王レオ一三世の回勅「レールム・ノワルム」(Rerum Novarum、新しきこと)に基づくものだった。自由主義と社会主義のいずれをも排し、教皇は階級間の協力、経営者と従業員の良好な関係と国家の関与に基づく社会政策を推奨していた。ここから、二つの傾向が生まれた。一つは保守的な社会カトリシズムであり、その代表は労働者クラブの創設者アルベール・ド・マンだった。もう一つが、マルク・サンニエが作った、キリスト教民主主義の「ル・シヨン」(Le Sillon、畝の意)である。一九一〇年にピウス一〇世によって禁止された。それから、ピウス一一世はこの回勅を四〇年後に記念して、これに呼応する新たな回勅「クアドロゲシモ・アンノ」(Quadrogesimo Anno、四〇年目)を一九三一年五月一五日に公布した。この回勅は、「社会主義の誤り」と「人間の自由に関する間違った理論」をともに非難していた。その主張は、不平等の拒否、労働者の保護、相互扶助団体および共済組織の創設への呼びかけ、階級間の和解の必要性である。ローマ法王は、「社会問題の解決にまったく無力な」自由主義ばかりでなく、「悪以上に悪しき解決法を提案する社会主義」を非難していた。レオ一三世の時代にはなかった共産主義体制も生まれていた。ピウス一一世の回勅は、こう述べていた。

「共産主義の思想と行動は、それも秘密裡でもなく、あるいは間接的にではなく、公然と、過激なものも含めあらゆる手段を用いて二つの目的を追求している。それは、容赦なき階級闘争と、私有財産の根絶である。この目的の追求のためには、共産主義はいかなることでも行ない、何ひとつ尊重しようとしない。共産主義は権力を獲得した場においては、とても信じられない、驚異に近いほどの野蛮かつ非人間的な振る舞いに及ぶのである」。これと同時に、法王は不平等を非難した。「一方ではきわめて数多いプロレタリアが、他方では巨大な資産を保有する少数の富裕な者が存在するという事実は、現代の工業が生産する巨大な富が適切に配分されず、諸階層の要求が満たされていないことを明らかにするものだ」。

回勅は、具体的な社会経済政策を勧奨してはいなかったが、福音の精神に基づく改革を求めていた。国家の役割は、「個人主義的経済学の過ち」とは逆に、正しい秩序を作り出し、労働者に適正な給与が支払われるように仕向け、社会に平穏をもたらす法律を制定するという目的のために介入することにあった。しかし、すべてが国家に従属するわけではない。労働組合と経営者団体は、「同じ業種、同じ分野ごとに同業者組合」を作り、集合するよう求められた。この「平和的階級間協力」は、「福音の教えへの誠実なる回帰」を必要とするものだった。

フランソワ・ド・ラ・ロックは、教会のこうした社会的教義を踏まえて火の十字団の行動を指導し、一九三六年にこの団体をフランス社会党（Parti social français）に再編した。彼はこの党に、在郷軍人のエリート主義的な精神、厳格な組織運営、政治体制の変革、あるいはそこまではいかずとも、議会主義のもたらす混乱の修正を図る意志を付け加えた。一九三五年の著書『公益への奉仕』

（*Service public*）において、彼は次のような目標を掲げた。「職業分野の組織化」（労働者と経営者の協調）、地方分権化、家族から企業にいたるまでの「自然共同体」の復権、「集産主義的でも、絶対主義的でも、自由主義的でもない」が、あらゆる段階で協力を調整する国家——「保護し、指導する」国家——である。一九三四年以来、すべては「勤労、家族、祖国」というスローガンに集約されていた。この三つの単語は、後にペタン元帥によって利用されたために不名誉なものとなるが、この当時は否定的意味合いはなかった。

後に聖ヴァンサン＝ド＝ポール協会会長となる「一〇四番地」の学生は、「キリスト教的行動」が必要だとの確信を持ち、恩師のジョビ神父に宛てた手紙で、キリスト教的行動は「政治的行動を排除するものでなく、キリスト教的行動は政治的行動を補完する」[24]と書いた。彼にとって、どのような役割を果たすべきかは、必然的に決まっていた。「私は、一つしかないと考えています。加入すべき、教会が認めた政治団体に、私たちの信仰の行動指針と諸原則をもたらすことです。これが、レオ一三世とピウス一一世の二人の教皇の教えではないでしょうか」。ミッテランは結局、彼の伝記の著者ピエール・ペアンに、国民義勇兵団に加わったことを認めた[25]。一九四四－四五年に諮問議会議員を務めた、ヴォージラール通り一〇四番地の仲間だったジャック・ベネは、ユーグ・ド・ラ・ロックに宛てた手紙で、「フランソワ・ミッテランは、ヴォージラール通り一〇四番地に入寮した数週間後の一九三四年一〇月には火の十字団の団員になり、この団体への忠誠を誓っていました…（中略）…この団体に所属する同世代の若者と同様、彼は〝国民義勇兵団〟と呼ばれるグループに加わりました。その年度の間、彼はこの団体の集会に、ほぼ週一回のペースで参加していました[26]」と証言した。「ラ・ルヴュー・モンタランベール」誌も、同様に、ジャック・マロの記事で、一九三五年一月一八日と同二五日に友人であるミッテランが行なった、「火の十字団という解決法」についての二回の講演を伝えている。

フランソワ・ミッテランが火の十字団入団について沈黙を守った理由は、この団体が「ファシスト」運動だったとする間違った評価が行なわれていたことで説明がつく。他の追随を許さぬ強力なリーグ〔当時の、主として右派の大衆運動をこう称した〕になったラ・ロック大佐率いるこの運動は、人民戦線に敵対的であり、左派勢力からファシズムの脅威の代表と見なされた――左派をまとめるためには標的が必要であり、連合を組む目的とさえなったのである。後年、特に英米系を中心とする多くの歴史家が、ロバート・スーシーのように「ファシズム」に広い定義を与え、第二次大戦以前のフランスには巨大なファシスト政党（フランス社会党ＰＳＦは、一九三九年にはフランス共産党と社会党ＳＦＩＯの合計よりも多数の党員を誇った）が存在し、ラ・ロック大佐がそのドゥーチェ（頭領）であるとした[27]。この評価は根強いもので、現在でも一部にこの主張を続ける人々がいるが、ミッテランが左派の指導者となった時期には、こんにち以上に確固たる説だと考えられていた。左派の人間にとっては、このような怪しげな団体に加わっていた過去がない方が好ましかったのだ。

フランソワ・ミッテランの過去には、恐らくより危険な要素があった。先に触れたように、カルティエ・ラタンでの二つの極右のデモの写真に姿が写っていたことである。最初の写真は「パリ＝ミディ」紙に、もう一つは「レコー・ド・パリ」紙に、いずれも一九三五年二月二日に掲載された。これは学生デモで、医学生のストライキから始まったものだった。スローガンは、明らかに外国人排斥的だった。「外国人の侵略に反対！」、「外国人をやっつけろ！」、「フランスはフランス人のものだ」。アクシオン・フランセーズと〝ＪＰ〟（Jeunesse patriote、愛国青年団）の活動家が先頭に立っていた。法学部の学生が、これに加勢した。ある人々によれば、国民義勇兵団もこれに加わったという。サン＝ポールの同窓生の会報、「我が母校」（*Notre École*）誌三月号には、フランソワのデモへの参加を明確に記したジョビ神父の記事が掲載された。「彼は、単なる傍観者としてではなく、大学での最近の出来事に立ち会った。彼の家族は、大新聞に載った写真の抗議する学生たちの最前列にフランソワの姿があるのを発見したときに、意外だとは感じなかった」。国民義勇兵だったミッテランが、デモへの参加を控えるようにとのラ・ロックの指示を遵守していなかったことは特筆に値する(28)。

翌一九三六年初め、「ジェーズ事件」が起きる。法学部教授だったガストン・ジェーズは、ムッソリーニによるエチオピア侵略後、国際連盟においてエチオピア皇帝の顧問を務めていた。アクシオン・フランセーズ会員の学生はジェーズを攻撃してデモを行ない、警察と殴り合い、講義を妨害し、学部を閉鎖させた。この騒ぎの渦中にあった法学部で学んでいたミッテランは、どのような態度を取ったのだろうか。ロジェ＝ヴィオレ社が所蔵する写真の一枚は、彼が三月五日に友人のベルナール・ダル（フランソワ・ダルの兄弟）とともにデモに参加したことを証している。フランソワ・ダルは、ペアンにこう語った。「そうです、法学部の多くの学生と同様、私たちはジェーズに反対するデモに加わりました。当時、植民地化は肯定的に見られていたことを思い出す必要があります。ですから、どうしてムッソリーニがエチオピアを征服するのを妨害しなくてはならないのか、我々にはわかりませんでした」。「一〇四番地」の友人だったジャック・ベネはこう書いた。「私の感じでは、これは偶然の出来事です。街頭に出て、不人気な教授を標的にして騒ぐことのできる機会を逃す学生がどこにいるでしょうか」[29]。

いずれにしても、これは忘れた方がよい思い出だった。その結果、フランツ＝オリヴィエ・ジスベールは彼の伝記の中で、「反ナチス・デモの常連だった」ミッテランに、ジェーズを一力強く」擁護する立場しか取りえなかった、と書くことになる[30]。さらに、ジスベールは付け加える。「ジェーズ事件に際しての彼の態度は、彼の政治的傾向をうかがわせる最初のヒントだ。決して明確には表現されないが、彼は左に傾斜していた」。これとは正反対に、彼が書いたもの、交友関係、当時の彼を知る人の証言、すべてがフランソワ・ミッテランが政治的に右派に位置していたことを示している。しかし、彼と敵対関係にある人々が好んで主張したように、極右だったのではない。

人民戦線が結成され、選挙に勝利したとき、第一次大戦後初めて共産党と他の左派政党が連合を組んだときの彼の態度はいかなるものだっただろうか。一九六九年の『我が真実』で、ミッテランは、すでに述べたように、そのときのことを感動を込めて書いている。彼は正しい側、「歓喜する民衆」と「サ・イラ」の側にいた、というのだ。その後ミッテランの友人となるピエール・ブジュの証言は、この再構築に疑問を生じさせるものだ。彼は、一九三五年七月一四日のことを覚えている。この日は、火の十字団のシャン・ゼリゼでの大行進と、ビュファロー競技場での人民連合（人民戦線の別称）の大集会の日だった。このとき、ミッテランはジャルナックにいた。ブジュもジャルナックにいて、松明行列の間、左派の友人たちと「インターナショナル」を歌っていた。「群衆は熱狂し、若い人たちには歓喜があふれていた。しかし、全員がそうだったわけではない。この晩、フランソワ・ミッテラン、そう、後に社会主義者の偉大なフランソワとなる彼は、カトリックでややファシストがかった若いブルジョワたちとともに、憎悪を込めて歩道から行進を眺めていたのだ…（中略）…翌日、これらの若者のうち何人かが、私の友人フレッド・ブルギニョンを彼の雇用主に〝危険な革命家〟だとして密告しに行った。私たちとともに、行進したからだった[31]」。ブジュは、友人のフランソワについて、こう付け加えた。「現在では、私は彼が社会主義者へと変化を遂げたことで、大いに尊敬している」。

一九三六年六月、レオン・ブルム政権は愛国青年団（Jeunesses patriotes）、フランス連帯団（Solidarité française）、フランシスト党（Parti franciste）および火の十字団といった「リーグ」を解散させた。そこで、ラ・ロック大佐は火の十字団を伝統的な政党に衣替えさせることとした。フランス社会党（ＰＳＦ）である。この党は、次回総選挙へ参加を予定していた。ラ・ロックの新党は成功を重ね、多くの人が一九四〇年の選挙での勝利を予測した。フランソワ・ミッテランは、火の十字団解散のとき、まだ国民義勇兵団のメンバーだったのだろうか。彼は、フランス社会党には入党しなかったとされている。しかし、ジャック・ベネは、証人としてこの説を否定する。「ラ・ロック大佐が、解散直後に新たな政党であるフランス社会党の党則を承認させると、フランソワ・ミッテランはすぐに入党しました。私の知る限り、彼は火の十字団の当時と同じように、定期的にこの党の会合に出席していました[32]」。

いずれにせよ、まだ学生だった彼に、新たなキャリアの可能性が開かれた。ジャーナリズムである。一九三六年七月四日に、フランソワ・ミッテランの書いた最初の記事が、「レコー・ド・パリ」

紙に掲載された。間違いなくPSF党員だったロジェ・ドラージュが、彼に声をかけたのだった。この新聞には、一九二三年に亡くなるまでモーリス・バレスが書いており、下り坂ではあったものの、フランス右派の大新聞の一つだった。全国カトリック連盟のカステルノー将軍、作家のアンリ・ボルドー、フランソワ・モーリアックらが寄稿していた。この新聞はエチオピア問題に関してはイタリアに好意的で、レオン・ブルムおよび人民戦線とは激しく対立していた。「学生生活」欄を担当した新人は、政治には関わらないことになっていたが、もしミッテランが人民戦線を支持していたなら、正面から反対する新聞の仕事を引き受けたとは考えにくい。「レコー・ド・パリ」紙は火の十字団に好意的で、この団体の声明を掲載するほどだった。この新聞の最も影響力を持つ記者の一人にはアンリ・ド・ケリリスがおり、彼は一九三六年に下院議員に当選、間もなく右派の最も有望な議員の一人になった。彼は特に、政府がスペイン共和派を支援しているとして、レオン・ブルムを攻撃した。

「レコー・ド・パリ」紙に寄せた記事では、ミッテランは特に作家について書き、読者向けに詩に関する調査を行なったが、この機会を利用して彼はシュルレアリストを酷評し、彼にとってのカピトリウムの丘の三神を称えた。すなわち、ポール・ヴァレリー、ポール・クローデルとフランシス・ジャムである。しかし、ときには文学的でない側面を見せることもあった。一九三七年四月一〇日の「カルティエ・ラタンはいまも存在するか」と題する記事で、彼はその魂が失われたことを嘆いた。「いまや、カルティエ・ラタンは均衡の取れない色彩と音の混淆になっており、本当に存在するとは思いたくなかったバベルの塔を発見したような気分にさせられる――というのも、我々は理解しあうことがないまま、知り合って同じ家を建てることができるとは思わなかったからだ」。

ジャルナック以来の友人クロード・ロワは、戦争中に共産党に入党する以前はアクシオン・フランセーズに接近していて、ティエリー・モーニエが主宰するファシズム的な「コンバ」誌の周辺にいたが、彼はこの時代について、ピエール・ペアンにこう語った。「私たち二人は大いに議論しました。彼は『コンバ』誌の「ファシズムに近い」主張にかぶれてもいなければ、親近感を抱いてもいませんでした。いわば、自分の道を探っていたのです。私たちに共通した関心は、文学でした…（中略）…フランソワは、私たち全員と同じように、真理を求めていました[33]」。とても親しかった従姉妹のマリー＝クレール・サラザンは、ペアンにロワの証言を裏づけてこう語った。「彼が一番興味を持っていたのは文学で、それが私たちに共通の関心事でした」。「レコー・ド・パリ」紙の彼の最後のコラムは、一九三七年七月二日付紙面に掲載された。この年、彼は自由政治学院を卒業した。翌年、彼は公法の博士号を授与された。

彼は政治からは一歩引いていたようだが、それでも政治に関する優れた記事を一本残している。彼自身これをよく書けたと考えていたらしく、一九四〇年以前に書いたものの中で唯一、一九七七年出版の『政治』に採録し、巻頭に掲げている。「ここまではいい、これ以上は駄目だ」と題された、「ラ・ルヴュー・モンタランベール」誌に載ったこの記事は、ある衝撃的な出来事を踏まえたものだった。一九三八年三月一二日の「アンシュルス」、ヒトラーのドイツによるオーストリア併合である。ナチス・ドイツによる征服は、彼に道徳的な怒りを呼び起こさせたのではなく、むしろ冷静な、政治的現実主義と屈辱の感覚が入り混じった考察を促した。彼はパスカル的な言葉を用いて、次のように書いた。「世界の諸問題を引き受けようとするなら、正しい者は強い者よりも強くなくてはならないという原理を忘れて、第一次大戦の戦勝国は戦に勝利したことで満足してしまった。その後は、条約というボール紙でできた要塞の背後に隠れて、居眠りをしていたのだ。そして、敗戦国が塔の一つを倒し、粉砕し、焼き払っても、それは生存に必要な条件や内心の善意から出たものだと言い訳して、こう叫んだのだ。〝ここまではいい、だがこれ以上は駄目だ〟」。確かに、彼は戦争を望まず、武器を取れとは呼びかけず、明確に平和主義的に見える。「失われた平和を救うために戦争を始めるなら、フランスは狂気に陥ったと言うべきだろう。恐らく、一人の人間の死は一つの国家の破壊よりも重大だ。こんにちの事態に対して反抗することは根拠に欠けると、すべてが証明している」。しかしながら、ここで後退するのは、名誉にもとることだ。「モーツァルトの国へのバイロイトの神［ワグナー］の凱旋を前にして、私はどのような冒瀆行為が準備されているのかを知っているし、私は心ならずも、自分に責任があると認めるかのように、ある種の屈辱を覚えるのである」[34]と彼は結んでいる。

ヒトラーのズデーテン地方併合に白紙委任を与え、チェコスロヴァキアを事実上解体させた一九三八年九月三〇日のミュンヘン協定に、彼がどう反応したかはまったく不明である。彼はミュンヘン協定に反対し、「一人の人間の死は、一つの国家の破壊よりも重大だ」との文句を糾弾しただろうか。その証拠はどこにもない。このような箴言は、すべてヒトラーに譲歩することが、いずれ不可避となる、はるかに多くの犠牲者を出す武力闘争の準備につながるという自覚のない、戦争の恐怖で凝り固まった世論には好まれたに違いない。では、フランソワ・ミッテランはどうだったのか。彼は、抵抗活動を行なう「責任」が課されることを十分に見定めた上で、ミュンヘン協定に反対したのだろうか。フランスと英国が、決して満足することのない征服者の前で跪き、これに対してアンリ・ド・ケリリスが怒りを爆発させていたとき、公法を専門とする若き法学博士ミッテランが何を感じ、どのような分析をしていたのか、知りたいものだ。一つの手掛かりになるかもしれないのは、彼が友人シャルル・ムーランにした打ち明け話だ。「ヒトラー、ムッソリーニの行き過ぎたやり方、暴力行為、人を奴隷のように扱う強権政治はとても受け入れられませんでした。しかし、私はフランスを包囲していたファシズムの力を本当には測れていなかったのです。実際のところ、私は長いこと政治との接点がなかったために、私の内面で、真の政治意識が目覚めるのを感じることができませんでした[35]」。

一九九四年に、大統領は当時の態度を次のように説明した。「私はまだ選択していませんでした。私の考えの三分の二は、私が置かれた右寄りの家庭環境の反映でした。私は、片方の脚では私のいた社会の体制順応主義を引きずり、もう一方では一種の反抗的本能による反順応主義で、片脚で跳ぶようにして歩いていたのです[36]」。この割合が正しいかどうか、確かめる術はない。青春時代のフランソワ・ミッテランの政治意識は、カトリックを信仰してミサに参列し、右寄りの家庭で育ち、宗教系の学校で学び、マリスト会の寮の寮生で、ごく自然にフランソワ・ド・ラ・ロックの思想と言葉に従おうとする若い地方ブルジョワのそれである。しかし、彼はある時点で確信を持てずに疑問を抱き、自分の信条を捨てないまま、政治活動から距離を置くようになったのである。

後年になって衝撃を与えたのは、未来の社会主義者の大統領が若い頃に右寄りだったという事実ではまったくなく、彼が入念に足跡を消そうとしたことだった。かつての政治活動の隠蔽工作は、左派の活動家に向けて、彼らの期待に見合う過去を作り上げる必要があるとの理屈に応えるものだったが、後に彼自身、それをいくらか信じるようになったのである。彼の弁護を試みるなら、一八九二年ごろに社会主義に転じたジョレス自身、自分は「ずっと」社会主義者だったと主張していたことに注目すべきだ。もっとも、ジョレスはそれ以前には穏健な共和派だったにすぎない。ミッテランにとって重要だったのは、偶然社会主義者になったと見られないことだった。常に社会主義者であり続けたのではないにしても、少なくとも反対勢力に属していたことがあってはならなかった。

†感情の理屈

政治活動から距離を置いたのは、恐らくこの好青年の恋愛感情にも理由が求められるのだろう。アンドレ・ジイドによる「義務の意識に、極度に責任を覚え、抑制され、我慢をした」との形容辞が、この青年にはよくあてはまる。

彼があちこちで語った思い出には、恋愛経験に関するものはほとんどない。この件に関しては、こんにち私たちは少なくとも一つのラヴ・ストーリーを知っている。それは、この自信に満ちた政治学院の卒業生に人間味を与えるものだ。一九三八年一月二八日、ユルム通りの高等師範学校でのダンス・パーティーで、彼は美しい金髪の女性を目にして、雷に打たれたかのように感じた。彼はすぐに、彼女をダンスに誘った。まるで奇跡のような、ひと目惚れだった。一五歳だった少女は、ダンスのパートナーに名前を明かすのを拒んだ。彼女の名はマリー＝ルイーズ・テラス――後年カトリーヌ・ランジェの名で、フランスのテレビ界で最もよく知られた人物になる。パーティーの間ずっと彼女から離れなかった青年は、すぐに彼女と結婚したいと思った。同じ一九三八年に出版された『バルブジゥーの幸福』で、シャルドンヌがこう記しているように。「我々の時代は、恋愛に人間の理想という重要性と活力を負わせ、恋愛を現在と、持続と、貞節と、向上心に満ちた結婚のうちに位置づけることで、これを完全に刷新したのである」[37]。一方、兄のロベールは、回想録の中で、若い女性と接するときに自分とフランソワが取っていた態度をこう説明した。「パリでのこの年〔一九三八年〕、私たちは何人もの若い女性と踊り、スケートをし、飲み、展覧会を見に出かけた。しかし、恋愛ということになると、私たちは最終的な約束がその終着地点にあると考えていた」[38]。

ロマンティックな恋愛への欲動だろうか。フランソワは名前を知らないために「ベアトリス」〔ダンテが理想の女性としたベアトリーチェのフランス語形〕と呼んだ女性が、自分の妻となることを期待した。彼が受けた宗教的教育と内気な性格が、いわゆる若気の過ちとは正反対の行動を取らせた原因の一つだろう。それまでも、彼は隠棲していたわけではない。彼は、理工科学校と高等師範学校のダンス・パーティーによく参加していた。彼はしばしば遊びに出かけたが、多くの場合兄ロベール、弟ジャックと一緒だった。ダンス・パーティーやテニスで出会う若い女性には、彼は関心がなかった。彼女らの美しい瞳には、「空虚」[39]が隠れていたからだ。恋愛を純化し、彼は「唯一の女性」との燃え上がるような出会いを期待していた。そして、それは一九三八年一月に、現実となったのである。

フランソワは二二歳だった。身長一メートル七〇センチは、こんにちでは小柄の部類に入るかもしれないが、当時の新兵の平均身長は一メートル六五センチをわずかに上回る程度だった。彼はまだ後年の魅力的な人物ではなかったが、整ったきれいな顔立ちで、皮肉っぽい微笑を浮かべていた。教養があり、弁が立ち、文筆にすぐれていた。ブルジョワ家庭の出身で、政治学院と法学部を卒業して、将来を約束されていた。つまり、よい結婚相手だった。しかし、ベアトリスは未成年で、フェヌロン中学の三年生、彼女にとって結婚は恐らく緊急の課題ではなかった。それでも、フランソワは常に彼女のことを思い、会おうとし、執着して、彼女の自宅を突き止め、通りで後を追いかけ、学校の出口で待ち伏せし、ついに交際に同意させた。マリー＝ルイーズは彼を両親に紹介し、彼はヴァルモンドワ〔パリから北西三〇キロ余りのところにある村〕の別荘に招待された。彼は、そこで知的で、政治的な新しい世界を発見した。マリー＝ルイーズの父は大学教授で、中道右派の政党である民主同盟（Alliance démocratique）の幹事長だった。二人が離れ離れになった夏の間、フランソワはジャルナックから、毎日マリー＝ルイーズに手紙を書き、年末休暇でも同様にした。「ぼくはあなたのことを熱烈に愛し続けています。わかりますか、ぼくにとっての悩みは、常に刹那と永遠の困難な調和でした。相対と絶対の、古くからの闘いです(40)」。

最愛の女学生は、彼がそれまで出会った若い女性とは異なっていた。彼が知るシャラント地方でよりも自由な教育を受けていた彼女は、可愛くて賢いパリジェンヌだった。彼女の両親は、「洗礼を受けたカトリック」だったが、教会には通っていなかった。しかし彼女は元ガールスカウトで、ミサに参列していた。

彼女はまだ一六歳になっていなかったが、フランソワは彼女の両親に結婚を申し込んだ。それはやや早すぎた。彼はまだ兵役も済ませていなかった。そこで、彼は学生の兵役猶予の権利を放棄し、パリから離れないために、地方にある予備役士官学校への入学もあきらめた。彼は、パリ市内、ポール＝ロワイヤル大通りにある、ルルシーヌ兵舎の歩兵部隊に配属された。この兵役の当時、ミュンヘン会議の時期に、彼はやはり法学部出身のジョルジュ・ダヤンと友情で結ばれるようになった。ダヤンは、彼とは正反対だった。ユダヤ人で、無神論者で、左派だったのだ。この出会いは非常に重要である。フランソワとジョルジュは、終生の親友となるからだ。この青年の好循環の環のうちに、異分子が入り込んだのである。

フランソワは、彼女に執拗に迫り、マリー＝ルイーズに婚約を認めさせた。婚約式は、「奇妙な戦争」の最中の一九四〇年三月三日に、テラス家で行なわれた。

激しい恋の湖に落ちた物静かな青年のこのエピソードは、常に抑制され、冷静に思考し、事物に対して距離を置き、皮肉な態度を取りがちな人物のイメージをいくらか修正してくれる。彼は当時から、外面よりも複雑だった。彼が好んだモンテルランのエッセー『無駄な仕事』の結語は、両義性、さらには多義性を高く評価している。若きミッテランには、その素質があった。彼の性格のもう一つの特徴は、粘り強さだった。それは、この時期の彼を知る人々が証言している通りだ。彼がマリー＝ルイーズに注目したときのアプローチ法は、彼が（一時的に）改悛の念を覚えたほどに彼女を悩ました方法と言ってもよいが、それは彼の持つ意志、忍耐力、情熱にあふれた期待を証明している。

彼が地方で、母の故郷であるサントンジュ地方で幼少期を過ごしたという事実は、彼に永遠の痕跡を残した。彼は、その後の経歴にかかわらず、バレスの言葉によるならば、「根のある者」であり続けた。彼自身、『我が真実』の中で語っている。「私たちは義憤に駆られるほどの愛国者であり、幸いにもバレスの『精霊の息吹く丘』に近い傾向を持っていた。そして、残念なことに、ルネ・バザンの『芽が出た麦』的な面も。しかし、公平に言えば、バレス的傾向の方が、バザンにまさっていた」。

バレスは、確かに、ミッテランを理解するための鍵である。一九一三年刊の小説『精霊の息吹く丘』は、ロレーヌ地方のシオン＝ヴォーデモンの丘をめぐる物語だ。それは、作者によれば、「魂を昏睡状態から目覚めさせる」場、霊が息吹く中心地で、その場を中心として「ロレーヌの歴史が作られたのである」。ジャルナックは、フランソワ・ミッテランにとってのシオンの丘だった。二〇世紀の政治家のうちで、彼ほど「小さな祖国」と切り離すことのできない政治家はわずかしかいない。ミッテラン家で愛好され、フランソワも評価していたバレスは、『国民的エネルギーの物語』において、登場人物の若者たちを、ナンシーの高校からパリへと移動させた。彼らと同様に、またバルザック以来のすべての野心的な若者と同様に、ミッテランは栄光を求めてパリに「上京」した。しかし、彼は決して完全に「デラシネ（根こぎにされた者）」になることはなかった。彼の生まれ故郷への愛着は、変わらなかった。亡くなる直前にも、彼は故郷への愛着を示した。「現在の私を形成したすべての香り、すべての味わい、すべての行動は、この空間［シャラントとジャルナック］で生まれて、成長してきたのだと感じています(41)」。

彼の想像世界の中では、ジャルナックは動かぬ時間、事物と風景と習慣の永遠性を表していた。騒々しい集団生活の渦中に放り込まれても彼は、この変わることのない日々の記憶、植物とともにある生活の緩慢さ、そしてヴァレリーの言うところの、沈黙の微粒子の一粒々々が「爛熟する果実の機会」である青空の只中での忍耐に、実を結ばせる術を心得ていたのだ。彼の周囲で、誰もが途中の段階を飛ばして先に進もうとしているとき、彼は時間に時間を与えるという言い回しを好むようになった。

彼は熱心に信仰生活を送り、宗教から距離を置いた後も、本人の言によれば「唯心論的な傾向[42]」が残った。そして、彼の社会的カトリシズムは、他の一部の人々と同じように彼を、高校卒業時には反感を持っていた社会主義へと導いたのである。彼の成長過程おける教育の諸層は、その後のキャリアにおいて、程度の差こそあれ目に見えない影響を及ぼした。しかしながら、一九三九年には、まだ何も決まってはいない。一人ひとりの運命は、しばしば偶然の出来事によって決定される。彼にとって、その出来事とは、思想と人間の巨大な遠心分離機の役目を果たした第二次世界大戦だった。

第2章 フランシスク勲章とロレーヌの十字架

フランソワ・ミッテランが過ごした戦時下の年月もまた、論争を背景に、記憶の再構築の対象となった。ドイツの捕虜収容所から脱走し、元帥杖の支配下にあるフランス国（一九四〇年にドイツに敗れた後、フランスで成立したヴィシー政権はフランス国 État français と称した）の首都ヴィシーにたどり着いた人物は、いったい何者だったのだろうか。確信を持ったペタン派だったのか。隠れたレジスタンス闘士だったのか。彼が、いずれかの時点でレジスタンス入りしたことは間違いないが、その時期は長い間明確ではなかった。この問い以上に重要だったのは、実際には真実の一部でしかなかったこの「我が真実」である。「フランスに戻ると」とミッテランは一九六九年に書いている。「私は心を引き裂かれるような問題を感じることなく、レジスタンス入りした」[1]。この年以降、いくつかの研究が、この見方を大きく修正させた。特に、すでにあげたピエール・ペアンの『あるフランスの青春』である。レジスタンスにも、いろいろな種類があったのだ。

一九三九年九月三日の宣戦布告時、兵役に就いていたミッテランはパリの兵舎にいた。彼は、ジョルジュ・ダヤンとともに、マジノ線に派遣された。二人は一二月には別々になり、ダヤンはサルト県に、ミッテランはアルデンヌ県に送られた。軍曹となった彼は、ここで悲嘆にくれながら「奇妙な戦争」の時期を過ごした。それは、何カ月にもわたる、不毛で、先が見えない、退屈な日々だった。軍隊の序列に特有の厳しさや不公平がそれに加わった。彼はジョルジュ・ダヤンにこう書き送った。「私は、我々の日常を支配するあふれんばかりの不公平と、背後に目に見えない力があると感じられる確固たる習慣に腹を立てています。しかし、我々にはまだ自由を好む心が残っています。自由は空気と同じように必要だと我々は感じるのです(2)」。奇妙な戦争だったが、間もなく本物の大崩壊がやってくる。

†シュタラーク(捕虜収容所)にて

一九四〇年五月一三日、ドイツ軍はアルデンヌの森を越えた。一四日、ミッテランはヴェルダン近辺で、肋骨と肩甲骨の下に砲弾の破片二個を受けて負傷した。ドイツ軍機の射撃を受けながら、車輪つきの担架で病院から病院へと運ばれた彼は、結局リュネヴィルで捕虜となり、ヘッセンにあるシュタラークⅨAまで輸送された。彼はそこで、およそ三万人のフランス人捕虜と一緒になった。何の準備もなく、大混乱だった。食事は、ボウルに入ったスウェーデンカブのスープと、丸パンだけだった。無秩序の中で、彼は責任感のある何人かの捕虜とともに、自分勝手な振る舞いと、弱肉強食のルールをやめさせようとした。「一〇四番地」時代と同じようにではあるが、今回は悲劇的な状況の下で、彼は自然に威厳を持つリーダー的存在となった。

一八カ月続いた捕虜収容所生活は、彼の人生にとって非常に重要な時期となった。これまで幸福で、大事にされ、愛されて過ごしてきた彼は、傷つけられたことがなかった。いまや、ジャルナックのブルジョワ青年は、現実の社会、あるいは鉄条網の内側にいる人々の社会の現実に直面し、これと対決することになった。異なる社会階層と意見と信念の混沌と、「ストラグル・フォー・ライフ」（生き延びるための闘争）の本能的な粗暴という現実である。彼は自らの影響力を示すと同時に、貧しい人々、下層の人々、社会からはみ出した人々、共産主義者の労働者、ユダヤ人、『バルブジウーの幸福』とは遠く離れた人々と知り合った――彼は、この幸福が、いかに特別なものだったかを知るに至った。彼は庶民的な下品さを不快に感じもしたが、運命をともにしているこれらの人々のうちにある人間的な力も発見した。本能的なエゴイズムを超越し、人間としての連帯を優先する経験は、彼にとって強烈なものだった。「この共同生活は私に深い刻印を残しました」と彼は語っている。「私は心底から個人主義者ですが、この生活に楽しみを見出したのです。最大の衝撃は、私のいた社会――捕虜収容所の社会ですが――の自然な序列、すなわち精神的、肉体的な序列は、私が少年時代に知っていたものとはまるで違っていたことでした(3)」。

テューリンゲン地方のシャーラにある別の収容所に移送されると、彼は「インテリ」――教師、ジャーナリスト、神父、学生など――と一緒になり、後々まで友人となる捕虜仲間と出会った。特に、ブルゴーニュのワイン生産者の息子ジャン・ミュニエ、ルノーの元工員で、スペインで国際旅団の一員として戦ったロジェ・プラ、外人部隊出身のロシア系ユダヤ人ベルナール・フィニフテールである。晩には議論し、カードあるいはチェスをした。ミッテランは、講演者としての才覚、教養と冷静さで、仲間を感嘆させた。なれなれしい口をきかず、他の人々とやや距離を置いていたため、第一印象では冷たいと思われがちだった。しかしすぐに、誇り高い人物のうちに、開かれた心、思いやり、仲間たちとの連帯が存在することが見て取れた。彼は芝居を演じ、人を笑わせ、ひょうきんになることさえあった。彼は、捕虜たちの雑誌「レフェメール」誌の編集長となった。この雑誌に、アスモデと署名する仲間の一人は、彼を次のように紹介した。「ヴォートラン〔バルザックの複数の小説の登場人物。脱獄囚で、他の登場人物を助けるなど、重要な脇役〕のように、フランソワ・ミッテランには多様な面がある。彼にはいたるところに現れるという才能があり、分身を作り出す恐るべき秘密を知っているのではないかと疑うほどだ。新しいヤヌスのように、ここでは彼は洗練された雑誌の編集長、文学通、洞察力がある繊細な哲学者かと思えば、あちらではヒポクラテスのために尽くす、几帳面で勤勉な衛生兵なのである」。彼は、こうも書いた。「フランソワ・ミッテランは、貴族に対して秘められた尊敬の念を抱いている。それはつまり、彼が情熱と、美と、高邁な思索の燃え盛る炎にいまにも焼き尽くされようとしているということだ…(中略)…彼は、皮肉っぽい精神と、優しい心の持ち主だ。彼には才気があるが、それ以上に素晴らしいことに、彼は寛大なのだ[4]」。

別の世界、別の社会の発見は、彼の心のうちにいくつもの変化をもたらした。彼は徐々に、子供時代から親しんできた宗教から遠ざかった。洗礼を受けたフランス人の多くと同様に、しかし他の人よりも遅れて、至高の原理に漠然と賛同し、永遠性があるかもしれないと感じる内的生活を自身のうちに保ち続けさせる教育の影響を残しながらも、彼は宗教的実践から離れた。公教要理はもはや必要ない。だが、詩情も希望もない唯物論的な世界観からも逃れる必要があった。

もう一つ、重大な破局があった。彼のベアトリス、情熱的な手紙を送り続けたマリー＝ルイーズ・テラスとの別離である。最初のうち、彼女は返信していたが、その間隔は広がり、稀になり、ついには返信しなくなった。彼は絶望し、祈り、彼女が反応しない理由を求めて友人たちに連絡した。しかし、その理由は明らかだった。空は鉛色となり、すべては終わった。後に、彼がパリに戻ったとき、彼女は婚約指輪を返却した。彼は、それをセーヌ河に投げ捨てた。この激しい心の痛みと苦しみが、それまでは観念的でロマンティシズムに彩られていた彼の恋愛観を変えたとの仮説を立てることもできる。彼は、これまでとは違う形で愛するようになる。「しかし、どの愛を選べばいいのか」と、彼は一九四二年六月一一日の手紙で、従姉妹のマリー＝クレール・サラザンに問うた。「ぼくは精神的な結びつきの前ではぎこちなくなってしまいます。子供のころの信仰はあまりに遠く、その神秘的、魅惑的な要素もすべて一緒に遠ざかったのです」[5]。信仰の喪失と、熱狂的な愛の終わり。この二つが同時に起きたことは、偶然ではない。

それでは、彼の政治的意見はどうだったのだろうか。これも変わったのだろうか。

フランツ＝オリヴィエ・ジスベールは、ミッテランに関する最初の著書で、ミッテランおよび彼に近しい人々が唱えていた説について書いた。「最初から…（中略）…ミッテランは元帥を警戒していた。捕虜収容所では、ペタン派のグループが次々と増殖していた。それは小さなサークルのようなもので、国民革命の支持者が議論を交わしに集まっていた…（中略）…印象的なのは、フランソワ・ミッテランがすぐにペタンと距離を置いたことだ」[6]。ところが、彼が書いた文章にも、証人たちの言にも、彼がこうした立場を取ったことを示すものはない。他のフランス人捕虜と同様に、彼は「ヴェルダンの勝者」である国民の保護者としての元帥を尊敬していた。捕虜たちは、元帥が自分たちを解放してくれるか、そうでなくても生活条件を改善してくれると期待していた。すべてを失い、敗戦によって傷つき、家族から遠く離れたこの男たちには、国民革命の理論は国を立て直すのに必要な源泉だと思われた。ペタンの名において送られてくる小包は、惨めな日常をいくらか改善してくれたから、決して現実離れしたイデオロギーではなかった。しかしながら、捕虜仲間の一人だったポール・シャルヴェは、ミッテランはフランスの主権について幻想を抱くべきではないと見ていた、と証言している。「国土の三分の二が占領下にあり、二〇〇万人が捕虜になっているときに、フランスにいかなる主権があるだろうか。これは単なる言葉でしかない」。一九四一年七月一日の「レフェメール」誌上で、彼は政府の「卑怯」な言説を代表とする、公的な場における悔恨に対して異議を申し立てた。「このゲームは、我々の間違いと過ちをそこに突っ込むために過去のあら探しをするもので、意外性に欠けている…（中略）…一人ひとりが、非を悔いて胸をたたく（あるいは隣人の胸をたたく）かわりに、メア・クルパ〔罪の告白〕（あるいはトゥア・クルパ〔隣人の罪を告白する。メア・クルパのもじり〕）を暗誦するのではなく、それぞれが自分の持てる力を認識すべきなのである」。このように、ミッテランにはヴィシー政権を信頼する用意はあった。それ以前の共和国が、彼には擁護不能に思われたからだ。彼はこう書いた。「私が見た第三共和制末期の状況は、この体制には愛することができるものが何もないと教えてくれた。また、何の希望もないことも。この共和国は自らの堕落から栄養を吸収して、永遠に続くと人々が信じるだけの力を得ていた。私は、いつかこの共和国は衰退し、弱体化し、枯渇して自然に倒れる日がくるだろうと考えた。それがいつなのかが問題だった」[7]。フランス国民の大半が共有する拒否感だった。それは、レジスタンス闘士、あるいは未来のレジスタンス闘士にしても同じだった。国民は独裁を求めなかったが、怪しげな政治屋的な政治、次々と内閣が交代する政治的不安定、取引ばかりの議会政治といったものとは無縁な体制の樹立を望んでいた。

国民の多数に共有されたこの精神状態は、ペタン元帥の野心にとって有益だった。彼は、堕落に対する秘薬であるかのように、共和国の理念に反する改革を次々と、一方的に行なった。多くの人々は、ヴィシーの施策のすべてに賛同せずとも、必要と思われた変化は甘んじて受け入れた。右派カトリックの教育を受け、ライックな共和国を絶対視していなかったフランソワ・ミッテランは、パリで政治家の凡庸さを目にしていたこともあり、ヒトラーという怪物に知恵と力をもって対抗しえなかった共和国の消滅を残念だとは思わなかった。彼は降伏したわけではない。復活は可能だと、信じていた。彼は、捕虜がそのための尖兵となるべきだとも考えていた。

捕虜になって以来、一つの考えが彼の頭から離れなかった。脱走、である。マリー＝ルイーズの沈黙も、背中を押した。彼は、愛と、婚約と、彼女と二人の未来をあきらめたくなかった。さらに、収容所で無為に過ごすのは耐えられなかった。彼は二度、脱走を試みるが、失敗する。しかし、彼は断念しなかった。鎖につながれることを拒否する人間の、見事な執着である。一九四一年一二月一〇日、彼は三度目の脱走を試みる。彼は五日後にメスにたどり着くことに成功し、住民の助力を得てナンシーを経由し、ジュラ地方に入ってマントリーで歩を止めた。疲労困憊し、顔色は青白く、痩せこけた彼は、従姉妹のマリー＝クレール・サラザンと再会した。ここで中学の校長をしていた彼女は、感動をあらわにして彼を迎えた。彼は、彼女の家で休息した。兄ロベールもやってきて、ともにサン

＝トロペの友人の家で「体力の回復」を図ることにした。彼は、そこで年末までの数日を過ごした。元旦にはボルドーに向かい、ランゴンの手前で列車から飛び降り、境界線〔ドイツ占領地域とヴィシー政権支配地域を分かつ境界線〕を通過して、ジャルナックに到着した。元帥を熱烈に支持する父は、両腕を広げて彼を迎えた。妹のジュヌヴィエーヴと姉のコレット、弟のフィリップとも再会した。彼は早くパリに行き、マリー＝ルイーズに会いたいと願った。再会は実現したが、それは別離の儀式となった。激しい愛は終わった。間違いなく終わった。残ったのは、心の傷だけだった。

どうすべきか。職もなく、ペタン元帥の国民革命に親近感を持っていた彼は、ごく自然にフランス非占領地域の首都であるヴィシーへと向かい、一九四二年一月に到着した。一家につながる人たちが、彼の後ろ盾となった。ロベールの岳父であるカイエ大佐と、妹コレットの夫で国防大臣ダルラン提督の補佐官だったル・コルベイエ少佐である――「君のために、仕事を見つけてあげよう」。ヴィシーでは、彼はまず在郷軍人奉公会（Légion française des combattants）指導部の資料室に勤務した。一九四〇年八月に創設された在郷軍人奉公会は、国民革命の推進をその任務とし、全国で元帥の活動を補佐する役目を負っていた。あまり重要とはいえない役割しかなかったこの会は、一九四一年八月三一日に、在郷軍人・国民革命義勇兵奉公会（Légion française des combattants et des volontaires de la Révolution nationale）に改組された。ミッテランは資料室で働き、情報資料を作成し、退屈し、ブノワ＝メシャンの『ドイツ軍の歴史』を熱心に読んで、傑作だと評価した。彼は、従姉妹のマリー＝クレールに、ペタンを尊敬していると書き送った。「そう、僕は一度元帥を見かけました。劇場で、僕はちょうど元帥のボックス席のまん前にいました。それで、ゆっくりと、近くで見ることができたのです。元帥は毅然としていました。顔は、まるで大理石の像のようでした」。彼は、長老の思想に共鳴していたが、側近に対しては批判的だった。「僕が会う知人たちは、現在の厳しい現実に学んだようには見えません。国民革命は、残念ながら意味がなくなった二つの単語の組み合わせです。革命家はいません。国民派（あるいはナショナリスト）は、だいたいは頑固者で、ただ安逸を求めてこちら側についただけです。古い右派の勝利というわけです…（中略）…元帥はほとんど一人ぼっちです。そして、彼と信念を同じくする者は、遠く離れたところにいます[8]」。

†ヴィシー派の青年

こんにち意外に思われるのは、このフィリップ・ペタンの「思想」への共鳴である。ヴィシーの政令によって具現化されたこの思想は、まさに権力から追われて復讐を欲した古い右派の思想であり、その古い右派は、共和国と仲違いして占領軍との妥協を選んだ共和派と手を組んだのだった。道徳的秩序を求め、小学校教師養成学校を閉鎖し、教科書を改訂し、労働組合の中央組織と「秘密結社」（フリー・メーソン）を解散させ、一九四〇年一〇月と一九四一年六月の二回のユダヤ人法を制定し（ユダヤ人は、公務員の他、いくつかの職業から追放された）、欠席裁判で自由フランスの指導者ド・ゴール将軍に死刑を宣告した……。それは、行政権がいかなる統制もないままに、すべての権力を行使できる体制だった。フランス共和国は「フランス国」に取って代わられた。一九四〇年一〇月のモントワールでのペタンとヒトラーの握手は、国家としてのドイツへの協力を決定的にした。そう、フランソワ・ミッテランは、なぜこれらの施策を受け入れることができたのだろうか。果たして、彼はこれらの出来事に注意を払ったのだろうか。不透明な未来という要素は、考慮に入れるべきだろう(9)。そして、フランス政府は非占領地域、海軍の艦隊と植民地帝国を支配下に置いていた。恐らく、若い脱走捕虜は、共和派の精神を持ち合わせていなかった。彼は故郷シャラント地方で、また青春時代にも、フリー・メーソンとも、ユダヤ人とも、共産主義者とも、労働組合員とも出会ったことはなかったが、秩序と、規律と、義務を重んじることを知っていたのだ。老軍人ペタンは、神慮により、敗戦で傷ついた国民を再生させ、大敗北へと導いたあらゆるもの――議会での不毛な駆け引き、政治家の対立と出世欲、社会のあらゆる段階での個人主義――から国民を救出するべく選ばれた人物だと感じられた。一八七〇年のスダンでのフランスの敗北後がそうだったように、敗戦の後には必ず厳しい国民的な内省が行なわれた。後年、穏健な共和制を支持することになるエルネスト・ルナンは『知的・精神的改革』において「共和国のユートピア」、民主的な平等と普通選挙を非難した。「共和国の原理とは、選挙である。共和制の社会は、将校を自ら任命する軍隊と同じだけ脆弱である」。同じころ、テーヌは『現代フランスの起源』で、すべての災厄は一七八九年に発していると考えるようになっていた。一九四三年に、ミシェル・モールトは『敗戦に直面した知識人』において、民主主義の理想に侵された国の運命に関する批判的な言説を引用することで、この見解を再び採り上げた。二日酔いの翌日に禁酒を宣言するように、敗戦は過去への回帰を呼んだ。フランソワ・ミッテランも、フランス革命の影響の連鎖を問題だとするこの国民的内省の発作から逃れられなかった。実際には占領軍の監視下における反動である国民革命なるもの――ベルナノスは、「失敗した連中の革命」と呼んだ――

が表象するものに対抗するための理論武装が、彼にはできていなかった。一定の期間彼は、社会に広く及んでいた、「ヴェルダンの勝者」なる正当とは言えない称号を与えられた元帥への好感を共有していた。晩年に、ジャーナリストのジョルジュ＝マルク・ベナムーとの対話の書で、彼はこう告白した。「もしもっと思想的な訓練を受けていたなら、そして戦前の出来事についてよりよく知っていたなら、ファシズムの台頭の原因を見抜き、フィリップ・ペタンとその取り巻きが共和国の失敗を利用するさまを、より不信の目をもって観察したのではないかと思います[10]」。

同時に、彼はヴィシーの役人たち、威張った経験不足の高官、無知で無関心で無能で情熱もなく「熱狂的態度」（彼は、この言葉を従姉妹に宛てた手紙で用いている）の見られない最高指導者の取り巻きには、いくらか懐疑的だった。彼のうちには、二つの対立する意見が併存していた。一方では、元帥の権威の下に実現するであろう大いなる国家の再生。もう一方では、ヴィシーの人々、ヴィシーの政治屋、ヴィシーの策略家に対する懐疑。彼は、救世主たりうるペタンへの信頼を見直そうとはしなかった。

一九四二年五月に、彼はつまらない「役人めいた」職を去り、戦争捕虜復員局に入った。脱走捕虜も含め、三五万人の元捕虜がフランスに帰国していた。非常に右寄りの人物であるモーリス・ピノが局長を務めるこの組織は、元帥の保護の下で「国家再生の大運動の一翼を担う」とされた元捕虜に対する労働・福祉政策を担当した。各県に一つずつ捕虜会館が設けられ、さらに多くの扶助センターが開設された。これらの施設では、偽造身分証明書などが配布された。復員局では、ミッテランは非占領地域の報道機関に対応する報道課の課長補佐となった。彼は記事を書き、広報誌を作成し、講演を行ない、シャラント時代の友人クロード・ロワが担当する国営ラジオの番組に出演した。

後年、ミッテランはペタン派だったとして非難されたが、それはフランス解放時から最晩年にいたるまでに彼に対して突きつけられた、いくつかの証拠を根拠としている。年代順には、まず、ラヴァルが政権に復帰した時期に当たる一九四二年四月二二日の手紙がある。

「我々はどうすればフランスを立ち直らせることができるのでしょうか。僕が唯一信じているのは、次のことです。それは、同じ思想を信じる人々の団結です。在郷軍人奉公会の誤りは、ただ偶然だけによって集まった人々を受け入れたことです。戦ったという事実だけでは、連帯は生まれません。僕にはむしろ、保安部隊（Service d'ordre légionnaire）の方がわかりやすいのです。隊員は念入りに選抜され、同じ信念に基づく宣誓によって結ばれているのですから。フランスは民兵部隊を組織して、独ソ戦の終了を待つべきです。そうすれば、結果がどうであれ――ドイツが勝つにせよ、ソ連が勝つにせよ、我々が強固な意志を持っていれば、我々は大事に扱われるでしょう。ゆえに、内閣の交代から生まれた不安を、僕は感じていません。ラヴァルは間違いなく、我々を困難から抜け出させようと決意しています。彼の手法がまずいように見えるでしょうか。その手法がどんなものか、我々は本当に知っているでしょうか。もし彼の手法が長続きするなら、それは適切だということです…（後略）[11]」。

ミッテランは、一九四二年四月一八日に、憲法令によって設けられた職務である「首相」に就任したラヴァルに信頼を寄せていただけでなく、アルプ＝マリティム県の在郷軍人奉公会の指導者だった元カグール団員ジョゼフ・ダルナンが創設した保安部隊を支持していた。ペタンは、次のような言葉でダルナンを激励した。「活動を継続して、私が与えるスローガンに基づいて、新秩序の敵を告発し続けなさい。私はユダヤ人を好かず、共産主義者を嫌悪し、フリー・メーソンを憎悪する」[12]。保安部隊のために作られた歌の一節は、次のようなものだった。

保安部隊、純粋なフランスを作ろう
ボルシェヴィキ、フリー・メーソンは敵だ
イスラエル、卑劣な腐りきった奴ら
吐き気がして、フランスはお前らを唾棄する

二つ目の証拠は、一九四二年一〇月の一枚の写真である。写っているのは、フランソワ・ミッテランが他の三人の元捕虜とともに、ペタン元帥に謁見している場面だ。未来の社会主義者の大統領にとって、有無を言わせぬ証拠写真である。レジスタンス闘士、もしくはその後にレジスタンス闘士となる人物で、ヴィシーの国家元首に招かれたのはミッテランだけではない。「ペタン神話」が崩れてから知られるようになったこの写真は、実際の意味以上の衝撃を与えた。ミッテランはこう述べている。「これがどういうものだったのかということですか。ペタンは、他の社会的活動を行なう団体の代表と同じ資格で、私たちを迎えたのです。私は二人の同僚、バロワとヴァゼイユと一緒でした。写真の中央に見えるのがマルセル・バロワで、この数カ月後に彼は逮捕され、ブッヘンヴァルトに移送の途中、列車内で亡くなりました。ペタンは社会的連帯を目的とする組織の支持を得るためのキャン

ペーンを展開していました。彼はこれらの組織が敵対的、もしくは好意的でないと知っていたので、そうした活動を行なっていたのでしょう[13]」。

三つめの批判の対象は、「フランス、新国家雑誌」(*France, Revue de l'État nouveau*)の一九四二年一二月号に載せた記事「テューリンゲンの巡礼」である。この雑誌の編集長は、元カグール団員ガブリエル・ジャンテだった。彼は、「一五〇年に及ぶフランスの誤り」、すなわち啓蒙思想と革命の遺産を否定していた。同じころアメリカ軍は、ヴィシー軍が銃弾を浴びせる中、北アフリカに上陸した。

四つ目の非難は、最も厳しいものの一つだ。フランシスク勲章の受章である。ペタンの制定したこの勲章は、彼に忠実な限られた人数の者だけに授与された(全部で二六〇〇人)。彼の後見人となったのは、二人の王党派の人物、シモン・アルベロとガブリエル・ジャンテだった。いずれも、フランシスク勲章受勲者団委員会の委員で、前者は報道局長、後者は青年局長だった。勲章受章の時期は定かではなく、一九四三年の春の終わりか夏の初めのようだ。普通、受勲者は次のような宣誓書に署名しなくてはならなかった。「私は、元帥がその身をフランスに捧げたように、わが身を元帥に捧げます。私は元帥の教えに従い、その人物と仕事に忠実であり続けることを約束します」。長いこと、ミッテランはフランシスク勲章を受章したのは、自分が英国あるいはアルジェにいた一九四三年のことだという説を流布させていた[14]。「勲章を与えられたとき、私はレジスタンスの任務でアルジェにいました。したがって、私がそれを受け取ることはなかったのです[15]」。後の社会党のリーダーの公式な説明は、フランシスクが彼の地下活動をカモフラージュするのに有益だった、というものだ。「私のように、反対側の陣営で活動していた者には、最高のカモフラージュだったのです…(中略)…我々は、全員こう考えました。フランシスク、まことに結構、と」[16]。後年、彼はこう言っている。「確かに、私はなぜ勲章を与えられたのか、もっとよく考えるべきでした。ヴィシーは、こうすることで、敵対的と見られていたサークルへのプロパガンダを強化しようとしていたのです。私としては、地下活動を行なう上でより便利になると思っていました。しかし、間違っていました。それは判断の誤りだったのです」[17]。遅くなってからの告白である。それまでに、彼はこの有名なフランシスク勲章の件で何度も批判にさらされてきた――共産党からも、ド・ゴール派からも、極右からも。一九五四年一二月三日、彼は下院でド・ゴール派議員レイモン・ドロンヌから、「百合の花（仏王家の紋章）、次いでフランシスクを掲げた」が、日和見主義だったために、手遅れならないうちにフランシスク勲章を「投げ捨てた」と攻撃された。彼は「フランシスク・ミッテラン氏」という冗談に耐えなくてはならなかった。極右も同様に彼を批判したが、最も残酷だったのは、恐らく、ＳＦＩＯを離党した社会主義者で、一九五九年にエドゥアール・ドゥプルーとともにＰＳＡ（独立社会党）を結成し、同党へのミッテランの入党を拒否したアラン・サヴァリの次の言葉だろう。「ここにはフランシスカンは入れない」[18]。しかし、ド・ゴールは、これを根拠にしてミッテランを非難することを拒否した。一九六五年の大統領選挙では、側近たちはミッテランの過去を攻撃するよう勧め、フランシスクを着けた写真を見せたが、ド・ゴールは首を振り、これを取り上げなかった。「いや、私はスキャンダルを政治に利用するつもりはない」[19]。

†レジスタンス活動家

特定が困難なある時期まで明確にペタン派だったミッテランは、文句のつけようのないレジスタンス活動家でもあった。独立意識の強い彼は、有力なレジスタンス組織には属さなかった。彼がレジスタンス活動に身を投じたのは、元捕虜を保護し、運動組織に組み込むことを通じてだった。彼によれば、オート＝ザルプ県モンモールで集会が行なわれた、一九四二年六月一二日から一五日が重要な日付となった。復員した元捕虜と、多くの脱走者が、仲間の一人であるアントワーヌ・モデュイの発案により集まったのである。まだレジスタンス運動と言えるものではなかったが、連絡を取り合う体制は作られた。一九四三年一月一三日の、復員局長モーリス・ピノの解任が、より決定的だったように思われる。ミッテランは彼に連帯して復員局を辞職し、ともに全国学生局に移るが、アリエ県相互扶助センターの執行委員会に残留することで、戦争捕虜の世界に残った。一九四三年七月一〇日、パリのヴァグラム・ホールで、全国捕虜運動の大会が開かれた。この会場で、ミッテランはある事件を引き起こした。聴衆席から、彼はピノの後任の復員局長アンドレ・マソンに呼びかけた。「この運動は政治的なのか、そうではないのか。市民活動とは、どういう意味か。市民活動は、どこから始まり、どこで終わるのか」。マソンは、演壇でラヴァルが一九四二年六月二二日に開始した「交代」(la relève) 政策を擁護していた。それは、捕虜一人の解放と引き換えに、労働者三人をドイツに送り出すものだった。ミッテランは、マソンが「交代」政策に言及したときに、椅子の上に立ち上がった。

「いや、捕虜があなたとともに歩むと思うな！」。彼は、自分が巻き起こした騒然たる状況を後にして、逃走に成功した。

一九四三年三月、ミッテランはORA（軍レジスタンス組織、Organisation de la résistance de l'armée）と接触した。この組織は仏独休戦協定下のヴィシー軍から発生し、ドイツとの戦いを再開するべく、ジロー将軍を指導者に仰いでいた。アンリ・ジロー陸軍大将は、一九四〇年五月に捕虜となったが、脱走してヴィシーに向かい、その後一九四二年一一月の米軍による北アフリカ上陸直後にアルジェ入りしていた。ピノとともに復員局を辞職したミッテランを含むグループは、ORAから資金を得、これによってミッテランは専従のレジスタンス活動家となった。彼は地下に潜伏し、フランソワ・モルランの偽名を用いた。ジローが派遣した連絡係は、一九四三年九月に、ピノ＝ミッテラン・グループについて次のように報告している。「このグループの思想は反独。当初はペタンに近かった。いまでも、感情的な結びつきが残る。国民革命（我々の理解する意味で）への希求がある。彼らにとって、ド・ゴールは反独レジスタンスの最初の代表者である。ジローは脱走捕虜である。したがって、特定の人物に対して賛成あるいは反対の立場にあるわけではないが、ジローへの親近感がド・ゴールに対してやや優越している[20]」。

ミッテランは運動の独立性を確保したいと望み、またジローに近い傾向を持っていたが、それでも捕虜組織が正統性を獲得し、正式な運動として承認されるには、ロンドンとアルジェで認められることが必要だと判断した。ド・ゴール将軍の甥、ミシェル・カイヨーが指導する組織、戦争捕虜・流刑者レジスタンス運動（MRPGD）との競合関係も、こうした志向を後押しした。一九四三年一一月一一日、ヴィシーのナシオナル通りにあるミッテランのアパートは、ゲシュタポの捜索の対象となった。情報を早くに知ったミッテランは帰宅を避け、一一月一六日にはＯＲＡの一員である、うってつけな名前のデュ・パサージュ少佐〔パサージュ passage には通過、渡航、通路などの意味がある〕の助力を得て、ロンドンに向けて飛び立った。

ロンドンで、ミッテラン／モルランは自由フランス幹部に長文の覚書を提出し、その中で自らの運動組織の歴史を説明した。これは復員局長ピノの支援を得て一九四二年一〇月に結成され、その目的には復員捕虜および脱走者への援助と収容所にいる仲間の脱走支援だけでなく、占領軍との戦いも含まれた。このとき彼は、自らの組織が、ミッテランらを排除しようとしているシャレット（ミシェル・カイヨー）の運動よりも古いことを認めさせようとしていた。

このロンドン滞在中に、彼はジャン・ヴァリスと面会した。ヴァリスは、アルジェのフランス国民解放委員会（ＣＦＬＮ）の捕虜・流刑者・難民担当委員に任命されたばかりのアンリ・フレネイの代理人だった。五人委員会（ジャック・ベネ、マルセル・バロワ、モーリス・ピノとジャン・ミュニエを差し置いて、彼は自らこの委員会の首席だと名乗った）の名において、ミッテランはアルジェ訪問の目的は、フレネイ氏に統制のあらゆる可能性を提供し、シャレットの運動に関する問題を解決することにあり、これによってフランス国内に二つの戦争捕虜レジスタンス組織が存在することは不可となる決定がなされるだろうと彼は説明した。ヴァリスは、報告書に次のように記した。「この組織がド・ゴール将軍を認めているかとの当方の具体的な質問に対し、ミッテラン氏は〝五人委員会〟の合意の下、フランスのレジスタンスに合流することを決定したこと、またこのレジスタンスがド・ゴール、ジロー、あるいはそれ以外の誰によって指導されていても構わない旨回答した。彼の発言によれば、政治運動となることが彼らの目的ではない由である」[21]。

暫定的にモニエ大尉と名乗ることになった彼は、パッシー大佐〔CFLNの情報機関責任者〕からアルジェでの任務を命じられた。「フランス国民解放委員会委員長の要請による」とのことだった。だが実際には、命令はレジスタンス組織「コンバ」(Combat)の指導者で、かつてヴィシーでミッテランと知り合っていたフレネイからのものだった。一九四三年六月以来、ジロー将軍はアルジェでCFLNの共同委員長を務めていたが、ミッテランがアルジェに向けて出発する時期には、政治感覚に乏しく、米国の強すぎる影響下にあったこの将軍は孤立を深めて間もなく退任し、ド・ゴールがレジスタンスの唯一の指導者となるのである。

ミッテラン／モニエは一九四三年一二月三日にダグラス機に乗り込み、アルジェのメゾン＝ブランシュ飛行場に着陸した。ここで、一九四〇年に別れて以来のジョルジュ・ダヤンと再会した。彼は、捕虜担当委員のフレネイとも再会した。フレネイはグリシーヌ館〔アルジェでのド・ゴールの執務場所〕におけるド・ゴールとの面会をアレンジし、自らも同席した。「彼の最初の言葉は、私が英国機に乗って来たことについての意外感を述べるものだった。私は、自分が飛行機の機種と所属を確認しようと考えなかったこと、そして戦争のさなかにロンドンとアルジェを行き来するのに、こうした手段によるのは普通だと信じたことで混乱したものだ」[22]。ド・ゴールの不信感は明白で、ミッテランに対して先入観を持っていた。この人物は、忠誠を誓いに来たのではなく、自らの元捕虜の運動をド・ゴールに承認させようとしていたのだ。将軍は、彼にレジスタンスにおける三つの捕虜の運動組織、すなわちミッテランの組織、シャレット（カイヨー）のそれと共産党系の国民戦線（Front National）の一部門である全国戦争捕虜センター（Centre national des prisonniers de guerre：CNPG）を、ミシェル・カイヨーの指導下で統一したいと伝えた。訪問者は、統一にはためらいがあることと、独立して活動したいとの希望を伝えた。「彼は、冷たく、退出してよろしいと言い放った」。ミッテランは、自尊心を傷つけられた。二人の間では、話が通じなかった。その後、ミッテランはこの会見についていくつか異なる説明を行なっている。一九七二年の「レクスパンシオン」誌のロジェ・プリウレによるインタビューでは、こう語っている。「緊張した中での、一時間のやり取りでした。彼はいきなり、こう言いました。〝私は指示を出しておいた、規律が必要だ。いずれにしても、君が私に従わないなら、資金も武器を与えるわけにはいかない。それに、私は責任者としてシャレット君を指名した〟（彼は、シャレットの本名を言わないようにしていました）。私は組織の統合には同意しましたが、責任者については拒否しました」。

カイヨー＝シャレットはミッテランに対して非常に否定的で、信頼に値しない人物だとして叔父にミッテラン批判を繰り返していた。将軍に宛てた一九四四年二月一日の手紙で、彼は「ヴィシーで結成された捕虜の運動」を解体させるべく、ピノとミッテランを攻撃した。「ヴィシーの復員局の元職員ミッテランは、収容所でペタン派のサークルを結成した根っからのモーラス派で、アルマン・プティジャン［ドリウー・ラ・ロシェルに近い作家］を好む、ピノよりも危険な人物だと私は考えます。ヴィシーで結成された捕虜運動とピノ＝ミッテラン運動組織とは、ペタンの名声の維持を望みながら、ジローと手を結ぶ反動的な兵士とブルジョワの集合体を指す二つの呼び名です」。ド・ゴール派のレジスタンスと、ヴィシーから派生したレジスタンスの統一を希求するフレネイは、この手紙の存在を知ると、ミッテランを擁護すべく、ヴェルジェンヌ（カイヨーの別の偽名）に宛てた一九四四年三月一八日の書簡にこう記した。「私は、モルランがヴィシーの政策に関して持っている感情についての貴兄の見方には、まったく同意できません…（中略）…フランスの悲劇は、私心のない、誠意ある人々がある時期ペタン元帥を信じ、彼に信頼を寄せたことです。恐らく、彼らはだまされたのです。しかし、誠実でありながらだまされたのです。そして、彼らが間違いを犯したとしても、これを犯罪だとすることはできません。そして、貴兄と同様に、私もフランス国民の大半が、程度の差こそあれ、ある時期ペタン元帥を信頼したことを知っています。この人々とともに歩むことを徹底的に拒否するならば、結局のところ、一握りの人間（貴兄も私もそこに含まれます）を国民から孤立させてしまうでしょう。したがって、我々は政治的統一、そして誠実な統一に向かって歩まなければならないのです[23]」。

実際、ミッテランはこのとき勝利を収めたのだった。

アルジェからマラケシュ（ここで、彼は偶然ジョゼフィン・ベーカーの城館に宿泊した）、グラスゴー、ロンドンを経由して、彼は一九四四年二月二九日、秘密裡にパリに入った。三月一二日のＣＮＲ（レジスタンス全国評議会）の会合では、戦争捕虜三団体の統一が決定された。共産党系のＣＮＰＧとの統一を望まなかったミッテランは決定に従わねばならなかったが、彼は新たな組織であるＭＮＰＧＤ（全国戦争捕虜・流刑者運動、Mouvement national des prisonniers de guerre et déportés）の幹部会委員となった。その三日後、この運動の宣言文は、「捕虜を裏切り、強制収容所への収容を推進したヴィシーの裏切り者」を糾弾した。しばらくして、彼は統一組織の指導者となり、一九四四年四月には、組織の代表として諮問会議議員となったジャック・ベネが、アルジェに出発した。一九四四年五月に、運動の指導部は北部地域担当と南部地域担当に分けられ、ミッテランはジャン・ミュニエとともに、北部の責任者となった。共産党員のビュジョーが、もう一人の共産党員エドガール・モランとともに、パリ地区の責任者となった。活動家グループのひとつは、「アンテルム・グループ」と呼ばれ、メンバーにはアンテルムの妻マルグリート（後のマルグリート・デュラス）と、その愛人ディオニス・マスコロがいた。一九八五年の対談で、デュラスはかつての上司モルランに敬意を表している。「戦争中のあなたのことを思い出すと、私たちが若かったこの時代、私はあなたが死を深く恐れる気持ちを持ちながらも同時に常に死に立ち向かおうとしていたことを想起します。あなたは、分別のある勇気を持っていました。分別があり、論理にかなった、はかり知れない勇気を(24)」。

ＭＮＰＧＤは、実際にミリス〔民兵団、ヴィシー政権が作った準軍事組織〕とゲシュタポに追われていた。ミュニエは、ロダン少佐の名で、遊撃隊を指揮していた。ある晩、ロジェ・プラ（「パトリス」大佐）とクリスティーヌ・グーズ（マドレーヌ）の家で、ミッテランはダニエルの写真を、魂を奪われたようになって見つめた。ダニエルは、クリスティーヌの妹で、バカロレア受験の準備中だった。クリスティーヌは進んで仲立ちをし、二人はサン＝ジェルマン大通りのレストランで会った。五月二八日に、クリュニーで、二人の若者は結婚を誓った。しかし、ゲシュタポが待ち伏せしているため、モルランと仲間たちはアジトを変え、張り込みを避け、家宅捜索を何度も受けなくてはならなかった。一九四四年六月一日、ＭＮＰＧＤ幹部の会合が、デュパン通りのロベール・アンテルムの姉妹、マリー＝ルイーズの自宅で予定されていた。ドイツ警察が家宅捜索を行ない、直前にそれを知らされたミッテランはかろうじて難を逃れたが、アンテルムは逮捕され、やがてダハウ収容所に送られた。その後、一九四五年四月に、ランズベルクとダハウ両収容所解放にあたり、ミッテランは米軍を補佐するようド・ゴールに命じられて収容所に赴くが、ここで彼は奇跡的に瀕死のアンテルムと再会する。ミッテランは彼をパリに帰還させ、ここでアンテルムは健康を回復した[25]。

六月九日、ノルマンディー上陸作戦の三日後に、「ロム・リーブル」紙――これは、かつてのクレマンソーの新聞の表題だった――の創刊号が発行された。副題は、「MNPGDが発行する、FFI〔フランス国内軍、レジスタンス武装組織の総称〕の新聞」である。フランス解放の戦いにおける、元戦争捕虜の役割が称揚されていた。同紙は、八月二二日から公に発行された。

パリ解放まで、ミッテランは市内に潜伏していた。彼は、復員局で知り合い、ともにレジスタンスに加わったジャン・ヴェドリーヌに宛てた手紙で、解放後の政治動向への懸念を語っている。「パリが解放されれば、恐らく私が行政機関と戦闘グループを組織し、運営することになるだろう。君にすぐに来てもらわないといけない。誰からの援助もない中で、すぐに我々の手足をいたるところに広げなくてはならない。政府が存在しないままの移行期間が生じる可能性もあるから、上からの命令がなくとも、我々自身の責任で、有害な連中を排除する必要があるだろう。その一方で、行政を機能させ、仲間の利益を守らなくてはならない。大変な仕事だ！」[26]。

フランス国民解放委員会は、彼をフランス本土における戦争捕虜担当の暫定事務局長に任命した。ド・ゴールは、アルジェの臨時政府がパリに到着するまでの期間、臨時政府の代行組織を置くことを考え、「それぞれのメンバーが在アルジェの閣僚の分身」だとした。この組織の長官となったアレクサンドル・パロディは、ミッテランに戦争捕虜を担当するよう求めた。八月二五日、解放されたパリで、彼はド・ゴールを市庁舎に迎えるグループの一員に加わった。翌日、彼はパリ解放のフィナーレとなるシャン・ゼリゼの行進に参加した。群集が熱狂する中、彼は自由フランスの指導者の五、六列後ろを歩んだ。二七日、サン＝ドミニク通りの国防省で、彼は将軍を議長として開かれた閣議に出席した。もっとも、フレネイを含め閣僚の大半はまだアルジェにいたから、それは閣議に代わる会議だった、というべきかもしれない。これによって、彼は後年、ド・ゴール将軍の下で閣僚を務めたと自慢することができた。しかし、九月一日にはアンリ・フレネイがアルジェから戻り、役所の大臣室に落ち着いた。彼はミッテランに自分の下で事務局長職にとどまるよう要請したが、官僚ポストに関心のないミッテランは辞退した。「私は二七歳だった。私の目的は、官僚になることではなかった」[27]。

しかしながら、ミッテランに敵対する人々は、彼のヴィシーでの過去とフランシスク勲章を喧伝した。これは、エピュラシオン〔ヴィシーもしくはナチス・ドイツに協力した人々に対する追放処分〕の嵐の一環だった。彼は先手を打った。一九四四年九月六日の「ロム・リーブル」紙に、彼はこう書いた。「切り落とすべき首がある。それらを切らなくてはならない。しかし、裏切りを意図した者をきちんと選別すべきだ。そして、そうでない者は、明確でない脅威から解放されるべきだ」。それでも、フランシスク勲章、国民革命への賛同、非常に右寄りのピノとの関係の深さは、彼の全政治経歴を通じて、攻撃の対象とされたのである。

†元帥の残像

戦時期におけるミッテランの言動は、どのように解釈すべきだろうか。

すでに見たように、二つの動かしがたい事実がある。彼はペタン派であり、そしてレジスタンス闘士だった。彼がヴィシーを支持したことは、私的な書簡にせよ、新聞雑誌の記事にせよ、書いた文章からわかる。彼は、明快に反ペタンのＭＮＰＧＤの指導者だったが、個人的には元帥を尊敬する態度を保ち続けた。戦後、「リーブル」紙の記者としてペタン裁判を傍聴した彼は三本の記事を書いたが、彼は第三共和制の政治家、特にエドゥアール・ダラディエに対しては容赦しない一方で、決して被告を攻撃しなかった。大統領になると、彼は一九八四年に、イウー島の元帥の墓に花束を捧げさせた。ジョルジュ・ポンピドゥーとヴァレリー・ジスカール・デスタンが、彼よりも以前に、「ヴェルダンの勝者」に対して一回ずつ、一九七三年と一九七八年に同じ行為をしていた。彼はこれを慣例化し、一九八七年からは毎年一一月一一日（第一次大戦休戦記念日）に花束を贈った。セルジュ・クラルスフェルドは、これについて次のように説明した。「彼はレジスタンスで名誉ある道程をたどったかもしれないが、若いときの自分を否定したくないのだろう。彼にとっては、死刑執行人はナチスだけだったのである」[28]。歴史家のクレール・アンドリウーは、ピエール・ペアンの著書『あるフランスの青春』の刊行直後に、ミッテランを、一九四二年のミッテランを「強硬なペタン派」[29]に分類した。数多くの人々は大統領擁護にまわり、大統領自身もこの指摘を意外だと感じた。「私が一九四〇年からレジスタンス入りしなかったことですか。そのとき、私は捕虜になってドイツにいました。ヴィシーに行き、契約職員という高級な職に就いて、現在で言えば最低賃金にも満たない給与を得たことですか。多くの人がむさぼるように胸いっぱいに空気を満たしたのに何ら不利益をこうむらなかったこの町で、数カ月間空気を吸ったことですか。戦争捕虜に対するありふれた支援を行なったとの理由で、仲間二人とともにフィリップ・ペタンと二〇分間面会したことですか——その仲間の一人は、収容所送りとなり、そこで亡くなったのです。いま読み返しても、一言も否認しようとは思わない二本の記事を発表したことですか[30]。等々」。いや、一九九五年、死期が迫った老人は不用意にフランシスク勲章を受けたことを除けば、自分には何ら咎めるべき点はないと考えていたのである。

ミッテラン自身の目に救いと映ったのは、彼が決して対独協力者でなく、逆にずっと反独的だったことだ。一九四四年初めにアルジェから戻って地下活動を始める以前から、彼はレジスタンス的精神の持ち主だった。「私は、当時、敵とともに歩む者と、敵に反対して進む者がいることを知っていました。私は、敵に反対して進んでいたのです[31]」。彼は、一九四二年四月に、クレルモン＝フェランで、この町の医師ギ・エリックとともに、対独協力派のジョルジュ・クロードの講演会を妨害したときのことを好んで語った。その後の、MNPGDにおける彼の活動は、徹底した、断固たる、勇気あふれるものだった。それでも、彼がド・ゴールに合流したのは、ジローがド・ゴールによって遠ざけられてからのことである。それまでのミッテランと彼の運動はジロー派だったのであり、ジローがペタンの思想と絶縁していなかったのは周知のとおりだ。その後、ミッテランは一定の距離を置きながら、自立性を維持した。一九四四年夏には友人のアンドレ・ベタンクールをジュネーヴに派遣して、フランス共和国臨時政府からではなく、アメリカから補助金を獲得しようとしたほどだった[32]。彼は、すべてを支配しようと望む将軍、彼の言によれば国内レジスタンスを尊重しないこの将軍に服従することにならないよう注意を払っていた。彼は、こう述べている。「在外レジスタンスは、従来型の軍事的、政治的な活動でしたが、同時に権力行使でもありました。つまり、ド・ゴール将軍の資質に合ったものでした。フランス国民、その苦しみ、その希望に直接触れる国内レジスタンスは、フランス国民そのものだったのです」。彼が反ド・ゴールだったのは、彼のレジスタンスの遺産の一つだったのだ。

ミッテランの戦争中の役割が明らかにされたとき、多くの支持者は当惑を覚えた。ヴィシー派だった人物が、その後レジスタンス入りしたケースは、「影の軍隊」の戦士に多く見られたが、モントワールでヒトラーと握手したペタンに好意的でありながら、ドイツとの戦いに参加することは可能だったのだろうか。集団的記憶においては、レジスタンスとヴィシーは水と火のように対立的であり、双方に属することは不可能だ。これは、戦争の最後の年以来の、あるいは一九四二年一一月の米軍による北アフリカ上陸――ペタンの軍隊は、これに反撃しようとした――以来の見方である。それは本当だろうか。長期にわたり、そして一部の人々は最後まで、双方に同時に属することが可能だったと歴史研究が証明している。ペタンの主治医メネトレルの秘書だったポール・ラシーヌは、ピエール・ペアンに次のように打ち明けた。「私は個人的には、元帥に仕えることと抵抗運動の間に、対立があるとは感じませんでした[33]」。歴史家ドゥニ・ペシャンスキは、クレール・アンドリウーが、ペシャンスキが「ヴィシー派レジスタンス闘士」（vichysto-résistants）という不愛想な語で命名した現象を研究しなかったことを批判した。彼によれば、それは「独自の体験をしたフランソワ・ミッテランを代表者の一人とする、このレジスタンスの構成要素[34]」なのである。もう一人、歴史家ジャン＝ピエール・アゼマは、レジスタンスの構成員を研究して、同じ結論を確認している[35]。二〇〇八年に、ベネディクト・ヴェルジェズ＝シェニョンは、『ヴィシー派レジスタンス闘士』（Les Vichysto-Résistants）と題する大部の著作を発表し、その数年後にはジョアンナ・バラスが同じテーマで博士論文を提出した。ペタン元帥の賛美者は、この両義性を利用した。一九六六年に、ミッテランのフランシスク受章にあたり後見人の一人となったシモン・アルベロは、「エクリ・ド・パリ」誌で、「元帥とその支持者が抱いていた、自己犠牲にまでいたる愛国心」を理解していたミッテランの首尾一貫性を主張した。フランシスク勲章は、「ある種のレジスタンス証明書[36]」だというのである。仮にミッテランが、多くの人々と同様に、ペタンの面従腹背〔表面ではドイツと協調しつつ、ペタンが裏ではドイツとの戦闘再開を準備していたとの説〕がありうると信じたとしても、ある時期以降はもはや両義性は認められなかった。接続詞は、「……で」ではなく、「……もしくは」で置き換えられねばならなかったのである。

しかし、最初の選択肢のすべてが消去されたのではない。元帥支持の何らかの残像を見ることができるのは、どちらかといえば右派の政治家（ベヌーヴィル、ベタンクール、レミ、ジャン＝バティスト・ビアッジら）の場合である。左派では、より稀だ。レジスタンス活動家／ペタン派、レジスタンス活動家／対独協力者という二分法は適切ではあるが、一九四二年末まで、またときとしてそれ以降まで存在した、後から排除してしまった複雑性や混乱を説明していない。そして、フランソワ・ミッテランは、一九四〇－一九四二年の時期のペタンへの賛同を否認したことはなかった。先に引用した個所にあるように、それをごくありふれたことだったと説明したのではあるが。

†政治的野心

一九四五年五月七日、ドイツ軍は降伏した。五月八日、欧州での戦争は終わった。フランスは、再生の期待のうちにあった。レジスタンスの各組織と、戦後の大きな困難に直面する国民の期待は大きかった。臨時政府主席を務めるド・ゴール将軍は、フランスを戦勝国の一員とするために努力していた。五月一六日には、国連安全保障理事会の常任理事国五カ国の一つとなることに成功した。裁判官の時代が到来して、無秩序な「エピュラシオン」（追放処分）は次第に影をひそめ、徐々に法廷に役割を譲った。ペタン元帥の公判は、一九四五年七月二三日から八月一五日まで行なわれた。政治状況は不安定だった。パリ解放の直後には、多くの人々が共産党員による蜂起を懸念したが、従軍中に脱走し、戦争の時期をソ連で過ごした共産党書記長モーリス・トレーズが「特赦」によって帰国を許可されたのと引き換えに、共産党の指導下にあった愛国的民兵組織は一九四四年一〇月二八日には解散した。共産党はそれでも、フランスの主要な政治勢力となり、解放後最初の選挙（女性参政権は一九四四年一〇月五日に正式に認められた）となった一九四五年四月－五月の市議会選挙では、共産党は三一〇議席から一四一三議席に躍進した。

移行期間が終了すべきときが訪れた。ＣＦＬＮは、一九四四年四月二一日に、次のようなシナリオを公表した。「フランス国民は、主権者として将来の国家制度を決定する。このために、選挙実施が可能となり次第、憲法制定議会が招集される」。一九四五年一〇月二一日、有権者は二種類の投票を行なうこととなった。議会の選挙に加えて、国民投票で二つの質問に回答するよう求められた。「本日選挙が行なわれる議会が、憲法制定議会となることを希望しますか」というのが最初の質問だった。賛成票が過半数を占めれば、一八七五年憲法と第三共和制が、最終的に消滅することを意味した。第二の質問は、「第一問に賛成の場合、この議会の任期は限定されるべきでしょうか」というものだった。最初の質問は、賛成が九六パーセントを占め、第二問には六六パーセントが賛成した。そこで、議会は審議を開始した。議会の第一党は共産党（得票率二六・二パーセント、一四六議席）で、左派ではSFIO（得票率二四・六パーセント、一三五議席）がこれに続いた。キリスト教民主主義の新党MRP（共和民衆連合）はこの二つの政党の間を占めた（二五・六パーセント、一四三議席）――ようやく選挙権を得た女性の票が、この大きな成功の一因だった[37]。この主要三政党は（共産党と社会党による二党連立を社会党が拒否した後に）、一カ月後に新内閣を組織したド・ゴール将軍の下で、共同して政権運営にあたった。しかしながら、フランス共和国臨時政府主席と政党との間で意見の相違が生じると、自由フランスの元指導者は一九四六年一月二〇日に辞任した。このとき、フランスは「三党政治」のサイクルに入った。共産党、SFIOとMRPの三党は、主権者たる国民に、憲法草案を提案することになった。

こうしためまぐるしい情勢下で、フランソワ・ミッテランはどうしていただろうか。彼は、一九四四年一〇月二八日に、パリの聖セヴラン教会でダニエル・グーズと結婚した。二人の証人となったのは、ロジェ＝パトリス・プラとアンリ・フレネイだった。結婚式には、ジャンとジネット・ミュニエ、ベルナール・フィニフテール、アンドレ・ベタンクールとフランソワ・ダルが参列した。ダニエルは間もなく妊娠し、男の子を出産しパスカルと名づけられるが、両親にとって不幸なことに、一九四五年七月一〇日に亡くなった。無職の新郎は、フランソワ・ダルとアンドレ・ベタンクールから、ベタンクールの岳父でロレアル社を経営するウジェーヌ・シュレールに紹介された。ソシエテ・デディシオン・モデルヌ・パリジエンヌ社が発行する「ヴォートル・ボーテ」誌の編集長となったミッテランは、この女性誌を有力出版社の中核を占める文芸誌に変身させようとした。この試みは失敗し、彼は一九四六年初めに退職することになる。だが、ロレアル社に勤務したことは、彼の評判にとっては損失が大きかった。なぜなら、元対独協力派のシュレールは、元カグール団員や元対独協力者の保護者で、彼らが追放処分にならないようスペインあるいはアルゼンチンへの逃亡を助けていたからだ。偶然なのか、誤解なのか、フランソワ・ミッテランが結んだ友情には、何やら異端の臭いがあった。

かつてのモルランにとって重要だったのは、ときの政権とは関わりなく、自らの政治的野心を具体化させることだった。「ロム・リーブル」紙の後継紙である「リーブル」紙の論説委員となった彼は、一九四五年四月の結成大会で戦争捕虜全国連盟副会長――しかし、事実上のトップ――に就任した。地位向上の証しであるこのポストで、彼は絶え間なく二つの闘いを進めた。一つは、他のあらゆる組織に対してと同様に連盟組織への潜入工作を行なう共産党との闘い、もう一つは友人でもある大臣アンリ・フレネイとの闘いであり、後者は政府への服従を拒むものだった。こうしたバランスを取っていた彼は、フレネイの役所前で六月四日の元捕虜のパリでの共産党員が中心となったデモを妨げることができなかった。激怒したド・ゴール将軍は、翌日代表団と面会した。ミッテランとド・ゴールの、三度目の会見である。この二人を接近させるのに、適した状況ではなかった。一九六九年の『我が真実』によれば、アルジェで始まった「性格の不一致は、いまだに続いている」のだった。ド・ゴールは、自分が率いる政府の大臣を標的とするこうした街頭での騒ぎに耐えられず、三人の代表を厳しく叱責した。

一九四五年末に、ミッテランは活動方針を転換した。一〇月の制憲議会選挙以来、政治状況は平常に戻ってきていた。彼は、『政治に直面する戦争捕虜』を書いた。これは、一つの遺書だった。それから、彼は選挙戦に臨むことになる。MRPを加えずに、共産党と社会党が起草した憲法草案は、一九四六年五月五日の国民投票で否決された。これに伴い制憲議会は解散され、六月二日に新たな制憲議会選挙が行なわれた。ミッテランは、セーヌ県第五区（ブローニュ＝ビアンクール）から、三大政党に反対するRGR（共和左派連合）の候補者として出馬し、完敗した。彼はこの最初の失敗によって、気力を失うことはなかった。粘り強さ、執着、闘争心は、戦争捕虜の元リーダーの長所のうちでも、特筆すべきものだ。雪辱の機会は、やがてやってくる。

フランソワ・ミッテランは、まだ青年だった。戦争終結時には、三〇歳になっていなかった。同世代の多くの人々と同様に、彼は戦争によって変わった。彼は決然として、自分に自信を持つようになった。彼が人に対して影響力を行使できることは、捕虜収容所でも、指導者となったいくつもの組織においても確認できた。彼は、終生の仲間となる人々と出会った。一九三八年に兵役について以降、後々まで親しい間柄となる何人もと友情で結ばれた。その中には、ロジェ＝パトリス・プラ、ジヤン・ミュニエ、ジョルジュ・ダヤンといったレジスタンス活動家もいたが、アンドレ・ベタンクールやフランソワ・ダルのように、長いことペタン派だった人物も含まれた。最も親しい人たち以外にも、彼は捕虜の運動組織に友人や仲間を多く持った。この才能に恵まれ、自制心があり、尊敬されることもあれば反感を持たれる（ミシェル・カイヨーは彼を休むことなく攻撃し、共産党もまた同様だった）こともあるこの青年は、自立への明確な意志を持っていた。彼がド・ゴール派に属さなかったのは、まさにこの意志によるものだった。「［ド・ゴールは］フランスを自分のものだと考えていたが、私はそれに反発していた[38]」。彼が反ド・ゴールであり続けたのは、この嫌悪によるものだ。彼は、六月一八日の人物〔ド・ゴールの異名。彼が一九四〇年六月一八日にロンドンから抵抗を呼びかけるラジオ放送を行なったことに由来する〕の権力を、耐え難い権威主義と同一視して、赦さなかった。彼は、ド・ゴールには同調しなかった。ド・ゴールを偉大だと認めることはあっても、彼の支配に甘んじはしなかった。

反ド・ゴールであるとともに、彼は明確に反共主義者だった。フランス共産党は、レジスタンスと、レーニン主義の原理に基づく秘密組織と、レジスタンスがいくつもの組織に分散したことに由来する社会党の退潮と、ソ連およびスターリンの名声と、スターリングラードの勝利によって、国民のあらゆる階層に浸透し、プロパガンダによれば「党員七万五〇〇〇人が銃殺刑に処せられた」とする強力な政党となった。この党は、単にマルクス主義の革命政党であるだけではなく、フランスのために命を捧げた多くの英雄を輩出した、愛国的で偉大な政党となった。こうして得た力により、共産党はメディアと、行政機関と大学の多数の拠点を押さえることができた。下院では、大きな勢力を誇った。直接権力を行使することはなくとも、国の運命に大きな影響を与えた。この巨人を前にして、フランソワ・ミッテランは警戒し、身構えていた。捕虜の運動組織では、彼はあらゆる手段を用いて共産党員と闘い、妥協は回避する手段がない場合のみに限った。捕虜収容所での生活、レジスタンス活動における出会い、ヴィシー体制の崩壊が、彼を戦前よりも左寄りにしたとはいえ、一九四六年に初めて選挙に立候補した彼は、まだ右派の人間だった。そうは言っても、彼の主義主張はまだはっきりしていたわけではない。「私はまだ、あらゆることについて明確な意見を持っていたわけではありません。ただ、私は自分自身の判断のみによって、政治活動を行ないたかったのです[39]」。彼が、公益のために働く意志を持っていなかったと言うのは、公平ではない。彼は、自分自身の能力を意識していた。弁舌と文筆の才、冷静さ、意志の強さ、押し出しのよさである。彼が、これらを公共の利益のために利用しようと考えたことには疑いがない。数年の間に、彼は苦しみと、孤独と、野蛮と死を目の当たりにした。彼は、教会からは遠ざかったが、キリスト教的教育を受けたことで献身の気持ちは持っていた。しかし、彼は自分のうちに使命ばかりでなく、野心をも発見したのである。彼は権力を切望し、権力は彼を待っていた。

レイモン・アベリオは、「政治とは技術の問題ではなく、気性の問題だ。一つの国家、あるいは一つの国民を統治することよりも、自らの運命の翼を広げることなのである[40]」と書いた。フランソワ・ミッテランは、自らの能力以下のことをして生きていこうとは考えなかった。彼は役人にも、どこかの政党の党官僚にもなるつもりはなかった。彼は自分の力で上昇するという、冒険の道を望んだ。ヴィシー派にしてレジスタンス闘士、左でも右でもなく、イデオロギーの幻想に陥らず、必要なときには機を見るに敏な彼の両義性は、不利になるどころか、彼にとって切り札となったのである。

第3章　永遠の大臣

政治的野心は、万人が共有する情熱ではない。政治に一生を捧げる少数派の市民を批判するのは、適切ではない。民主主義は志願者を必要としており、議会制共和国は彼らに門戸を大きく開いているのだ。フランソワ・ミッテランは、一回選挙で落選したからといって、それだけで望みを捨てる人物ではなかった。変わらぬ意志を持ち続け、目標達成への情熱に取りつかれた彼は、自らの持つ切り札と才能をよく認識しており、成功の星の下に生まれたとの確信を持っていた。第四共和制が正式に発足したばかりのこのとき、彼は時間を無駄にすることなく、その一員となろうとした。

議論が大きく分かれる中で、ようやく新たな憲法の姿が見えてきた。ミッテランが落選した一九四六年六月二日の制憲議会選挙では、MRPが第一党になったものの、絶対多数には遠く及ばなかった。六月一六日、ド・ゴール将軍はバイユーで演説し、フランスにとって望ましい政治制度について語った。新たな制憲議会の議員はド・ゴールの意見は考慮に入れず、第二院――元老院ではなく、共和国評議会と命名された――を設けるなどの譲歩を獲得したMRP議員は、共産党と社会党とともに九月二九日に新憲法草案に賛成し、一九四六年一〇月一三日の国民投票で賛成多数により新憲法が承認された。第四共和制は、苦しみの中から生まれた。一〇月二七日に公布された憲法は、全有権者の三六パーセントの賛成を得たにすぎない。棄権と白票が、有権者の約三分の一に上った。有権者の一部は、恐らくド・ゴール将軍が九月二二日にエピナルで行なった、権力と責任の所在の混乱を批判する演説に影響されていた。それでも、フランスは不確実な状態からは抜け出していた。憲法の規定に従って、国民議会と共和国評議会の選挙を相次いで実施しなくてはならず、その後両院合同会議で大統領を選出するものとされていた。

†出発！

フランソワ・ミッテランは、この機会を逃すまいと決意していたが、六月の前回選挙での失敗から、選挙区を変更した。『我が真実』に、彼はこう書いた。「一九四六年に、私はニエーヴル県から下院選に立候補した。私を送り込んだ親切なクイユ医師〔アンリ・クイユ Henri Queuille（一八八四－一九七〇）は医師出身の急進党の政治家。第四共和制下で三度首相を務めた〕は、私のために次の言葉を贈り、激励してくれた。〝あなたにこの機会を与えたのは、可能性がないからです。それでも、挑戦するとよいでしょう。皆の言うことを聞いて、自分のしたいようにことを進めれば、上手くいくでしょう〟」。アンリ・クイユは、コレーズ県出身の、感じのよい事なかれ主義の象徴のような人物だが、戦争中にロンドン、次いでアルジェに赴いたという実績があった。彼の支援を受けることは、頭の切れる人物の助言に従うというよりは、むしろ長い議員生活を誇り、議会政治のあらゆる秘密に通じた老練な政治家の意見を聞くことだった。だが、本当のところ、ニエーヴル県からの立候補を勧めたのは別の人物、ミッテランにとって絶対に引き合いに出すべきでない人物であるエドモン・バラシャンだった。バラシャンはかつてＰＳＦでラ・ロック大佐の側近であり、その後はアルジェリー・フランセーズ〔アルジェリアはフランスの一部であり、フランス領にとどまるべきだとする考え方、またそうした考え方を持つ人物〕の最も熱烈な擁護者の一人となった。ミッテランが六月二日の選挙で落選したセーヌ県第五区では、彼の属するＲＧＲ（共和左派連合）の候補者名簿は、ＰＲＬ（自由共和党、穏健右派）の名簿に次いで五位だったが、ＰＲＬの議席獲得を妨害した。このとき被害を蒙ったのがエドモン・バラシャンで、完璧な政治屋として、彼はミッテランを自分の選挙区から遠ざけるのが得策だと判断した。彼は保存食品の製造販売を行なうオリダ社の社長、ルアル侯爵にニエーヴル県に席を一つ用意するよう依頼した。ニエーヴルのソーセージ王から大歓迎され、侯爵から選挙資金の提供を受け、カトリックの聖職者からも好意的に迎えられ、政権を担当する三政党に敵対的な名士たちの支援も得て、若い落下傘候補は、夫人を伴って、いきなり激しい選挙戦に臨んだ。

県単位の比例代表制では、議員定数と同数の候補者に順位を付けた名簿の提出が求められた。四党から候補者名簿が提出され、ミッテランは共和派統一行動の名簿第一位だった。この名簿には、他に三人の候補の名があった。共和派統一行動は、急進党、ＰＲＬ、ＵＤＳＲ〔民主・社会主義レジスタンス連合〕およびド・ゴール派連合の全国的な協定によってできたもので、二四県で候補者名簿を提出していた。共和派統一行動は、三大政党と憲法に敵対的な政党間の協力の結果だった。

ミッテランの名簿の選挙公約は、明らかに右寄りだった。いくつかの項目は、組合活動の自由、農村部の近代化、青少年と高齢者に対する支援に関するものだったが、全体としては非常に保守的だった。個人財産の擁護、商業と農業に対する過度の統制と不当な規制への反対と自由の擁護、国家による教育の独占への反対と教育の自由の擁護、「共産党独裁」の告発、家族の権利の擁護、預貯金の保護、食品市場の自由化、国有企業の見直し、等である[1]。

一九四六年一一月一〇日、ミッテランの名簿は、共産党（約四万票）に次いで二位（三万票）となったが、ＳＦＩＯとＭＲＰよりも上位につけた。最終的に、この新人候補は共産党が占めていた二議席のうちの一議席を奪うことに成功し、その一方でＳＦＩＯとＭＲＰは議席を守った。一九七二年のロジェ・プリウレによるインタビューでは、ミッテランはこう認めた。「私は当選しましたが、確かに、非常にいろいろな人の票を得ました。右派の対立候補がいなかったのです。そのために、右の人々も私に投票しました。これが、私が右だという伝説の実態です」。伝説とは、ずいぶんと大げさだ。オリダ社のオーナーの息子、アラン・ド・ルアルの証言は、これに疑問符を付すものだ。「父は…（中略）…三大政党制に対抗するために、右派の候補者を探していました。友人のエドモン・バラシャンの助言を得て、カトリックで保守的な、フランソワ・ミッテランという名の青年と連絡を取ることになりました。当時、私はミッテランと少なくとも五〇回、自宅で会いました…（中略）…私たちにとって、彼は完全に私たちと同じ側にいる、理想的な候補者でした[2]」。

三〇歳にして、ブルボン宮の議場に席を占めたときの、この粋な新人議員が感じた誇りを想像してみることができるだろう。最初の務めの一つは、いずれかの議員団に加入することだ。彼は、二二名——うち、彼を含む議員三名は非党員で、議員団にのみ加わった——の議員を擁する小会派のＵＤＳ

Rを選択した。レジスタンスから生まれた唯一の政党であるＵＤＳＲは、もともと非共産党系の複数の運動の集合体で、一九四六年六月に政党になっていた。選挙に際して細分化を避けるべく、ＵＤＳＲは急進党とともに、ＲＧＲ（共和左派連合）の結成に寄与した。党首には、やがてルネ・プレヴェンが就任したが、彼は当初から六月一八日の人物に賛同し、シャルル・ド・ゴールの率いる臨時政府で財務相を務め、ド・ゴール同様、承認されたばかりの新憲法に反対していた。

この最初の議会での最大勢力は共産党（一六五議席）で、ＭＲＰ（一四三議席）とＳＦＩＯ（九一議席）がこれに続いた。この議席配分は、社会党と共産党で過半数を占めることを許さず、三大政党制が再び現実となった。共産党は首相候補にモーリス・トレーズを提案し、社会党は一応これを支持したが、ＭＲＰは徹底的に反対した。ジョルジュ・ビドーを首相候補とする案も退けられた。フランソワ・ミッテランはと言うと、彼はいずれにも票を投じることを拒否した。やむをえず、レオン・ブルムを首相とする社会党単独内閣が、一二月一六日に信任を得た——大統領選挙までの、移行期の内閣だった。

この間、かつての元老院よりも権限が縮小された（両院の意見が一致しない場合は、国民議会が優先した）共和国評議会の間接選挙が、一九四六年一一月二四日と一二月八日に行なわれた。一月一七日に、両院はヴェルサイユで合同会議を開催し、社会党のヴァンサン・オーリオルが、共産党の支持を得て大統領に選出された。三大政党制の論理と、ＳＦＩＯがその中間に位置するところから、ヴァンサン・オーリオルが社会党員を首相に指名することが想定された。大統領は、各党間の「合意」に基づく内閣を組織すべく、アヴェイロン県出身の、あごひげを生やした生粋の改革論者、ポール・ラマディエを指名した。閣内のポスト配分は、どの党の怒りも買わないようにすることが必要で、可能な限り幅広い議員団の参加を得るべきだった。これが、フランソワ・ミッテランには思いがけない幸運となった。

ラマディエは、副首相に三大政党の他の二党の代表を選んだ。共産党のモーリス・トレーズと、MRPのピエール＝アンリ・テイトジェンである。共産党員、フランソワ・ビユーが国防相となり、MRPのジョルジュ・ビドーが外相、社会党のアンドレ・フィリップが国民経済相に就任した。UDSRには、二つのポストが割り振られた。青少年相にピエール・ブルダンが就き、クローディユス＝プティには在郷軍人相の職が予定された。しかしながら、彼は入閣を辞退した。彼が関心を持っていたのは、復興相のポストだった（このために、彼は一九四八年九月まで待つことになる）。しかし、彼はラマディエに、自分の代わりにある有望な若手議員を入閣させるよう熱意を込めて助言した。こうして、フランソワ・ミッテランは三〇歳にして在郷軍人・戦争被害者担当相として、フランス最年少の大臣となったのである。

三大政党制に反対していた彼は、その所産である内閣に入閣した。一九四六年憲法に反対だった彼は、第四共和制の大臣となることにためらいを感じなかった。公然たる反共主義者だった彼は、共産党員を含み、共産党議員団の支持を得た内閣に加わった。彼にとっては、人に対して忠実であることと、思想的な妥協を拒むこととは、まったく別物だった。彼は、この体制の持つ意味と、議会政治でどのような手を打つべきなのかを明快に理解した。彼は、序列のはっきりした大政党に入党して野心にブレーキをかけられるのを避け、中道左派と中道右派の間にあり、有力議員の数が限られ、彼の強い個性を発揮できる小政党に入党することを選んだのである。

彼は、ベルシャス通りにある、以前から共産党の拠点の一つである在郷軍人省に着任した際に、最初から個性を発揮した。職員はストライキ中で、組合の幹部で共産党員のジルベルマンの指導の下、役所を占拠していた。フランソワ・ミッテランの前任者、マックス・ルジュヌとの対立がストの原因だった。ミッテランは、後にこう語った。「共産党の監視下でなければ、私は電話もできませんでした。三日間、私は彼らに捕らわれていたのです。幸いなことに、私は友人［ジョルジュ・ボーシャン］に外に出てもらうことができたので、彼は私の署名が入った省令を公布できたのです。その省令は、ストライキを行なった在郷軍人省の管理職全員の職を解き、代わりにレジスタンスに参加した捕虜団体の長たちを任命すると定めていました」(3)。この共産党との対立で、ミッテランは、ル・シッドと同じように、「年月を重ねずとも」強い決意を示すことができたのである。また、元捕虜と収容所経験者の人脈を活用する一方で、彼は彼らに感謝の意を示した。元捕虜らに正式な身分を与え、年金を大幅に増額したのである。

一九四七年、共産党の問題はすぐに政治の中心課題となった。国内の情勢は厳しかった。物資は不足し、物価は急上昇し、給与はそれに追いつかなかった。一〇月二二日以来経済大臣の任にあった社会党のジュール・モックは、次の公式な数字を発表した。「六カ月間で、食品価格は四三パーセント上昇した。これに対し、給与の上昇率は一一パーセントだった」。あちらこちらでストライキが起きたが、四月二五日に始まったルノー工場のストが最も深刻だった。この大規模ストは、共産党が始めたものではなかったが、同党はより左寄りの勢力から隙をつかれてはならないと考えていた。五月四日、ラマディエは下院の信任を求めた。信任票が多数を占めたものの、共産党議員は、閣僚も含めて反対票を投じた。ラマディエは辞任しただろうか。オーリオル大統領の意向により、ラマディエは内閣改造を行ない、共産党は閣外に去った。

†冷戦

これが、三党体制の終焉だった。共産党幹部は、しばらくの間、この政治危機は「予想外の出来事」で、いずれ閣内に復帰できるものと考えていたのではあるが。と言うのも、国際情勢に目を向ければ、それまでの米ソ間の平和共存——この言葉はまだ使われていなかったが——に代わって、冷戦が訪れていたからだ。ドイツの扱いをめぐる旧連合国間の合意形成失敗と、欧州諸国を支援するためのマーシャル・プランの開始が、スターリン外交の変化を引き起こしたのである。九月には、ポーランドのヴロツラフに近いシュクラルスカ・ポレンバで、西側の共産党、すなわちフランスとイタリアの共産党は、路線の変更を迫られた。全力をあげてマーシャル・プランに反対し、人民民主主義に基づく緩衝地帯を作り上げようとしているソ連の立場を擁護するよう迫られたのである。ヨーロッパにおけるコミンテルンの後身にあたるコミンフォルムの創立が、対立開始の合図となった。

東西間の対立は、フランスにおける状況を変化させた。共産党は戦闘的野党の立場となり、同党が孤立したことで左派政党による多数派形成は不可能となった。ＳＦＩＯは「アメリカの政党」だとして非難された。ところが、同じころ、もう一つの現象が起こっていた。ド・ゴール将軍の、政治の舞台への復帰である。将軍が四月に結成したＲＰＦ（フランス民衆連合、Rassemblement du peuple français）の初期の活動は、最終的な勝利を予想させた。一〇月の市町村議会選挙は、共産党と、ド・ゴール派と、第四共和制を脅かすこの二つの勢力をともに拒否して後に「第三勢力」を形成する各党が対決する舞台となった。

フランソワ・ミッテランは、五月の内閣改造でポストを失っていたが、一〇月にヌヴェール〔ニエーヴル県の県庁所在地〕市議選に挑戦した。彼は、この県選出の下院議員四人のうちの一人として、この土地に地盤を築くことが、政治家としての将来に必要だと理解していた。人口四万四〇〇〇人のヌヴェールは、一九四五年の選挙で社会党・共産党統一名簿が勝利を収めて市政を担当し、共産党のマルセル・バルボが市長を務めていた。左派が分裂する中、全国でＲＰＦが勢力を伸ばしていた。ヌヴェールでは、ＲＰＦの名簿が一〇議席を得たのに対し、共産党は八議席、社会党は六議席、ＭＲＰは三議席を獲得した。フランソワ・ミッテランの名簿は四議席だった。彼は共産党市長に票を投じることを拒否し、ド・ゴール派のマリウス・デュルベが、二回目の投票で市長に選出された。

ヌヴェールは正しい選択だっただろうか。ミッテランは居心地が悪いと感じ、新人議員としては多い欠席により注目を集めた。市議会の議事録を閲覧すると、彼が五〇回の市議会の会議のうち、六回にしか出席しなかったことが確認できる。(4) 地盤形成にはまだ問題があった。彼はその必要性はよくわかっていたが、まだ適切な場所を見出せていなかった。彼は、その場所をモルヴァン地方に見出した。風景、空、緑豊かな丘陵といった、シャラント同様に強い結びつきを感じることのできるこの土地の自然を彼は愛した。彼は一九四九年の県議選に、レジスタンスの聖地モンソーシュ小郡から出馬した。彼は、共産党現職で、モンソーシュ町長も兼ねるジュール・ビゴを破って当選した。県議としては、彼は住民の生活条件改善に取り組み、道路の補修、公共施設の再建、災害の被災者への支援を行なった。彼と同様に地方出身だった第三共和制の有力政治家たちが範を示したように、彼はパリでの未来は、市町村あるいは地域レベルでの活動により左右されると認識していた。有権者との間に距離を作る比例代表制による選挙制度は、地盤の形成を勧奨するものではなかったが、ニエーヴル県の定数はわずか四議席だった。市民は各議員を知っているし、彼らの政治活動だけでなく、直接に会って親しく会話することを評価した。ミッテランは誰とでも親しくなる性質ではなかったが、すぐに握手をし、有権者が話題にする日常に関わる細々とした事項に関心を持つふりをし、ときには一緒に一杯飲むことも覚えた。ピエール・ジョクスは、こう証言している。「彼は、何分にもわたって、導水、交差点の事故や改修、地すべりについて、そしてあたかもランド県にいるかのような様子で、針葉樹の植樹にこだわる林野庁について語ることができた[5]」。冷たく、よそよそしく、尊大でさえあった青年は、ブルボン宮の議席から遠く離れて古いタイプの政治家としての訓練を重ねた。

一九四七年一〇月の市町村議会選挙の翌日、メディアは「ド・ゴール派の地すべり的勝利」だと報道した。第四共和制は動揺した。共産党とド・ゴール派の得票を合わせると、他の全政党の得票数を上回ったのだ。ド・ゴールは、すぐに国民議会の解散を要求した。なんということだ！　RPFとPCFが連立を組むことはありえないにしても、体制の基盤が弱まったのは明らかだった。労働運動は活発化した。マルセイユでは、路面電車の運賃値上げをきっかけに、深刻な混乱が起きた。一一月一二日から一二月一〇日にかけて、フランス全土で暴動が発生し、警察との衝突は危険な事態を引き起こしかねなかった。「共和国を救う」ことを決意したロベール・シューマンを首相とする新内閣が議会の信任を得て成立した。再び在郷軍人相となったミッテランは、下院の閣僚席から、共産党議員がシューマンを激しく攻撃するさまを見ていた。ロレーヌ出身のシューマンは、一九一五年七月までドイツ帝国軍補助部隊の一員であり、声が大きいことで知られた共産党のジャック・デュクロから、「ボッシュ」（ドイツ野郎）、「ピッケルハウベ」（ドイツ帝国陸軍の槍つき兜）呼ばわりされた。シューマン内閣と固く結びついたミッテランは、非常に危機的な状況の中で、内閣が毅然と政策を遂行するのに貢献した。当時は、「蜂起的ストライキ」が起きるのではないかと言われていた。一二月二日から三日にかけての晩、何者かがパリとトゥールコワン（北フランスのリールに近い都市）を結ぶ特急列車をアラス（パリ北方約一八〇キロにある都市）付近で脱線させる事件が起きた。一六人が死亡し、約三〇人が負傷した。共産党員がこのテロ行為を行なったのではないかとの疑いが持たれた。共産党は反撃し、政府の「ファシスト的挑発」を非難した。しかしながら、一二月九日に、CGT（労働総同盟）は「全面撤退」を宣言した。組合幹部は、事態の評価について意見の一致をみなかった。一九四七年一二月一七、一八の両日開催されたCGTの全国会議で、共産党に批判的な少数派は脱退を決め、新たな中央組織、労働総同盟＝労働者の力派（CGT－FO）を結成した。CIAがいた――から資金援助を受けた。新組織は、すぐに米国の労働組合AFL（American Federation of Labor）――その背後には、冷戦が、労働組合の統一を破ったのだった。共産党員が主導するCGTは、レーニン方式に従い、共産党の伝達役となった。エリゼ宮（大統領府）、マティニョン館（首相府）と内務省では、これは共産党の謀略であり、赤軍の到来を予告するものではないかと考えた。しかし、すでにヨーロッパの半分を飲み込もうとしていたスターリンに、そうした意図はなかった。彼は慎重だったから、米国の介入を許すような行動は起こさなかった。

こうして、共産党の脅威とド・ゴール派の威嚇を前に、体制防衛のための連合体、「第三勢力」が形成された。これを支える最も強力な柱はSFIOとMRPだったが、この二党では議会の過半数に届かなかった。第三勢力の持つ重みがどれほどのものか、疑わしかった。これは、不安定で、内部に対立を抱えた集合体で、加盟政党は経済問題についても、社会・労働問題についても、教育問題（私立学校への公的助成）についても意見が一致していなかった。こうしたバランスを欠いた連合は、内閣の安定にとっては具合が悪い。ロベール・シューマン内閣から、議会任期の最後となる一九五二年のエドガール・フォール内閣まで、一〇の内閣が次々と、大臣はしばしばそのままで、交代することになった。UDSRにとっての切り札は、つなぎ役の政党として、他の党から必要とされたことだ。これは、フランソワ・ミッテランにとって幸運だった。

†海外相として

彼の責任と役割は、徐々に拡大した。一九四八年、三二歳の彼は、ロベール・シューマンから内相就任を要請された――これは快挙だ。ヴァンサン・オーリオルは、『大統領日記』に書いたように、これを好意的に受け止めた。「ミッテランは最初就任の意向を示し、私も受諾を勧めたが、党の方針により、本人の希望にもかかわらず辞退せざるをえなくなった。彼はあくまでも受諾しようと考えたが、除名すると脅されたのだった」[6]。この社会的動乱の時期に、各党は矢面に立つことを避けようとしており、ＵＤＳＲ――ミッテランは正式に党員になっていた――も同様だった。在郷軍人・戦争被害者大臣を務めた後、彼は副首相付閣外相、次いで首相付閣外相となり、さらには一九五〇年七月一二日に成立したルネ・プレヴェン内閣で海外相に就任し、一九五一年三月一〇日に発足した第三次クイユ内閣でも再任された。このポストで、ミッテランはアフリカの問題についての知識を得て、パリにおける専門家の一人となった。一九六九年に、彼はこう書いた。「これは私の政治経歴において非常に重要な経験であり、私のその後の変化に大きく寄与した」[7]。

フランス本土と、植民地化により形成された領土からなるフランス連合は、複合的な集合体だった。アルジェリア、レユニオン島、ギアナ、アンティル諸島は、内務省の所管だった。モロッコとチュニジアは保護領で、外務省が担当していた。戦争のさなかのインドシナは、設置されたばかりの連合国家省が管轄していた。海外省は、フランス領西アフリカと、同赤道アフリカ、マダガスカル、コモロ、オセアニアの領土とサン・ピエール・エ・ミクロンを監督していた。一九四四年一月のブラザヴィル会議でのド・ゴール将軍の発言（「再生に向けた強い意志と、現実的な取り組み」）と、憲法の前文（「フランスは、その伝統的な任務に忠実に、責任を負っている諸民族が自由に自治を行ない、自らの問題に民主的に対処できるよう、導こうとするものである」）にあるような改革の約束にもかかわらず、海外領における植民地的実態は、強制労働の廃止を除けばほとんど変わっていなかった。一九四九年に、情報担当首相付閣外相だったとき、ミッテランは夫人とともにアフリカを訪問していた。「私にとって新しいこの分野で行動したいとの燃えるような希望を持って、私は帰国した。私は、大きく変動しつつある、しかし不確かで、迷いを抱き、苦しんでいるアフリカを見てきた。私が見てきた行政機関は、温情的だが閉鎖的で古くさく、ガリエニ〔ジョゼフ・ガリエニ Joseph Gallieni、一八四九－一九一六。フランスの軍人、陸軍元帥。マダガスカル総督などを務めた〕とリヨーテイ〔ユベール・リヨーテイ Hubert Lyautey、一八五四－一九三四。フランスの軍人、陸軍元帥。モロッコ総督を務めた〕に教えられた紋切型を後生大事に守っていた…（中略）…私はアフリカが略奪されるのを見てきた。資源は搾取され、はるか遠くに送られて製品あるいは半製品に加工された。私は屈辱を受けた人々、さらに悪いことにあきらめてしまった人々も見てきた…（中略）…しかし私は、独立は長い移行期間の後に初めて実現すると考えていた(8)」。

実際、アフリカの植民地の解放は、フランス人の頭の中にはなかった。一九四七年に、マダガスカルでの反乱は容赦なく鎮圧された。新任の海外相は、改革が必要だとの確信を持っていたが、一九四五年六月二四日に「リーブル」紙に彼が書いたように、「恐ろしい実利主義の側面から見れば、植民地は我々にとって必要である。植民地の放棄は、自らを放棄すること」になるのだった。大半のフランス人の場合と同様、彼は脱植民地化の思想を抱え込んではいなかった。それは、無用な仮説だった。

彼が大臣として上げた実績の一つに、ＲＤＡ（アフリカ民主連合）およびその指導者フェリックス・ウフエ＝ボワニーとの良好な関係の構築がある。ＲＤＡは仏領アフリカ共通の政党で、パリの下院で六議席を有し、共産党の会派に加わっていた。冷戦開始後は、アフリカにおけるソ連の手駒と見られるようになり、入植者と植民地行政機関からのあらゆる攻撃の対象となった。社会的に重苦しい状況の中、コートジボワールではコーヒー・プランテーションの労働者と警察の衝突が相次いだ。一九五〇年一月二九日には、ディンボクロでRDAの活動家一名が逮捕されたことから、暴動が起こった。憲兵隊が群衆に発砲し、一三人が死亡、六〇人が負傷した。「アフリカのトレーズ」の異名を取ったウフエ゠ボワニーは、「独裁者見習い」だとして糾弾され、社会党と、コートジボワールに多くの支持者がいたド・ゴール派のRPFからも倒すべき敵と見なされた。しかしながら、一九五〇年に、首相のルネ・プレヴェンはRDAとの和解の有益性を理解し、下院議員のウフエ゠ボワニーを首相官邸に迎えた。ミッテランは、これを知らされなかったために激怒し、悔しがった(9)。そして、フランスの対アフリカ政策の新たな方向性に賛成していた彼も、このアフリカの指導者と対話するようになった。二人の間では、波長が合った。いずれの側も、宥和を求めていた。

この政策の成功により、ミッテランはアフリカ側から感謝された。一九五一年二月に、彼は、かつてアングレームの聖ポール校で同級だったコートジボワール出身の司法官アルフォンス・ボニを含む大人数の代表団を率いて、新しい港湾施設の落成式のためにアビジャンを訪問したとき、彼は入植者よりもアフリカ人から好意的に迎えられた。フランス領ソマリ海岸の元総督ポール゠アンリ・シリエクスは、「彼の若さそれ自体が、いわば挑発行為だった」と証言している。彼は、白人からはフェリックス・ウフエ゠ボワニーと同じくらい冷淡に迎えられたが、彼は「自分自身と未来に関する自信に満ちた品位があるとの印象(10)」を与えたのだった。フランソワ・ミッテランは、このとき植民地の行政機関を従わせるべく努めていた。

その後、彼は見事な手を打つことに成功した。RDAを共産党会派から離脱させ、UDSR議員団に加入させたのだ。これにより、会派の名称はUDSR－RDAとなった。一九五〇－一九五一年にかけての、一年余りの大臣在任中、独立への方向を非難せずに改革プロセスを受け入れることのできない植民地支持勢力から彼は敵視されるようになった。それから数年後、彼は次のように書く。「過激で侮蔑的なメディアは、健全な体制の下では牢獄行きか死刑となるべき扇動者を利する、フランスのプレゼンスの終焉を意味する恐ろしい陰謀が企まれていると、世論に警告を発した」(11)。

右派からの敵意は、一九五一年四月四日の海外領予算の審議に際して具体的に現れた。PRLの結党メンバーで、いまではRPF所属のエドゥアール・フレデリック＝デュポンが提出した修正案は、大臣給与を減額しようとするもので、この案は採択された。首相はこれに反対し、結局予算案は、ミッテランの給与に影響することなく可決された。しかし、彼は異なる形で敵対する勢力の攻撃を受けた。一九五一年八月の第二次プレヴェン内閣の発足に際しプレヴェンは、ミッテランに対して怒り心頭だったMRP——プレヴェンは同党の支持を必要としていた——を満足させるために、彼を排除したのである。彼にとり、これは屈辱であり、不公正だった。それからというもの、プレヴェンは注意を払わねばならなかった。ミッテランは、彼に対抗して遠慮なくUDSRの党首ポスト獲得に乗り出したのである。

†ニエーヴル県人

当面の課題は、一九五一年六月一七日の総選挙で再選を勝ち取ることだった。当時のフランスは、戦後の恢復期から立ち直るのに苦労していた。「栄光の三〇年」〔第二次大戦終結から一九七〇年代初めに至る高度経済成長期）神話は、フランスの復興が終戦直後に始まったように思わせる。だが、実際にはそうではなかった。フランスでは一九四九年まで食料配給制度が続き、ようやくこの年に「パン配給券」が廃止された。米国の援助はなお必要で、フランスは米国の傘の下にある、従順な一国でしかなかった。農業と工業の生産高は、徐々に一九三八年の水準にまで回復したにすぎなかった。英国やイタリアよりも少ない人口四二〇〇万人のフランスは、まだ農村中心の国だった。人口二〇万人を超す都市は七つしかなく、労働人口の三分の一以上が農業従事者だった上、農業はまだかなり遅れていた。高等教育を受けられる人々はほんの一握りで、学生数は一四万人（うち外国人学生八〇〇〇人）、毎年のバカロレアの合格者数は三万五〇〇〇人を超えなかった。戦後フランスで起きた本当に新しい現象は、予期しない出生率の向上による人口増加だった。一九三八年の出生数は六一万二〇〇〇人、出生率は一四・六パーミルである。一九五〇年の出生数は八五万八〇〇〇人で、出生率は二〇・四パーミルに上昇した。復興と発展の時代の完全雇用が、この動きを後押ししていた。

政治的には、重大な問題が明らかになり始めていた。フランスはインドシナでの戦争を継続していたが、フランス遠征軍はベトミンの前に苦戦していた。一九五〇年六月以来、朝鮮半島では冷戦が現実の戦争に発展していた。中国では、一九四九年に毛沢東の共産党が政権を獲得した。国内では、不安定な「第三勢力」政権が、引き続き強い勢力を維持する共産党と、現体制に反対するド・ゴール派のＲＰＦという、二つの恐るべき政党に挟撃されていた。国民議会の与党議員団は、「第三勢力」を守るために選挙法改正を考えた。一九五一年五月九日に成立した、「名簿連合」と呼ばれる選挙法は共産党とＲＰＦの議席数を抑えることを目的としていた。この法律は県単位の比例代表制を維持しつつつ、他の名簿との連合を取り決めた名簿に追加議席を配分する方式だった。総投票数の過半数を獲得すれば、名簿連合は全議席を連合内部で配分することができた。全国の一〇三選挙区で、八八の名簿連合が組まれ、共産党とド・ゴール派のＲＰＦは不利な立場に追い込まれた。

六月初め、急進党の指導者エドゥアール・エリオは、リヨンでこう発言した。「我々は、二つの過激な政党に対抗しています。我々は、自由と、フランスと、共和国を守りたいのです…（中略）…名簿連合は政党連合ではありませんが、共和国と自由を破壊しようとする者から、フランスを守ろうと合意した人々が結んだ協定なのです」。

ニエーヴル県では、ミッテランは冒険家の魂をもって共産党との闘いに臨んだ。共産党は、一九四六年にミッテランに奪われた二議席のうちの一つを取り戻そうとして、平和と軍縮をテーマに、反米感情をあらわにしながら（US go home!）、またインドシナ戦争を激しく非難しつつ、積極的な運動を展開していた。ヌヴェール市長マリウス・ドゥルベが率いるＲＰＦは、追い風を受けていた。「第三勢力」はと言うと、私立学校に有利なバランジェ・マリー法（私立小学校への公的補助金支給）の直前の採決以来、学校教育の問題をめぐり、内部で意見が対立していた。ミッテランは採決には加わらず、学校をめぐる対立を批判していたが、彼が県内の有力者たちと同盟関係にあることを非難する社会党と決着をつける必要があった。これら三政党と比べて、ＵＤＳＲは党員数が少なかったが、ルネ・プレヴェンが率いるこの党はＲＧＲおよび独立派と全国協定を結び、「第四勢力」を称した。一九四九年に県議に当選した新参者のニエーヴル県人ミッテランは、一九五〇年に自ら創刊した「ル・クリエ・ド・ラ・ニエーヴル」紙を活用して、派手な選挙戦を展開した。雄弁で、辛辣で、毅然とした彼は、エネルギーを惜しまずに選挙集会を次から次へとこなし、ヌヴェールに選挙事務所を構えて休まずに活動した。激しい選挙戦だった。

彼が率いる民主共和独立連合名簿の選挙プログラムは、彼の大臣としてのすぐれた実績を強調していた。まず、在郷軍人相として「戦闘員庁を再編成し、一九三九－一九四五年の時期に兵士だった人々を対象とする戦闘員証明書を制度化し、レジスタンス活動のため収容所送りとなった人々の身分を制定しました。この一八カ月間に、軍人年金は七二ないし七八パーセント増額されました……（後略）」。情報相としては「何よりも、フランスのテレビ放送技術を、走査線八一九本（米国は六二五本、英国は四〇五本）とし、世界第一位としました」。彼はロベール・シューマンが要請した内相就任を辞退したことを自慢し、海外相としての活動について力説した。「私はすべての地域で、秩序とフランスのプレゼンスを維持することができました。以前はしばしば見られた暴動も、重大な事件も、急速な発展を脅かしはしませんでした」。秩序！　しかし、フランス連合の将来については、一行の説明もなかった。

それでは、いま彼が提案するのは何なのか。社会党を「金食い虫」だとする、右派によく見られる次の公約以外には、ほとんど何もなかった。「次期議会の最大の目標は、財政の健全化です。生産活動に従事する階層と中間層に対する重圧を取り除く必要があります」。

この政策とは呼べない公約は、何よりもまずＵＤＳＲ、独立派連合、国民共和派（ＰＲＬ）、急進社会党および共和左派連合の名において彼が作成した、自己弁論とも言うべきものだった。これほど多くの政党が関わっていたために、選挙公約が薄まったことは理解できる。反共主義、反ド・ゴール、さらに社会党と距離を置くこと――共産党とＳＦＩＯが大衆票を多く獲得していたこの県でできるだけ多くの票を得るには、こうした手段に頼る必要があった。

結局、六月一七日には、彼の名簿は第三位につけた。共産党は三万四〇〇〇票を得て、他を引き離して首位に立った。二位はＲＰＦで、二万七〇〇〇票を獲得した。フランソワ・ミッテランの名簿は社会党を僅差で上回り、議席の維持に成功した。ＭＲＰのベランジェは議席を失い、ＲＰＦが代わりに議席を確保した。

全国的に見ると、名簿連合は翼のない鳥とも言うべき「第三勢力」に有利に働いた。孤立した共産党は二六・五パーセントを得票しながら、七〇議席を失った。ＲＰＦは二一・五パーセントと一〇六議席を得て、議会の主要政党となったものの、「第三勢力」に取って代わるには至らなかった。右派の勢力伸長は明らかだった。一九四七年以来、共産党の政権参加と閣外協力が不可能となり、左派による多数派形成の道は閉ざされた。やむなく、議会は政党間の連立に頼ることとなった。すでに見たように、彼は一九五一年八月一一日に成立した第二次プレヴェン内閣で留任できなかったが、一九五二年一月のエドガール・フォール内閣では、国務大臣という聞こえのよいポストに就くことができた。不安定さは構造的となり、内閣は次々と交代した。彼は一九五二年三月成立のピネイ内閣にも、一九五三年一月八日発足のルネ・メイエール内閣にも入閣しなかったが、一九五三年六月二八日には、新首相ジョゼフ・ラニエルから欧州評議会担当相に任命され、雪辱を果たした。

†インドシナのとき

同時に、彼はUDSR党首の座の獲得に向けた活動を継続した。党内のド・ゴール支持派が離党してRPF入り――この動きに、彼は手を貸した――した後、彼は自分に有利な多数派の形成を図った。すなわち、かつてのMNPGDの人脈につながる人々を、幹部会をコントロールする目的で、この小政党の地方組織に加入させたのである。インドシナ（彼は、停戦支持に転じていた）、欧州防衛共同体（彼は、これを支持しなかった）、私立学校（プレヴェンは、バランジェ・マリー法案に賛成した）に関するルネ・プレヴェンの立場とは一線を画して、彼は党の決定機関に自分に近い人間を少しずつ送り込んだ。まず、一九五一年一〇月のUDSR党大会で、ジョゼフ・ペランを幹事長に就任させ、副幹事長には、友人のジョルジュ・ダヤンを据えた。ミッテランは、幹部会で多数派を確保した。彼は、プレヴェンがアントワーヌ・ピネイとルネ・メイエールの右派内閣に入閣したことを批判した。一九五三年の党大会では、以前は極東における戦争遂行政策を支持したにもかかわらず、インドシナでの停戦を提唱した。この一九五三年のナント党大会でルネ・プレヴェンは党首職を離れ、ミッテランに党首を譲った。確かに、UDSRは小政党だ（一九五二年の党員数は一万三〇〇〇人である）。しかし、共産党とド・ゴール派に対抗して、下院で連立政権を組織するために必要な中心的存在だった。そして、ミッテランは、三七歳にしてこの中間政党の党首となり、権力への鍵を手にしたのである。彼はそうだと知っていた。

彼は、ヴィシー時代と戦後の人脈を使いこなす、完璧な戦略家だった。彼は第四共和制の主要なアクターの一人となり、海外相時代に植民地ロビーの目に危険な改革論者と映ったことで、右派から中道左派に移行していた。魅力的で、自信にあふれ、話し相手にはときとして素っ気なく、ときとして相手を魅了すべく接し、「美男のフランソワ」と呼ばれるようになった彼は、社交も嫌いではなかった。一九五一年一〇月に、女性雑誌「エル」がフランスで最も魅力的な一四人を決定するために行なった調査で、彼はモーリス・ドリュオン、アルベール・カミュ、ルイゾン・ボベ、ジャック・シャバン＝デルマスらとともに、その一人に選出された。彼の写真は、当時まだ「ピープル（セレブ）雑誌」とは呼ばれていなかった雑誌によく掲載されるようになった。彼はパリの名士や貴族のレセプションに出席し、一九五六年にはモナコでレーニエ大公とグレース・ケリーの結婚式に、何の気兼ねもなくシルクハットをかぶって列席した。

しかしながら、日和見的だとはいえ、彼に信念がなかったわけではない。一九五三年九月二日に、モロッコのスルタン、モハメド・ベン・ユーセフの廃位を受けて、彼がラニエル内閣を辞任したことでも、それは明らかだ。反フランス暴動が起きた際、マラケシュのパシャ、エル・グラウイが有力入植者とオーギュスタン・ギヨーム総督を先頭とするフランス当局の支援を受けて企んだ陰謀により、スルタンは王位を追われたのだった。エル・グラウイは部族を動員してラバトに向けて行進し、結局ジョゼフ・ラニエルにモハメド・ベン・ユセフの廃位とコルシカへの追放、そしてムレイ・ベン・アラファをスルタンの位につけることを決断させたのである。既成事実を突きつけられて、外務大臣ジョルジュ・ビドーと首相ラニエルは、このクーデターを追認した。フランス・マグレブ委員会の名において抗議文を発表したフランソワ・モーリアックは、皮肉を込めてこう解説した。「フランス人の大半にとって、モロッコの事件はエピナル版画〔歴史的出来事などを題材に、仏東部の小都市エピナルで制作された通俗的な色刷り版画〕のようなものだ。フランスの友人で善良なエル・グラウイが、フランス嫌いの悪いスルタンをやっつけたのだ」。植民地主義の右派は勝利を喜んだが、いつものことはいえ、この勝利が多大な犠牲を伴うことを理解できなかった。

その前の六月、フランソワ・ミッテランはインドシナとチュニジアにおけるフランスの政策に関するエッセイ、『フランス連合の境界で』を出版した。この本には、ピエール・マンデス・フランスが序文を寄せた[12]。元海外相は、ウディノ通り〔海外省の所在地〕在任中に得た信念について記述した。フランスが海外領を維持したいと望むなら、植民地居留民および本国の植民地支持派の意志と、植民地行政機関の自殺行為ともいえる現状維持優先主義に抗して、断固たる改革政策を推進しなくてはならないというのだった。「完全独立の希望が過度に拡大する」のを防ぐための手段として、「自治」と「連邦組織」という単語を彼は用いた。彼はこう書いた。「我々は七〇〇〇万人の強情な人々を我々の戦車にくくりつけることはできない。そんなことをすれば再びスパルタクスが立ち現われ、我々に反旗を翻すだろう。まだそれが可能なうちに——私はまだ可能だと信じているが——、彼らを我々の運命に結びつけなければならない。まず、彼らにとってそれが最も望ましいことだと理解させなければならないのである。たとえ一部の者が憎しみから、あるいは愚かさからこうした言葉に耳をふさぐなら、力を見せつけ、力を用いることが必要となるとしても。リヨーテイのメッセージは偽者の弟子たちによって裏切られたが、いま再びそれに学ぶ必要がある」。

これは、共和主義左派にとっては、古典的な立場だった。植民地開発には賛成だが、植民地主義、隷属、牢獄と絞首台による現状維持政策には反対、というものだ。この立場は、かつてジャン・ジョレスが取りえたものではあったが、植民地ロビーを前にして、実際に政策として実施されたことはなかった。アルジェリアに関する一九三六年のブルム・ヴィオレット計画はアルジェリア人のごく一部にしかフランス市民権を認めていなかったが、下院で審議の対象にさえならなかった。海外領における自由化政策と呼ばれるものは、共産党――この党はソ連の政策を擁護していると疑われていたし、実際その通りだった――を除きあらゆる政党に存在していた植民地支持勢力を前にして、なお現代的な課題であり続けた。フランソワ・ミッテランの立場に新しさがあるとすれば、それは「連邦」、「連邦的構造」の考え方であり、それは「自治」の原則と対をなすものだった。しかしながら、アルジェリア戦争のときが訪れると、彼はこの考え方を、少なくとも内務大臣の職にある間は放棄した。植民地問題について、彼が明晰な面を示したと感じられるが、断固たる植民地主義者に対抗して、彼の思考は正しい植民地開発、人間的な植民地開発を擁護し、あるいは推進するという限界の内側にあったのである。

当時、新聞の一面を飾ったのは、インドシナとベトミンの攻勢だった。一一月、ミッテランがUDSR党首となったのと同じ時期に、ナヴァール将軍はベトナム北西部のディエンビエンフーに陣地を建設し、ベトミンのラオス方面への動きを妨害しようとした。一九五四年四月二六日、ジュネーヴで四大国（米、ソ、英、仏）に中国を加えた会議が開催された。前年に戦争が終結した朝鮮半島の扱いについて協議するためである。インドシナ問題も、早くに議題となった。五月七日、ディエンビエンフーのフランス軍陣地は、ベトミンの攻撃の前に陥落した。インドシナ戦争は、悪夢と化した。この前年に、ジャン＝ジャック・セルヴァン＝シュレベールとフランソワーズ・ジルーが創刊した週刊誌「レクスプレス」のコラム「ブロック・ノート」で、フランソワ・モーリアックは次のように解説した。「私には、必要とするより一日たりとも余分に、フランスがラニエル内閣を存続させるとはとても思えない」。辞任していたミッテランが、その仕事を請け負った。ジャック・ブロック＝モランジュによれば、彼はラニエルを打倒しようとする人々の一人だった[13]。ＭＲＰのロベール・ビュロン、ド・ゴール派のジャック・シャバン＝デルマスとミシェル・ドブレ、社会党のロベール・ラコストらと事前に合意の上、彼らの名において、彼は六月一二日、下院で政府を糾弾する演説を行ない、内閣は持ちこたえることができなかった。「ディエンビエンフー、ジュネーヴ会議開幕時の対応の拙劣さ、同盟国の躊躇、フランス連合参加国との協定――当然ながら、参加国の独立は、フランス連合の維持とはますます相容れなくなっています――、これらすべての要素が示しているのは、我々が以前に提案した政策の命題、主張、期待をいまひとたび精査するなら、総理、これと異なる政策、すなわちあなたの政策の失敗をあなたは白状せざるをえないということで、あなたは私たちの信任を得る権利を持ってはいないのです」。

†マンデス・フランスとともに

一九五三年一二月に、一三回の投票を経てようやく選ばれた新大統領のルネ・コティーは、ピエール・マンデス・フランスに組閣を要請した。マンデス・フランスは、六月一七日に議会での信任投票前の短い演説で、大胆にもインドシナでの停戦を実現するため、七月二〇日までの猶予を求めた。その一年前、彼はすでにヴァンサン・オーリオルの指名を受けて、ルネ・メイエールの後継首相となるはずだったが、一三票差で議会の信任を得るのに失敗していた。彼は強い個性の持ち主だった。一九三二年に若くして下院議員となり、人民戦線内閣で閣外相を務めた急進党員で、ヴィシー政権下で投獄されたが危険を冒して脱走して自由フランス空軍で戦い、フランス解放後には緊縮財政・金融政策が採用されなかったためにド・ゴール将軍の臨時政府を辞任していた。それ以降、彼は下院議員としては当選を重ねていたが、どの内閣にも入閣していなかった。この国が必要とする近代化と、フランス連合が自由化政策を採用する必要性についての彼の意見は知られていたし、一部の人々はこれを危惧した。この六月一七日、彼はこう述べた。「早期に停戦を実現しなければなりません。私が組織する内閣は、この目標達成のために四週間の猶予期間を定めます。本日は六月一七日です。私は、七月二〇日に皆さんの前で、獲得した成果について報告をいたします。この日までに、いかなる満足すべき成果も得られなかった場合は、皆さんは私たちとの間で結ぶ契約から解放され、内閣は辞表を提出いたします」。

例を見ない大胆さ、それまでの内閣とははっきりと異なる決意だった。一方、ミッテランはマンデスに不足するかもしれない五票か六票を獲得するために奔走した。彼は議会の構成、それぞれの議員の心理、彼らの弱点を細部にいたるまで熟知しており、議会内での工作が不得手なマンデス・フランスにとっては貴重な援軍だった。マンデスは、六月一八日に議会の信任を得た――これは歴史的な記念日で、マンデスはこれに示唆を得てド・ゴール将軍にメッセージを送った〔六月一八日は、ド・ゴールが一九四〇年にロンドンからフランス国民にドイツとの戦いの継続を呼びかけるラジオ放送を行なった記念日〕。彼は、多くの点について意見を共有するミッテランに、内相の職を託した。彼自身は外相を兼務し、すでにジュネーヴで始まっていた会議で交渉に臨み、決裂した場合には増援部隊を派遣して戦争と継続すると脅しさえした。ソ連と中国の後押しもあり、ベトミンが停戦ラインを北緯一三度とする案をあきらめた上で、停戦協定に調印した理由は、恐らく、米国の介入の可能性があったからだろう。マンデスは北緯一八度を提案したが、結局北緯一七度で両陣営を分かつことに合意した。一九五六年に、両地域で総選挙を実施し、ベトナムの将来を決定することとされた。賭けは成功し、ジュネーヴ協定は七月二〇日に調印された。

そして、一部の世論と「マンデシスム」を支持する若者を熱狂させたマンデス・フランス内閣の一員として、フランソワ・ミッテランは、敵対する極右の本格的陰謀の犠牲となった。「情報漏洩事件」である。

ボーヴォー広場〔内務省の所在地〕に腰を落ち着けたばかりのミッテランは、七月一〇日、一九五一年以来パリ警視総監の職にあるジャン・ベイロの交代を決定した。ベイロはミッテランの二人の前任者、ブリューヌとマルティノ＝デプラが後ろ盾で、反共産党活動を行なう組織を設けていた。この組織の手法は共和国の法令とは両立しないもので、七月一四日の軍事パレードの機会に蜂起を呼びかける偽の共産党ビラを印刷させたりした。この日以前から、新内相はインドシナでの停戦を受け入れられない人々の標的となっていた。ミッテランは、和平を求めるマンデス・フランスの最も忠実な支持者であり、海外相としての実績、長く共産党と会派を組んでいたＲＤＡとの連携により、「植民地を安売り」した人物だとされていた。

一九五四年七月二日、ベイロの組織に属するジャン・ディード警視正が、チュニジア・モロッコ担当相のクリスティアン・フーシェに前回の国防委員会の議事録を持参し、この議事録を共産党政治局が入手していると報告した。ディードは、「情報提供者は、この文書の漏洩元はエドガール・フォールだと言ったが、私はフランソワ・ミッテランから漏洩したと考えている」と述べた。フーシェから通報を受けたマンデス・フランスは、他言しないように求め、フランソワ・ミッテランに通告しないまま、ＤＳＴ（国土監視局）のロジェ・ヴィボ局長に調査を命じた。その二カ月後に、疑念を持たれていると知ったとき、ミッテランは深く傷ついた。マンデスはミッテランが情報を漏洩したとは信じていなかったに違いないが、後にこう語っている。「私はすぐには事件を公表しないことに決定しました。したがって、他の閣僚と同様に、ミッテランは事件について知らされませんでした。私はＤＳＴのロジェ・ヴィボ局長に調査を命じましたが、局長の上司にあたる内務大臣には通報しませんでした。これは、確かに具合が悪いことです。しかし、私はＤＳＴが内務省の所管だと知らなかった、という事情があったのです」[14]。いずれにしても、フランソワ・ミッテランがマンデス・フランスに対して持っていた熱烈な尊敬と感嘆は、いくらか損なわれてしまった。ミッテランは同時代の人々に感心することはあまりなかったが、マンデス・フランスは例外だった。「ＰＭＦ」――「レクスプレス」誌は、マンデス・フランスをこう呼んでいた――は、スケールの大きな政治家であり、付いて行くだけの価値があると見たのである。ミッテランは、マンデスが自分を十分に信頼していないと感じ、この感覚はそれ以降も消えなかった。ミッテランは、マンデスに対して、内に秘めた恨みを持つようになった。

九月一〇日、国防委員会の事件発覚後最初の会議で、注意深く観察していたマンデスとミッテランは、メモを取っているのが委員会の職員二人だけであることを確認した。事務局長のセガラとモンスである。一週間後、ディードはフーシェにこの会議の要約を持参した。しかし、ディードは退出したところをＤＳＴの調査官に逮捕された。彼の鞄の中にあった資料には、情報提供者であるアンドレ・バラネスの名があった。バラネスはエマニュエル・ダスティエ・ド・ラ・ヴィジュリーが主筆を務める「リベラシオン」紙の記者、共産党員でパリ九区支部に属していた。彼は警視庁の情報提供者で、「共産党内で起こるすべての事象について、大臣に説明する」[15]ために報告を行なっていた。ＤＳＴの調査官たちは、彼の自宅で九月一〇日の国防委員会の議事録を発見した。バラネスは、これは共産党系の新聞「ラ・テール」編集長で、後に共産党書記長となるワルデック・ロシェのデスクから盗んできたものだと説明した。文書を分析した結果、委員会事務局長のメモと内容がかなり一致していることが判明した。糸を手繰っていくと、犯人は委員会事務局長ジャン・モンス直属の二人の部下、ロジェ・ラブリュスとジャン＝ルイ・テュルパンであることがわかった。彼らは、ベイロの組織に操られているとは知らずに、インドシナ戦争に反対の政治的立場から、こうした行動を取っていたのだった。彼らが、モンスが取ったメモをバラネスに渡していたのである。

陰謀の実態は明らかになったが、ジュネーヴ協定とチュニジアに自治を約束したマンデス・フランスのカルタゴ演説後に、「国民派」メディアは共産党の共犯者となった政府の「裏切り」を公然と告発した。このキャンペーンは、一九五四年一二月三日の下院本会議で明白に、その姿を現した。ミッテランは、RPFのレイモン・ドロンヌから、行政組織の「最も重要な部分」に「共産党が潜入している」として、直接に攻撃を受けた。最も過激だったのは、オワーズ県選出議員で、全国独立農民中道派スポークスマンのジャン・ルジャンドルだった。彼は反共の闘士で、植民地に関わる利益の擁護者だった。加えて、彼はマンデス・フランスとその内閣に対して、決着をつけたがっていた。ビート（甜菜）生産者ロビーの一員のルジャンドルは、ビートの生産過剰と、アルコール中毒と自家用酒蒸留に対するマンデスの敵対的な政策に我慢ができなかった。彼は、内務大臣のとどめを刺すつもりだった。「なぜディエンビエンフーで敗北したのか。兵員数でも装備でも上回るフランス軍は、なぜインドシナで敗れたのか。それは、パリの裏切りにあったからだ」。彼はミッテランの責任を追及して、彼がラニエル内閣を辞任したのは、彼が不注意により、もしくは裏切り行為までをも行ない、ラオスでの戦いに関する国防省の秘密情報を漏洩したことが明らかになったからだと匂わせた。

この本会議において、ミッテランは驚くほど冷静に、ルジャンドルにこう言い放った。「もし「内閣での元同僚の」誰か一人でも、ルジャンドル氏と意見を同じくする人物がいるなら、そうはっきり述べるべきです。そうでないなら、ルジャンドル氏はなぜこのような破廉恥な発言ができるのでしょうか」。長い沈黙が続き、ミッテランはこれに大いに満足した。この「情報」の源泉となったのは、ジョルジュ・ビドーだった。結局、彼は発言した。彼は、ミッテランがモロッコ問題を理由に辞任したことを認め、こう付け加えた。「私は宣誓の上で、二〇分にわたり証言しました。私は、そのとき述べたことをここで繰り返すつもりはありません。それゆえ、私があなたに対しこれ以上賛辞を述べない理由をおわかりいただけるでしょう」。

非難の根拠は崩れた。一九五四年一二月五、六日付「ル・モンド」紙は、こう解説した。「演壇から、それが根拠のないものだと承知しているにもかかわらず、ミッテラン氏に対する一九五三年の漏洩疑惑を、再び取り上げることで、［ジョルジュ・ビドーは］内務大臣に最も感動的で最も説得力のある反駁を行なう機会を提供したのである」。続いて演説した議員たちが手にしていた武器は、それ以上に鋭いものではなかった。ミッテランは勝利した。彼の冷静さ、内に秘めた怒りと反駁は、彼が敵に回すべきでない実力のある議員になったことを示していた。モーリアックは、感嘆して、一二月二一日の「レクスプレス」誌に書いた。「彼はドレフュスと同じように無罪だが、それ以上に賢い」。

マンデス・フランスは次々と決定を行なうことで、さまざまな利害や信念を持つ人々を敵に回し、結局そのために議会の多数派を維持できなくなった。ある人々からは、ジュネーヴ協定締結とチュニジアの自治の約束によって「植民地帝国を安売りした」と見なされ、インドシナ和平交渉のために共産党の票を拒否したことで同党から敵視され、欧州防衛共同体――最終的に、否決された――をめぐる議論において立場を明らかにすることを拒否したためにMRPから非難を受けたのである。これらの方針は与党の一部の離反を招き、一方で極右は彼がソ連に妥協的な政治家であることを明らかにしようとして、攻撃の手を緩めなかった。最終的に、マンデス・フランス内閣は、深刻なアルジェリア問題のために倒れることになる。

「赤い万聖節」の前に、ミッテランはアルジェリアを公式に訪問した。彼は、アルジェリア議会で、一連の改革、フランス本国による投資、さらにアルジェリアの市町村でこれまでほとんど適用されてこなかった一九四七年の制度を実施すると発表した。アルジェリア議会設置の根拠となったこの制度は、何ら前衛的なものではなかった（選挙における二つの有権者集団を制度化したが、多数派であるイスラム教徒に不利となっていた）。アルジェリア人議員の大多数は予想通り反対にまわり、ヨーロッパ人代表からは「イスラム教徒の餌食となる」として怒りを買った。一方、ブルムとともに一九三六年の計画に名を残したヴィオレットは、「この計画は、多数派がどのようなものであっても少数派と見なされ、そのために少数派が常に多数派となる」として、非常に厳しい見方を示した。この計画の全面実施を望んだフランソワ・ミッテランは、脱植民地化政策において、先進的な部類に入るとはとても言えなかった。これは、常に彼に欠けていた点だ。彼は、予見者ではなかった。

一九五四年一一月一日のＦＬＮ（国民解放戦線）によるテロ行為は、アルジェリア戦争と呼ばれるようになる出来事の始まりを告げていた。この時点では、これはフランス政界にとっては、過去にもあったような流血事件――もっと深刻なものもあった――でしかなかった。ミッテランも、またマンデスも同じように反応した。「アルジェリアは、フランスだ！」。後年、まったく不当なことに、未来の大統領はこのスローガンのために非難を受けることになる。独立を主張する一握りの知識人を除けば、政治家の圧倒的多数、大半のメディアと総体としての世論は、アルジェリアを普通の植民地ではないと考えていた。それは、フランスの三つの県であり、一八三〇年以来フランス領であり、緊急になすべきなのは、外国――ソ連――の支援を受けたきわめて少数の「反乱者」を黙らせることだった。ＦＬＮが舞台に登場した一一月一日の直後、ミッテランもマンデスも、緊急に警察力を増強し、反乱の拡大を防止し、住民を保護すべきだと判断した。しかし、彼らは同時にアルジェリア人がフランスに対して愛着を持ち、信頼し続けるよう、努力する必要があるとの確信を持っていた。一一月一二日、下院議員たちを前にして、ミッテランは緊急対策の成果について説明した。彼は言った。「アルジェリアはフランスです、そして…（中略）…フランドルからコンゴにいたるまで、法があり、ただ一つの国民があり、ただ一つの議会があるのです…（中略）…平穏を乱し、分離に向けた活動を行なう者とその共犯者は、あらゆる手段によって罰せられるでしょう。市民が反乱を起こすことは、認められません。政府と私を信頼してください」。これらの勇ましい決意は、改革と、投資と、アルジェリアの民衆を「フランス国民の完全な一部」とすることの必要性を覆い隠せるものではなかった。

一二月に、彼は再び一九四七年の制度に触れて発言したが、今回は慎重だった。「これは疑いなく実施すべきです。だからといって、いきなり、分別なしに適用するべきではありません」。「いきなり」とは、すでに七年前に決定されていた施策について用いるには奇妙な表現だった。しかし、大臣は注意深い行動を求められていた。植民地派はこの制度を拒否していたから、彼は慎重を期した。「我々は、実施に向けて前進しなければなりません。これは、［一九四七年の］議会の決定であります」。

イスラム教徒アルジェリア人とアルジェリア在住フランス人の対立は、すでにこの解決策では手に負えなくなっていたが、消極的な施策であるにもかかわらず反対派を動員させた。植民地派ロビー（ボルジョー上院議員、マルティノ＝デプラ、オラン選出下院議員でマンデス・フランスと同じく急進党所属のルネ・メイエール）は内務大臣に対して怒りを爆発させた。ミッテランは、新しいアルジェリア総督に、ド・ゴール派のジャック・スーステルを任命した。彼は左派の知識人、反植民地主義者とされ、植民地の秩序の番人たちから恐れられていた。同じころ、アルジェリア議会のイスラム教徒議員

（第二部会）は、厳しい弾圧について政府に抗議する決議を採択した。「違法な家宅捜索…（中略）…恣意的な身柄の拘束、容疑者に対する非人間的な虐待……」。

このように緊張が高まる中、一九五五年二月四日、内務大臣は政府のアルジェリア政策を説明した。すなわち、警察官および兵士の大幅な増員、行政機関における人事異動、改革の第一弾実施である。彼は、「分離」に対する反対を再度表明するとともに、「連邦的志向」の解決策も拒否した。「多くの本土出身者が居住するアルジェリアが、本土の延長としてとどまり、アフリカにおける一にして不可分の共和国の中心となることが必要なのです。連邦制へ向けたアルジェリアの変化を勧める人々は、したがって政府の同意は得られません。この人々は、野党の立場にあるのです」。

それでは、結論はどうなのか。統合政策である。軍の心理班が「統合」を戦争の正当化のためのスローガンとして取り上げる以前に、ミッテランはこれを自らのスローガンとした。しかし、注意が必要だ。「統合は、よく考えずに、機械的に行なえばいいというものではありません。国民議会に、アルジェリア人議員が一五〇人いるべきでしょうか」。否。「専門的な議会として、アルジェリア議会とフランス連合議会が存在しています。これらの議会の権限を規定することで、統合の困難を解決することができます」。要するに、統合政策の原理は分解していた。それでも、政府のアルジェリア政策は、植民地派にとっては進歩的すぎた。

一九五五年二月五日、マンデスは二つの分野で政策を遂行する意志を再度表明した。秩序の維持と、全アルジェリア住民間の平等の約束である。しかし、午前五時前に、彼は多数派を維持できなくなった。共産党、キリスト教民主主義勢力、急進党右派、植民地派の右派、といった雑多な勢力が集合して、第四共和制下でもっとも積極的で、期待が持てる内閣を倒したのだった。

　この七カ月間の行動を通じて、ミッテランは政治家として新たなステータスを獲得した。「情報漏洩事件」は、逆境、中傷、悪意に満ちたキャンペーン、あらゆる種類の策略に耐える力を彼に与え、またこれらに対抗できるようにした。彼は引き続き反共的だったが、冷戦のさなかにあって敵を倒すために十分に戦っていないと見なされた人々を、手段を選ばずに打倒しようとする、米国のマッカーシズムにも似た反共主義の病がもたらす弊害を知ることにもなった。彼は、反共主義ともつながるもう一つの危険、すなわち極端なアルジェリー・フランセーズ支持者という危険をも知ることとなった。彼の非常に慎重な政策と、植民地支配に対する誠実な親近感にもかかわらず、彼はマンデスとともに、植民地主義の常軌を逸した情念の犠牲となったのである。彼は、こうした勢力に立ち向かわなければならなかった。

　しかしながら、ミッテランはまだナンバー・ツーでしかなかった。ところが、彼が師と仰いでいた人物、非常に人気が高くなったピエール・マンデス・フランスは、ミッテランを標的とした揺さぶり工作の際に彼を十分に信頼せず、彼はそれを許せなかった。ミッテランは、友人の助けを得て、忠実な仲間の人脈を活用して、しかし後見人なしに、一人で歩み続けなければならなかった。この情報漏洩事件は、「火のないところに煙は立たない」という不公平な諺が言うように、世論における彼のイメージを傷つけた可能性はある。事実、一九五五年一月のＩＦＯＰ社の世論調査では、彼への支持がごく限られていたことを示している。政治家の評価ランキングでは、マンデス・フランスは回答者の五一パーセントから評価を得て、他の政治家たち、すなわち一〇パーセントのピネイ、九パーセントのトレーズ、そして一パーセントの内務大臣ミッテランを引き離していた。
頂点へと向かう道は、依然として急勾配だった。

第4章 アルジェリアの暴風

脱植民地化！　この単語は、草原の火のように諸大陸を駆けめぐった。一九五五年四月一八日から二四日まで、インドネシアのバンドンで、二九カ国が参加してアジア・アフリカ会議が開催された。その最終決議で、「国連憲章に規定された民族と国民の自決権の原則」が宣言された。フランスの支配地域は、特に標的となっていた。「北アフリカの不安定な状況と、北アフリカの民衆への自決権付与に対する何度にもわたる拒否に関しては、アジア・アフリカ会議はアルジェリア、モロッコ、チュニジアの住民の自決権と独立の権利を支持し、フランス政府に対して早期にこの問題の平和的解決を求めるものである」。

かつてない反響を得たこのバンドン会議に、フランソワ・ミッテランが無関心であったはずはない。しかし、一九五五年には、元海外相はもはや閣僚ではなかった。二月二三日に、ピエール・マンデス・フランスに代わりエドガール・フォールが、「中庸」の人物として穏健右派（独立派、MRP、RGR）の票により信任を得ていた。実際のところ、前内閣からの継続性は明らかだった。一九五五年五月二九日、仏チュニジア協定が署名され、チュニジアに自治権が与えられた。モロッコでは、スルタンのモハメド・ベン・ユセフが廃位されて以来、混乱が絶えなかった。デモ、テロ行為、暴動、テロへの報復が続いた。しかしながら、モロッコ側代表との交渉は、外務大臣アントワーヌ・ピネイの責任の下で、八月末にエクス＝レ＝バンで開始された。一一月末に亡命先から帰国したモハメド五世の下に国王評議会が設置され、国王に権限が返還されると、事態の沈静化が可能となった。チュニジアとモロッコの独立への道が開かれた。こうした変化の結果を穏やかな形で世論に伝えるために、弁舌により切り抜けることに長けたエドガール・フォールは、「相互依存の中での独立」と説明したが、だまされる者はいなかった。一九五六年三月二日、モロッコは主権国家となった。同月二〇日には、チュニジアがこれに続いた。

ＦＬＮのナショナリストが過激な行動を活発化させ、フランス軍が大量検挙を繰り返しているアルジェリアでは、そうはいかなかった。一九五五年四月一日には、六カ月間の緊急事態発令が決議された。八月には、ＡＬＮ（国土解放軍）が、コンスタンティノワ地方北部で大攻勢をかけ、この中でヨーロッパ人七一人が死亡した。フランス側の弾圧は徹底的で、公式発表では死者一二七三人とされたが、実際にはこれを大きく上回っていた。衝突の激しさは、アルジェリアのナショナリストによる虐殺の残忍さに憤慨したジャック・スーステル総督を、ついに「アルジェリー・フランセーズ」の断固たる支持者の側に付かせる結果となった。二つのコミュニティーは、出口が見えないまま砦に立てこもり、対峙することとなった。アルジェリア議会のイスラム教徒議員六一名は、「統合」に反対を唱え、アルジェリアのアイデンティティーの承認を強く求めて議員辞職することでスーステルに議会開会の順延を余儀なくさせた。まだ戦争とは呼ばれていなかったこの事態は、フランス国民にとって緊急の課題となった。一一月二九日、エドガール・フォール内閣は倒れた。

†共和戦線にて

もともと、次回総選挙は一九五六年六月に実施予定だったが、エドガール・フォールは国民議会の解散を決定したため、時期が早められた。これは、共和戦線を結成したばかりのフランソワ・ミッテランとピエール・マンデス・フランスおよびその仲間にとっては、大きな打撃だった。彼らが計画していたのは、選挙法改正により小選挙区制を復活させるというもので、実際法案は一一月半ばに成立したが、新たな選挙区割りの要件を満たすのに時間がかかるため、施行は先送りされたのだった。フォール内閣が倒され、選挙は旧選挙法に基づき一月二日実施と決定した。

左派の政治家として最も人気の高いマンデス・フランスを中心に結成された共和戦線には、五月以来マンデスが党首を務めていた急進党、ギィ・モレ率いるSFIO、フランソワ・ミッテランのUDSRと、ド・ゴール派の一部で、ジャック・シャバン＝デルマスが中心の共和社会派が参加していた。マンデス派左派の選挙戦を支援し、従来の与党である右派――「ディエンビエンフー」与党と呼ばれた――と共産党に対抗するため、週刊誌から日刊紙に衣替えした「レクスプレス」に、彼らは連名で宣言文を発表した。また、別の勢力で、右派の中でも最も右に位置するピエール・プジャードのUDCAは、細かいことにこだわらないポピュリスト的なスローガンを掲げていた――「現職を落選させろ！」。

フランソワ・ミッテランは、全力で選挙戦に取り組んだ。一方では、連合を組んだ友党とともに、全国レベルで。他方では、ニエーヴル県の選挙区で。パリでは、共和戦線の旗を掲げる候補者名簿を、全選挙区で作成する必要があった。この困難な課題は、いずれも自分の仲間を候補者名簿に載せようとするミッテランとマンデスの間の摩擦の原因を増加させた。二人は、会議で何度も激しく応酬し、それは彼らがもはや友人ではないことを示していた――かつては友人だったとしての話だが。実際のところ、このニエーヴル県選出の議員にとっては、マンデスはライバルだった。特に、一九五五年末には、彼は非共産党系左派の人々の耳と心を捉えていたから、なおさら危険なライバルとなっていた。もし、共和戦線が勝利を収めたら、間違いなく彼がコティー大統領から首相に指名されるはずだった。確かに、首相になるという目標に到達するために、ミッテランはしばらく我慢する用意があった。しかし、マンデスが失敗した場合のために、彼は目標達成の条件を備えておかなくてはならないと考えていた。有権者は、共和戦線の中核を占めるSFIOとこの二人を結びつける要素に目を向けていた。すなわち、交渉によるアルジェリア和平の実現、国の近代化と社会改革に向けた行動である。

地元では、ミッテランは依然としてSFIOのライバルだった。二つの名簿は、一九五一年選挙と同様、名簿連合を組まなかった。彼の立場は、より強くなっていた。四月の県議選では、彼は共産党候補を第一回投票で破った。マンデス・フランス内閣の内相を務めたことで、彼は国政で第一級の政治家となっていた。しかし、ニエーヴル県で成功するのは容易ではなかった。彼の数多い敵の一つに、自家用蒸留酒製造者がいた。「我らの滴」という団体を立ち上げた彼らは、自家用蒸留酒製造の権利を奪ったマンデス内閣の内務大臣を深く恨んでいた。候補者ミッテランがクラムシーに近いブレーヴで集会を開くために到着したとき、多数の人々が動員されて騒動となり、彼は演説を断念せざるをえなかった。その日の夕刻、弁士を待っていたのは激しい喧騒だった。演壇に向かって、さまざまなものが投げつけられた。選挙戦で右腕を務めたアンドレ・ルスレは、このときのことを思い出して、こう語った。「当時のプジャード派がどのようなものだったか…（中略）…想像もできないでしょう。公開集会で、拳を握り締め、悪態をつきながら向かってくる連中に対処するのは、本当に大変でした。私が憶えているのは、ミッテランが、ある日、演壇まで聴衆の列をかき分けながら進まなければならなかったときのことです。彼らは、唾を吐きかけ、〝ディエンビエンフーの裏切り者！〟〝アルジェリア・フェラガ！〟〔アルジェリア独立運動闘士の意〕と叫んでいました。ある集会では、ピエール（プジャード）の妻のイヴェット・プジャードが、ミッテランに向かってこう叫びました。〝あんたのような連中は、絞首刑だ！　ナメクジみたいに潰してしまえ！〟こうしたときの彼の勇気ある態度は見事で、私は驚いたくらいです。そのとき、私は彼の最大の長所は他に類を見ないほどの巧妙さではなく、精神的な強さだとわかったのです[1]」。この賛辞は、わざとらしいものではない。あらゆる証言は、この点で一致している。彼は、攻撃に耐えられるだけの精神的な鎧を身につけていた。絶叫する妨害分子を前に、危険を感じて顔面蒼白になっていたとしても、彼は冷静でいられ、皮肉っぽい微笑を浮かべることもあった——その微笑は、相手の怒りを倍加させた。大胆で、エネルギーにあふれ、毅然としたフランソワ・ミッテランは、自らの闘士としての資質に頼ることができた。そして投票先を迷っている人に対して、彼の魅力は効果があった。

一月二日の選挙で、プジャード派は躍進を果たしたが、これは危惧すべき出来事だった。得票率は一一・六パーセント、二五〇万票近くを得て、五一人が当選したのである。しかしながら、ニエーヴルでは騒々しい選挙運動にもかかわらず、当選者を出すことはできなかった。選挙結果は、一九五一年の結果を再確認するものだった。ＰＣＦとＳＦＩＯはいずれも一議席を確保し、「社会共和派」となったド・ゴール派も議席を守った。ＵＤＳＲ－ＲＧＲ名簿は二位につけて、筆頭候補のミッテランは当選者の一角を占めることができた。

全国の選挙結果では、共和戦線が最大勢力となったものの、選挙制度のために単独過半数にはいたらなかった。共和戦線内部では、マンデス派急進主義は、ＳＦＩＯに肉薄することで、見かけ上の勝利を得た。共産党は二六パーセント近い得票で、依然として強力だったが、フルシチョフによる国際的な「緊張緩和」を背景に、同党は非共産党左派勢力に対する宥和政策を取り始めた。それは成果を生まず、孤立に追いやられた共産党は一五〇議席を武器に、左派政権樹立の希望を打ち砕くリスクがあった。フランスは、まったく統治不能だったのだろうか。

期待されていたのはピエール・マンデス・フランスだったが、実際に首相になったのはギィ・モレだった。ルネ・コティーは、共産党を除けば第一党の党首であることを根拠に、彼を指名した。しかしながら、この選択はこの連合の基盤となるマンデス支持の有権者の希望とは合致しないものだった。急進党はエドガール・フォール、ルネ・メイエール、マルティノ＝デプラを除名していたが、それでもなお一体性に欠け、警戒されていたから、マンデスに好意的な有権者でＳＦＩＯに投票した者も多かった。一月二六日に首相候補となったギィ・モレは、ＭＲＰと穏健派に配慮して、首相とならない場合には外相ポストを希望していたマンデス・フランスの外相への起用を避けた。その代わりに、無任所国務大臣という名誉職を与えた。フランソワ・ミッテランはと言えば、彼は躊躇せずモレを支持した。彼の時代はまだ到来していなかったが、彼は代わりに法務大臣という重要ポストを与えられた。こうして、彼は三九歳で、内閣の序列第三位に躍進した。マンデスが首相にならなかったからといって、彼は悲しまなかった。モレならば、彼の邪魔にはならない。地味な教師上がりで、頑固で、ぱっとしない党官僚の彼とであれば、ミッテランは八歳しか年長でない政界のスター――彼はいまや教室の最後列、あるいはほとんど片隅に追いやられていた――とよりもうまくやっていけるはずだった。将来を見据えれば、ＳＦＩＯの支援を期待できることが重要だった。だから、彼は新首相に可能な限り協力しようとしていた。

†汚れた手

このモレ内閣の時期は、恐らく第四共和制で最も暗いものだった。ミッテランは内閣の施策や声明を公には支持していた。ときには方針に同意して、ときには不承不承。次々と襲いかかる困難に耐えるには、強い精神力が必要だった。彼は大臣の椅子に深々と腰を下ろし、そこから離れようとはしなかった。彼は、モレの失策に期待しさえした――彼の後任者となる希望を持ちながら。当面、彼は社会党員の好意を得たいと考えていた。目立たず、しばしば不幸な思いをしながら、彼は政治経歴の上で最もつらい数カ月間を過ごすことになる。

この内閣の歴史は、社会党政権が指導した植民地戦争の悲劇的歴史である。確かに、マティニョン館とボーヴォー広場からは、この戦争はそのようには見えていなかった。ギィ・モレを先頭に、共和戦線の候補者たちがこの「出口の見えない馬鹿げた戦争」を終わらせるべきだと主張した選挙戦から生まれた幻想は、数日後には雲散霧消した。新内閣が一九五六年二月一日に発足するや、ギィ・モレは二月六日に左派の期待を早くも裏切った。直ちにアルジェを訪問する意思を持っていた彼は、過激な極右に扇動された民衆から侮蔑の言葉をもって迎えられた。放擲物と怒号の中でストイックな態度を堅持したモレは、しかし実際には暴徒に譲歩した。彼は、リベラルなカトルー将軍に代えて、熱血漢のロベール・ラコストをアルジェリア駐在大臣に任命した。ラコストはアルジェリー・フランセーズの熱烈な擁護者であることがやがて明らかとなり、国防大臣モーリス・ブルジェス＝モヌリとアルジェリア担当閣外相のマックス・ルジュヌの支援を受けることになった。それでは、ミッテランはどうだったのか。彼もまた、強硬路線を支持していた。二月一五日の閣議で、マックス・ルジュヌが死刑判決を受けたアルジェリアのナショナリスト（二五三人が死刑判決を受け、そのうち一六三人は欠席裁判だった）の取り扱いの問題を提起したとき、閣僚の意見は相半ばした。ガストン・ドフェール（海外相）、アラン・サヴァリ（チュニジア・モロッコ担当閣外相）とピエール・マンデス・フランスが死刑執行に反対したのに対し、ミッテランは強硬派とともに「賛成」した(2)。

三月一二日、ギィ・モレは議会に特別権限の付与を求め、これは圧倒的多数で採択された。社会党との「統一戦線」を模索する共産党議員団も、賛成に回った。これは、アルジェリアの秩序を回復すると同時に、アルジェリア人の生活条件改善を目的とした改革を行なうためのものだった。法務大臣として、フランソワ・ミッテランはこれに直接関与していた。彼は、裁判の円滑な実施のため、一般司法機関に代わる軍事法廷の設置に同意しなければならなかった。事実、この直後から有罪判決の数は爆発的に増加した。マックス・ルジュヌの表現によれば、反乱の首謀者の首を刎ねなければいけなかったからだ。後になって、ミッテランはジャン・ラクテュールにこう告白した。「私は生涯で少なくとも一度、過ちを犯しました。それはこの過ちです」。

マンデス・フランスは戦争遂行に反対ではなかったが、もう一つの側面である政治が忘れられていることが遺憾だと閣議で述べた。アルジェリアの有力者、極右過激派、メディアの狂信的な連中に対して、いかなるアプローチも行なわれていない、というのだ。ミッテランは、「一部の軍人による残虐行為に対して処分を行なう」よう求めた。しかし、次第に雰囲気は重苦しくなった。三月には、「フランス・オプセルヴァトゥール」誌主筆で、かつてブッヘンヴァルト収容所を経験した元レジスタンス闘士のクロード・ブルデが、軍の「士気を低下させる」社説を執筆したかどで、ブルジェス＝モヌリの指示により逮捕された。彼は間もなく釈放されたが、四月にはソルボンヌ大学教授で、アウグスティヌスの専門家のアンリ＝イレネ・マルーが、「ル・モンド」紙に拷問に反対する呼びかけを寄稿した直後に、家宅捜索を受けた。「沈静化」策の妥当性に疑念を持つ者は沈黙せよ、というのである。閣議の席上、ミッテランは「この内閣には、左派をうかがわせるものがない」とつい口にした。それはそうだが、彼はこの内閣の一員だった。四月末に、マンデス・フランスは内閣の一員として、アルジェリア住民のための七項目の改革案を提案したが、モレは関心を示さなかった。一九五六年五月二三日、マンデスは内閣の同僚たちに、辞任の意向を明らかにした。ミッテランは動じなかった。

戦争は激化し、徴集兵がアルジェリアに派遣された。兵役期間は延長され、テロ行為は増加し、裁判を経ない処刑は「薪拾い」(「フェラガ」に薪を拾いに行かせ、背後から射撃した)の形で常態化した。アルグー大佐は、後にこう証言した。「薪拾いで何人死んだのか、決してわからないでしょう。何千人、何万人にもなるでしょう(3)」。

ゲリラの残忍さに対抗する、容赦のない恣意的な弾圧。悲劇は、日いちにちと深まった。フランスは戦争をしているのではない。「沈静化」を図り、警察行為によって住民を保護しているのだ。反乱者が逮捕され、死刑判決を受け、処刑されたとしても、彼らは銃殺刑とはならず、ギロチンで処刑された(軍事裁判で死刑判決を受けた死刑囚は銃殺刑となり、一般裁判による死刑囚はギロチン刑に処された)。ミッテランは、内閣発足時からこの問題に直面した。死刑執行を猶予するか、特赦か、それとも「未亡人」(断頭台の別名)の刃で処刑するのか。司法官職評議会副議長として、彼は特赦の申し立てに関する判断につき大統領を補佐する会議に出席していた。一九五六年六月五日の会議では、二件の申し立てについての審査が行なわれた。この二人が、アルジェのバルブルス刑務所で最初に処刑される死刑囚となる。ミッテランは特赦に賛成ではあったが、大統領を説得するに至らなかった。六月一九日のアハメド・ザバナとアブデルカデル・フェラジ・ベン・ムサの死刑執行は、重大な結果をもたらした。報復行為が続き、紛争は耐え難い悪疫と化した。それ以降、フランソワ・ミッテランは以前ほど寛大ではなくなった。四五件の申し立てに対し、彼が特赦に賛成したのは八件にとどまった。

事案のうち八割について、彼は死刑に賛成した。その後の歴史と、大統領となったミッテランがフランスにおける死刑廃止にどのような役割を演じたのか知れば、彼が遂げた変化がどれほど大きかったかを理解することができる。その証人である、司法官職高等評議会の委員を務めたジャン＝クロード・ペリエは、彼なりにこう説明した。「法務大臣ミッテランのうちには、二人の人間がいました。個人の自由に関わるあらゆる問題に開かれていた人物と、逆説的ですが、政治活動における非常に強烈な、ほとんど戦闘的とも言える人物がいたのです。自由に対しては開かれていましたが、政策面では断固たる立場を取っていました。これは矛盾しているようですが、彼においてはすべてが矛盾しており、同時にすべてが調和していたのです(4)」。同僚に比べて意志強固でないと見なされたくなかった彼は、追随し、順応した。「愛国的」な信念が彼のうちで占めていた割合はどれほどだったのだろうか。政策が議会で多数派の支持を得ていたこの社会党政権に、彼をつなぎとめていた野心の割合はどれほどだったのだろうか。彼の動機づけがどの程度のものだったのか、計量することは難しい。

フランスの警官もしくは兵士により、しばしば容疑者でしかなかったナショナリストに対して課された拷問は、次第に世論が知るところとなった。ミッテランはこの事実を知っていたし、原則的にはこれに反対していた。マンデス・フランス内閣の内相当時、彼は一九五四年一一月八日の全県知事あての通達で、次のように通知していた。「権力は、たとえ取り締まりを行なう場合であっても、尊厳と冷静さを保っているなら、より力を発揮できることを覚えていていただきたい。この本質的な考え方を、すべての警察官に、階級にかかわらず通知願いたい(5)」。この原則としての毅然たる姿勢は、ギィ・モレ内閣の法務大臣においては、同じ毅然たる政策遂行には至らなかった。弁護士のジゼル・アリミは、彼の沈黙を遺憾に思った。「ミッテランは、決して拷問について語りませんでした。彼がこの件について反応したのを、見たことがありません。彼は私たちの抗議が大げさすぎると思っていました。ロベール・ラコストと同じように、私たちを一部の犠牲者の拡声器だと確信していたのです。私たちが、拷問が制度化されているとパリで喧伝していると考えていたのです。彼は、拷問が組織的に行なわれているとは、決して信じませんでした(6)」。しかし、一九五四年末に送付された報告書により、彼はこの現象の広がりと深刻さを認識することができたはずだった。また、内務大臣だった彼は、何ら行動しなかったわけではない。虐待は、アルジェリアにおける警察の好ましからざる習慣だと見ていた彼は、アルジェリア警察とフランス本土の警察の統合を決定した。実際には、本国の警察ばかりか、アルジェリア警察の抵抗もあり、統合は実現しなかった。計画の段階にとどまっていたが、統合の予告はアルジェリアのヨーロッパ人の怒りを引き起こした。しかしながら、一九五五年一二月一三日に国家保安局長ジャン・メレが政府に提出した報告書が明らかにしたように、警察官ばかりでなく、軍人も警察の手法を応用して拷問を行なっていたのである。報告書に、彼は次のように記した。「これらの行き過ぎた行為において、警察にも、軍にも、それぞれ責任がある。国家保安局の総責任者として、フランス警察がゲシュタポの手法を想起させる態度を取ったと考えるのは、耐えがたいことである。また、予備役士官として、私はフランス軍人と忌まわしいドイツ親衛隊の比較は許すことができない(7)」。

ところが、アルジェリアの未来についてのフランソワ・ミッテランの立場は、一九五六年の秋に変化した。それまで、彼はラコスト、ルジュヌ、ブルジェス＝モヌリ、モレと、目標について完全に意見が一致していた。アルジェリアはフランスであり、フランス領にとどまるべきだった。そのためには、ナショナリストを厳しく弾圧し、それと同時にイスラム教徒を統合するための改革を実施しようとしていた。彼自身は、アルジェリアに自治を与える形の連邦的解決法には反対だった。モロッコとチュニジアの場合と同じく、独立への準備となるからだ。ところが、一九五六年一〇月末、ナンシーでのＵＤＳＲ党大会では、参加者の過半数が連邦制に賛成した。党首のミッテランも、用心しつつも同じ態度を取った。彼は「フランスの国益を守るために行なわれてきた軍事面の努力については、これを全面的に支持します。この努力を継続する必要があるならば、これに賛同します」と述べた。しかしながら、これは経済・社会改革と同様に、単なる必要条件の一つだった。解決は、政治的でしかありえなかった。連邦制と言うとき、ミッテランは一つの単語の意味しか見出さなかったが、それが実現するかどうかについては疑問を抱いていた。「もし我々が、チュニジアに約束したことをアルジェリアでも、すなわち内部自治をアルジェリアでも成功させることができるなら、そしてそれ以上の変化がないことが確実であるならば、アルジェリア人が自らの議会を普通選挙により選べるようにすべきなのである」(8)。大会で採択された最終動議はさらに明快で、「一にして不可分の共和国を、連邦共和国によって代替する」というものだった。

この同じ一九五六年一〇月、予想外の事態が発生した。フランス人が操縦し、ＦＬＮ幹部六人を乗せてラバトからチュニスに向かうモロッコ機が、アルジェリアに強制着陸させられたのである。ベン・ベラ、アイト・アハメド、キデル、ブディアフ、ラシェラフとビタートが逮捕された。このハイジャック事件は、フランスのメディアを興奮させた。よくやった、というのである。だが国際法的には違法行為にあたり、これによってモロッコおよびチュニジアとの関係は悪化するという欠点があった。実際のところ、この作戦は軍が政府に通知しないままに決定したものだったが、既成事実を突きつけられた政府は、ラニエル内閣がモハメド・ベン・ユセフ廃位を受け入れたように、これを追認するしかなかった。軍が文民に対して優越するという、好ましからざる習慣が定着した。チュニジア・モロッコ担当閣外相のアラン・サヴァリは、犯された過失と、今後の悪影響を認識して、辞表を提出した。フランソワ・ミッテランはどうしただろうか。

法務大臣は、このハイジャック行為を拍手で迎えるには知的すぎた。しかも、モロッコでは反フランスのデモが起き、流血の事態となっていた。ミッテランはギィ・モレに不満を訴えたものの、首相の座を射止めるためには忠実な態度を変えるまいと、引き続きモレとの連帯を維持した。しかも、フランスは「戦争状態」にはなかったから、逮捕されたＦＬＮ幹部は「敵」とは見なされなかった。彼らには一般法が適用され、ミッテランは政治犯としての扱いも認めようとしなかった。

この波乱の秋に、フランスと英国はイスラエルと協調して、ナセルが株主の利益を侵害してスエズ運河を国有化したエジプトに対し、軍事遠征を行なった。ナセルが外交、宣伝および武器供与を通じてアルジェリアの反乱に大きな支援を与えていたことから、フランス政府のナセル打倒の意思は固かった。ラコストやブルジェス＝モヌリは、この外国からの援助がなかったら、アルジェリアの反乱はすでに収束していたとさえ考えていたようだ。一一月五日、仏英の空挺部隊はポート＝サイドに上陸した。その間、イスラエル軍はシナイ半島を占領した。勝利は短期間しか続かなかった。英国とフランスの植民地帝国はかつてほどの力はなく、ソ連の抗議と、特に米国の批判の前に、旗を降ろさざるをえなくなったのである。一二月二二日には、撤退が行なわれた。この惨憺たる遠征は、軍事的には成功したものの、外交的には大失敗だった。この機会に、ミッテランは辞任することができただろう。彼はそうはしなかった。彼は仏英の決定に同意していた。その四〇年後、ジャン・ラクテュールに理由を問われ、彼はこう答えた。「その三年前に、同じような理由で、私は一度閣僚を辞任していました。同じことを繰り返すわけにはいかなかったのです」。この件においても、また別の件においても、彼は自らが信頼に足る人物だと証明して、社会党との断絶を避けようとした。断絶すれば、彼が抱く野望にとって高くつくと思われたからだ。

しかし、彼が危機感を持っていたことは疑いようがない。一〇月半ば、彼は高潔で勇気のある人物ジャン・ルリケを検事正としてアルジェリアに任命した。駐在大臣のラコストが嫌っていた人物である。一一月一六日と一九日、彼はヴァンドーム広場〔法務省の所在地〕でルリケと長時間面会した。検事正は拷問、あらゆるレベルにおける権力濫用、両コミュニティー間の距離の拡大について報告した。一一月二三日の閣議で、ミッテランは沈黙を破って、「大方向転換」を求めるガストン・ドフェールとジャック・シャバン＝デルマスに与した。彼は、停戦への前提条件に関して異議を唱え、即時停戦を求めた。しかしながら、異議を唱えた三人の意見は、聞き入れられなかった。「全員が、同じ馬車に乗っているのです」とギィ・モレは言った。「誰も、一人だけ責任を逃れることはできません。これは政府の政策です。実施が期待より遅れていても、反対する理由にはなりません[9]」。

アルジェリアでは、極右過激派が実力不足と見るモレ＝ラコスト組を追い出そうとしていた。反乱勢力の鎮圧に「全力を投入する」決意を持った軍人指導者を誕生させるラディカルな解決法に期待を寄せていたのである。彼らは、一九五六年一一月一三日以来アルジェリアの軍司令官を務めるフリー・メーソンのサラン将軍を、政府とその方針に近すぎるとして警戒していた。コヴァクス医師を中心とする活動家たちは、政治家の一部の支援を受けて、インドシナ戦争以来「マンダラン」〔中国の高官の意〕と呼ばれていたサランを、コニー将軍と交代させる陰謀を企てていた。一月一六日、バズーカ砲による砲撃がサランを狙ったが的をはずれ、補佐役のロディエ少佐が死亡した。迅速に捜査が行なわれ、ジャン・ルリケ検事正はコヴァクスだけでなく、下手人の背後にいた下院議員パスカル・アリギと上院議員ミシェル・ドブレの責任を問うた。ギィ・モレおよびルネ・コティーとの合意の下、法務大臣フランソワ・ミッテランは、容疑をかけられた両議員と個別に面談した上で、事件を秘密にすることとした。ジョルジェット・エルジェイは、次のように説明する。「一九五七年春、法務大臣にはただ一つの野望があった。首相となることである。そのための避けて通れない障害――議会での信任投票――を越えるには、バズーカ事件に関与した議員に対して彼が取った融和策が有効だった。彼らに対する嫌疑の内容を知っていることを示しつつ、彼らを安心させようとすることで、彼らにある意味で恩を売ったのである。彼らは、ミッテランのマティニョン館入りにどうして反対できただろうか(10)」。

この犯罪行為は、アルジェの戦いの最初の数週間で遂行された。FLNは、一九五六年六月以来テロ行為が続いていたアルジェ市内に、戦争を持ち込んだ。一二月二八日、アルジェリア市長会の会長を務め、アルジェリー・フランセーズの旗手の一人である実力者のアメデ・フロジェが、彼の自家用車内で、銃弾三発により殺害された。その二日後、彼の葬儀は激しい人種迫害の機会となった。コヴァクスは共犯者たちとともに、爆弾を爆発させて群衆にパニックを引き起こし、クーデターに有利な環境を作り出そうと画策した。これに引き続く暴動により、アラブ人の商店は破壊と略奪を受け、イスラム教徒は暴行の対象となり、中にはリンチを受ける例もあった。しかし、クーデター計画は失敗に終わった。群衆は興奮していたが、アルジェリア省襲撃には至らなかった。一月七日に、ロベール・ラコストは警察権を含むすべての権限を軍に委ね、マシュ将軍は「あらゆる手段」を行使するよう求められた。アルジェの戦いが始まった。マシュ将軍とその部下、ポール・オーサレス少佐とトランキエ中佐、落下傘兵八〇〇〇人が、一一〇〇人の警察官に加わって、アルジェの町の警戒に当たって、徹底的な「掃討」を行なった。すなわち容疑者の逮捕、法を無視した襲撃や家宅捜索、拷問である。尋問は、主に外人部隊第一落下傘連隊が置かれたシュジニ館にて行なわれた。郊外では、レ・トゥレル館でオーサレスが連日拷問を指示していた。彼は、拷問で死亡した三〇〇〇人の容疑者の遺体を、秘密裡に処分した。

二〇〇一年に出版した『特殊任務』で、拷問を行なったことを平然と認めたオーサレス将軍は、フランソワ・ミッテランに間接的な責任があるとした。「拷問については、それは黙認され、あるいは推奨されていた。法務大臣フランソワ・ミッテランは、マシュの下に事実上の密使としてベラール判事を送ったが、判事は我々を庇護するとともに、夜間に起きていることについて正確な情報を持っていた」。アルジェリアでの拷問について何冊もの著作があるピエール・ヴィダル＝ナケは、これについてこう解説した。「これは、法務大臣にして未来の大統領が、二股をかけていたことを意味する。一方にルリケ、だが他方にベラール判事もいたからである」(11)。これもまた、ミッテランの態度のアンビヴァレントな部分だった。彼は虐待が一般化しているとの情報を伝達するリベラル派の検事正に耳を傾け、場合によっては閣議で遺憾の意を表明したが、また同時に拷問者を保護する判事をそのポストに維持したのである。ロベール・ラコストとマックス・ルジュヌは目をつぶり、公には拷問の存在、少なくともその拡大を否定していた。彼らは、アルジェリアの民族主義者との戦いにおける拷問の有用性と、「愛国的虚偽」の正統性について確信を持っていた。

ＦＬＮは、実際、アルジェ市内でテロ行為を継続していた。一九五七年一月末、ミシュレ通りのカフェ三軒、ロトマティック、ラ・カフェテリアとル・コック・アルディが爆破された。ヨーロッパ人の怒りを呼ぶ恐ろしい事件だったが、しばしば見られた度を越した激しい取り締まりは、アルジェリアのフランス人とイスラム教徒との間の溝を一層深くした。一月二八日、アルジェリア問題に関する国連の討議の前日、ＦＬＮはゼネストを打ち、落下傘部隊はこれを阻止しようとして実力行使に及んだ。

この悲劇的な数週間に、ミッテランはある死刑囚の問題と密接に関わることとなった。初めて、民族主義者を支援するヨーロッパ人、フェルナン・イヴトンが断頭台送りとなったのである。労働者で共産党員のイヴトンは、勤務先であるアルジェリア電力・ガス公社の工場の配電盤に、時限爆弾を仕掛けたのだった。爆弾は爆発前に発見され、逮捕された彼は、アルジェ県庁事務総長ポール・テイトジェンの命令にもかかわらず、拷問を受けた。傍聴人が拍手する中、死刑判決を受けた彼の減刑請願は、二人のイスラム教徒の請願と同時に、一九五七年二月六日の司法官職評議会で審査された。フランソワ・ミッテランは、特赦に反対した。これが恐らく、彼の記憶の中で影の部分となったのだろう。アンドレ・ルスレは、「イヴトン事件は、フランソワ・ミッテランにとっての転換点でした」と語り、彼の態度について説明した。「結末を知っている立場から、私はイヴトン事件ではミッテランは誤りを犯したと言うことができます。しかし、当時、もし法務大臣が特赦を決定したら、その直接的な政治的影響はどれほどのものになったでしょうか。確かに、一人の人間の死はむごいことですが、そこにはレゾン・デタ（国家理性）が立ちはだかっているのです。そして、レゾン・デタはときとして無実の人を処刑に追いやるのです[12]」。当時、『ギロチンに関する考察』（邦訳『ギロチン』杉捷夫、川村克己訳、紀伊國屋書店刊）を執筆中だったアルベール・カミュは、イヴトン事件に言及した。「いつか、性急に処刑された犯人がそれほどの悪人には見えない日がやってくるだろう。しかし、すでにときは遅く、もはや後悔するか、忘れるかしかない。当然、忘れることになる。しかし、それでも社会が傷つかなったわけではない。古代ギリシャ人は、罰を受けない罪人は社会を退廃させると言った。しかし、有罪判決を受けた潔白、重すぎる罰を受けた犯罪も、社会を汚さないわけではない。フランスで、私たちはそのことを知っている[13]」。ジェルメーヌ・ティリオンとジャン・ダニエルの証言によれば、アルベール・カミュは、アルジェリア戦争当時、テロ行為に対する怒りにもかかわらず、死刑執行に反対する発言を続けたという[14]。フランソワ・ミッテランは、恣意性の疑わしき正当化であるレゾン・デタに自縄自縛となっていた。

国家が偉大であるためには、レゾン・デタが必要だったのだろうか。穏健な思想を持ち、元将校だった非常に愛国的なカトリック作家のピエール＝アンリ・シモンは、やがてレゾン・デタに反対する小冊子『拷問反対』を刊行し、大きな反響を得た。シモンは、拷問執行者から大臣に至るまで、フランスの名誉を傷つける組織の責任を追及した。「このような戦時の手法――ここでは、拷問、処刑、残虐行為、報復のすべてをひとまとめにするが――は、政府の同意なくしては行ないえないものだ」[15]。慎重なことで知られる「ル・モンド」紙の主筆ユベール・ブーヴ＝メリは、この非難に反応して、一九五七年三月一三日にこう書いた。「占領とレジスタンス、インドシナ戦争と二年にわたるアルジェリアでの戦争の後で、病は重篤だとはいえ、不治というわけではない。ピエール＝アンリ・シモンは危惧しているが、私たちはまだ〝ヒトラーの敗者〟ではないのだ。しかし、いまや警報を発すべきときが来た。フランス人は、いま、オラドゥール〔一九四四年六月一〇日、仏中部の村オラドゥール＝シュル＝グラヌで、ナチスの武装親衛隊に村民が大量虐殺された事件を指す〕の破壊者とゲシュタポの拷問者を、一〇年前と同じ言葉で糾弾する権利があるとは言えなくなったことを知るべきなのである」。三月二九日、アルジェで、ポール・テイトジェンは辞表を提出したが、ロベール・ラコストは受理を拒否した。

この「警告」を、フランソワ・ミッテランはどうすれば聞かずにいることができただろうか。特に、ピエール＝アンリ・シモンと、彼は無縁ではなかった。ミッテランより三歳年長のシモンは、同じサントンジュ地方で生まれ、彼に手紙を添えて著書を送っていたからである。当時、法務大臣が個人として何を考えたかはわからないが、これらすべての証言、抗議、そして叫びが、彼に衝撃を与えたことは間違いがない。彼はそれでもなお、自己への厳格な忠誠が要求するように振る舞えただろうか。ギィ・モレに宛てた書簡で、ミッテランは首相に対して法の原理と規定を強調したが、彼の抗議は公にはされなかった。その数日後、一九五七年三月に、ボラルディィエール事件が起こった。フランス軍の将軍ジャック・パリス・ド・ラ・ボラルディエールが、「レクスプレス」誌上に、アルジェリアにおけるかつての部下で、政府批判を展開するジャン＝ジャック・セルヴァン＝シュレベールを支持する書簡を公表したのだ。アルジェリアでの取り締まりの手法に怒りを覚えたボラルディエールは、マシュに「服従拒否」を伝えたのだった。彼は、セルヴァン＝シュレベールに宛ててこう書いた。「あなたが我々とともに行動し、ともに努力した後で、我々が直面している革命戦争の悲劇的な面と、我々にとって即効性があるとの偽りの口実の下で、これまで我々の文明と軍の偉大さを構築してきた精神的価値を見失うという恐るべき危険を世論に向けて強調することで、ジャーナリストとしての仕事をされているのは、私としては大いに望ましいと考えるところです」。四月三日の閣議で、ブルジェス＝モヌリとマックス・ルジュヌはボラルディエール将軍に対して最大級の処罰を行なうよう求めたのに対し、ミッテランはガストン・ドフェールに同調し、軍からの除籍に反対した。ボラルディエールは、結局六〇日間の営倉入りの処罰を受けた。明らかなのは、政府部内において、戦争を最後まで遂行しようとする人々、「最後の一五分間を生きている」と繰り返すラコスト、あるいは軍の違法行為を擁護する人々の目には、ミッテランはまったく別の言葉で話していたということである。それでも、意味のある唯一の行動は、当然ながら辞表の提出だった。彼は、それを考えたこともなかった。ジェルメーヌ・ティリオンが明らかにしたところでは、アラブ世界研究の権威であるルイ・マシニョン教授は、辞職を勧めるためにミッテランと面会したという。「明らかに、閣下には教授の意見を受け入れる用意はありませんでした[16]」。

第四共和制で最も不運な内閣だったモレ内閣をミッテランが去ったのは、一九五七年五月二一日に、社会党の指導者がアルジェリア問題（アルジェの戦いの重大さが明らかになり始めていた）ではなく予算問題に関して少数派に転落したとき、他の閣僚とともにだった。アルジェリア問題の解決には、さらに時間がかかることになる。アルジェでは、テロ行為はほぼ根絶されたが、それ以外の場所では爆弾が爆発し続けていたし、人種迫害は入植者と植民地住民を対立させた。六月一一日には、共産党員の若い数学者モーリス・オーダンが逮捕され、拷問の上殺害された。

フランソワ・ミッテランは、在任中最後まで忠実に過ごしたこの内閣との協力関係を、どのように総括したのだろうか。一九六四年に出版した反ド・ゴールの政治文書『恒常的クーデター』で、注目を引くのは次のような暗示である。「ドイツ占領下においてフランス本土にフランスのプレゼンスを確保すべく努めた以上に、アルジェリアにおけるフランスのプレゼンスの維持を図る最も過激な右翼勢力の両義的な喝采に、左派は順応しようとしたのである」[17]。衝撃的な言葉ではあるが、モレ内閣の法相は、第四共和制末期に至るまで、アルジェリー・フランセーズの神話を維持しようとして分別を失った左派の一員だったのではないだろうか。一九五七年一一月の著書『フランスのプレゼンスと放棄』で、ミッテランは明確に連邦的解決法を支持したが、それは彼にとって大切な「フランスのプレゼンス」を守るためだった。「パリにおいて強力に構築された中央の権力、フランドルから赤道の森林地帯に至る、自治権を有する国家と領土を集めた平等かつ博愛に基づく共同体、これこそ我々が明確化し、提案すべき展望である。なぜなら、アフリカなくして二一世紀のフランスはないからだ」[18]。

モレ内閣が倒れた後も、ミッテランはアルジェリアをフランスにとどめようとするラコストとルジュヌの意志から、決して離れることがなかった。「政府が決して放棄する意思はないと宣言するなら、私はそれに同意する」と、彼は一九五七年六月二九日の「パリ・プレス・ラントランジジャン」紙に語った。彼はさらに、一九五八年三月に「ル・クリエ・ド・ラ・ニエーヴル」紙にこう書いた。「ロシア帝国主義の指令に基づく共産主義という解決法は受け入れられない。アルジェリアを放棄することは、犯罪である」。したがって、彼とモレ＝ラコスト組の対立を過大に評価することはできない。主要な部分に関して、彼とモレ＝ラコストとの間には、安定した協力関係があった。アルジェリアは、フランス領であるべきだった。「沈静化」を図るために行なわれていた残虐行為について、彼はルリケ検事正と、アルジェ県庁事務総長ポール・テイトジェンを通じてよく知っており、これについて彼が反発していたことは確かだが、しかし彼がこれに公に抗議したことはなかった。この内閣にあって、彼は全面的に服従したわけではないにしても、少なくともその忠実な一員ではあったのである。

この内閣との連帯には、政策的な動機があった。そして、政治屋的な理由もあったのである。ミッテランは長いこと、首相になることを夢見ていた。政権につくために、彼は日和見的な態度を取る必要があった。一方では、社会党との友好関係の維持が欠かせなかった。そうでなければ、夢は雲散霧消するのだった。他方では、右派と断絶するわけにもいかなかった。特に、ルネ・コティー大統領は、彼にとって必要だった。このため、彼は倫理観の面で苦しんだ。彼が悩み、この時期が彼にとって非常に厳しいものだったことには疑いがない。彼は嫌悪感を覚えながらも、軍への権限譲渡、大規模な拷問の実施、必要だとされた死刑囚のギロチンでの処刑、FLN幹部の違法逮捕、スエズ侵攻を受け入れた。彼はようやく報われるのだろうか。全国紙は、彼を候補者の一人にあげていたではないか。

コティー大統領自身の告白によると、大統領はモレの後任として、ミッテランを考えたという。ブルジェス＝モヌリを指名したのは、彼が信任を得られる可能性は高くないと見て、地ならしをしようと考えただけのことだったのだろうか。実際には、一九五七年六月一二日、彼のライバルが議会の信任を得たのだった。ミッテランは棄権した。ブルジェス内閣は長くは続かなかった。この内閣が提出したアルジェリア基本法案は否決され、ミッテランも反対票を投じた。一〇月には、コティーは新たな首相を任命せざるをえなくなった。大統領は再びギィ・モレを起用しようと考え、モレはミッテランに法相就任を打診、ミッテランは受諾した。この行動は、彼が社会党の指導者に対して明確に否定的でなかったことを示すものだろう。下院はモレに信任を与えなかった。結局、若く（ミッテランより三歳年少である）、野心家で、才能豊かで、前内閣で財務相を務めた急進党のフェリックス・ガイヤールが選ばれた。ロベール・ラコストがアルジェリア駐在大臣に根が生えたようにとどまる中、ミッテランは傍観者の立場に置かれていた。

†ド・ゴールに抗して

フェリックス・ガイヤール内閣は、第四共和制の終焉を告げる最後の危機の前の、短い幕間にすぎなかった。アルジェリアにおける軍の行動が新たな混乱と懸念を招く中で、チュニジア領を起点としたＦＬＮの攻撃に報復するため、フランス空軍機はシキエト＝シディ＝ユセフ村を爆撃し、民間人六九人が死亡した。チュニジア政府は、チュニジア駐留フランス軍に駐屯地内にとどまることを義務づける政令を発した。その翌日、この事件をめぐり、下院で審議が行なわれた。フェリックス・ガイヤールは、犠牲者を出した独立国領内への攻撃を非難することを拒否し、議員の圧倒的多数の信任を得た。結局、ハビブ・ブルギバは国連安保理での審議を求め、妥協点を見出そうとしたフェリックス・ガイヤールは英米両国による調停を受け入れた。二人の外交官、コバート・マーフィーとハロルド・ビーリーがこの任務に当たった。四月一五日、首相はこの調停の結果を下院で説明し、これを受け入れることとしたが、彼は議会多数派の支持を得られなかった。

今度こそ、フランソワ・ミッテランにチャンスがめぐってきたのだろうか。そうではなかった。ルネ・コティーはジョルジュ・ビドー、次いでルネ・プレヴェンに打診した後で、五月九日にピエール・フリムランに組閣を要請した。この指名は、アルジェリアで反対の嵐を巻き起こした。リベラルとされるこのMRPの指導者は、アルジェリアでは「植民地を安売りする」人物だと見られていたからだ。この日、FLNは捕獲したフランス軍人三人を処刑したと発表した。この二つの出来事を受けて、五月一三日にはアルジェで大規模なデモが行なわれ、やがてこれは蜂起と化した。アルジェリア省――ロベール・ラコストは、この四日前にアルジェリア駐在大臣のポストを離れていた――となっていた旧総督府は襲撃されたが、これには軍が加担していた。マシュ将軍を委員長として設置された公安委員会は、同名の政府の設立を要求した。パリでは、ピエール・フリムランが議会の信任を得た。ミッテランは、信任票を投じた。共産党は、「反乱分子」から共和国を防衛をしようとする行為を妨害しないとの趣旨から、棄権した。以後、一五日間の危機の後に、一九五八年六月一日、ド・

ゴール将軍が首相として信任された[19]。

多くの人々が、軍事クーデターと内戦の勃発を危惧したこの混乱の中で、フランソワ・ミッテランは将軍の政権復帰に徹底して反対する人々の一人となった。この二人の間には、すでに見たように、歴史的な対立があった。ミッテランは、当初からのレジスタンス活動家ではなかった。最初ペタン派だった彼は、ジロー将軍が排除されて初めて自由フランスの指導者支持に転じたのだった。ミッテランは、この軍人が個人的な権力行使を望んでいるのではないかと予感し、警戒していた。一九四七年に結成されたRPFの冒険は、彼の危惧が正しかったことを示していた。さらに、ド・ゴールを支持し、その政権復帰を画策していた人々は、何度にもわたりミッテランを厳しく批判していた。海外領における自由化政策、あるいは情報漏洩事件の際にそれが顕著だった。ジャン・ラクテュールはこう書いている。「ド・ゴール派にとっては、ミッテランは、一〇年前にカイヨー＝シャレットが非難したように、おぞましい元帥支持者であり、次にコートジボワールでフォカール〔ジャック・フォカール（一九一三－一九九七）は、ド・ゴールのアフリカ担当補佐官を務め、アフリカ政策に強い影響力を及ぼした〕が指揮する入植者に野次られた植民地帝国を安売りした人物であり、最後にはディードが作り出した共産党の隠れシンパだった[20]」。

それでも、ミッテランは将軍を尊敬しており、大政治家としての資質を認めていた。不遇時代には忘れられていたシャルル・ド・ゴールの名は、年初からは最後の頼みの綱として浮上していた。三月七日、「ル・モンド」紙の政治欄の代表的寄稿者の一人だったモーリス・デュヴェルジェは、同紙に「いつ」と題する記事を寄せた。彼はこう書いた。「多くの人々にとって、問題はド・ゴールが政権に復帰するかどうかではない。なぜなら、この問題には恐らく決着がついているからだ。本当の問題は、第二次ド・ゴール政権がいつから始まるか、である」。その数日後の三月一三日には、こんどはミッテランが同紙に寄稿した。それは、ド・ゴール登場を期待する内容ではなかったが、その沈黙に関する、憎しみを持たない考察だった。「ド・ゴールは言葉を発さないが、沈黙につけられた素晴らしい伴奏が、遠くにまでその音波を広げている。耳をそばだてて聞こう。戦争と征服に向けてではなく、調和や平和に向かう我々国民の歩みに、この未知の和音がリズムをつけるのだろうか。我々はまだ、そうした和音を聞いたことはない。どのようにして、それを自らのものとできるのか。真の偉大さ、ド・ゴール将軍の真の言葉が、我々に沈黙の真の秘密を明らかにしてくれると期待しよう」。これは、妥協を排する敵の叫びではない。第四共和制のあらゆる駆け引きに加わったミッテランは、一九四六年憲法には反対票を投じた。この体制に対するド・ゴール将軍の批判を、彼も共有することができたのである。

彼が受け入れられなかったのは、彼が承認できなかったのは、政権復帰の手段だった。彼は、これを「クーデター」と呼び続けた。この言葉については、多くの議論があった。ド・ゴール派は、これに対し不快感をあらわにした。将軍は、一九五八年六月一日に、正式に国民議会で信任を得たではないか。そうかもしれない。しかし、未来の第五共和制の創立者は、軍の明白な協力と、フランス本土における軍の介入への懸念、内戦の心配をちらつかせて脅迫と情報操作を用いた下院議員に対する働きかけといった要素により、物事を有利に運んだ。いや、これは「正式な手続き」を経たものではない。軍事クーデターは起きなかったが、ド・ゴールがクーデターを回避しようとしなかったことは確かだ。

ミッテランは躊躇しただろうか。ド・ゴールの戦略の違法性、将軍の公安委員会メンバーに対する非難の拒絶にもかかわらず、そして彼ら自身の民主的な感覚と共和国への忠誠にもかかわらず、多くの人々がド・ゴールに賛同した。それは、あきらめからでもあった――他のどのような方法があっただろうか。そうでなければ、彼の権威がアルジェリアに平和的な解決をもたらすとの、本物の希望があった。ユベール・ブーヴ＝メリ、ジャン・ダニエル、ジャン・アムルーシュといった人々は、これを受け入れた。一九五八年六月一二日のハーヴァード大学における講演で、レイモン・アロンはこう発言することになる。「悲劇を回避した手法について、完全に満足した者は一人もいませんでした」。そして、こう付け加えた。「一九五八年五月一五日に、ド・ゴール将軍は、分裂したフランス人の三つの破片を、平和的に組み合わせることのできる唯一の人物となりました。すなわち、アルジェリアのフランス人、軍、そして国民の大半を占めるフランスの共和派です」[21]。この苦しい現実を、ミッテランはマンデス・フランスと同様に、実力行使に同意できずに、拒否したのである。下院の廊下で、演壇で、発言することができるすべての場所で、彼は抗議した。

五月二四日、コルシカをアルジェの反乱勢力の支配下に置いた作戦の翌日――このとき、ロベール・ラコストは「アルジェリアの出来事に動転するとともに、夢のように感じた」と述べた――、下院ではコルシカの作戦の首謀者パスカル・アリギの議員特権解除に関する審議が行なわれた。ミッテランは、軍の反政府宣言を非難し――アリギは、単にその実行者でしかなかった――、政府に警告を発した。「ル・モンド」紙は、「UDSRの指導者は、問題の全体像を指摘することで、アリギ氏と、アルジェから同氏にアイデアを与え、また支援する人々とを区別しないだけの勇気を持っていた」と書いた。

軍とド・ゴール派が体制を攻撃していたのに対し、左派勢力の連合である「共和国防衛」勢力の構築は、非共産党勢力とフランス共産党の対立のため実現不能となった。ギィ・モレは、この機に乗じて権力を獲得しようとする「ボルジェヴィキの恐るべき企み」を回避しようと考えていた。フリムランがルネ・コティーに辞表を提出した五月二八日、共和国防衛活動委員会（共産党は排除されていた）は、バスティーユからナシオンまで、また地方の大都市でデモを組織した。デモには二〇万人が参加し、共産党は党員に参加を促した。翌日の「リュマニテ」紙は、フランソワ・ミッテランの姿がその中にあったとして、これを歓迎した。これは、本物の抵抗というよりは、面目を保つための行動だった。この日、「ル・モンド」紙主筆は次のように書いた。「ド・ゴール将軍は、議会制民主主義を構成する基本原則に同意する旨を、厳かに宣言した。彼は、受け入れた枠組みと期限の範囲内で、市民の誠実な協力を得る権利がある」。ミッテランは、すでに決着がついていると知っていた。「バスティーユからナシオンまでのデモ行進の最中、私は参加者の表情に生気がないことに気がつき、スローガンの貧しさに苛立ちを覚えた。倒された体制を悲しむ者は一人もなかった。私も、涙を流しはしなかった」。それでも、彼は他の多くの人々と同様、ド・ゴール陣営に加わることは拒否した。「次の展開を待ちながら名誉を守ることだけが、自分自身と向き合って平穏を保ちつつ、矛盾した状況の終結を待つための唯一の手段だった[22]」。

『我が真実』の中で、彼はいくらか詩情を交えて、翌五月二九日の、セーヌ河沿いでの瞑想を思い出している。「その日は、ひ弱な光が差す晴れた一日だった。空の色が変化し、川面はその光を反射した。私は、不安な気持ちで自問した。フランスの地位を回復させることのできない政治体制を維持すべきか、それとも体制を破壊しようとしている陰謀に手を貸すべきか…（中略）…すべてが、灰色の風景の中で苦悶する第四共和制とその無為王、その宮宰の清算に同意するよう私に求めていた。また同時にすべてが、人の好さそうな仮面の下にある一目瞭然の独裁体制から、私を遠ざけていた[23]」。

危機の終わりが近づいていた。コティー大統領がド・ゴールに組閣を要請したとの知らせが入ると、マシュ、サランと軍が計画した「レジュレクシオン」（復活）作戦は中断された。一方、共和国防衛活動委員会は、これに代わる解決法を求めていた。ミッテランはよいアイデアが浮かばず、ネジュレン、ロベール・シューマン、ラマディエを提案した。一向に結論は出ず、ロベール・ラコストを提案する者さえあった。これはお粗末すぎる！　フランソワ・ミッテランは、仲間とともに委員会から脱退した。急進党とUDSR出身の二〇人ほどは、体制の欠陥を告発しつつ、いかなる独裁――すなわち、ド・ゴール将軍の政権復帰――にも反対するとの声明を発表した。これが、周回遅れの闘いであることを、彼らは認識していた。CGTが呼びかけた五月二〇日のゼネストは、失敗に終わった。

この日および翌日、首相に指名されたド・ゴールは、議会の信任投票の前に、協議を重ねた。ド・ゴールと、彼に幻惑させられたギィ・モレとの会談は決定的だった。将軍は、SFIOの指導者を最終的に説得し、モレは社会党下院議員団の半数近くを率いてド・ゴールに合流した。五月三一日、ド・ゴールはホテル・ラ・ペルーズに各党の代表を招き、意向を打診した。そのうちの一人だったミッテランは、大胆な行動に出た。他の代表たちがしきりと「お辞儀」をする中、彼は「やや遠慮がちに」立ち上がった。「将軍、あなたがアルジェの公安委員会と軍の蜂起を公に批判しない限り、私はあなたには投票しません…（中略）…軍事クーデターの圧力がかかる中で、共和主義の体制が誕生することはありえないのです」。ド・ゴールは、この無礼者をじっと見つめた。「我々は、軍の反政府宣言の時代を迎えるかもしれない危機に瀕しています……。将軍たちの次には、大佐たちの時代がくるでしょう……。それに、将軍、あなたもいつかは死ぬのです」。大胆な発言にやや呆気に取られたド・ゴールは、こう答えた。「それは、私にいなくなってほしい、死んでほしいということかね」。ミッテランが晩年に回想したこのやり取りは、すでにほとんど一字一句違わずに、その場に立ち会った証人、UDSR下院議員団長だったロジェ・デュヴォーが描写していた[24]。かつてド・ゴールが『剣の刃』に書いた個性の強い人物が、もう一人の個性の強い相手と向かい合っていたというわけだ。

六月一日日曜日の午後、ド・ゴールは国民議会で信任投票に臨んだ。明らかに強い感情に煽られた様子の彼は、ほとんど遠慮がちに演説を行なった。彼はその中で、新憲法草案準備のために六カ月間の全権委任を求めた。その後、彼は各党代表の信任への賛否の演説を聞かずに、ブルボン宮を後にした。一七人が演壇に立ち、うち九人が反対、八人が賛成した。反対派では、ピエール・マンデス・フランスとフランソワ・ミッテランの演説が最も注目を集めた。二人とも、遭難した体制を擁護しようとはしなかったが、二人とも、アルジェの出来事に屈することを拒否した。ミッテランの舌鋒は、特に鋭かった。マンデスと同様に、彼は「他に類のない名声」を得た人物の偉大さを認めるのに吝かでなかったが、独裁者の親衛隊が決定した復活は拒否した。

「一九四四年九月一〇日にド・ゴール将軍が国外での戦いとレジスタンスから派生した諮問議会に

臨んだとき、彼は名誉と祖国という名の仲間を伴っていました。そして現在の仲間、将軍が自ら選んだのではないのでしょうが、これまで将軍に従ってきた仲間の名は、実力行使と反乱なのです」と彼は述べた。共産党と、一部の左派議員は喝采した。「ド・ゴール将軍の存在は、それが将軍の意思に反するものだとしても、これからは暴力的な少数派が罰を受けずに民主主義を攻撃し、勝利を収められることを意味しているのです」。一部の者は、これは実力行使ではない、と主張していた。「私はここで、細心の注意をもってアルジェで計画され、それが枝分かれしてパリまで、国家の最重要人物、最高機関にまで至った陰謀を、告発するものです。これを告発するのは、私が最初ではありませんし、これからも告発し続けます」。雄弁な彼の言葉は、「絶対反対」を唱えた後、いまや「賛成」しようとしている、面目を失った多数派を直撃した。彼の演説は、記憶に長くとどまる言葉により、頂点に達した。「ド・ゴール将軍は、今晩、法的には国民の代表から権力を受け取るでしょう。実際には、将軍はすでに実力行使を通じて、権力を手中にしているのです」。

しかしながら、演説の最後を占めたのは、結論を出すに至らない思考だった。誰かが、彼は結局ド・ゴールに賛同するだろう、と言った。「それでは、皆さん、もしド・ゴール将軍が新たな形の民主主義の創立者となるのなら、ド・ゴール将軍がアフリカの民衆の解放者となるのなら、海の向こうのすべての地域でフランスのプレゼンスを維持するならば、国民の団結を再生させるのなら、フランスに必要とされる継続性と権威を与えるのなら、私は賛同します。しかし、それには条件があります……」

ピエール・シャルル議員「大臣ポストだ！」

議長「発言の中断は見過ごせません。中断が繰り返されるなら、私は静粛を命じ、議事録に記載させます」

フランソワ・ミッテラン議員「議長、興奮なさらないでください」

議長「興奮はしていません（議場から笑い）」

フランソワ・ミッテラン議員「確かに、私はこの方よりもたびたび大臣ポストを辞退しています（議場から笑い）」

そして、彼はその「条件」なるものを明確にしないまま演説を終えた。「フランスが前進し続けるためには、まだまだ多くの仕事が残っています。信念と、意志と、そして結局のところ、和解した祖国における自由の勝利があります。私にとっては、この希望だけで十分です。この希望は、私に勇気を与え、ド・ゴール将軍の信任に反対票を投じるにあたって、私とともにあるのです（多くの左派議員と、極左議員全員から、大きな拍手）」。


共産党議員の拍手は、些細な出来事ではなかった。これは、フランソワ・ミッテランと共産党の、将来の戦略に関する有意義な接近を予告していた。この傾向は、一九五八年九月二八日に第五共和制憲法が国民投票で八〇パーセント近い賛成を得て承認された後、ニエーヴル県で確認される。総選挙は一一月二八日に、小選挙区二回投票制に戻って実施された。それまで四議席あったニエーヴル県の議員定数は、三に削減された。二つの選挙区では、ド・ゴール派のマリウス・デュルベとポール・ブーレが第一回投票で当選した。シャトー＝シノンの選挙区から出馬したミッテランは、第一回投票の結果、無名のド・ゴール派ジェアン・フォーキエと、社会党のダニエル・ブノワに次いで三位で、共産党のレイモン・ビュシエールは四位だった。通常であれば、ＳＦＩＯの候補を利するために、彼は共和派的規律〔左派陣営内で二位となった候補者が、決選投票に進出するだけの票を得ていたとしても、左派内部で一位の候補者を有利にするために決選投票への立候補を辞退すること〕から第二回投票を辞退すべきだった。しかし、ギィ・モレ側近のブノワは、ド・ゴールに信任票を投じていた。ミッテランは、辞退しないことに決めた。共産党候補は、辞退した。ニエーヴル県知事の報告によると、「ビュシエール氏は、党本部からの電話で、立候補取りやめを決定した。これは、実際には他候補を利するために辞退したものである。ビュシエール氏の署名入りポスターから、名前は書かれていないが、フランソワ・ミッテラン支持であることが読み取れる。『リュマニテ』紙は、躊躇せずに元大臣の名を記し、同紙のニエーヴル県内の主要な工場の党細胞向けの版も同様である」[25]。

ニエーヴル県の社会党員は憤慨した。一一月一四日付の同党の新聞「ル・プログレ・ソシアル」は、二重の記章をつけたミッテランの漫画を掲載した。フランシスク勲章と、鎌と槌の組み合わせである。「フランシスクから極左に至るまで、すべてを受け入れてきた不誠実なミッテランは、卑劣の極みである」。第二回投票では、ド・ゴール派候補が当選したが、ミッテランは一万二二一〇票対一万四八九票で、ブノワを上回った。

総選挙ではド・ゴール派が地滑り的勝利を収め、左派にとっては壊滅的な結果となった。それまで一五〇議席を擁した共産党は、一〇議席に後退した。マンデス・フランスとガストン・ドフェールは、ミッテランと同じく落選した。しかし、マンデス・フランスとミッテランは協力関係にあるとはいえ、この結果から異なる結論を導き出した。元首相にとっては、議会外の大衆運動から生まれた新体制は、「大衆運動によって倒される」はずだった。もう一人の「反対」派代表にとっては、新体制の基盤は強固なものであり、彼は安定しつつある「独裁体制」を非難しつつも、これが長く続くものと考えていた。「一〇年続くだろう」と彼は周囲の人々に伝えた。辛抱強く、情勢が逆転するときを待たねばならない。政治において、最終的ということは決してありえない。その忍耐力を、ミッテランは誰よりも持っていた。彼の性格の重要な特徴の一つである。

しかし、情勢の逆転には準備が必要だ。その第一歩となるのは、左翼連合、まずド・ゴールに「ノン」と言った人々の協調である。エドゥアール・ドゥプルー、アラン・サヴァリ、ロベール・ヴェルディエらSFIOの少数派は離党し、PSAを結成した。ミッテランは入党を希望したが、先述の通り、新党は彼に門戸を開かなかった。ブルボン宮での六月一日の弾劾演説にもかかわらず、多くの人の目には彼は日和見主義的で、今回共産党の票を受け入れたように、過去には右派からの票も受け入れた無原則な人物と映っていた。彼は狡猾な出世主義者で、その実績には彼を左派の人間と見なせるものは何もないというわけである。それゆえ、彼は一時的な孤立状態に陥った。

しかしながら、新たな要素も生じていた。それが、まさに共産党との接近である。共産党は、ミッテランを当然味方であるべき人物と見なしたことは一度もない。彼は共産党にとって常に敵対者だったが、共産党は無用な恨みを引きずりはしなかった。ミッテランは、敵の敵として、味方になったのである。ミッテランはと言えば、共産党の支援を拒否し続ける限り、左翼が雪辱を果たす希望はないと見ていた。ミッテランが左翼連合の輪郭を描こうと思い至ったのは、この年、一九五八年のことである。彼の目にはこれが、ゴーリスムに対する勝利の必要欠くべからざる条件だった。

この左翼連合において、彼はそのリーダーとなるべきだった。野党の指導者の立場を獲得し、根を下ろさなくてはならない。出来事は人間と政治の運命の支配者だが、決定するのは未来である。物事を作り、また解体し、建設し、破壊する時間が、かつての勝者をタルペイアの丘から突き落とし、かつての敗者をカピトリヌスへと引き上げるのである。時間に感謝しなくてはならない。そう、まだ何も起きてはいない。彼が歴史の端役で終わると決まったわけではない。彼は四二歳で、ド・ゴールはいつか死ぬのだった。

第5章

共和国の長衣《トーガ》をまとって

「信用を失って、遠ざけられたとき、人は逆転が不可能だと感じ投げやりになってしまう。しかし実際には、人生は絶大な力を持っており、翌朝、翌週、そして辛抱強い者たちにとっては一年か二年の後に、パズルのピースの位置が入れ替わるのだ。これが、私の気性である(1)」。

これが、総選挙での落選後のミッテランの気持ちだった。議員歳費を失ったものの、一九五三年に弁護士登録していた彼は四二歳で弁護士となり、ジョルジュ・ダヤン夫人で弁護士のイレーヌ・ダヤンと共同で事務所を開設した。彼女は、こう証言している。「彼は弁護士気質ではありませんでした。裁判所の型にはまった昔風の用語が気に入らなかったようです。判例やら判決理由、法律的な形式や理屈に苛立ちを覚えていました。そもそも、どういうものであれ、彼は専門家の言葉が好きではなかったのです(2)」。

彼が最も注意深く観察していたのは、政治の舞台である。これから、何が起こるのだろうか。ド・ゴール将軍がアルジェリアでの平和の回復に成功するなら、将軍が権力の座にとどまる必然性は弱まり、カードは配り直されるだろう。あるいは、新大統領が極右過激派の前に敗北するなら、軍事独裁となるだろう。そうなれば、一九五八年にド・ゴールに反対した彼は、最後の頼みの綱となるだろう。当面、彼の課題は失地回復にあった。ＵＤＳＲは大幅に勢力を失った。プレヴェンとクローディユス＝プティをはじめとして、半数以上の下院議員が離党してド・ゴール陣営についた。彼のまわりには、ジョルジュ・ダヤン、アンドレ・ルスレ、ルイ・メルマズ、ロラン・デュマ、ジョルジュ・ボーシャンら、数名の忠実な仲間が残っただけだった。憲法草案への賛否を問う国民投票は、圧倒的なド・ゴール支持の広がりを明らかにした。ゼロから、再出発する以外にはなかった。今後の選挙の予定が、これからの行動指針となった。総選挙の後に来るのは市町村議会選挙であり、その次に上院選がある。この闘いを選択する以外に道はなかった。

一九四六年以来ニエーヴル県で選挙に出馬してきたフランソワ・ミッテランは、まだ完全に「地盤」を築いたとは言えなかった。政治の第一線へ復帰するための地理的な基盤を確立する機会が訪れていた。彼は、そのために全力を尽くすことになる。

†ニエーヴル県攻略

一九五九年三月の市町村議会選挙では、ミッテランはシャトー＝シノンに狙いを定めた。郡庁所在地の小さな町だが、モルヴァン地方の中心である。この町は、社会党市政の下でまどろんでおり、目覚めるつもりもなさそうだった。最近「自然公園」に指定されたモルヴァン地方は、その広大な森の匂いと、谷や湖、急斜面の岩の静かな美しさを楽しむことのできる、自然愛好家が気に入りそうな地方だった。ここでは、風景を愛で、ハイキングをするためのすべてがそろっている。シャトー＝シノンから数キロの距離に、モルヴァン地方で最も大きい、パヌシエール＝ショマール湖が広がっていた。この湖は、パヌシエール水力発電所に水を供給するとともに、イヨヌ川の水量を調節する役割のダムの貯水によって、さらに広くなっていた。この水と、丘と、森林でできた、故郷シャラントとは大きく異なる風景の中で、フランソワ・ミッテランは何一世紀をもかけて彫り込まれてきた風景に敏感な人間として、心地のよい感動を覚えたのだった。

現職町長のロベール・マンタンは、SFIOの大ベテランで、引退が近かった。ミッテランが居を定めたホテル・デュ・ヴィウー＝モルヴァンの女主人シュヴリエ夫人はこう語っている。「町長さんはとてもよい人でしたが、町のためには何もしてくれませんでした」[3]。定年退職した元小学校教師のフィリップ・ブシューが後継者に予定されていた。第一回投票では、四つの候補者名簿が提出された。ミッテランは、大臣を経験して以来知名度はあり、国民投票で「反対」を主張したことも知られていた。これは、強みであると同時に、弱点でもあった。SFIOとSNI（全国小学校教員組合）は、かねてからUDSRのリーダーに対しては好意的でなかった。彼は、その家庭環境、宗教系の学校で受けた教育、学校をめぐる言説の曖昧さから、ライックではないのではないかと疑われていたからだ。前回総選挙で、ダニエル・ブノワを有利にするために立候補辞退しなかったこと、また共産党と手を結んだことも、SFIOの活動家の好意を得るものではなかった。

第一回投票の晩、首位に立ったのは五四五票を得たブシューの名簿だった。これに、四八五票でミッテランの名簿が続いた。決選投票に残った名簿は二つだけだった。社会党の名簿と、第二回投票に臨み共産党の候補者を加えた彼の名簿である。この、総選挙に引き続く共産党との連携により、フランソワ・ミッテランの名簿は一二議席（うち共産党に二議席）を確保することができた。社会党からは、五人が当選した。三月三一日、ミッテランはシャトー＝シノン町長に選出された。共産党のジョゼフ・タンジが助役に就任した。

この町議選は、新町長の共産党に対する戦術を再確認するものだった。第四共和制のほぼ全期間を通じて、彼は明らかに反共的で、断固たる敵対者だと共産党員の目には映っていた。彼自身も、ソ連に服従するモーリス・トレーズの党に敵対心を隠さなかった。しかしながら、実は彼の共産党に対する反対は、イデオロギー的であるよりも、はるかに政治的だった。彼にとっては、常に政治がイデオロギーに優先した。彼は、教条主義的精神とは無縁だった。ミッテランはピエール・マンデス・フランスの内閣で内相を務めたが、一九五四年の信任投票に際してマンデスが共産党の票を拒否したことを、彼は遺憾に思った。議会政治の論理とは合致しないやり方だと思われたからだ。徐々に左に傾斜していく過程で、彼は強力な共産党の支援なくしては、左派はずっと埃をかぶったままだろうと認識していた。共産党が孤立している限り、いかなる連携も、「進歩的勢力」の結集も実現しえないのだった。一九五八年の危機は、この信念をより強固にした。共産党との同盟は、共産党に食い尽くされない限りにおいて必要だった。シャトー＝シノンでの選挙は、彼の戦略家としての見解を実際に試す機会となった。

一方で、共産党は一九五六年のソ連共産党第二〇回大会から始まった脱スターリン化以来、非共産党系左派との接近を試みていたが、ギィ・モレはこれを拒否し続けていた。一九四七年以来の冷戦が残した傷口は、まだふさがっていなかった。ＰＣＦとしては、ド・ゴールの「独裁」に対する抵抗者としての証しを得たミッテランと手を結ぶのが得策だった――この接近は、より広範な同盟の始まりとなりえた。確かに、左派が市政を担当するいくつかの市町村では、右派を破る目的で共産党と社会党が手を組んだ例はあった。しかし、ミッテランの試みは一時的なものではなかった。彼は、左派の将来のためには――彼は、そのリーダーになる希望を持っていた――、その最大政党との合意が不可欠だと考えていた。なすべき仕事はまだ多く残っていた。というのも、当時のニエーヴル県では、ミッテランと共産党の連合のあおりを食った社会党が、抗議を続けていたからだ。戦いはまだ終わっていなかった。市町村議選に次いで、一九五九年四月には上院選が行なわれたからだ。

この上院選の第一回投票と決選投票の間で、三位に付けたミッテランと共産党のリーダー、レイモン・ビュシエールが会談した。ビュシエールは、ミッテランを有利にすべく、二人の共産党候補のうちの一人を辞退させると約束した。実際、ミッテランはニエーヴル県の二つの上院議席のうち、共産党が得た九二票を上積みすることで、その一つを確保したのである。こうして、ニエーヴル県は、シャトー＝シノン町議選を皮切りに、共産党との同盟という新たな戦略の実験場となったのだった。ミッテランは共産党の力を知った。すでに述べたように、彼はレーニン主義の原則をまったく共有していなかったが、次の明白な事実だけに目を向けていた。すなわち、左派最大の政党を排除することは、左派による政権獲得の妨げになるということだ。ギィ・モレは、多くの社会党員と同様、こうした連携に踏み切ることができなかった。彼にとって、共産党は「ボルシェヴィキ」であり、一応プロレタリア独裁を宣伝しているが、実際にはプロレタリアを支配する寡頭政治の独裁でしかなかった。

逆接的なことに、ギィ・モレはマルクス主義者であり、彼にとっては、共産党はマルクスを裏切っていた。ミッテランはマルクス主義者ではなかった。彼は社会主義をめぐる論争からは遠く離れた場所にいて、一九二〇年のトゥール党大会における社会党の分裂には関心がなかった。彼には社会主義的教養はなかったが、議会主義の教養を身につけていた。共産党なしには、左派による多数派形成は不可能だった。動きを封じているＰＣＦという閂《かんぬき》をはずす必要があった。スターリンの死以来国際情勢は明るさを増したように思われたから、彼はこの障害となっている党を再生のための補完勢力に変化させるのに寄与しようと考えたのである。

　リュクサンブール宮は、少なくとも当面、彼にとってド・ゴール政権との闘いの場となった。一九五九年六月二五日、ミシェル・ドブレ首相が出席する中で、彼は国政の舞台に再登場した。首相は、アルジェリアにおける財政と通貨に関する法案を提出していたが、実際に議論の対象となったのはより根本的な問題だった。ミッテランは、ガストン・ドフェールに続いて、政府の不明確な方針に対して、強烈で、鋭く、知性あふれる演説で攻撃を行なった。その二カ月半後の一九五九年九月一六日に、ド・ゴールがアルジェリア人による自決に関する歴史的な演説を行なったことを、私たちは知っている。それまでは、軍が重視していた「統合」の神話が政府の方針であるかのように受け取られていた。新人上院議員の辛辣な演説に、議員たちは熱心に耳を傾け、ときには中断が入り、しばしば拍手が起きた。彼は統合政策に反論し、一九五四年にはマンデス・フランスとともに賛成していたではないかと異論を差し挟む者には、こう反撃した。「私が統合政策を主張していたときは、それはいずれにしても大きな夢でした。私はいまでも、その当時においては実現可能だったと信じています。

なぜなら、その夢は、アルジェリアの真のエリートに共有されていたからです。総理、ですから、統合は信頼関係がなければ実現の可能性はありません。戦争により信頼関係が最終的に破壊された以上は、失われた展望に固執するのは適切ではなくなったのです。多くの犠牲的行為と、自己放棄と、相互理解を必要とする統合が、戦争の惨禍が広がって以降、鉄と血によって実現できるとどうして考えられるでしょうか。我々が皆捜し求めている平和的解決だ、統合を通じて行なわれるとの希望を持つことは、もはや空しいと言わざるをえません」。

自らの意見が変化したことを認めた彼は、いまや連邦的解決法を支持していた。一九五八年以来、憲法上はフランス・アフリカ共同体が設立されていた。アルジェリア問題に取り組む上で、これを活用しない法はなかった。「もし、望むべき統合が存在するとするなら、それはアルジェリアとフランスの統合ではなく、アルジェリアをフランス・アフリカ共同体に統合することです」。

その数週間後、ド・ゴール将軍は民族自決に関する驚くべき演説において、アルジェリア人に、統合（「フランス化」）、独立（「分離」）、共同体内における「連合」という選択肢を提案した。大統領は、明らかに第三案を希望していた。注目すべきは、アルジェリア問題に関して、ミッテランはそれとは知らずにド・ゴール将軍と意見が一致していたことだ。彼は、将軍と手を結ぶことができたのだろうか。そうではない。なぜなら、アルジェリア問題は別として、ド・ゴール体制は彼が容認できない個人的な権力の体制だったからだ。それに、反ド・ゴールのリーダーになろうとしているときに、将軍への賛同は最良の切り札を失うことを意味する。政治では、ライバル、競争相手、見せかけの友人を持つことはできるが、重要なのは主たる敵を特定することだ――彼にとって、それは将軍の側近が作り上げた体制だった。

†オプセルヴァトワールの罠

ド・ゴール将軍の民族自決に関する演説は、アルジェリー・フランセーズを支持する過激派の怒りを買った。一九五八年五月にド・ゴールの復帰を求めた多くの活動家は、彼に背を向けた。策略や陰謀が息を吹き返した。一九六〇年一月には、アルジェで一週間にわたりバリケードが張られた。過激派は、こんどはド・ゴールに反対する形で、五月一三日を再現させたいと考えた。一〇月一五日付の「パリ・プレス」紙は、ド・ゴール派下院議員リュシアン・ヌーヴィルトの寄稿文を一面に掲載した。「すぐに気を取り直さなければならない。悲劇は、明日起こるかもしれない。すでに、殺人者の特殊部隊はスペイン国境を越えている。殺害対象者は特定されている」。フランソワ・ミッテラン自身、安全ではなかった。翌日の晩、彼はかろうじてテロ行為から逃れた。銃撃される直前に、彼は自動車から跳び出したのである。

しばらく前から、ミッテランと妻のダニエルは、一日に何度も、そして夜間にも脅迫電話を受けていた。何よりも、ニエーヴル県の上院議員は、彼を脅かす危険を予告する奇妙な人物と会っていた。一〇月七日、弁護士として訪れた裁判所で、彼はペスケという名の人物から話しかけられた。プジャード派の元下院議員で、一九五八年の総選挙で落選したペスケは、アルジェリー・フランセーズ支持の過激派に属していると告白した上で、ミッテランが打倒すべき人物リストの筆頭にあがっていると明かした。最初、ミッテランはこの警告を真剣には受け止めなかった。しかし、それから数日間、ペスケは執拗に電話をかけ、そのため上院議員は再度元下院議員と会うことに同意した。一〇月一四日、二人はシャン・ゼリゼのカフェ・ル・マリニャンで会った。ペスケはミッテラン襲撃が準備されていると繰り返し、その日時が判明次第知らせると語った。そして、自分の命が危なくなるとして、このことを決して誰にも漏らさないよう求めた。

今回は、ミッテランは事態を軽く見ずに、用心のため一晩を友人のジョルジュ・ダヤン宅で過ごした。翌日、彼と上院で会ったペスケは、もうすぐ襲撃がギヌメール通りのミッテランの自宅近くで行なわれると告げた。しかし、この通りでは、自宅の建物のドアとリュクサンブール公園の鉄柵の間には、逃げ場がなかった。そのため、彼はミッテランにリュクサンブール公園を迂回して帰宅するよう勧めた。追跡されたなら、彼は車をオーギュスト・コント通りに止め、オプセルヴァトワール公園に逃げ込むことができるというのだった。ミッテランは、もう一度、警察には何も漏らさないと約束した。夕刻、ジョルジュ・ダヤン宅で食事を済ませた後、彼はペスケと会う約束があるサン＝ジェルマン大通りのブラッスリー・リップに向かった。彼はそこで深夜零時半まで待ったが、ペスケは現れなかった。そこで彼は自分のプジョー４０３に乗り、いつもの経路で自宅に戻ろうとした。彼は、次のように語っている。「セーヌ通りに入ったところで、一台の車が接近してきて、私の車を歩道に寄せました。私は警戒しました。上院のすぐ前のトゥルノン通りで、私は車がまだ付けてきているのに気づきました。私は右折して自宅に向かうかわりに、左折してメディシス通りに入りました。少し考える時間を稼ぐためです。メディシス小公園では、車がまた私の進路をふさごうとしてきました。

これで、私はもう間違いないと思い、加速してサン＝ミシェル大通りで数メートルをリードすることができました。私は急カーブを切ってオーギュスト・コント通りに入り、オプセルヴァトワール小公園で車から跳び出して公園に逃げ込み、地面に腹這いになりました」(4)。そのとき、彼をつけてきた車から、プジョー403に向かって自動小銃で何発もの銃弾が発射された。小公園からオプセルヴァトワール大通りに出たミッテランは、銃声を聞いて目を覚ました住民から電話で通報を受けて駆けつけた警察官に、襲撃を受けたと話した。ただし、取り調べるクロ警視正の質問にそれ以上詳しい説明はできなかった上、ペスケについては一言も語らなかった。その後の数日間、多くの人々が憤りを隠さず、友人たちからは同情の手紙が寄せられ、新聞は警報を発した。マンデス・フランスは、手紙で「あなたに対する憎しみが荒れ狂う現在の状況下で、すべての友人が愛情をもってあなたを取り囲み、できれば助けたいと感じていることを覚えていて下さい」と書いた。一〇月一九日、ミッテランはあるバーでペスケと会い、命を助けてくれたことへの感謝の意を伝えた。

どんでん返しが起きたのは、その直後だった。一〇月二二日、ペスケは表舞台に登場し、記者会見の席上、ミッテラン襲撃はでっち上げで、ペスケとともに仕組んだ狂言だったと発表したのだ。執達吏の証明付きの、事件の前にペスケが自分自身に宛てた二通の書簡が、事前に偽の事件について説明していた。目的は何だったのか。偽の共犯者によれば、ミッテランの課題は極右との戦いを強化し、同時にライバルであるマンデス・フランスよりも、この英雄的行為により優位に立つことだった。悲劇は笑劇と化し、各紙は激しくペテン師を攻撃した。右派の政敵は有頂天になり、左派の仲間は打ちのめされた。ジャーナリストたちは仰天し、踊らされ、結果的に読者をだましたことで笑いものにされたと感じた。[5] ミッテランは驚愕した。「私は罠にはまった……」。彼は、説明しようと努め（「自分を救おうとしてくれる人間を告発することは、私にはできなかった」）、襲撃は実際に起こったと主張した。「可能性は二つしかなかった。私は撃ち殺され、そうなれば何も話すことはできなかった。私が助かれば――事実そうなったのだが――、この陰謀に陥れられるのだ」[6]。ペスケは、銃撃の実行者の名を明らかにした。ダユロンという、彼の所有する家の番人だった。そして、相変わらずこの事件がでっち上げだと主張した。二人は、銃砲所持に関する法律に違反したかどで起訴された。しかし、彼らの背後には、隠れていたのは誰だったのだろう。

ミシェル・ドブレが率いる内閣は、野党の中心人物に決定的な打撃を与えるべく、この機会を逃さなかった。一〇月二七日、検察は上院に対して、法廷侮辱罪の容疑で、フランソワ・ミッテランの議員特権解除を求めた。この事件において、ペスケの存在について語らなかったことは、パリ警視庁刑事局長に対する「尊敬と道徳的権威に対する侵害」にあたると見なされたのである。いまや、敵は彼の目の前に姿を現した。それはもはや、暗闇で彼が戦わなくてはならない、名の知れぬ陰謀参加者ではなく、ド・ゴール派権力の代表者、ミシェル・ドブレがその相手だった。ミッテランは、白日の下で、この相手と戦うことになった。攻撃に対して反撃できるのである。結局のところ、これこそ彼が望んでいたことだった。

一九五九年一一月一九日、上院でフランソワ・ミッテランの議員特権解除に関し審議するため、本会議が開催された。特別委員会が設けられ、報告者の独立派下院議員ドラランドが、議員特権解除に前向きな結論の理由説明を行なった。批判は、ミッテランがペスケについて語らなかったことに向けられた。「検事正によれば、ミッテラン氏は、無駄であることがわかっている方向に捜査が進むままにし、反対に警察の捜査が有効な方向、すなわちペスケに向かわないように仕向けたのです。この作為により、やはり検事正によれば、ミッテラン氏は助けを求めた警察に対して負っていた義務を果たしませんでした…（後略）」。

ミッテランの沈黙は、正当だったのだろうか。「彼は、検事正によれば、このような警告を行なったペスケを命の恩人だと見なし、自らの良心に従い、両者間の約束に基づき、その名を告げるべきではないと考えたのです。この弁明こそが、事件の本質です。この弁明には無視できない意味があり、適切なものだとも考えられます。我々としては、ミッテラン氏がこの弁明の正当性を認めるよう、裁判官を説得できることを希望するものです。そのためには、裁判官に説明できる機会が必要となります。なぜなら、我々は事件の本質について判断を下す立場にないからです」。

ミッテランが発言する番となった。彼はこの機会に、力強い、出色の演説を行なった。委員会報告者は、議員特権の解除は判決ではなく、裁判手続きの開始だと述べたが、それはレトリックでしかない。「政府、検察、大新聞、世論の大部分は、あなた方が私に罰を与えるのを待っているのです」。彼は事件に関する自分の見方を説明し、ペスケとの面会の様子について語った。事件後にペスケが公表した手紙についてはどうだろうか。「私は、予審判事にこの手紙は私が共犯であること、私が加担したことを示すものでなく、むしろ、この謀略を計画した人たちが、どれほどこの卑劣な行為において、技術的に高いレベルに達していたのかを明らかにしていると証明することとなるでしょう」。確かに、彼はペスケの言を信じ、依頼されたとおり彼の名を明かさなかった。彼自身と家族の生命がかかっていたからだ。「私が話したら、彼は射殺されたでしょう…（中略）…だからといって、脅威がなくなるわけでもなく、私の二人の息子の安全に配慮することも無益ではありませんでした。彼は、息子たちの居場所を、一人はパリ市内の中学で、もう一人はブルゴーニュの公立小学校で、必要とあれば見つけるのは容易だとも付け加えたのです。この会話が交わされた状況を忘れてしまった人にとっては、これは小説、それも出来の悪い小説のようだと感じられることでしょう」。自動小銃で狙撃されたときに、彼は情報提供者に命を救われたと確信したのである。

ここまでは、事件の内容は知られていて、同じところをぐるぐる回っているだけのように思われた。だが、そうではなかった。新事実が出たのである。ミッテランが明らかにしたところによれば、一〇月二二日、すなわちペスケが事件はでっち上げだと発表したその日、ミッテランの仲間ではない元首相モーリス・ブルジェス＝モヌリが、その四週間前に同じくペスケから彼を標的にした同一のシナリオによるテロが計画されているとの情報を得たと警察の情報局長に通報したというのである。一一月三日にブルジェス＝モヌリ自身が不審に思い、自ら予審判事の尋問を受けたいと申し出るまで、この証言は秘密とされていたのだった。

ミッテランは、議員特権の解除は政治的だとして、演説の結び前に、首謀者であり政敵のミシェル・ドブレの責任を追及した。このとき、彼はバズーカ事件と、一九五七年二月のドブレとの会話を持ち出した。サラン将軍を狙い、ロディエ少佐が死亡した陰謀におけるドブレの役割に関する重大な疑惑の件である。「神経質に室内を歩き回り、どのような材料があろうと、自分が反証を集め終わるまで、急いで行動に移る権利はあなたにはないと私に述べた人物、それは現在の総理大臣、すなわちミシェル・ドブレ氏なのであります！」。

この新事実は、多くの上院議員を当惑させた。すると、与党席から、ジャン＝ルイ・ヴィジエが立ち上がった。彼は政府に対する攻撃は受け入れられないとしつつも、彼は同僚議員に決定を保留するよう要請した。「現在の過熱した雰囲気の中で、皆さんも私と同じように感じていると思いますが、議員特権の解除は例外的とも言うべき性格の政治的な判断となります。私としては、議員特権の解除に賛成することはできません。かけられている嫌疑に異論もありますし、我々が行なうべき判断の重さとは釣り合いません。私が賛成できないのは、現在知られている事実が私を動揺させるものだからです。我々に求められている判断の重さは、我々が与えられている情報とは比較にならないものです」。

ヴィジエは、さらなる説明が必要であり、委員会が入手できなかった要素が存在するとして、同僚議員を説得した。ピエール・ド・ラ・ゴントリ（民主左派）は、特に「ブルジェス＝モヌリ事件」と彼が呼ぶものにつき、追加情報を得ることを中心に、委員会での審議のやり直しを求めた。この要求に関する投票が行なわれ、賛成が多数を占めた。

その一週間後、一一月二五日に、再びフランソワ・ミッテランの議員特権解除についての審議が行なわれた。委員会報告者のドラランドとミッテランの間の、新たな闘いである。与党はドラランドを支持し、ミッテランはガストン・ドフェールら何人かの援護射撃を受けた。バズーカ事件がまたも俎上に上げられた。前回の審議の後に、ドブレはミッテランが「またしても」虚偽を述べた、と語った。ミッテランは自説を曲げず、「誰が事実を述べているか、事件の本質は何かを特定するために、適切な手続き」を検討する用意があると述べた。しかしながら、力関係はニエーヴル県の上院議員に不利だった。ガストン・モネルヴィル議長は、委員会が提出したミッテラン上院議員の議員特権解除の提案につき、採決を求めた。賛成は一七五票、反対二七票で、反対には共産党の出席議員一一名の票も含まれた。社会党議員は、過半数の二〇名が賛成し、一五名が反対した。

この議員特権解除は、実際には何の役にも立たなかった。一時拘留されたペスケは釈放されて、イタリアに逃亡した。ミッテランは起訴されたものの、裁判は行なわれなかった。政府にとっては、バズーカ事件もあって、裁判に利益を見出さなかったのかもしれない。はるか後になってのペスケの告白は、その傍証となるもののようだ。一九七四年に、彼は極右の雑誌「ミニュット」にこう語っている。「この事件を計画したのは、当時の首相ミシェル・ドブレと、クリスティアン・ド・ラ・マレーヌだった」。証拠は示されなかったし、正直者というよりはペテン師と言った方がよいペスケを信頼することは難しかった。疑念は残ったままになった。

ミッテランは、この疑念の被害をこうむった。彼自身の表現によれば、彼は子供のようにだまされたのだ。彼の最良の弁護人であるフランソワ・モーリアックは、同郷の友に残されていたキリスト教精神に発する意外な弱さを見出した。「ミッテランは、彼の敵が想像していたほどには強くなかったことで、大きな代償を支払った。私としては、彼の弱さを多とする。これは、彼が彼を躓かせた人々とは異なる種類の人間であることを示している。恐らく、彼らはミッテランの秘められた弱さを見抜いたのである。ミッテランは、心のうちを打ち明けるふりをする愚かな人物を信用することができた……（中略）……これは、強靭に見える心のうちにある、決して治癒することないキリスト教的な傷なのである」[7]。

この宗教に基づく説明は、フランソワ・ミッテランよりもフランソワ・モーリアックを理解するのに役立つようだ。この事件においても、他の状況下においても、ミッテランのキリスト教的反応を見出すことはできないからだ。彼が人を信用しやすいのにはやむをえない面もあるが、この擬似テロ事件後の行動に際しての判断には、あまり弁明の余地はない。ブルジェス＝モヌリは、警察情報局長に計画の存在を通報することで、同じ人物が仕掛けた罠から逃れられた。結果的に、フランソワ・ミッテランは政敵の批判に対して完全に身の証しを立てるには至らなかった。彼は駆け引きに長けていると思われていたし、多くの人にとって策略家との評価も定着していた。この謎に包まれた事件はその後、彼にまとわりついて、なかなか消し去ることができない汚点となる。レジスタンス時代の親友で、息子のジルベールの名づけ親であるアンリ・フレネイが、この事件で彼を許さなかったのは見逃せない。それでも、この人物には生命力があった。激しく揺さぶられ、非難され、侮辱されながらも、彼は最大の試練が必要な刺激であるかのように、いつも通り逆境を克服した。闘いは続くのである。

†再出発

一九六二年三月一八日のエヴィアン協定署名と、独立への賛成票が九割近くを占めた四月八日の国民投票〔エヴィアン協定への賛否を問うた国民投票。アルジェリアを除くフランス全土で実施された〕によって、アルジェリア戦争が正式に終結するまでの期間に、フランソワ・ミッテランは「個人的権力」への徹底した反対者としてのイメージの再構築に成功した。オプセルヴァトワールでの災難は、新たな左派連合の結成という戦略的展望が必要だとの確信を彼に与えたが、かつての共和戦線と異なり、今回は共産党を含めることになるだろう。しかしながら、この時点の勢力関係では共産党の重みが大きすぎ、またギィ・モレの指導下で、ＳＦＩＯは依然として将軍を支持していた。待つことが必要だった。体制はいずれ疲弊し、アルジェリア問題のためにド・ゴール側についた左派政党は、戦争終結とともに自立性を取り戻すだろう。ミッテランは、モルヴァン地方で共産党を含む左派勢力の大半を糾合することに成功し、それによって議会への復帰を果たした。パリでは、事態はまだそこまで進展していなかった。「オプセルヴァトワール」の直後に、彼が頼ることができたのは、いつもの少数の仲間だけだった。ジョルジュ・ボーシャン、ジョルジュ・ダヤン、ルイ・メルマズ、ロラン・デュマ、ジョゼフ・ペラン、ルイ・ペリリエ、弁護士会長トルプ、リュドヴィク・トロンらである。こうした人々と、彼はＵＤＳＲの残骸を土台に、共和国闘争同盟（Ligue pour le combat républicain）を結成した。これは一種の政策クラブのような団体で、非共産党系左派の衰退を補完するべく、当時多数の政策クラブが誕生していた。マンデス派で、クラブ・デ・ジャコバンを設立したシャルル・エルニュと彼は、一九六三年に協力して、政治制度活動センター（Centre d'action institutionnel）という名の調整組織を設けた。一九六四年には、多数のクラブの集合により、共和国制度協議会（Convention des institutions républicaines：ＣＩＲ）が誕生した。これは、「体制の権威主義的体質」に強力に反対する左派政治家としてのミッテランに正統性を与える組織の役割を果たした。

しかしながら、ミッテランは、もはやかつてのダンディーな大臣とは異なるテンポで生活していた。彼はモルヴァンにゆっくり滞在し、これまで眠っていたシャトー＝シノンの町と小郡に活気を与えることで、町長としての務めを十分に果たした。たとえば、彼はこの町に女性用ストッキングとタイツの製造を専門とするＤＩＭ社の工場誘致に成功した。伝統的手工業と暖房用木材の取引が衰退しつつあったこの地域の雇用にとって、思わぬ僥倖だった。

パリにいるときには、彼はギヌメール通りのアパルトマンで、夫人のダニエルと二人の息子、ジャン＝クリストフとジルベールとともに暮らした。一九六一年四月、アルジェでの将軍たちの軍事クーデター事件直前に、この住居は、他の多くの建物と同様、ＯＡＳ〔秘密軍事組織。アルジェリア独立に反対するテロ組織で、頻繁に爆破事件を起こした〕のプラスティック爆弾の標的となった。しかし、朝から晩まで、政治が彼の日常を食い尽くしていたわけではない。彼は生活し、読書し、旅行をした。彼は中国をも訪問して、毛沢東と会談した。彼はそのことを、著書『中国の挑戦』で報告する義務があると思いこんだ――これは歴史に残る本ではなかったが。かつて、エドゥアール・エリオはスターリンに会いに出かけたが、いまや毛沢東と握手することで大政治家を気取るようになったのだ。どちらの場合も、全体主義国家を訪ねる西洋人の無知をさらけ出して。彼は、セク・トゥレの招きに応じて、マンデス・フランスとともにギニアを訪問した。これは、一九五八年にギニア大統領が「ノン」を突きつけたド・ゴールに対するあてつけのようなものだった。パリでは、彼が友人とともにリュクサンブールからセーヌの河岸の間を静かに歩き、画廊や書店をのぞく姿を見ることができた。彼には、元閣僚、それも安全を脅かされている元閣僚として、二人の警護官による警護を受ける権利があったが、これを辞退していた。「私の日常が政治だけで満たされていたと想像しないでいただきたい……（中略）…私は仕事をし、夢を見て、事物や人間を愛することを学びなおした。私は時間に密度を与えるランド地方の森のヒイラギを知っているし、夏の日、午後六時のナラの木の林から射す木漏れ日ほど、私に精神と物質について語りかけてくれるものはない[8]」。

彼は多くの女性と関係を持ったとされるが、まだ政治家を追い詰めるパパラッチがいるような時代ではなかった。ダニエルは、だまされてはいなかった。一九五〇年代末には、離婚を申し出たほどである[9]。何という考えだろう！　フランソワは、離婚するような男ではない。それに、彼はパリでも、また夏の間は夫妻が一九五五年に購入したオスゴールの別荘でも、家族の暮らしや、友人たちとの大人数の食事を楽しんでいた。彼はダニエルの家族、俳優のロジェ・アナン——ミッテランは、彼の冗談を好んでいた——と結婚した義姉のクリスティーヌ・グーズ、政治活動の仲間でもある義兄のロジェ・グーズとも親しかった。したがって、離婚は問題外だった！　しかし、だからといって彼は気ままに生きることを妨げられたわけではない。夫が提案した協定を、妻は気乗りがしないながらも受け入れた。ロベール・シュネデールは、こう書いている。「この夫婦は、四〇年近くこのようにして暮らした。本当に一緒でもなく、本当に別れたのでもなく、さまざまな困難に立ち向かえる程度に結束していた——マザリーヌの誕生と、大統領就任の衝撃にさえ耐えられる程度に」。ミッテランがアンヌ・パンジョと出会ったのは、一九六〇年代初めのことだ。一方、ダニエルは体操教師で、スポーツ・クラブの指導員だったジャンと親しくなり、アパルトマンの屋根裏部屋に住まわせ、よくミッテラン家で食卓をともにしていた[10]。離婚はしないが、現代的な家族だったのだ！

一九六二年は、政治的転換の年となった。プティ＝クラマールでのＯＡＳによるド・ゴール暗殺未遂事件により、将軍は間を置かずに、大統領を直接選挙により選出するための憲法改正を行なうと決断した。これは、エリゼ宮とブルボン宮の断絶の最初の原因となった。二つ目の原因は、この改革を実施するために大統領が選択した手段だった。それは、将軍によれば憲法第一一条により認められる国民投票だったが、これは議会の両院の頭越しに憲法改正を行なおうとするものだった。ド・ゴール派のＵＮＲ（Union pour la nouvelle République、新共和国連合）を除き、議会の多数派は、右派も左派も、大統領の計画に強く反発した。反対勢力は、国家参事会から信頼に足る支援を受けた。第一一条を根拠とするのは、違憲だというのである。翌日、ミシェル・ドブレの後継首相となっていたジョルジュ・ポンピドゥーに対する不信任案が可決された。ド・ゴールは強行突破を図り、一〇月一〇日に下院の解散を宣言した。国民投票が行なわれる一〇月二八日まで、フランスに再び政治的混乱が訪れた。共産党、社会党および独立派は、憲法改正に反対の立場を明らかにした。七月三日、アルジェリア独立が宣言された。ＯＡＳが灯した最後の火は消えようとしていた。ピエ・ノワール（アルジェリア在住フランス人）のアルジェリア大脱出が起こり、そのうちの大半がフランス本土に引き揚げたが、こうしてアルジェリア戦争の苦難と悲嘆に満ちたエピソードは完結した。もはや救世主的人物も、特例的政治体制も必要ではなくなった。正常な状態の回復が期待され、国会議員は、ほとんどボナパルティスト的体制の下で、権限が大幅に縮小されたと感じていた。

フランソワ・ミッテランは反ド・ゴールの動きに加わり、国民投票で「ノン」を支持し、「プレビシット」〔独裁体制が国民による追認を求めて実施する国民投票〕を批判して運動を展開した。実は、ロにはしなかったが、彼はこの改革が、後に見られるように、政権奪回のための手段となりうると気がついていたのである。大統領選挙は二回投票制で行なわれ、決選投票では第一回投票の上位二者が対決する。そうである以上、いまだにふさがらない左派の分裂という傷口は、敗北につながった。「共和派的伝統」に則り、左派で首位に立った候補を支援しなくてはならないのである。歴史の悪戯により、「党派を超えた」共和国、「国民の結集」の共和国の樹立を望んでいたド・ゴール将軍は、最も忌み嫌っていたものを誰よりも利することになった。それは、左右の対立である。ミッテランはすぐに、この新しい制度が左派連合の戦略にとって有利だと理解した。彼は、『我が真実』で、それを告白している。「一九六二年以降、すなわち大統領選挙が直接選挙で行なわれると決まってから、私は自分が立候補することになるだろうと認識した」。状況が明確化されなくてはならなかったし、それには時間がかかるに相違なかったから、一九六五年の最初の大統領選挙ではないにしても、彼はいつの日か左派連合のスポークスマンになれると期待したのである。

一〇月二八日の国民投票では、ド・ゴールが勝利した（賛成一三〇〇万票、反対八〇〇万票）。それに引き続く総選挙でも、ド・ゴール派が大勝利を収めた。しかしながら多くの選挙区で、第二回投票にあたって社会党と共産党の間の共和派的規律が機能した。国際情勢も、有利に働いた。一九六二年一〇月一四日の「キューバ危機」収束は、東西の緊張緩和の始まりを告げた。フランソワ・ミッテランはシャトー＝シノンの選挙区から「民主連合−ＵＤＳＲ」の候補として出馬した。第一回投票では彼は社会党のダニエル・ブノワと共産党候補を上回る得票で首位に立ち、両候補はＵＮＲの候補者に対抗してミッテランを有利にするために立候補を辞退した。ブノワは、一九六三年二月に、ミッテランが空席にした上院の議席を得ることで、その代償を得た。少なくともニエーヴル県においては、ミッテランの戦略がうまく機能していることを示す返礼だった。同じ県内のサン＝トノレ＝レ＝バンで、一九六三年九月一五日に、シャルル・エルニュは大規模なバンケ・レピュブリカン〔フランス革命以来、伝統的に開催される政治集会の一種で、数百人、数千人規模の参加者を集めた食事会〕を催し、九〇〇人がこれに参加した。ミッテランは急進党のモーリス・フォールと、社会党のジェラール・ジャケの間に着席し、多数の共産党員も招待されていた。

この権力に向けた長い歩みにおいて、主要な障害の一つとなったのはピエール・マンデス・フランスとの競合関係だった。彼には、フランソワ・ミッテランのそれをはるかに上回る名声があった。当時はまだ、よく「マンデジスト」という言い方がされたが、「ミッテランディスト」とは言わなかった。だが、実際のところ、マンデスは自ら政治の表舞台から消え去ろうとしていた。一九五八年には、彼は新体制は長続きしないと考えていた。一九六二年に出版した『現代の共和国』でも、彼は第五共和制をなお過渡期の体制だと捉えていた。彼は、一九六〇年にPSAと左派の各種のグループの集合により生まれたPSU（統一社会党）に入党したが、その指導者とはならず、さして重要でない地位しか与えられなかった。PSUの党員の多くはマルクス主義者で、彼らはマンデスを「新資本主義者」だとして非難した。ミッテランの計画ははるかに巧妙だった。彼は体制内に入り込みつつこれを糾弾し、その内部から、大統領選挙を通じた政権交代の準備を行なおうとしていた。

この半大統領制とも言うべき体制の是認は、しかしまだうちに秘められた信念だった。さしあたり、彼はド・ゴール政権に対抗する左派野党の伝令使、スポークスマン、代表とならねばならなかった。議会で、公開の集会で、メディアで、彼は「独裁」だとする政権に向かって、次々と矢を放った。核武装、外交、仏独条約、社会・経済政策……すべてが批判の対象となり、彼の攻撃から逃れるものはなかった。一九一八年三月八日の下院でのクレマンソーの演説のように、ミッテランはこう言うことができたかもしれない。「わが外交政策と、国内政策は一体のものです。内政では、戦争遂行であります。外交においても、戦争遂行であります」。すなわち、実力行使から生まれた体制との戦い、個人的権力との戦い、公共空間での自由の抑圧に対する戦い、である。一九六四年の著書『恒常的クーデター』は、長休止符のように、彼の批判を延長するものだった。この戦闘的な著作は、不信任案の採決後に首相に再任されたジョルジュ・ポンピドゥーに対抗する、国民議会きっての雄弁家となった彼の弾劾演説を再現していた。この政治文書が刊行されたとき、世論は将軍の前立腺がんの行く末に注目していた。かつて、ヴェルサイユの宮廷で、誰もが太陽王の瘻孔について心配していたように。大統領の手術が予定されていることで、人々は落ち着きを失い、その後継者が話題に上った。ド・ゴール体制をクーデターによって奪取した絶対的権力として描き、しかもド・ゴール自身が権力維持のために、自ら作った憲法に違反しているとするこの著書には、有利な状況だった。この本は、一九六二年の国民投票において第一一条を用いたことを攻撃し、重大な危機が発生した場合に、大統領に特例的な権限を付与することにより、議会の役割を矮小化する第一六条を攻撃し、OAS裁判における特例法の適用を攻撃した。文体は辛辣で、痛烈で、皮肉っぽかった。「第五共和制が樹立されて以来、二人の首相が続いた。議会の信任を得ていた最初の首相は、辞任した。信任を得られなかった二人目は、居座った。五年に満たない間に、ド・ゴール将軍は、行政府、立法府、政府、議会と呼ばれる、民主主義の黄金時代において誰が何のために作ったのかわからない些細なものどもを清算した。彼こそが、国家なのだ」。

『恒常的クーデター』が自由に出版・販売できるだけで、よりよい独裁のやり方があることが証明された。政治文書の常道に従い、ミッテランは不公平で、極端で、不正確であり、そのために批判も受けたが、しかしながら彼はカエサルを糾弾したカト・ウティキエンシスのように、ローマ風の中傷文作者として優れていた。後年、彼は自分にとって心地のよい体制を何ら変更せず、彼がかつて行なった徹底的な攻撃を指摘されることになった。彼はこう書いていた。「ひとつの政治体制を別の政治体制で代替しようとするとき、対立は徹底したものでなくてはならない。しかし、その時はまだ遠い。現時点では、典型的な反対者、将来の左派のリーダーとして現れることが必要なのである」。ところが、彼の上昇に新たなブレーキがかかった。一九六五年の大統領選を視野に、仲間のガストン・ドフェールがライバルとなったのである。

これを主導していたのは、「レクスプレス」誌と、その颯爽たる主筆、ジャン＝ジャック・セルヴァン＝シュレベールだった。彼は、全力で支援してきたマンデスが「ボナパルティスト」的な選挙に原則的に反対し、一歩退いた立場にとどまっていることに落胆して、フランソワーズ・ジルーおよび他の同僚たちとともに、「ムッシューX」という名の左派候補を考案した。同誌は、毎週この人物の特徴を一つずつ、モンタージュ写真のように発表し、最終的にはこの候補者がガストン・ドフェールであると示す意図だった。しかし、結論を発表する前に、「ル・カナール・アンシェネ」誌が秘密を嗅ぎつけた。「ド・ゴールの対立候補となるべきムッシューXは、ドフェール仮面だ」〔「鉄仮面」がフランス語でマスク・ド・フェールと呼ばれることと、ガストン・ドフェールの名前をかけたシャレ」。彼は、恐るべき競争相手だった。引き続きＳＦＩＯに忠実だったとはいえ、彼は自分とギィ・モレがいかに異なっているかを示すことができた。彼は、一九五六年に、アフリカ植民地の段階的自由化を計画した基本法を制定していた。マルセイユ市長の彼は、社会党の強力な地方組織のトップであり、有力日刊紙「ル・プロヴァンサル」を所有していた。しかしながら、彼は「レクスプレス」誌が敷いた軌道を受諾したとはいえ、ある条件を求めた。社会党と、中道派のＭＲＰとの連携である。共産党との新たな人民戦線を提唱していたミッテランとは、逆の戦略だった。この同盟を、ドフェールは「民主社会大連盟」と名づけ、社会党と民衆共和派の交渉は順調に進められた。それは、秘かにドフェールに反対していたギィ・モレの策略と、「社会主義」の語に敵意を抱き、この連盟のライシテの選択を恐れるＭＲＰ幹部の抵抗により、この試みが失敗に帰する日まで続いた。一九六五年六月二五日、ガストン・ドフェールは立候補を断念した。フランソワ・ミッテランにとって、道は開かれた。

†左派候補

ミッテランは、それまで誠実にドフェールを支援していたが、中道との連合という戦略には異論があった。彼にとっての課題は、共産党を味方につけることだった。共産党支持の有権者なしには、成功はおぼつかなかった。さらに、「大連盟」は、共産党を唯一の左派野党とし、同党を唯一の労働者の代表にしてしまう危険があった。彼はこう考えた。「共産党に奪われた失地を回復するには、徹底して左に根を下ろすべきだった。これに対して、中道に向かうことは、共産党に左を明け渡し、正統的左派の立場の独占を許すことになる」[11]。しかしながら、性急にならずに、社会党員の伝統的な反共主義を目覚めさせることなく、したがって政策綱領を基本とする形式の整った連合を全世界に向けて宣言することなしに、物事を進める必要があった。

こうした決意を持って、しかし波風を立てずに目的に向かって進むために、ミッテランにはいくつかの確実な切り札があった。八月初めに会ったマンデスは、決して大統領選に出馬することはないと約束した。ガストン・ドフェールの失敗の後に、ＳＦＩＯには候補者になりうる人物がいなかったし、また党内からの立候補を望みもしなかった。一九六四年に、脱スターリン化に非常に消極的だったモーリス・トレーズが死去して以来、ワルデック・ロシェが書記長を務めていた共産党は、どのような結果になるかわからない危険な選挙に候補者を立てる意義を見出せなかった。状況は、ミッテランにとって有利だった。彼は、敵対しあう左派の二大政党を、自分を統一候補とするよう説得する決意を持っていた。彼自身の組織は、クラブの集合体と古くからの仲間に支えられた脆弱なものだったが、これがかえって有利に働いた。彼は孤立しているかに見えた上、スターリンが教皇について言ったように、背後に部隊が控えていなかった。彼の名には、両党間のライバル関係を中和する作用があった。ミッテランは、仲間を両党の指導部と接触させ、立候補への道を探った。メッセンジャー役として、特に有能だったのはシャルル・エルニュで、彼はさまざまな人々とコンタクトを取った。

ワルデック・ロシェは、シャルル・フィテルマンとともに、シテ・マルゼルブのＳＦＩＯ本部にあるギィ・モレの執務室を訪ねることにした。「提案したい候補者がいる」とワルデック・ロシェはモレに単刀直入に切り出した。フランソワ・ミッテランだ！　モレは、耳を疑った。「何を言ってるんだ、あいつは策略家だ！」[12]。落ち着きを取り戻したモレは、他の何人かの名前をあげた。人権同盟会長のダニエル・メイエール、作家のジャン・ゲエノ、演出家のジャン・ヴィラール……。しかし、ワルデック・ロシェはあきらめず、結局ギィ・モレも同意した。いずれにしても、ド・ゴールを前にして、左派候補には勝利の見込みはなかった！

九月九日、午前中にギィ・モレの消極的な支持とガストン・ドフェールの個人としての支援を確認したニエーヴル県選出下院議員は勝負に出た。仲間との昼食の最中に、彼はレストランの紙ナプキンに、ＡＦＰ向けの声明文を書きつけた。このコミュニケは、何度目だかわからないド・ゴール将軍の記者会見の最中に、ＡＦＰから配信された。「私のとっての課題は、恣意的な権力行使、盲目的なナショナリズム、社会的保守主義に、法と自由の厳格な尊重、欧州統合の可能性への意志、民主的な計画の実行による秩序だった発展のダイナミズムを対峙させることです」。これらは一般論だったが、欧州統合に関するくだりは、ＰＣＦを刺激する恐れがあった。狙いは、中道派の支持を得ることだった。共産党は、この試みの結果に幻想を抱いてはいなかったが、孤立状態から脱出できるという利点があった。九月二一日、ホテル・リュテシアでの記者会見で、ミッテランは自らの立候補について説明を行なった。ワルデック・ロシェとギィ・モレも同席したが、沈黙したままだった。もっとも、彼らがその場にいたことだけで、ジャーナリストたちは政治状況が変化しつつあると感じたのである。

ミッテランに常に好意的だったフランソワ・モーリアックは、ド・ゴールへの熱烈な支持にもかかわらず、ここでも彼を擁護した。「彼自身の視点からすれば、フランソワ・ミッテランの立候補は間違いではない。勝利の可能性があるからではない。彼は、そう信じるほどにはお人よしではない。しかし、古い政党が破綻する中、皆を苦しませるこの陰気な真空状態にあって、一人の人物の知性と勇気と才能は重要であり、明日または明後日に、彼に大きな地位を与える可能性がある。しかし、それには一つ条件がある。それは、あまり吠えたてないこと、大物の政敵を相手の陣地内で追い詰めること、外の世界が彼に与えるものを何ひとつ拒まないこと、彼のお蔭で獲得されたものと、保持されなくてはならないものを記憶にとどめることだ」[13]。

メディアは懐疑的で、皮肉っぽく、あるいは明確に敵対的だった。まだ、左派からの数多くの抵抗を乗り越える必要があった。共産党は規律正しかったが、社会党はそうではなかった。一〇月七日に、SFIOのニエーヴル県連会長アンドレ・ボーシェは辞表を提出し、ギィ・モレに向かってこう述べた。「どんな理由があろうとも、いかなる場合であっても、私はフランソワ・ミッテラン氏の大統領選挙のためのキャンペーンには協力するつもりはありません」[14]。モレ自身も、一〇月二日の「パリ・プレス」紙のインタビューで、不適切な応答をしていた。「我々はミッテラン氏を支援すると決めた以上、彼を逃がしはしません。実際には、私はピネイ氏の立候補を期待しています。なぜなら、彼が民主自由主義者の票を最も多く集められるからです」。何と奇妙な支援だろう！　ミッテランは兄ロベールに、ピネイを昼食に招待するよう依頼した。その際、コーヒーを飲む段になったら、フランソワが二人に合流し、元首相が立候補を断念するよう説得するのが目的だった。

その数日後、ピネイは立候補断念を表明した。PSUは、党員の過半がミッテランに好意的でなく、ダニエル・メイエールの出馬を支持していたが――メイエールは、その後ミッテラン支持に回った――、エドゥアール・ドゥプルーは同党機関紙「トリビューヌ・ソシアリスト」に、ミッテランのコミュニケに対する次のようなコメントを掲載した。「脆弱にして巧妙、あるいは脆弱な巧妙さを持つ彼の七つの提案は、単に平凡で、貧弱なものでしかない。これほど貧しい作戦の結果は、容易に想像できる。二二〇〇万、あるいは二四〇〇万の投票総数のうち、五〇〇～六〇〇万票が得られるにすぎないだろう。このような敗北に向かって、我々は突き進んでいるのだ」。急進党はと言えば、一〇月一九日に立候補を表明したＭＲＰ所属でルーアン市長のジャン・ルカニュエに投票するよう呼びかけていた。左派連合の完成は、まだ遠かった。

ペスケとオプセルヴァトワールが、再び話題に上った。右派の票を得ることでキャリアを築いてきた、永遠の大臣の道徳観念に対する批判もあった。しかし、これらの不満は次第に解消した。一〇月二八日、「ル・ヌーヴェル・オプセルヴァトゥール」（「フランス・オプセルヴァトゥール」誌の後身）誌上で、ピエール・マンデス・フランスは、明確な支持を表明した。「ミッテランは、民主派と社会主義者の票を集めるには、最良の立場にいる。人がなぜまだ躊躇していられるのか、私にはよくわからない…（中略）…私は彼に投票するつもりだ。私を信頼してくれている人々にも、彼に投票するよう求めたい」。ＰＳＵは、口先だけで彼を支持した。当時、ジョルジュ・セルヴェの筆名を用いていたミシェル・ロカールは、次のようなわかりにくい結論を受け入れさせた。すなわち、ミッテランに投票はするが、彼のための運動はしない、というものだった。まだ左派知識人の信頼を得ていたジャン＝ポール・サルトルは、当初は反対だったが、「レ・タン・モデルヌ」誌に諦念を綴った。「ミッテランへの投票は、彼自身への投票ではない。それは、個人的な権力に反対すること、右に舵を切る社会党に反対することなのだ。多くの人々が、幻想を抱かず、熱意を持たずにミッテランに投票することだろう」。もう一つのインテリゲンツィアの雑誌「レスプリ」では、編集委員会が割れていた。情熱的に左派支持を表明して、同誌の主筆ジャン＝マリー・ドムナックは、ド・ゴールに投票しない有効な理由をあげた。彼の政策は「孤独な言葉と意志に基づくもので、フランス国民は創始者とともに消滅しかねない事業への参加すら求められてはいない」と書いた。しかし、彼はミッテランを警戒していた。「十の内閣で閣僚を務め、〝アルジェの戦い〟の時期にギィ・モレ内閣の法相の地位にあり、いくつもの黒い糸で我々の戦後の最もつらい時代と結びついていたのである」(15)。ある者は、それでも、なお（生きた民主主義の拒否にもかかわらず）ド・ゴールに投票し、他の者はそれでもなお（「策略家」に対する「警戒」にもかかわらず）ミッテランに投票するだろう。

出馬の是非をめぐり、決心がつきかねている素振りを見せた後で（ド・ゴール将軍は、九月九日に、「私が立候補するかどうか、二カ月後にわかるでしょう」と語った）、ド・ゴールは投票日の一月前、一一月四日にテレビで立候補を表明した。立候補者は六人、そのうち三人が有力な候補者だった。ド・ゴール、ミッテランとルカニュエである。残る三人は泡沫候補的で、極右のティクシエ＝ヴィニャンクール、アントワーヌ・ピネイの不出馬を受けて立候補したピエール・マルシラシ、そしてまったく無名の、「いじめられた犬」の候補者を自称し、メディアの力を巧みに利用してドローム県にある自らが主宰する労働者コミュニティーの宣伝を行なったマルセル・バルビュだった。

当初、ミッテランにとって見通しは明るくなかった。ようやく世論調査に関心が集まり始めた時代だったが、ＩＦＯＰ社の調査によれば、ミッテランの得票は一一パーセントと予測された。その後一六パーセントに上昇し、一二月初めには二七パーセントに達した。共産党は積極的に選挙戦に取り組み、集会を開き、あらゆる宣伝手段を用いて彼を支援したが、他の左派政党は消極的だった。しかしながら、さまざまな抵抗、嫌悪感、非難にもかかわらず、左派統一候補は調子を上げ、人々を説得し、魅了した。資金力が限られていたため、ルーヴル通りの建物にある五部屋のアパルトマンを選挙事務所にし、電話を四本引いただけだったが、協力者は大勢いた。彼は、選挙運動には詳しかった。巧みな弁舌は有利に働き、彼を支持するさまざまな党派をコントロールする完璧な手法も身につけていた。勢いがついてきた。ド・ゴールは自己を過信するあまり、候補者として行なうべき運動を軽視するという間違いを犯した。支持率は下落し、支援者は不安を覚えた。彼は選挙戦終盤になって、ようやく運動を開始した。

将軍にとって、ある新しい要素が不利に作用した。テレビである。各候補者には、一定の時間が割り当てられたが、彼はそれを利用しようとしなかった。テレビは特に、ジャン・ルカニュエに有利に働いた。感じのよい笑みを浮かべて、彼は巧みな弁舌で欧州統合の重要性を訴えた。ミッテランは、うまく順応することができなかった。「この七年間のド・ゴール体制の期間を通じて、私はこの機械と直接に触れる機会がありませんでした。それで、うまく馴染むことができなかったのです」。当初、彼はぎこちなかったが――照明を邪魔だと感じ、頻繁にまばたきし、メークアップをいやがった――、ド・ゴールが軽視したテレビが重要な武器となることに彼は気づいた。「この大統領選において、テレビはそれでも重要な役割を果たし、野党候補者を利する結果となった。彼らが才能豊かだったからではない。才能なら、将軍にも十分にあった。そうではなくて、突如として現れた表現の自由と、相反する立場の者が戦わせる論戦が、世論に衝撃を与えたからだ」[16]。当時、フランス人は一斉にテレビを所有するようになっており（三分の一以上の家庭に備えられていた）、持っていなくとも近所の家、従兄弟の家、あるいは酒場で見ることができた。それまでは、テレビ（第二チャンネルは、ようやく一九六四年に開局した）は、ド・ゴール政権のただ一つの意見、独白を伝えていた。ところが、さまざまな異なる見解が表明されるようになり、皇帝のような大統領は批判され、その優位は相対化され、その結果指導者は非神聖化された。九月には六六パーセントあったド・ゴールの支持率は、選挙の直前には五二パーセントにまで後退した。それまで、選挙キャンペーンがこれほど有権者に影響を与えた例はほとんど存在しなかった。

ミッテランには頼りになる友人たちがおり、彼らは忠実で、積極的で、活動的だった。彼は古くからの人脈も活用した。彼は、カトリーヌ・ネイにこう語った。「この選挙戦で、最初に各県における私の代理人を務めてくれたのは、元捕虜たちでした。彼らとは、戦争以来会っていなかったのに、夜には彼らの家に泊めてもらったものです」[17]。疲れも知らずに、彼はフランス各地で大小の集会を次々とこなした。彼は熱狂を巻き起こし、何千、何万の人々を動員し、ランスで、リヨンで、モンペリエで、トゥールーズで喝采を受けた。全般的に言って、左右の野党から強い批判を受けた直接選挙による大統領選は、人々の関心を集め、有権者を動員した。棄権率はわずか一五パーセントで、これは新記録だった。

一二月五日、意外なことにド・ゴール将軍の得票は四三・七パーセントにとどまり、決選投票の実施が確定した。シャトー＝シノンで投票した後、パリのギヌメール通りの自宅で仲間とともに開票の様子を見守っていたミッテランは、三二パーセントを得て二位を確保した。左派の各紙は勝利を祝った。とはいえ、彼は左派の票すべてを得たわけではない。一九六二年総選挙での左派政党の得票の合計には及ばなかった。しかしながら、第一回投票での当選を確信していたド・ゴールを決選投票に追い込んだことは、大成功と感じられた。ミッテランがド・ゴールとの決選投票に持ち込んだと言われるが、これは正確ではない。ルカニュエの獲得した一六パーセントがなければ、この事態は起こらなかった。レイモン・アロンは、こう書いた。「ド・ゴール将軍は、ルカニュエ氏が立候補しなかったならば、恐らく第一回投票で当選を決めていただろう[18]」。いずれにせよ、決定的な投票で、ミッテランはド・ゴールと一対一で相対することとなった。将軍は、この残念な結果に失望して、一時は断念することも考えた。しかし、支援者たちに鼓舞されて気を取り直し、今度は全力を挙げて戦いに臨んだ。

戦いは、有権者を興奮させた。直接対決ではなく、集会、ラジオ、テレビを通じた対決である。助言者たちは、フランシスク勲章の男、オプセルヴァトワール事件で虚偽の証言をした人物、第四共和制の小マキャヴェリを攻撃するよう勧めたが、ド・ゴールは個人攻撃を拒否し、彼はテレビに大人物然として登場し、人を馬鹿にしたような態度を取ったかと思えば、尊大に振る舞い、視聴者を唖然とさせた。パリのパレ・デ・スポールで、マルローは叫んだ。「ミッテラン氏はド・ゴール将軍の後継者ではありません。彼は、前任者なのです」。当初ほど寛大ではなくなったモーリアックは、次のような皮肉を書いた。「実際には、ミッテランが勝利するなら、それは世界中で貧しい諸民族の敗北だと受け取られるだろう。ド・ゴールがその代表者だと見なされているのだから[19]」。与党寄りの政治評論家は、「魔術師」、「詐欺師」、「信用できない」など、あらゆる誹謗中傷を浴びせた。ミッテランはこれにうまく対応し、ジャン・モネや、作家、芸術家、大学教授などを味方につけた。ミッテランを支持する声明文に何百人もが署名した。それだけでなく、アルジェリアを「安売りした」として決してド・ゴールを許さない、ジャン＝ルイ・ティクシエ＝ヴィニャンクールを代表に、ペタンの弁護士だったジャック・イゾルニ、ジャック・スーステル、ジョルジュ・ビドーら、大統領に対するあらゆる恨みつらみを積み重ねた極右からの支持も受けたのだった。その点を責められると、彼は「私は、得た票を選別するつもりはない」と答えた。

一二月一九日、ド・ゴールは得票率五四・五パーセントで当選した。ミッテランは四五・五パーセントだった。負けたが、同時に勝利を収めたのである。ミッテランは、間違いなく左派のリーダーとしての地位を、見事に確立した。一時的かもしれないが、とにかくその地位を得たのである。彼は、共産党を建設的な政治活動に復帰させるのに成功した。彼はこう書く。「全般的に言って、私の立候補により、一九六五年以前には可能でなかったことが可能となった。これにより、左派は自身を再発見し、再定義する機会を得たのである」[20]。この一二月の晩には、そこまでは至っていなかったが、ミッテランの戦略が有効なことが判明した。この選挙は、彼自身と左派の統一にとって一つのメルクマール、跳躍台、希望となったのだ。レイモン・アロンは、決選投票の前にあえてミッテランの今後を予測したが、このとき彼は珍しく洞察力を欠いていた。「ミッテラン氏は左派の統一の実現に貢献した――それは、たった一日の、ごく限定的な統一である。それは、彼が真の指導者たりえず、それゆえに彼が各政党の邪魔をしないからだ」[21]。アロンは、この図抜けた戦術家の芸術的手腕を忘れていた。

ミッテランは以前と変わらなかったが、「若干の肥満と、薄くなり始めた頭髪が、内相在任時以来伝説となった辛辣で、高飛車な態度を、いくらかやわらげた」。「驚嘆に値する政治的動物、猛獣である」[22]。「フロランタン」の異名が、しばしばジャーナリストの筆に用いられるようになったが、マキャヴェリへの連想は、説明しておく必要があるだろう。彼は、ライオンのように戦うのではない（『君主論』には、「ただライオンのように振る舞おうとする者は、何ひとつ理解してはいない」とある）。彼は、狡猾さと隠蔽の象徴である狐のように戦うのだ。彼がライオンのように、爪をすべて立てて政府を攻撃する場面は、上院でも下院でも見ることができた。しかし、至高の目標、すなわち政権交代を実現するための扉を開けようとするときには、勇敢さと同じだけ、用心深さ、忍耐強さと曖昧さが重要となる。彼は狐のように、坂道を登っていくのだった。

第6章　改宗者

大統領選挙は、左派の諸政党にとって統一に有利な機運を作り出した。これは、フランソワ・ミッテランにとって最も重要な目標であり、言わば彼が作り出したコンセプトでもあった。統一へのプロセスは開始され、加速した。先述のように、一九六四年六月に、何十にも上る非共産党系左派の組織、政策クラブ、各種団体の集合体である共和国制度協議会（ＣＩＲ）が、政治の舞台に登場していた。ＣＩＲの定めた憲章には、三つの大きな要求が掲げられた。自由の擁護、欧州連邦の建設、経済的民主主義の確立、である。

忠実な友人たち、ジョルジュ・ボーシャン、ジョルジュ・ダヤン、ロラン・デュマ、ルイ・メルマズ（ＣＩＲ代表）に加えて、左派の大統領候補となるべき人物に新たな仲間が合流した。弁護士ロベール・バダンテール、国家参事会審査官ピエール・ジョクス、ラジオ局ユーロップ1記者ジョルジュ・フィリウー、体育担当上級視学官マリー＝テレーズ・エイケムなどだ。これはまだ一つのステップでしかなかった。このサークルを、さらに広げる必要があった。ガストン・ドフェールの「大連盟」が失敗に帰した後、ミッテランは友人らとともに民主社会左派連盟（ＦＧＤＳ）結成を主導した。この連盟は、ＳＦＩＯを中心として、ＣＩＲ、急進党、アラン・サヴァリの「社会主義と民主主義」、ジャン・ムーラン・クラブ、ピエール・ベレゴヴォワのクラブ「現代社会主義」、さらにはジャン・ポプレンの「社会主義クラブ・グループ連合」などの政策クラブを集めていた。これらの小川は、一九六四年九月九日のフランソワ・ミッテランの大統領選出馬宣言の翌日に合流して、ＦＧＤＳという大きな川になった。大統領選決選投票の前には、ミッテランがその議長に、シャルル・エルニュが議長代行に選ばれた。

†統一の最初の果実

選挙戦の勢いにより、従来の政党の党員や、新たに政治活動に加わろうとする者など、多くの人々がＣＩＲに集まってきた。通常は、地域的なクラブを結成し、それがＣＩＲに加盟する形が取られた。ディジョン大学教授で元共産党員のピエール・レヴェックは、回想録で加盟のプロセスについて記録している。選挙戦中に、ミッテラン支持者のグループが統一左派クラブを結成し、レヴェックがその代表となった。一九六六年三月、彼はリヨンでのＣＩＲ大会に同クラブ代表として出席し、ミッテランと接触した。「我々のＣＩＲ加盟は、即座に承認された。三月二六日には、ディジョンのラ・グランド・タヴェルヌの一室で、コート・ドール県連盟の設立会合を開くことができた(1)」。このブルゴーニュでの例は、組織化されておらず、従来の左派政党に嫌悪感を覚えた政治活動家、あるいはピエール・レヴェックのように、左派連合の再生に参加したいと考えた元共産党員らに対して、フランソワ・ミッテランの選挙運動が引き起こした効果を物語るものだ。

ＦＧＤＳ結成は、純粋主義者にはボロ着をつぎはぎにしたように見え、吐き気を催させるものだった。一九六七年初め、総選挙の全立候補予定者を集めたパリのミュテュアリテ会館での集会の参加者のうちに、ピエール・レヴェックはミュンヘン協定締結時の外相ジョルジュ・ボネ、アルジェリア戦争時に「行き過ぎた弾圧を黙認した」ロベール・ラコスト、あるいは新聞社社長で元対独協力者ロベール・エルサンの姿を認めた。レヴェックは回想録にこう書いた。「私は、一時的には、私の属する組織にこうした人々が加わるのを認めなくてはならないと考えた。彼らは、統一に向かう動きの中ですぐに時代遅れになり、自然に脱落するに違いなかった」[2]。しかし、ＦＧＤＳが政権交代の展望の信頼性を高めるべく、影の内閣を設置すると発表したとき、一部の人々は政権交代には時間がかかるだろうと判断した。そのメンバーには、他の偽善者とともに、多くの人にとって「裏切り」のシンボルであり、フランスをアルジェリア戦争に陥れ、拷問の実行を否認し、スエズ遠征に軍を派遣した社会主義者、ギィ・モレの名前もあった。フランソワ・ミッテランが彼の内閣の一員だったことも、また事実だった。いずれにしても、ＦＧＤＳは、左派連合の実現に向けた必要な一段階ではあった。これ以降、議員たちは下院で統一議員団を組織し、総選挙では選挙区ごとに統一候補を擁立し、決選投票に向けて共産党との間で相互に立候補辞退の協定を結ぶことになる。

ミッテランとＦＧＤＳだけが、左派の刷新を目指していたわけではない。マンデス・フランスが入党したＰＳＵは、競争相手だった。一九六六年四月には、この若い政党は社会主義シンポジウムを開催した。ミッテランは、マルク・パイエを代理出席させ、メッセージを代読させた。彼は、野次を浴びせられた。マンデス・フランスは、演壇からミッテランへの敬意を表したが、会議の全体的な傾向は、「純粋に選挙向けの合意」とされたＦＧＤＳに批判的だった。かつてあれほど攻撃していたギィ・モレと手を組むとは！　ジル・マルティネはと言うと、彼はＰＳＵのＦＧＤＳへの加盟に好意的だった。彼は、党代表のエドゥアール・ドゥプルーに宛てて、こう書いた。「政党が持つべき野心は、政権に就くことであり、存在を示すことではありません。我々が力を尽くしているのは左派の勝利のためであり、左派が永遠に少数派にとどまるためではありません」(3)。これはまた、フランソワ・ミッテランの確信でもあった。彼は、古くからの論争、純粋主義に由来する良心の咎、積み重なったさまざまな恨み、個人的対立関係、党派心に基づく嫉妬などを超越したいと考えていた。一九六七年の総選挙に向けて、彼は一九六六年一二月二〇日に、パリのリール通りにあるＦＧＤＳ本部での一週間にわたる交渉の末に、共産党との協力協定締結に成功した。「当選の可能性が高い」左派候補――それは必ずしも、第一回投票でより多くの票を得た候補とは限らなかった――を利するために、立候補辞退を行なうことに、両者が合意した。ミッテランが記したところでは、交渉は「非常に重苦しい雰囲気の中で行なわれた。我々は、現代史の重要な瞬間を経験していることを意識していた…（中略）…この日、統一へと向けた、後戻りできない歩みが始まった」(4)。一月には、ＰＳＵとの間で同様の合意が成立した。

一九六七年三月の選挙では、ミッテランがＦＧＤＳに与えた方向性の正しさが確認された。一月三一日、ギィ・モレ、ルネ・ビリエール、シャルル・エルニュに囲まれて、彼は第一回目となるＦＧＤＳの会議を開催した。三〇〇〇人が集まり、約四〇〇名の立候補予定者も出席した。ミッテランは全国を駆け巡り、アグレッシヴな選挙戦を展開した。その間、彼の補欠候補ピエール・ソリーは、ニエーヴル県内で選挙運動を代行した。しかしながら、彼が首相のジョルジュ・ポンピドゥーに挑戦状を投げつけたのは二月二二日、ヌヴェールの展示場においてだった。ピエール・コミティが率いる共和国防衛委員会が会場警備にあたる中、三時間にわたる攻撃的な演説において、ミッテランはざわめく聴衆を前に、一五項目からなる「次期議会における政策」を説明した。憲法第一六条の削除、大統領任期の五年への短縮、核抑止力政策の転換、第五次五カ年計画の見直し、女性の権利拡大が、彼の主張に含まれた。「第四共和制に回帰しない振りをしても無意味」だと、ポンピドゥーは発言した。「あなたの言うあらゆる条件が、必然的に回帰を求めているではありませんか」。ミッテランはこれに反撃した。「憲法は、もともと持っていた方向性、すなわち個人的権力へと傾斜してしまっています」。ド・ゴールは、いつも通りに、遠慮なくこの論戦に加わった。最初は、一九六七年二月九日、選挙の公示前に。二度目は投票日直前の三月四日に。野党は抗議した。ミッテランはこのような警句を吐いた。「かつて、ド・ゴールはド・ゴールだった。いまでは、彼はゴーリストでしかない」。

第一回投票の結果、共産党は立場を強化した。二二・四五パーセントを得た同党は、一九パーセント弱のＦＧＤＳをリードした。この結果は、半分期待はずれだった。ド・ゴール派が三七・七五パーセントの得票で、首位を守っただけに、なおさらだった。しかしながら、ミッテランは初めて、クラムシー／シャトー＝シノン選挙区で、第一回投票で当選を果たした。決選投票に向けて、左派政党間の協力は、わずかな例外を除いて機能した。共産党は一五ほどの選挙区で、より得票が少ないものの中道派の票を取り込むことで当選が期待できる候補のために、公認候補の取り下げに同意した。ロット県では、意外な現象が起こった。ルカニュエの民主中道派から推薦を得ていた急進党のモーリス・フォールは、UNR候補に次いで二位につけたが、三月七日に躊躇することなく同県の急進党支部を引き連れてFGDSに加入し、それによって再選を確実にした。その翌日、七一選挙区で三候補による争いになることを明らかにしたミッテランは、満足げに次のように述べた。「共産党との合意は、誠実に実行されました。FGDSが共産党に食われてしまうとの説は、時代遅れの見方、言い古された決まり文句でしかありません…（後略）」。最終的に、ワルデック・ロシェにとって、協定は十分な成果をもたらした。PCFは、選挙前の四一議席から、七三に伸ばした。FGDSは二五議席増で一一六議席を得た。一方、PSUからは四人が当選した。これは見事な結果だった。ド・ゴール派のUNRと、連携するジスカール派は、過半数をわずかに一議席上回る、四八七議席中二四四議席にとどまった。左派は、議会において再び与党を脅かす存在となったのである。この幸運に加えて、ミッテランは最も近しい友人たちの当選を喜ぶことができた。クロード・エスティエ（パリ）、ジョルジュ・ダヤン（ニーム）、ロラン・デュマ（ブリーヴ）、ジョルジュ・フィリウー（ロマン）、ルイ・メルマズ（ヴィエンヌ）、アンドレ・ルスレ（トゥールーズ）らである。

ジャック・シャバン＝デルマスが議長を務める国民議会で、首相に再任されたジョルジュ・ポンピドゥーに対抗して、自信を倍加させたフランソワ・ミッテランは、野党指導者の地位を占めた。左派勢力の伸長は、労働運動の活発化を促した。サン＝ナゼールで、ロレーヌで、ダンケルクのユジノール工場で、ストライキが拡大し、暴力行為が起きた。あるところでは賃上げ要求が、別の場所では雇用維持の要求が掲げられた。というのも、失業が新たな懸念として意識され始めたからだ。豊かなフランスで社会的な変化が起こり、不安が芽生え、組合を行動へと駆り立てたのである。政府は、新内閣で設備大臣となった前計画総局長の名前を冠したオルトリ計画を実施に移した。ミッテランは、下院で痛烈な批判を行なった。「一九六七年四月になってこれらの社会問題を発見したからといって、体制の実績に数えられるものではありません」。あくまで「体制」であり、政府ではなかった。この体制とは憲法でもあり、ＦＧＤＳ議長はこれを非難してやまなかった。彼はポンピドゥーに向けてこう叫んだ。「いま私たちが聞いたのは、議会の開会式における勅辞ではないはずです。勅辞とは、別の人物が、国民の代表による承認と無縁な場所で行なうものなのですから」。

議会外では、ミッテランは依然としてＦＧＤＳ加盟全政党の合併による左派の大政党結成に向けて動いていた。並行して、共産党との間では、単なる選挙協力にとどまらない共同政策綱領の策定を目指して、交渉を再開した。これは、特に外交政策をめぐっては、困難な作業だった。ミッテランとＦＧＤＳは、ＮＡＴＯ（北大西洋条約機構）と欧州建設を支持していたからだ。しかし、双方に妥協点を見出そうとする意思が認められた。ＰＣＦ書記長は、六月四日に、次のように述べた。「我が党とＦＧＤＳは、最終的には強固かつ長期的な協力関係を、基本的合意もしくは共同綱領を基盤として、築くことができるでしょう」。

統一への歩みは始まった。一九六七年九月の県議会選挙では、共産党は得票率二六パーセントを超える満足すべき結果を得て、この選挙の勝者となった。しかし、ＦＧＤＳも二一・五五パーセントで、勢力を伸ばした。ミッテランはモンソーシュ選挙区で問題なく再選を決め、三人の仲間も当選した。一〇月一日日曜日の決選投票では、ＦＧＤＳの当選者数は伸び悩んだものの、全国で四四四議席を獲得して、地方政治における力を示した。一方で、共産党は得票を伸ばしながらも、当選者は九七名にとどまった。この選挙結果は、力関係の現状を表していた。すなわち、共産党は得票を伸ばしたが、決選投票で中道派の票も取り込める非共産党系左派に、より大きな可能性があった。この県議選は、内務省が左派および極左の票の合計が四九・八パーセントに上ったと正式に公表したことで、新たな左派の躍進と見なされた。選挙の翌日、共産党のエティエンヌ・ファジョンはこう語った。「左派の各政党にとって、我々がかねてから提唱しているように、社会進歩と平和のための共同綱領を策定すべき時期が来ています。ゴーリスムを排除した後に、左派政党はこの共同綱領を実行に移すことになります」。しかしながら、共産党の勢力伸長は、FGDS内部、特にSFIOにおいて、共産党と合意を結ぶことでかえって利用されるのではないかとの警戒感を呼び起こした。ミッテランは、むしろ自らの戦略が功を奏したことを喜んでいたが、この危険に目をつぶるつもりはなかった。協力関係を見直しはしないが、用心は怠らなかった。

一九六七年一一月四日と五日の、オルセー宮でのCIRの会議で、彼は他党との連携の必要を再度主張した。なぜなら連盟は強固で、なぜなら連盟は大きな躍進を遂げ、なぜなら連盟は大政党結成の実現のために、組織を引き締めることができるからだ。そして、演説の結びで、彼はこう述べた。「我々の希望を表し、あらゆる人々を結集させるための言葉は一つしかありません。その言葉とは、社会主義です」。一二月に、急進党との合同会議で、彼は目標を再確認した。「社会主義と人間の解放。こんにち支配的な勢力を後退させるには、社会主義と、理想と、粘り強さが大いに必要です。社会主義が人間のために作用し、官僚主義や独裁政治に陥らないためには、もっと多くの民主主義が必要です。連盟は、総合的な力なのです」(5)。

フランソワ・ミッテランは、社会主義者だったのだろうか。彼の左派連合の戦略は、連携相手であるＳＦＩＯに対しても、共産党に対しても、社会主義を標榜するように促した。社会主義という選択は、完全に新しいものではなかった。というのは、彼が第四共和制下で入党した政党は、民主・社会主義レジスタンス連合という名だったからだ。戦争直後には、確かにすべての左派政党――さほど左寄りでないものも含めて――は、社会主義を標榜していた。しかし、資本主義下での経済発展により、この語は古びた意味を持つようになった。この語は精彩を失い、政権担当時のＳＦＩＯの右寄りの政策によって、新鮮さを取り戻せなかったことは確かだ。ミッテランの考えでは、社会主義という語の内容を充実させなくてはならなかった。いつものことだが、彼にとっては理論的な信念よりも、政治的現実主義がより重要だった。「社会主義」の語は、「民主主義」と結びついている限りにおいて、生産手段の集産化ではなく、明確に社会政策重視の展望を表していた。戦争直後、政治経歴の初期には、彼は「国有化」や「規制」を非難していた。社会主義の選択は、まず左派連合の戦略から導き出されたものだ。整理された体系的思想というよりも道具であり、手段だった。しかしながら、彼に関して言えば、これがただの日和見主義だとする批判の誤りを正すべきではないのか、彼の社会主義が目くらましでしかないのか、あるいは彼が真摯な改宗の時期を迎えたのか、問うてみる必要はあろう。彼の考えは、まだ固まっていたわけではない。六八年五月の運動が、彼の確信を深めたとの仮説を提示することができるだろう。

†一九六八年の失敗

ソルボンヌ大学でのデモ参加者数人の逮捕に端を発した学生の蜂起は、やがて警察との激しい衝突に至り、五月一三日には連帯感を表明するゼネストに発展した。ストライキの動きはかつてない規模となり、フランス全土に波及した。この危険な状況に不意を突かれた労働組合や政党は、何とかこれに対応しようとしたが、一定の成果を収めたものもあれば、そうでないものもあった。この運動に最も熱心に取り組んだのはPSUとCFDT（フランス民主労働同盟）で、両者は共産党の消極性と、革命への信頼の欠如を非難した。FGDSはと言えば、すっかり舞台から消えることとなった。

五月二七日、政府と「労使代表」によるグルネル通りの労働省での交渉の末に、興奮した一般組合員に押されたCGTが協定書への署名を拒否すると、ド・ゴール政権にとって事態は深刻となった。ピエール・ヴィアンソン＝ポンテは、「ル・モンド」紙上で警告を発した。「グルネルでの交渉が労働紛争の解決に至らず、〝一般組合員〟の同意を得られないならば、暴力と混乱の空気の中で、フランスは国内の重大な危機から革命的状況へと移行するだろう」。行政府に権力が集中しすぎていたため、国家は揺らぐかのような印象を与えていた。しかしながら、この運動には、本当の政治的な受け皿が欠けていた。共産党は、学生の急先鋒から非難を受けた。五月二七日、UNEF（フランス全国学生連盟）とPSUは、シャルレティ競技場で集会を開き、CFDTもこれに参加した。マンデス・フランスも姿を見せたが発言はせず、演説者たちは革命も可能だとした上で、共産党の態度を糾弾した。共産党との連携を戦略の要とするフランソワ・ミッテランは、事態の進展にいささか戸惑いつつ、ＰＣＦ幹部と接触した。しかしながら、主導権を失わないために、彼は共産党との会談に先立ち記者会見を開いた。五月二八日の朝、彼はド・ゴールがその四日前に提案した国民投票が失敗に終わるとの前提で、その結果実施されるであろう大統領選挙への出馬を表明した。選挙実施までの間、マンデス・フランスを首相とする「事務処理暫定内閣」の組織も提案した。同日午後五時のＰＣＦとＦＧＤＳ代表による会談は、もの別れに終わった。わずかに、意見の相違を隠しきれない短いコミュニケが発表されただけだった。ワルデック・ロシェは、「共産党抜きで社会主義の実現を目指すというのはまともではない。ましてや、シャルレティでは反共主義があらわとなったではないか」と発言した。共産党には、左派政権の補完勢力となり、さらに周辺に追いやられることは受け入れられなかった。一方で、非共産党系左派は、ＰＣＦ主導の人民政権で、自らの弱さが露呈するのを危惧していた。

五月二九日、事態は急展開を見せた。ＣＧＴがフランス全土でデモを組織する中、ド・ゴール将軍が姿を消し、ド・ゴール派は混乱に陥った。ジョルジュ・ポンピドゥーだけは、嵐の中で敢然と舵を取り続けた。翌日、バーデン・バーデンでマシュ将軍と会って軍の支持を確認してパリに戻ったド・ゴールは、午後に国民議会の解散・総選挙と、国民投票延期を発表した。この発表を受けて、大統領支持の巨大デモがシャン・ゼリゼで行なわれた。これが、危機の終焉への序曲となった。

バリケードと、政治的大洪水と、ユートピア的幻想に満ちた数週間におけるフランソワ・ミッテランの態度はいかなるものだっただろうか。虚を突かれ、対応しきれず、状況から取り残され、彼は左派統一の戦略が崩壊するのを目の当りにしたのだった。何日もの間、彼は政治的に存在しているかのように振る舞いつつ、「疑似マルクス主義的な雑然…（中略）…髪ばかりが長く、思想は短絡的な革命」を非難した。ヴィシー、シャンベリー、そして下院における五月八日と一四日の集会で、彼は警察による暴力行為を糾弾し、五月一三日には組合の抗議行動に参加した。パリでは、彼は学生運動の指導者たちと接触しようとしたが、拒絶を受けた。議会ではより自由に振る舞える彼は、五月二二日にジョルジュ・ポンピドゥーに対する不信任案を支持した。この不信任案は否決されたが、大臣を辞職したエドガール・ピザニの支持を受けた。最後に、全国的ゼネストによりあらゆる活動が停止し、国家が機能不全に陥る中、彼は五月二八日にド・ゴール政権解体のシナリオを、もっとも似つかわしくない場所である超高級ホテル、コンティナンタルにおいて提示した。

この提案には、パートナーである社会党も共産党も反発した。国営テレビは編集と細工を用い、彼を共産主義的全体主義の先駆けとなる、独裁者見習いに見せようとした。この中傷には、一つの根拠があった。大統領退任後、後継大統領が決まるまでの間、「事務処理暫定内閣」を置くとの案には、憲法違反の側面があったからだ。憲法は、大統領が欠けた場合には、上院議長が職務を代行すると定めていた。彼は後に、このように正当化した。提案は、国民投票で反対が多数を占め、これを受けて将軍が辞任することを想定していたのだ、と。確かに、憲法上は上院議長、すなわちガストン・モネルヴィルが大統領職務を代行し、ジョルジュ・ポンピドゥーは大統領選挙までの期間、政権を担当することができた。しかしながら、ミッテランによれば、ポンピドゥーがド・ゴールと同時に辞職する可能性は非常に高かった。これは、後になってからの正当化の試みで、疑問を残した。いずれにせよ、このミッテランの個人的イニシアティヴは、社会党からも共産党からも否定された。両党ともに、マンデス・フランスの政権復帰を歓迎していなかったし、政治的策略とも言うべき策に懸念を覚えたのだった。

六月七日、新たな選挙戦が始まった。五月危機に対する反動は、あらゆる県で起きていた。どこでも、「体制転覆」と「赤禍」が告発された。ド・ゴールは、象徴的な武器を用いるのに躊躇しなかった。サラン将軍とアルグー大佐、さらに元ＯＡＳの受刑者九人が、一九四〇年六月一八日の記念日を機会に特赦された。一九六一年四月の軍事クーデター関係者に対しても、寛大な措置が取られた。ニエーヴル県で、ミッテランはド・ゴール派の大波と衝突することになった。何週間にも及ぶ混乱の後で、この大波は恐怖、国家への期待、治安の要求、秩序の必要性などを受けて、かつて例を見ない議会を選出することになった。彼の主要な対立候補、ＵＤＲ（ＵＮＲが衣替えした第五共和国民主連合）の候補者ジャン＝クロード・セルヴァン＝シュレベールは、手加減せずに彼を攻撃した。ニエーヴル出身で、医学界の権威であるマテ教授は、同県人にミッテランを追放するよう求めた。「この使い古された政治屋は、皆さんを利用して共産党の後押しをしようとしています。これは、皆さんの農地の接収、独裁、貧困と恐怖を意味しています」。前職候補は、こう反論した。「皆さんが脅しに屈さないなら、全国民の和解に努める左派を支持するなら、恐怖を感じる必要はありません」(6)。政見放送でも、彼は闘志をあらわにし、辛辣だった。「未来のフランスは、こんにちのフランス政府を拒否しています。体制は、最も手厳しい非難を受けたのです。大人になった子供たちが、失敗した両親に対して、判決を突きつけたのです」。

六月二三日、ミッテランは首位には立ったものの、一年間で二五パーセントの票を失っていた。一週間後、彼は余裕を持って当選したが、左派は全国的に大敗を喫し、CIRの仲間も軒並み落選した。FGDSで協力関係にある社会党は、敗北の責任は彼にあると批判した。FGDSは第一回投票では六〇万票を減らし、六〇議席にとどまったのに対し、共産党は七二議席から三三議席に後退した。

このトラファルガー海戦に比すべき敗北は、またもや孤立したミッテランの戦略に影を落とした。ブルボン宮では、彼は「無所属」となった。それに加えて、すでに悪化していた共産党との関係は、八月にソ連が戦車をチェコスロヴァキアに派遣して「プラハの春」に終止符を打つと決めたことで、社会主義と自由の両立が不可能だと証明され、さらに困難になった。彼はラジオで、こう語った。「ソ連の軍と警察の介入に、憤りを感じないでいられるでしょうか。左派連合の一員として、なすべきことは単純明快です。厳しく、明確に、この介入を糾弾することです」[7]。共産党内では、ソ連に異論を唱える向きもあったが、結局PCFはモスクワがチェコに要求したドゥプチェク更迭と「正常化」を受け入れた。これは、連合の計画にとっては大きな打撃だった。

それでも、ミッテランは戦いをあきらめず、戦略を放棄することもなかった。緊急の課題は、非共産党系左派勢力を再生させ、左派と極左のバランスを回復するために、新しい社会党を建設することだった。彼は、「パリ・マッチ」誌にこう語った。「私は、新しい社会党の結成に向けて全力を挙げるつもりです。この党は、最も強力な左派政党とならなくてはなりません…（中略）…これはシンプルで、直線的な戦略です。これが、唯一の選択肢なのです」[8]。しかし、彼は主導権を得ることができなかった。一九六八年一一月七日、彼はFGDS議長を辞任した。すべては一からやり直さなければならないように見えた。

一方で、ド・ゴールは国民の意見を問うことで政治的に立て直しを図ろうと、国民投票の案を再度取り上げた。「地域圏創設と、上院改革をめぐり、大統領が国民に向けて提案した法案に賛成しますか」、というのが、国民投票の設問だった。フランス国民の五三パーセントが、「ノン」と答えた。この結果を受け、大統領は辞表を提出し、上院議長アラン・ポエールが一時的に職務を代行した。大統領選挙は、一九六九年六月一日に実施されると決まった。今回は左派統一候補は擁立されず、ミッテランはやむなく立候補を見送った。世論調査の結果は、彼にとって不利だった。ポンピドゥー（四二パーセント）とポエール（四〇パーセント）が有利だとされた。ギィ・モレは、一時は上院議長を利するために、目立たない人物であるクリスティアン・ピノーを支持しようと考えたが、結局、共産党には受け入れ難いガストン・ドフェール支持にまわった。そうするうちに、SFIOは、五月四日に、アルフォールヴィルで、新社会党結成大会を開催した。ミッテランとCIRは、これには参加しなかった。サン＝グラシアンで別途集会を開いたCIRは、アルフォールヴィルで承認されたドフェール擁立を拒絶した。五月一二日、ミッテランはこの拒絶について、こう説明した。「ドフェール氏は、大統領選挙の戦いに突入した。彼には、数多くの長所がある。彼は、ある政治的選択を代表しているが、その選択は左派の統一に反するものだ。この選択でなければ彼は立候補せず、その代わりに左派統一候補が擁立されたはずだ。ドフェール氏は、左派の分断の主役、少なくともその主役の一人となった」。一方、共産党はジャック・デュクロを候補者とした。PSUはミシェル・ロカールを推し、トロツキストはアラン・クリヴィーヌを立候補させた。左派は分裂し、すべてはやり直しとなった。

選挙は、ガストン・ドフェールにとっては思わしくない方向に展開した。選挙期間中、ずっと行動をともにしたマンデス・フランスの支援にもかかわらず、得票は五パーセント余りにとどまった。共産党は、候補者のジャック・デュクロの力により、二一・五パーセントを獲得することができた。PSUのミシェル・ロカールと、トロツキストのアラン・クリヴィーヌは、五月の運動が選挙の面では破綻したことを示した。ドフェールの失敗が、ミッテランに新たなチャンスを与えた。

一九六九年七月、大統領選出馬を見送ったフランソワ・ミッテランは、『我が真実』を出版した。これは、世論に対して存在感を示すためのもう一つの手段だった。この著書は、書店においてかなりの成功を収めた。ミッテランには、過去の趣と、未来の希望をうまく混合させる才能があった。「レクスプレス」誌上で、ロジェ・プリウレは、この著書が生み出した効果についてこう書いた。「これまで彼は、テレビと演説を通じて、勇敢だが皮肉っぽく、政治問題の人間的な側面に敏感とは言えない〝闘う動物〟的なイメージを作ってきた。ジャーナリストは仕事上の関係から、彼を、常に警戒を緩めず一分たりとも自然な態度を見せない人物だと見てきた」。ところが、いまいくらかロマンティシズムの色彩を帯びた彼の新しいイメージが現れて、この自伝的な回想で、「謙虚に、感性豊かに、我々が生きている困難な時代について語った」のである。一方、レイモン・バリヨンは、「ル・モンド」紙上で、FGDS元議長が「中道との連立」に抗して、「民衆勢力の連合」を形成すべきだとの確信を放棄していないと強調した。彼は、ミッテランの言葉を引用した。「私は、自分がしていることに確信を持っている。私は社会主義の到来を、その必要性を確信している。共産党は、私たちにとっての自然な連携相手だ。共産党に特権を認めるべきだとは考えない。私が共産党を選択したのではない。私は、ただ客観的に、左派連合は共産党なしには成立しえないと考えるのである」。記者によれば、「その考え方全体を見た場合、そこにいる人物が誠実で、確信に満ち、終始一貫していることに対して、異論を唱えることはできない」(9)のだった。

しかし、すべてはゼロからやり直さなくてはならなかった。一九六八年の危機は、ミッテランの政権獲得へ向けての歩みと、その社会主義の概念にとって、完全に否定的だったと言えるだろうか。確かに、彼は五月の運動において、苦境に陥った。絶対自由主義的な文化と無縁だった彼は、この運動を理解できなかった。ニエーヴル県のSNI（全国小学校教員組合）書記長だったジャン・バテュの証言は、この点について暗示に富んでいる。一九六八年五月二六日日曜日、デモとストライキで満たされたこの月、シャトー＝シノンでお祭りが行なわれた。ミッテランは、これに社会党系の左派の指導者たち、モレ、ドフェール、エルニュ、ビリエールらを招待した。歌手のマルセル・アモンがラブ・ソングを歌い、「九〇〇万人のストライキ参加者が待つ中で、ホテル・デュ・ヴィウー＝モルヴァンで宴会が行なわれた」。彼は、この祭りについてこう書いた。「これは、私にとっては、何も理解できなかった政治家たちの堕落の表現だった。私は、幟がはためく畑の中を散歩しながら、私がいかに憤っているかを演壇に上がって話し、議論を戦わすことのできる場所を探していた。……しかし、議論は行なわれず……マルセル・アモンの歌が聞こえた……。私の頭の中で響いていたのは、まだ続いていたデモとニエーヴルでの集会を覆っていた革命歌であり、『インターナショナル』だった」(10)。

この出来事に関して、ミッテランは『我が真実』において、一九六八年のFGDSは「第四共和制時代の古い政党のためのスペア・タイヤ」のように見えた上、彼自身進行中の事件を十分に理解できなかったと認めている。「私は、三月二二日の騒ぎを起こした人たち［ナンテールでのコーン＝ベンディットを指す」にこだわりすぎた。私は、彼らの行動がこの時代においてどのような意味を持っているのか、十分には検討しなかった」。時間を置いて見ると、この擬似革命に対する辛辣さにもかかわらず、彼は人々の心に六八年五月がもたらした大きな変化を捉えていたことがわかる。予期しなかった民衆の爆発という出来事は左派連合を破綻させたが、消費社会からすっかり忘れられていた社会主義理論が、その後数年間にわたり注目を集めることにもなった。この逆説的な復活において、新左翼（ゴーシスム）は中心的な役割を果たした。六八年五月と、それに引き続く炎のような数年間、マルクス、エンゲルス、レーニンとトロツキーに注目が集まり、毛沢東は生ける神と見なされた。それは単にポスター、政治集会、さまざまな前衛的活動を通じてだけではない。マルクス・レーニン主義、アナーキズム、評議会共産主義の古典の再版と新著の刊行といった、かつてない大量の革命関係の著作の出版も行なわれた。六月の選挙後には、運動はナンテール大学、新設のヴァンセンヌ大学で継続され、若い世代はラディカルな文化を身につけて、ポンピドゥーが立て直しを図るド・ゴール体制の硬化を招いた。パラドックスは、消費社会が頂点に達したとき、後に「栄光の三〇年」と呼ばれるようになる時代の絶頂期、資本主義と生活水準の向上の両立が可能となった時期に、若者たちがプロレタリア革命の聖典を再発見したことである。実際には、五月の激震は、ややずれた効果を生み出した。それは、経済システムに関するよりは、生活態度、習慣、性生活、伝統に関わるものだった。しかし、地下で起きていたこの革命は、表面的にはマルクス主義の古びた単語の背後に隠れていた。もう一つのプロレタリア革命――国家統制に背を向けた、「下から」の革命――が起こるのでなければ、革命の計画――「労働者による権力」、「自主管理」、「社会主義への移行法」――は大学だけに留め置かれていたわけではなく、社会のすべての階層に浸透していた。このような、主として左派知識人により作られた思想的文脈において、反改良主義的言説、断絶の言説が力を増す状況に、ミッテランは無反応ではいられなかった。ド・ゴール退陣後の数年間、ルイ＝フィリップ的とも言えるポンピドゥーのフランスと、革命の遺産を取り戻したフランスとの間に、際立ったコントラストが見られた。一九六四年にＣＦＴＣから分離して結成されたＣＦＤＴの変化は、左派において主流となった新しい文化を立証している。時代の空気、無意識的模倣、確信など、この革命的思考の集積の理由は何であれ、事実は目の前にあった。以前は比較的穏健だった人々が、社会主義フランスの展望に同調するようになったのである。ネオ・ゴーリスムの政治的支配の下で、左派が社会の文化的、思想的な主導権を握る時代だった。イタリアのマルクス主義者アントニオ・グラムシの言葉を借りるなら、左派が主張する世界観と社会観が、「ヘゲモニー」を獲得したのだ。政治的には無力だったが、六八年五月の運動は、一つの文化革命を実現した。それは、確かに漠然としたものだったが、いまやその革命的主題は社会における言説に浸透していた。ミッテランの新品の社会主義は、好むと好まざると、この種の言説を通じて形成された。彼の社会主義はまず戦略的だったが、いまやそれ以上の、新しい世代の要求と結びついたものとなった。著書中で、彼は必要とされる国有化、大型生産手段の共有化ばかりでなく、ＰＳＵとＣＦＤＴの唱える自主管理のテーマも取り上げた。生産手段の共有化だけでは十分ではない。労働者が仕事に再び関心を持ち、事業所内での位置を回復するには、重要な決定に関与しなければならないのである。彼は、自らの社会主義を、六八年五月の新しい要求により、より豊かにしようとしていた――少なくとも、言葉を通じては。

この遅い思想的転換は、フランソワ・ミッテランの地に足がついた活動を妨げはしなかった。一九七〇年に出版された対話集では、彼は「可能性の社会主義[11]」について語った。彼は、何を拒絶するかを明らかにした。「人による人の搾取、人の集団による別の人の集団の搾取」である。階級闘争については語らなかったが、「経済的搾取」からの解放の必要性を主張した。彼は、革命思想の入り口で立ち止まった。「改良主義は新左翼から強く批判されています。しかし、現在、私にとっては、繰り返しになりますが、これが唯一可能な道だと思えます」。同時に、彼は社会主義政党が主導し、民衆の支持を得た政権は、「体制を別の体制によって置き換える」とまでは言わずとも、「一カ月の間に後戻りできない成果を上げる」べきだとの考えを述べた。このように、CIRの指導者は、市場経済と自由な企業活動を問題視しない社会民主主義者の視点からではなく、あらゆる分野における段階的な「社会主義への移行」論者として、改良主義を解釈していた。彼は、マルクスあるいはレーニンよりも、ジョレスからインスピレーションを得ていたのである。

最近まで進歩的とはいえ「共和派」でしかなかった政治家が主張するこのポシビリスムにおいて注目すべきは、スカンディナヴィア諸国で成果を得ていた社会民主主義モデルを、一切考慮に入れていなかったことだ。また、第二インターナショナル最大の政党であるドイツ社会民主党は、一九五九年のバート＝ゴーデスベルク党大会で、マルクス的社会主義と、市場経済との断絶を放棄すると厳かに宣言していた。ミッテランは、「フランス式」社会主義の歴史と伝統から逃れられなかった。当時のフランスでは、「社会民主主義者」は、左派においてはほとんど侮蔑の語だった。一九二〇年のトゥール党大会後、共産党の革命文化と挑戦に対し、レオン・ブルムを先頭とする社会党は、実際の行動においては改良主義的で穏健だったにもかかわらず、マルクス主義の教理の遵守、革命的理想の再確認へと回帰したのである。レイモン・アロンが、一九五五年の『知識人の阿片』で分析した「革命神話」は、一九六八年以降根強く信じられるようになった。「改良主義者」を自認するミッテランは、一九七〇年にこう述べた。「私とＣＩＲの仲間たちは、資本主義社会との〝断絶のための包括的戦略〟を望んでいます」。しかし、彼はすぐにより温和な原則を付け加えた。「しかしながら、この断絶は、我々が手にしている手段に適合した形で行なわれなくてはなりません」。ミッテランは、フランス社会主義がその起源から持ち続けた根本的な両義性を、すぐれた修辞学的才能と、若干のデマゴギーを用いて説明した。資本主義の清算を目指す改良主義とは、いかなるものだろうか。フランソワ・ミッテランの読者は、彼にとって何が戦略的必然性（まず社会主義者の統一を図るために左に舵を切り、次に左派全体の統一を図る）に属していて、何が改宗者の信条に基づくものなのかと自問した。彼が体現するこの両義性は、実際には彼を支援する知識人たちと、彼に投票する有権者の大多数も共有していた。「断絶の戦略」に付された留保条件は、社会主義の実現を無限に遠ざけるものではないだろうか。不確実性は、ラディカルであること（言説において）と、ポシビリスム（行動において）のいずれをも可能にした。

†一九七一年、エピネー

一九六九年六月の大統領選でのガストン・ドフェールの大敗によって、社会党の再建が再び当面の課題となった。国民議会では、依然として無所属のミッテランは、ＰＳＵのミシェル・ロカールと同じく、政権と戦った。ポンピドゥー大統領は、ジャック・シャバン＝デルマスを首相に起用した。ジャック・ドロールとシモン・ノラの助言を受けた新首相は、「新しい社会」をテーマとした所信表明演説が示すように、魅力にあふれていた。だがそれは、この政権の一側面にすぎなかった。もう一方の面は、内相レイモン・マルスランに代表された。彼は「新たな一〇月革命」を予防すると称して、新左翼の活動、プロレタリア左翼の過激な行動、大学で続く混乱を抑圧した。一九七〇年四月に、ミッテランは自由の弁護人となって、公共空間における暴力行為を取り締まる「破壊防止法案」に反対した。彼は、個人的権力とは相容れない反対者として、「ノン」の伝令使たらんとした。しかし、彼にとって最も重要だったのは、中道派的傾向を排除して、彼の戦略に基づき再編される社会主義政党という考え方を前進させることであり、彼はその党の指導者になろうとしていた。一九七〇年六月、ＰＳ（一九六九年のアルフォールヴィル大会以来、ＳＦＩＯはＰＳに取って代わられていた）の臨時大会に、彼はＣＩＲの代表として招かれた。中道路線を代表するアンドレ・シャンデルナゴールが発言した。「皆さんは、資本主義が突然に崩壊すると信じています。我々の考えでは、一歩一歩前進する改革の道が唯一可能なものです。なぜなら、資本主義は非常に大きな順応力を持っているからです」。ミッテランにとって、ＰＳが分裂状態にある限り、前進は不可能だった。ＣＩＲでは、統一への準備ができていた。「ＣＩＲとともにあれば、今晩からすべてが起こりえます。それを信じて、あらゆる対立を乗り越える最小限の友愛に到達しなければなりません。強い風が吹き起こり、すべてを一掃することができるのです」。ほぼ満場一致で、大会は、「我々と手を組む勢力が、民主主義に基づく自由、複数政党制と労働組合の独立を尊重すること」[12]を条件に、第三勢力の形成（すなわち、中道とのあらゆる形の連携）を否定した。

一方、病に倒れたワルデック・ロシェに代わり、ジョルジュ・マルシェが書記長に就任した共産党は、路線を変更しなかった。この当時、同党は内部対立により動揺していた。ガロディー、クリージエル＝ヴァルリモン、プロントー、シャルル・ティヨンが「民主集中制」の濫用、一九六八年の若者に対する党の対応の誤り、そして第二次大戦中のドイツ占領期の過去について虚偽を述べた新書記長を批判したのである。しかしながらこの混乱は、切望される左派連合への歩みから共産党を逸脱させるものではなかった。

一九七〇年九月二六日、新社会党の左派にあたる社会主義研究教育センター（ＣＥＲＥＳ）がシュレーヌでシンポジウムを開催し、各政党とＣＦＤＴの代表が招待された。出席したフランソワ・ミッテランは、地方議員を「植民地総督が族長を扱ったように」に取り扱う「一見非政治的な行政機関の行動」を非難する発言で、注目を集めた。そこから導き出された主たる提案は、地方自治体に優越する権限を持つ行政官である知事の廃止だった。彼の政策綱領の、新たな一項目だった。

この年の一一月八日、シャトー＝シノンでのＣＩＲの全国会議で、彼は実態には適合しないが、それ以降頻繁に利用する新たな政治的コンセプトを明らかにした。彼によれば、「フランスでは、左派が社会学的に多数派を占めている」というのだ。左派が権力を手にするための、必要不可欠な条件を彼は繰り返した。統一、そしてこれに加えて均衡である。統一により、共産党に対する社会党の立場を強化すべきだった。なぜなら、共産党に社会主義フランスの指導を任せるわけにはいかないからだ。それゆえに、彼はPSとCIRの統一を提案した。そのためには両者の代表が準備を行なうべきだった。この均衡を求める姿勢は、PCFに「社会主義者でなくとも現状変更に同意する人々に、公民精神と共和主義の証明書を発行したり、拒否したりする権利[13]」を認めないガストン・ドフェールの好むところだった。一一月一六日、ミッテランはラジオで再びこの均衡の問題に触れた。「現在の左派は、共産党が若干であっても得票率を伸ばしていて、不均衡な状態にあります。ボルドーでも、ナンシーでも、当然のことで批判はできないのですが、共産党は我々が放棄した場所を占拠していま す。社会党の統一は、左派内部の均衡を取り戻すものです。強力な社会党が出現すれば、我々は右側の勢力、マルシェ氏が〝誠実な民主主義者〟と呼ぶ人々とより容易に話し合うことができるようになるだけに、なおさら均衡の回復が可能になるのです」。社会党は統一の手続きを受け入れ、ニコル・ケスティオーが議長を務める全国会議は、一九七一年六月一一、一二、一三の三日間、エピネー＝シュル＝セーヌで統一大会を開催すると発表した。その間、三月の市町村議会選挙では、統一の方針の有効性が確認された。ミッテランは、共産党の票も得て、シャトー＝シノン町長に再選された。

エピネー大会は、ニエーヴル県の下院議員にとって、決定的なステップとなった。彼にとっては、CIRと新社会党との合併だけでなく、新党の主導権を握ることが課題だった。そして、何よりも、正式な書記長であるアラン・サヴァリの背後で、実質的な「領袖」にとどまっているギィ・モレの影響力を排除することが重要だった。PSに生命と、魅力と、力を与えるには、アルジェリア戦争と、一九五八年のクーデターの前での降伏を象徴する社会主義の代表者をお払い箱にする必要があった。CIRのメンバーとサヴァリ／モレ指導部の見解の相違は、理論的なものではなかった。共産党とともに左派連合を構築しようとの意志を、ＰＳではアンドレ・シャンデルナゴールを代表とするごく少数派の右派を除けば、問題視する者はなかった。エピネーで行なわれたのは、何よりも個人間の競争だった。

ミッテランとその友人たちは、どんな仲間を頼りにすることができたのだろうか。中道的傾向と呼ぶことができる、いずれもモレに否定的な二つの大きな地方組織の指導者、ノール県のピエール・モロワと、ブッシュ＝デュ＝ローヌ県のガストン・ドフェールは、間違いなく信頼できた。しかしながら、彼らに好意的なジェラール・ジャケのグループを加えても、ＣＩＲとその仲間は代議員の過半数に届かなかった。補完勢力を求めていたミッテランは、党内左派でマルクス主義の、ジャン＝ピエール・シュヴェーヌマンとその分身ディディエ・モチャーヌが率いるＣＥＲＥＳを同盟に加えることを考えた。大会は、政党であれ労働組合であれ、事前に準備するものだ。できることなら、台所の裏の、薄暗い小部屋で。一九七一年初め、ピエール・ジョクスは、秘密裡に、陰謀めいた手法で工作を準備するよう指示を受けた。「私たちは秘密の話し合いが公にならないよう細心の注意を払ったため、内容を知っていたのは八人か九人だけでした。一方ではミッテラン、ダヤン、エスティエ、メルマズと私、もう一方ではモロワとジャケ、そしてシュヴェーヌマンでした。ミッテランは秘密を守ることに気を使っていたので、シャルル・エルニュを遠ざけていました。彼は、お喋りだったのです」[14]。陰謀の参加者たちを結束させたのは、まず、お引き取り願いたいと考えていたギィ・モレへの反感だった。ミッテランは、また、サヴァリへの遺恨を晴らさなくてはならなかった。サヴァリは、かつてミッテランのＰＳＡ入党を拒否したため、彼は侮辱されたと感じていたのだ。アラン・サヴァリは立派な人物で、党員から尊敬されていたが、スポークスマンとしての才能が不足していた。彼は、大衆政党の指導者として期待される人物、党員を鼓舞する雄弁家、躊躇しない決定者、カリスマ的な指導者ではなかった。

大会は、一九七一年六月一一日、エピネーのレオ・ラグランジュ・スポーツセンターの巨大なホールで始まった。社会党から八〇〇人、CIRから九七人、ロベール・ビュロンと「ヴィ・ヌヴェル」〔元MRP議員ビュロンが中心となったキリスト教左派系の運動〕のキリスト教系活動家などを含む「非組織」の六〇人が、代議員として参加した。サヴァリが「不自然」と呼んだ、ミッテランと中間右派とCERESとの同盟による陰謀は、完璧に機能したのである。指導部の選出方法を「補正」した比例代表制とするか、「完全」比例代表制とするかをめぐって、モロワとドフェールはCERESに同調する投票を行ない、完全比例代表制が採択された。モレ側近のエルネスト・カゼルは、こう叫んだ。「ギィ、もうだめだ。ジョクスにしてやられた!」。

ミッテランは、歴史に残る、よく準備された、燃えるような演説を行なった。「政権を獲得しなければなりません。小グループにとどまるのは、私の使命ではありません」。PSの目標は明確だった。彼が数カ月来繰り返してきた、この目標達成のための左派内部の均衡回復の必要性も、同じく明快だった。「まず、共産党に明け渡した失地を回復しなくてはなりません。私は、五〇〇万人ものフランスの男女が、闘争の場において、さらに選挙において共産党を選んでいること、そしてその理由は共産党が彼らの正当な権利を、すなわち彼らの生活を守ってくれていると感じているからだということは、正常ではないと考えています…(後略)」。左派の連合には賛成だが、バランスの取れない連合には反対だ。そこから、革命政党としての使命を基盤として、社会党を名実ともに左派政党にすべきだというのである。「革命とは、何よりも断絶です…（中略）…既成秩序からの…（中略）…資本主義社会からの断絶に同意できない人、そうした人は社会党員となることはできません」。

この宣言は、純然たるレトリックだったのだろうか。重要なのは、ＣＥＲＥＳとの接近だったのだろうか。大仰で脅迫調のこの演説、この燃えさかる炎、この高揚は、ミッテランの経歴を知る者には疑問を残した。セクトの純粋さを保とうと、過激な言動に走った改宗者、ということなのだろうか。連携相手であるモロワとドフェールをはじめ、革命家だったことのない人々を追放しようとするのは滑稽だ。いかにも、第二次大戦直後にギィ・モレが再確認した社会党綱領は、マルクス主義を基礎としていた。しかしながら、現実には、フランス社会党は常に資本主義との間で、社会民主主義的妥協を受け入れてきた。ミッテランのラディカルな言説には、三つの理由があった。一つには、モレ時代の右旋回を修正し、社会党を左派の土壌に再び根づかせる必要があった。次に、六八年五月の青年活動家たちを惹きつけること、さらには共産党による革命の独占に挑戦すること――少なくとも、言説において――である。そして、彼は初めて笑わずに「インターナショナル」を歌ったのである。

社会党の分裂と共産党の誕生を見た、一九二〇年のトゥール党大会との類似は明らかだ。レオン・ブルムを先頭に、ＳＦＩＯは革命の名声を共産党に譲ることを拒否して、マルクス主義への忠誠を宣言した。一方には革命家が、もう一方には改良主義者がいる、と見られてはならなかった！　一九四六年にＳＦＩＯの指導者となったギィ・モレ自身、この言葉と行動の二分法を使い続けた。マルクス主義者でありながら、自由主義者、キリスト教民主主義者、さらには右派の人々と政権をともにすることを拒否しなかったのである。共産党が非常に強力となったため、社会党は結党以来の原則を放棄できなくなった。「資本主義との決別」を語ることで、ミッテランは古典的な方針を踏襲した。彼が真剣かどうかを知るためには、綿密な点検が必要だったが、当面は左派路線を採用することが求められた。「古い我が家」と呼ばれた政党に新たな息吹を吹き込むには、左派路線が必要であり、劣等感を覚えることなく共産党と対等に交渉するには、左派路線でなくてはならなかった。

多くの観察者、ジャーナリストらは、五五歳にして熱烈な社会主義者となったかつてのフランシスク勲章受章者、元法務大臣を嘲った。今回も、彼らはこれを単に戦略、技巧、策略だと見た。ミッテランには、誠実であることができないのだろうか。後ほど見るように、答えはそう簡単ではない。確かに、彼の魅力は思想の面ではなく、その影響力、雄弁家としての才、人物にあった。彼は、党組織の人間ではなかった。それは、彼が同志たちとくだけた口調で会話できないことからも見て取れた。しかし、同志たちはそれを許した。なぜなら、彼らはミッテランのうちにスケールの大きな人物、あらゆる失敗を克服し、あらゆる攻撃に抗い、必要な場合には孤独を受け入れてきた個性の強い人物を見たからだ。親しい友人、側近たちは、彼の類稀な文化人的側面を評価していた。彼は何千キロも駆けめぐり、演壇から演壇へと跳びまわり、いくつも兼職する職務上の義務を果たしながらも、多くの同僚議員とは異なり、「政治がすべて」となることを避けて自由時間を確保し、新聞や報告書以外のものを読むことを好んだ。読書への情熱は、枯渇することがなかった。ギヌメール通りの寝室と書斎では、彼の最良の友は、多くの場合ダニエル夫人が装丁した書物だった。彼は、初版本も収集していた。「私は、これらの書物がそこにあって、いつでも対話と助言をしてくれると考えるだけで幸福です。手を伸ばせば、そこにはパスカル、あるいは『墓の彼方の回想』、ラ・ロシュフコー、ラ・ブリュイエールあるいはシャンフォールといったモラリストたちと出会い、多くの場合は『東方の知識』ですがクローデルの一ページ、アラゴンやサン＝ジョン＝ペルスの何編かの詩、ジイドやヴァレリーの一ページを読み返すことができるのです」[15]。実に古典的な文学的教養だが、これが政治の世界に閉じこもった政治家となるのを防ぎ、人や事物との間に距離を置き、政治的文化だけでない知的な判断基準を提供してくれるのである。

この文学的教養は、彼の魅力の一つの要素だった。彼は決して、急いだり、一つの考えに取りつかれたり、忙しそうにする様子を見せることはなかった。彼は、友人のシャルル・ミションが呼ぶところの、平静と皮肉からなる「計算された怠惰」を実践していた。彼は、友人たちには常に門戸を開いていた。特に、夏とクリスマスにはオスゴール——後年になってからはラッチュ——で、彼は食卓に芸術家、作家、仲間の政治家を、政治的対決とは遠く離れた、くつろいだ雰囲気の中で招いた。誰かとともに、あるいは一人で愛犬のダックスフント、リップとともに、彼は長い散歩をするのを好んだ。彼は毎年ペンテコステに、ダニエルの実家のあるクリュニーから近いソリュトレの岩山を登ることを慣わしとした。運動に加えて、彼は健康にかなり気を使っていた。ワインは少々たしなんだが、強いアルコールは飲まず、タバコも吸わず、睡眠薬は決して使わなかった。雄弁な政治家として、ときとして激しい言葉を用いたが、家族や政治上の仲間には威厳を持った冷静な態度を見せていた。狐の毛並みは、柔らかかった。彼は穏やかで、優しく、人を惹きつける話し方をした。彼は女好きだと言われ、彼が手に入れた女性の名を数え上げる者もあった。しかしながら、彼の恋愛は一般人の知るところとはならなかった。近しい人々でも、彼が二重生活を送っていること、ダニエルと彼が寝室を別にしていること、彼に二七歳年下の愛人、ルーヴル美術館学芸員のアンヌ・パンジョがいることを知る者はわずかだった。これを知る者は、秘密を守った。この「同志」には、なにやら貴族的なところ、バルタザール・グラシアンの言によれば、尊敬の念を起こさせる「他者を支配する秘められた力」があった。

六月一三日、多数派形成に失敗したアラン・サヴァリは、辞任を表明した。その三日後、新たに選出された執行委員会は、党第一書記の職務をフランソワ・ミッテランに託した。名人芸である。一〇日前、彼はまだ社会党員ではなかった。入党するや、彼はその指導者となった。

彼は、どこに向かおうとしていたのか。社会党のリーダーとなった彼は、この一九七一年夏の初めに、どこに向かうことができたのだろうか。それが恐らく最後になったのだが、フランソワ・モーリアックが彼のことを一九六九年一二月一〇日の「ブロック・ノート」に書いたのは、次のように告白するためだった。「フランソワ・ミッテランが実現しようとしているのは何なのか、私にはよく理解できない」。彼は、ミッテランの共産党との連携への意思と、中道的な性向との間には、乗り越えられない矛盾があると感じていた。「選挙協定によって左派の議席を増やすことはできるだろうが、その協定では戦いに勝利することはできないだろう」。それから二年が過ぎて、彼はまだこの戦いに勝利していなかった。それでも、戦場でずいぶんと前進した！　深淵から水面にまで浮上する彼の能力に、人は感心するだろう。一九五八年にド・ゴールの剣の一撃に倒され、一九五九年にはオプセルヴァトワール事件で屈辱を受け、六八年五月の運動により周辺に追いやられた経験を持つ彼は、あらゆる災難を生き延びたように見えた。彼は、歴史上の大人物、一八九三年には中傷によって倒されながら、一九一八年には「勝利の父」となったクレマンソー、一九四六年に各政党から見放され、一九五三年にはRPF解散に追い込まれながら、一九五八年には頂点に返り咲いたド・ゴールを思わせる、筋金入りの人物だった。

しかしながら、エピネー大会で、多くの人々がフランソワ・ミッテランの誠実さに対する猜疑心を増幅させた。彼は、同じ動議に新左翼的なCERESと右寄りのモロワとドフェールを集めることに成功し、これまでにも増して「フロランタン」となったのではないだろうか。六月一三日日曜日、彼はこのように発言した。「我々の基盤となるのは、階級戦線です」。これを聞いた人々は、耳を疑った。まだミッテラン支持でなかった「ル・ヌーヴェル・オプセルヴァトゥール」誌は、「シテを奪った男」と題した、マルセル・パドヴァニの記事を掲載した——シテとは、シテ・マルゼルブ〔当時社会党本部があった、パリ九区の通り〕を意味した。痛いところを突かれたミッテランは、こう反論した。「『シテを奪った男』は、『ル・ヌーヴェル・オプセルヴァトゥール』誌がエピネー大会とその後について掲載したいくつかの記事の論調をよく代表しています。人は私のことを山賊だと思うでしょう。厳格な男に対する賭博者、美徳に対してホールド・アップする悪徳、というわけです。『どのようにして、フランソワ・ミッテランは三日間で社会党を征服したのか』。あなたはこれが歴史的事実だと思われますか。誰であっても、これが三日間でできることでしょうか。これが始まったのが、この前の金曜であれ、今年であれ、あるいは二年前であれ。カリカチュアだけで済ませるのは、とても便利なものです」。カリカチュアであるかどうかはともかく、フランソワ・ミッテランはまだ多くの人からは左派のリーダーとして敬意を持たれるに至っていなかった。しかし、このとき、彼のライバルとなりうる人物が左派にいただろうか。一九六八年には、刷新された社会主義運動を具現する存在になるのではないかと思われたＰＳＵは、圏外に去ったようだった。この党の活動家にとっては、資本主義の危機は近づいており、「大衆行動」に基づく社会主義への早期の移行が約束されていた。最も冷静だったミシェル・ロカールは、一九七一年六月のリールでの党大会に先立ち、「マルクス主義の排除」を求めたが、結局彼は「マルクス、エンゲルス、毛沢東、毛沢東！」の叫びとともに閉幕した大会で書記長再任を受諾した。社会党の新第一書記は、党と合意した二つの目標を達成しなければならなかった。それは、中道との連携を回避しつつ党組織を強化すること。そして左派の復権を図るため、共産党との連携交渉を行なうことだった。

第7章 四〇万票差で

一九七二年、フランソワ・ミッテランの意思に基づき、社会党と共産党が合意して共同政策綱領に署名したとき、フランスは幸福な国だったが、それを知らずにいた。それから数十年を経て見ると、我々は明らかな事実に気づかざるをえない。それは、ポンピドゥー時代が、新たな「ベル・エポック」だったということだ。経済成長率は五パーセントを超え、完全雇用が実現し（失業保険受給者は一三万五〇〇〇人にとどまった）、貿易収支は黒字で、自動車産業は最盛期を迎え（三三一万台が製造され、その一割が輸出された）、ますます多くのフランス人がヴァカンスに出かけ、各家庭には急速に各種工業製品が備えられた。冷蔵庫、自家用車、洗濯機、その他ボリス・ヴィアンの『進歩の哀歌』に何節をも付け加えてもおかしくないさまざまな魔法の製品である。確かに、一つマイナス点があった。インフレである。物価上昇率は七パーセントで、食料品は八パーセントに達していた。もっとも、年間の賃金上昇率は一一・五パーセントだったから、購買力にとっての脅威にはなっていなかった。

一九六八年の爆発が起きたのは、こうした繁栄するフランスにおいてだった。「ブロ、メトロ、ドド」〔仕事、地下鉄、睡眠、の意。労働者の一日が、仕事と通勤と睡眠以外に何もないことを訴えたスローガン〕の落書きは、個人を鎖につなぎ消費による幸福をちらつかせる生産第一主義の氾濫に対して防波堤を設けなければならないと主張していた。「怒れる人々」とスト決行中の労働者との間の意見の相違は明確だった。一方は、世界を作り直したいと考えていた。もう一方は、世界の中に居場所を見出したいと願っていた。六八年五月からは、こうして二つの運動が生まれた。「ゴーシスト」（新左翼）という便利だが大雑把な単語で呼ばれた人々は、革命を求めていた。彼らには、ＰＳＵとＣＦＤＴから賛同の声が聞こえてきた。自主管理のテーマは、彼らの計画と切り離せないものだった。また、労働運動（かつてない規模のゼネスト）からは、社会党と共産党の結束の条件も生まれてきた。すでに一九六八年以前から望まれながら、一時実現が遅らされていた左翼連合は、デモ、工場占拠、人々が解放感を味わう数々の場面など、五月の熱い数週間を彩ったまだ新しい記憶によって、より強固となった。

一九七二年には、「新左翼」は政治的に退潮傾向にあったが、それでも社会のいくつもの領域でまだ強い生命力を保ち、それは長く続いた。プロレタリア左翼〔一九六八年九月に結成された新左翼の運動〕の活動家ピエール・オヴェルネイがルノー工場の警備員に殺害された事件には、大変な反響があった。三月四日に行なわれた葬儀には、一二万人が参列した。一九七三年には、リップ社〔フランス東部にあった時計メーカー〕でストライキと、次いで工場占拠が起き、労働者が自主的に生産活動を行なった。

この、経済的繁栄と、革命および自主管理の要求という二重の文脈の中で、ＰＣＦとＰＳの最終的な交渉が行なわれた。そして、この二種類の関心事項は、互いに共鳴しあった。一方には、オプティミズムと経済的要求があった。もう一方では、質的な要求に一定の注意が向けられた。そのため、企業の国有化以外に、フランソワ・ミッテランとその仲間は、社会党の綱領に自主管理を加えた。PCFとPSの合意は署名にまで至るかどうか、当初はまったく予断を許さなかった。ミッテランは戦術的才能を発揮して、ときには妥協し、粘り強さと闘争心によって目標に到達した。彼にとって有利だったのは、共産党もまた合意に達したいと考えていたことだ。党勢の後退を認識していなかった同党は、合意により政治的利益が得られると見ていたのである。

†左翼連合

六八年の暴風が過ぎて、共産党は持ち直していた。同党は反乱を起こした若者たちとは断絶していたが、五月一三日から月末にかけてフランス全土を停止させた大ストライキはCGTの成果だと主張することができたし、このストのもたらした利益は小さくなかった。一九七〇年の第一九回党大会では、社会党との連携の意思が再度示された。しかしながら、ミッテランはワルデック・ロシェの病気による第一線からの離脱と、当初は副書記長で、その後書記長に昇格したジョルジュ・マルシェへの交代に懸念を持った。すでに述べたように、ソ連の支援を受けていたマルシェは、横柄で虚勢を張る人物で、怒りっぽく行動が予測不能で、その上相矛盾する影響の下にあった。ミッテランとマルシェのコンビ、皮肉屋と短気な人物のコンビは、やがて政治の舞台での呼び物となった。

六月の合意成立前後、共産党はフランソワ・ミッテランと社会党を前に、用心して身構えていた。というのも、前述のように、社会党の新第一書記は左翼内部の「勢力均衡」の必要から、党組織を強化して共産党の勢力を削ごうとしていたからだ。両党の間では、摩擦の機会にこと欠かなかった。一九七二年二月、社会党はチェコスロヴァキアにおける弾圧を非難した。社会党は、反共キャンペーンを停止すべきだ、とマルシェは反論した。三月四日、社会党はピエール・オヴェルネイの葬儀に代表を参列させた。「リュマニテ」紙は、「共産党とCGTに対する破廉恥な行動」を糾弾した。四月に、ジョルジュ・ポンピドゥーは、英国のEEC加盟をめぐり国民投票を実施すると発表した。それは恐らく、自分は英国の加盟に強く反対していたド・ゴール将軍の真似をしているのではない、と見せようとしてのことだった。これには、一つの思惑もあった。非常に「欧州寄り」のPSと、欧州統合に反対のPCFとの対立を煽ろうというのである。事実、この国民投票は両左翼政党間の意見の不一致をあぶり出す結果となった。共産党は「反対」を唱えてキャンペーンを行ない、社会党は棄権を主張した。結果は、棄権に白票および無効票の合計が四五パーセントを超えた。これは社会党にとっては成功だったが、両党の連合にとっては、共同戦線を張ることができずに、亀裂が目に見える形となった。

だがマルシェも、ミッテランも、共同綱領に向けた交渉を継続する意思を失いはしなかった。四月には、四つの合同委員会が作業を開始した。互いの見解の矛盾を、常に乗り越えることができたわけではない。それでも、妥協案は一九七二年六月二三日に、共産党と社会党の両代表団により、コロネル＝ファビアン広場のニーマイヤー設計による共産党本部で署名された。ガストン・ドフェールとピエール・モロワを伴ったフランソワ・ミッテランは、党の知識人ジャン・カナパと「リュマニテ」紙編集長ロラン・ルロワを従えたマルシェと向かい合った。妥協をめぐる戦いで、どちらが勝ち、どちらが負けたのかを判断するのは難しい。感情の爆発、怒り、苛立った身振りがあった。「我々の全財産がほしいのか！」とマルシェは叫んだ。より冷静で、頑固なミッテランは抵抗した。彼は国有化については譲歩し（最終版では、九件の国有化が予定された）、政治制度の尊重（当初、PCFは政権交代の可能性を認めなかった）、NATO、公共の自由に関しては一歩も譲らなかった。

ミシェル・ロカールが「紙でできた雑巾」と呼んだ共同綱領を、ミッテランはどれほど重視していたのだろうか、と疑うこともできる。彼にとって重要だったのは、あまり犠牲を払うことなしに、ともかくPSを再び左翼に根づかせる合意に達することだった。大きな一歩が、こうして踏み出された。その後まもなく、ロベール・ファーブルが率いる急進党の少数派が急進左派運動（MRG）を結成し、共同綱領に署名した。

さまざまな解説が行なわれた。共同綱領への批判で、最もまとまったものはレイモン・アロンが「ル・フィガロ」紙に書いた記事で、その題名「左翼共同綱領、あるいは四角い円形」が内容をよく表していた。「社共連立政権が、企業に負担増を求め、労働時間を短縮し、工業分野の企業の一部と金融分野全体を国有化しつつ、現在よりも高い経済成長率を実現できる可能性はあるのだろうか。社会主義の方法と目標をもって、日本並みの経済成長を実現する、かかる組み合わせは、四角い円形に等しいのではないだろうか…（中略）…無知から、あるいは教条主義から、社会党は財政支出を増やしつつ株主の資産を奪い取り、金融機関を国有化し、経済成長率を維持し、欧州建設を進められると信じているふりをしているのだ」。一方で、かつてFGDSの影の内閣の一員だったジャン＝フランソワ・ルヴェルは、「レクスプレス」誌に、トゥール党大会から五二年を経て、「ブルムの支持者たちは、カシャンの支持者たちに歩調を合わせた」と説明した。「ル・モンド」紙の主筆ジャック・フォーヴェは、合意の成立した六月二七日は「トゥール党大会での分裂以来、左翼にとって最も重要な一日」となったと記した。この点についてだけは、誰もが同意した――これは、「歴史的」な出来事だった。

ミッテランにとって合意内容が最重要だったのかどうか、疑問は残る。ジャン・ポプレンは「共同綱領の意義は、その技術的内容よりも政治的意味にある」[1]と説明した。社会党の指導者にとっては、二つの署名が行なわれたことが重要だった。連合の実現、その有権者に対する訴え、そして、もはや左翼の外側にあるとは考えられなくなった社会党がすべてのカードをさらってしまう可能性、これらがその意味だった。ミッテランは堂々とそれを自慢した。合意成立の翌日、社会主義インターナショナルの第一二回大会のためにウィーンを訪れると、彼は代議員に向かって次のように発言した。「我々の基本的な目標は、現在共産党が占めている場所に、強大な社会党を建設することです。共産党に投票する五〇〇万人のうち、三〇〇万人が社会党に投票しうると証明するためです」。

それでも、フランソワ・ミッテランは共同綱領に対する自らの責任を十分に自覚していた。PSの機関誌「リュニテ」のコラムで、彼は「重要な人物」であるジャン＝フランソワ・ルヴェルに答えようと努めた。PCFの選択を押し付けられたとの見方に異議を唱え、彼は「共同綱領に国有化の対象として明記された九社のうち、社会党は（ローヌ＝プーランクを除く）八社を挙げていた」と主張した。つまり、ルヴェルは、共同綱領よりも以前に策定された社会党綱領「暮らしを変えよう」を熟読すべきだった。そうすれば、共産党がパートナーである社会党にいかなる決定をも強要しなかったことがわかったはずだ。しかしながら、ジャン＝ピエール・シュヴェーヌマン、ピエール・ジョクスとＣＥＲＥＳによって執筆されたこの党綱領に、ミッテランがどの程度の信頼を置いていたのか、疑問に思われる。ルヴェルに対して、彼はこれを利用して反論したが、それは本質的な問題について議論するためではなく、ルヴェルのように、社会党が共産党から独立した政党であることを示すのが目的だった。ジャン＝フランソワ・ルヴェルのように、意見を無視できない政敵やかつての仲間に対しては、彼は道徳的な面を強調した。「社会党政権は、少数者の巨大な特権に対抗して、大多数を擁護し、公的分野を圧力団体の行動から切り離すことで、正義の実現を図ろうとするものだ…（中略）…繁栄する工業分野を大資本に独占させるほど、我々は愚かではない[2]」。

このミッテランと共産党との駆け引きで、勝者となるのは誰なのだろうか。マルシェとその同志たちの頭にあったのは、一九三六年のシナリオだ。ＰＣＦが第一級の政治勢力として姿を現したのは、共産党、社会党と急進党による人民連合（人民戦線）を通じてだった。そして、フランス最大の政党となったのは、第二次大戦中のレジスタンス連合を通じてである。確かに、城壁の中で孤立していても、冷戦期にそうだったように、強大な勢力を保つことは可能だったが、それでも、優位を確立しようとするなら、連携相手との統一行動を通じてしか可能性はなかった。ステファヌ・クルトワとマルク・ラザールによれば、「（社会党の）支持層を引き付け、一方では社会党を前面に押し立てることで階級の〝敵〟を安心させる[3]」ために、両手を縛った社会党を傍らに置くことが課題だった。しかしながら、歴史は繰り返すとは限らない。今回は、共産党が社会党のために火中の栗を拾うことになるかもしれないのだ。この不安ゆえ、ジョルジュ・マルシェとその同志たちは、常に警戒を怠らなかった。

一九七二年一二月一日、共同綱領に署名した各党は、ポルト・ド・ヴェルサイユの見本市会場で祭典を開催した。これには何万人もの人々が参加したが、メディアによれば、その大半は共産党員とCGT組合員だった。左翼連合の指導者三人の演説は、それぞれの性格をよく表していた。南部出身で薬剤師のロベール・ファーブルは、古くからの急進主義の証人だった。濃い眉をひそめたジョルジュ・マルシェは、人々に不安を抱かせないよう努めた。フランソワ・ミッテランはと言えば、「ラ・クロワ」紙によれば、「政治的」というよりは「情熱的」な演説を行ない、彼のよい面が出ていたという。「表情はときとして皮肉っぽく、ときには険しくなった」と「フランス・ソワール」紙は書いた。「目は一瞬夢見がちだったかと思うと、稲妻のように光った。腕の動きが、演説内容を強調した。ミッテランは、〝皆さん、今晩ここに来た皆さんは、何者なのでしょう〟との問いを投げかけた。彼は、詩人となってアラゴンの『バラとモクセイソウ』の何行かを暗誦し、〝天を信じた者と、信じなかった者〟について語った。白髪のアラゴンは、天に上ったように微笑んだ。群衆は喝采し、もっと話を続けるよう求めた。演説は終わった。一斉に、インターナショナルとラ・マルセイエーズの歌声が響いた」。

しかしながら、左翼の統一運動には限界があった。総選挙の年にあたる一九七三年二月、ピュブリメトリー社と「ロロール」紙の世論調査で、社会党の支持率は二二パーセント、共産党は二一パーセントとの結果が出た。PCFは、共同綱領の真の守護者の立場を取り、共産党が左翼第一党でなければ、共同綱領の政策は実行されないと主張した。一九七三年三月四日、総選挙の第一回投票は、共産党をいくらか安心させた。同党は二一パーセント余りを得票し、一九四五年以来占めてきた左翼第一党の地位を確保した。しかし、社会党は二〇・六五パーセントを得て、大躍進を果たした。だが、社会党にとっては控え目な成功といったところだった。そうでなければ、不適切な態度だと共産党から見られただろう。それに、多くの社会党員は、世論調査の結果がよかったために舞い上がって、共産党を上回れると早合点してしまったのだ。それでも、一九七三年三月四日に、社会党が有力政党としての地位を取り戻したことには間違いがなかった。一九五八年にSFIOの得票率は一五パーセント、一九六二年に一二パーセントで、一九六七年にはFGDSは一九パーセントに迫ったが、一九六九年の大統領選での候補者ドフェール（「ムッシュー五パーセント」）が得た結果により、社会党は危機に瀕していた。実は、この党勢の回復は、共産党票の一部が社会党に流れたことによるものだった。パリ周辺の、共産党の拠点である「赤いベルト」では、共産党は票を減らし、社会党は票を伸ばした。セーヌ＝サン＝ドニ県の例は暗示に富んでいる。同県の九つの選挙区で、ＰＣＦは（得票数において）一九六七年に比して後退した。一方、社会党は六選挙区で票を増やし、中には大幅な増加を記録した選挙区もあった。

ミッテランは勝った。「リベラシオン」紙によれば、「慌てず騒がず、共産党に依存することなく、ＰＳは左翼の最大政党になろうとしていた」。第五共和制の下での政権交代は、ＰＣＦが弱体化し、ＰＳが党勢を拡大することで可能となるだろう。自信にあふれ、共産党に対する劣等感を払拭した強力な社会党が再建されることで、右派による政権の独占に終止符を打つことができるのである。この賭けにはまだ勝ったとは言えず、なすべきことは多かったが、ミッテランには止めることのできない、決定的な秘策があった。それは、大統領選挙の情け容赦のない仕組みだ。決選投票では、共産党は屈服させられるのである。

選挙での良好な結果と、下院でポンピドゥーと首相のピエール・メスメル――彼は、一九七二年にシャバンに代わり首相となった――を追い詰めることにかけては他の追随を許さない、ミッテランの休みない活動は、これまで彼が全党的な支持を受けていたわけではない社会党内においても、誰も彼に対抗できない状況を生んでいた。一九七三年六月のグルノーブル党大会では、エピネーで連携したCERESがミッテランに対抗しようとした。ミッテランは、こう皮肉って、CERESをロープ際に追い込んだ。「(彼らは)本物のプチ・ブルジョワによる、偽物の共産党を作ろうとしている」。ガストン・ドフェールとアラン・サヴァリの支援を得て、彼はもう一方の競争相手だった時代遅れのモレ派を、熱烈な演説により撃退した。「我々自身の言葉で語らなければなりません。我々は、社会党が自由よりも、民主主義よりも、あるいは人民連合よりも優先されるべきだとは言いません。しかしながら、政党に関して言うならば、我々は社会党をフランス最大の政党にすべきなのです。そのためには、我々の力を分散させてはならないのです」。共産党との連携に積極的でない人々も、その必要性を納得した。ミッテランは、賭けに勝とうとしていた。この点に関しては、基本的に反共主義的なガストン・ドフェールの変化が、この間の長い道のりを示している。彼は、中道派と組むことでマルセイユ市長に当選し、ポストを維持してきたが、一九七七年には右派との連携を解消して再選を果たしたのである。

一九七三年九月一二日、衝撃的なニュースが報じられた。チリで軍事クーデターが起き、サルバドール・アジェンデが自殺したのである。フランソワ・ミッテランは、社会党第一書記に就任して間もなく、最初の外国訪問で、ガストン・ドフェールとクロード・エスティエとともにチリを訪れていた。サンティアゴで、彼はフィデル・カストロとも面会した。チリの人民連合にとっての中心的な課題は、クロード・エスティエの『ペンを拳に』[4]に明快に示されている。「問題は、民主主義を堅持しつつ、経済構造を改革して社会主義を実現できるか、というものだった」。これは、新しい問題ではない。一〇月革命以来、世界中の社会主義者が意識してきた課題である。一九四四年、フランス解放後の数週間、アルベール・カミュは「集産主義経済」と「自由主義体制」の一体化が可能だと信じた。彼は、一九四四年一〇月一日の「コンバ」紙にこう書いた。「この継続的で緊迫した均衡の中に存在するのは、各個人が自らの幸福と運命の唯一の責任者になるための、必要かつ十分な条件なのだ。人間の幸福は、また別の問題だ[5]」。残念なことに、「正義と自由」を両立させようとするこの試みは、いまだ成功したことがなかった。東側陣営では、近年の「人間の顔をした社会主義」の試み、すなわち「プラハの春」は、ソ連軍の戦車によって容赦なく粉砕されていた。そのため、大統領選挙でのアジェンデの勝利がもたらしたチリの人民連合の実験に、注目が集まったのである。それは困難な実験で、ＣＩＡの支援の下、ピノチェトの機関砲の前に崩壊したのだった。

この失敗は、同種の社会主義の実験がフランスでは不可能なことを示す証拠なのではないかとの記者の問いに、ミッテランは答えた。「これは、金銭の権力と一階級の独裁を体現する右派が、成文化されていないが撤回不能な、自らの法以外を法と認めないことの証拠ではないでしょうか」。ラジオ局ユーロップ1で、エティエンヌ・ムジョットが軍について質問したとき（フランス軍は、資本主義に奉仕しているか）、彼はこう答えた。「この点については、私には疑問の余地がありません。軍、というよりは将校の多数派ということになりますが、彼らは生産手段を所有する階級の支配に基づく経済体制としての資本主義に対しては、何ら服従の感覚を持っていません」。かつて法相在任時のアルジェリア戦争当時、彼は反共主義が軍幹部に深く浸透しているのを確認できたのだったが、これはそれを無視する発言だった。それでも、右派メディアがチリ、アジェンデ、そしてピノチェトを利用してフランスにおける左翼連合を非難していた時期には、軍人の忠誠心を称揚しておいた方が無難だった。

一九七三年一〇月六日、エジプト軍とシリア軍は、一九六七年以来イスラエル占領下にある地域を奪還するために、イスラエルを攻撃した。この新たなアラブ・イスラエル紛争は、フランスの左翼連合を動揺させかねなかった。ＰＣＦとＰＳＵは、アラブ諸国との連帯を表明し、ＰＳの立場を微妙なものにした。パレスチナの要求に好意的でありながら、イスラエルと友好的関係にあるＰＳは、アラブ諸国による攻勢に喝采するわけにはいかなかった。同時に、社会党としては、脆弱な左翼連合の維持に努めなければならない。一〇月一一日、執行委員会は妥協案を提示した。イスラエルの生存権を認めるとともに、「パレスチナのアラブ民族を含む他のすべての中東諸国」の権利をも認めたのである。ＣＥＲＥＳが多数派を占めるパリ市連盟は、これとは大きく異なる決議案を採択し、アラブ諸国との連帯を表明した。「リュマニテ」紙は社会党執行部を批判し、ミッテランとドフェールを「シオニズムの支持者」だとするアルジェリアの日刊紙「エル・ムジャヒド」を引用した。しかしながら、両党ともにそれ以上対立を発展させようとはしなかった。統一、統一が必要だからだ。

その数日後、下院の新会期開会に当たり提出された内閣不信任案の審議に際して、フランソワ・ミッテランの演説が注目を集めた。チリでのクーデターの際のフランスの右派の反応に触れて、彼は叫んだ。「自由は、人々の心の中で分割することができないように、世界においても不可分です。プラハに対抗してサンティアゴ・デ・チリの名を叫んでも、その逆であっても、自由を救うことはできないのです。犯罪によって、犯罪を許すことはできないのです」。全員が拍手した……共産党議員を除いては。左翼連合には、間違いなく棘が刺さっていた。

チリでの人民連合の実験は、模範とすべきものだったのだろうか。社会正義と自由の両立は、スウェーデン社会主義が実現していたのではないだろうか。ミッテランは、一九七二年二月にストックホルムを訪れて、オロフ・パルメと意見交換を行なっていた。出発前、誰もが彼にこう言った。「スウェーデンに行くのですか。あの実験と社会主義との間には、何の共通点もないことがわかるでしょう」。ところが、実現した政策の数々と、これらの政策を保守派メディアが自由に批判している様子を目にした彼は、強い印象を受けた。もし、フランスが社会民主主義的だったならば！　しかし、「フランス式社会主義」はスウェーデン型モデルを排除し、社会民主主義を糾弾し、社会民主主義が実践する「階級間協力」を耐え難いものだと断じていた。歴史を作り直すことはできない。マルクス主義の教義とレーニン主義の実践は、いかなる妥協も認めなかった。スウェーデン人の生活水準は、ソ連人のそれをはるかに上回っているかもしれないが、スウェーデン人は資本主義と断絶しなかった。結論として、スウェーデン人は、社会主義者ではなかった。現実主義者のミッテランは、一九〇五年（ＳＦＩＯ結成）に生まれた社会主義者と、一九二〇年（ＰＣＦ結成）に生まれた共産主義者に、社会民主主義的解決法の妥当性を納得させようとはしなかった。歴史的遺産と折り合いをつけるか、そうでなければ、もはや左翼連合の夢を見るべきではないのだ。彼は、共同綱領が作られた理由と、そのもたらすべき結果を自らのうちに取り込もうと努めた。共同綱領の批判者に対して、彼が書いたものを読み、あるいは語った言葉を聞くと、人は彼がその内容を信じているとの印象を受けた。ラッチュでの滞在の折に書いた『バラを拳に』の中で、彼は共同綱領のうち最も親近感を覚える部分、すなわち「自由の運命」についての説明を試みた。それでも、彼はこう繰り返した。「現体制の思想は、私の怒りを引き起こす。その高慢なさまを見せつけられれば見せつけられるほど、その貧困が目につくのである」[6]。彼は、同時に強調した。「我々は、いずれかの陣営に属するのだ。緩衝地帯は存在しない」。資本主義的構造を排除し、それが抑圧している人々を解放すること、これが彼の信念だった[7]。しかしながら、社会主義――生産手段の専有――と自由――政府批判、虐げられた人々の集結、反対の意思表明――を結びつけることは、カミュが第二次大戦直後に持ちえた希望とは反対に、もともと解決不可能な課題の解決を求めることなのではないだろうか。

†僅差での敗北

一九七三年末は、世界経済にとって大きな転換点となった。一〇月一七日、クウェートに集まったＯＰＥＣ（石油輸出国機構）加盟アラブ諸国は、石油産出量を段階的に制限し、イスラエルが占領地域から撤退するまで継続するとの計画を採択した。安価な石油の終わりだった。原油価格は、二倍以上にまで急上昇した。これは、「栄光の三〇年」と呼ばれた時代の終焉でもあった。「第一次石油ショック」は、その原因というよりは、そのシグナルだった。フランスは、エネルギーのコストばかりでなく、産業構造の国際競争への不適合のために、景気後退に脅かされた。失業者数は急増し、一九七四年三月には四四万人に達した。

こうした困難な経済状況下で、一九七四年四月二日、ジョルジュ・ポンピドゥーがパリで亡くなったと発表された。彼の病気は知られていた。誰もがテレビで、コーチゾン投薬のために腫れた彼の顔を見ていた。しかし、逝去の発表は、政界関係者を慌てさせた。後継大統領選出までの間、アラン・ポエール上院議長が再び大統領代行を務めることとなった。ポンピドゥー時代は、繁栄の時代と一致していた。後から見ると、彼の死は幸運な時代に幕が下りたように思われるだろう。予定よりも二年早く、左翼連合にとって正念場が訪れた。フランソワ・ミッテランがその候補となることは確実だった。しかしながら、共同綱領に署名した政党間には新たな障害が横たわった。ソルジェニーツィン事件である。

ソ連から秘かに持ち出され、一九七三年にドイツでロシア語版が刊行された『収容所群島』において、アレクサンドル・ソルジェニーツィンは、スターリン時代の収容所の驚くべき実情を、大作家にふさわしい筆致で描写した。そこでは、何百万人もの「ゼク」（政治犯）が死んでおり、作家自身も政治犯として囚われていたのだった。一九七四年二月一三日、ソヴィエト最高評議会は「ソヴィエト市民として認められない行動を取り、ソヴィエト連邦に損害を与えた」として、作家の追放処分を決定した。フランス語に翻訳作業中だったこの作品は、同年六月にスイユ社から刊行が予定されていた。

フランス共産党は、ソルジェニーツィンを自制心がないとして非難した。また、「何よりも反ソ的、反共的で、左翼の分断を図ろうとする本性を現した」として、「ル・ヌーヴェル・オプセルヴァトゥール」誌を攻撃した。一部の知識人はこれに賛同したが、モーリス・クラヴェル、クロード・ルフォール、アンドレ・グリュックスマンらは反体制作家を擁護した。この事件は、左翼連合を動揺させかねないほど重大なものだった。一九七四年三月の「レスプリ」誌で、ジャン＝マリー・ドムナックは、次のような問いを発した。「フランス左翼はどうするのだろうか…（中略）…実のところ、左翼連合はスターリン主義の残滓に毒されている。この問いを明確に発するのを躊躇したために、社会党の指導者たちはいまや罠に捕らわれてしまい、曖昧な発言によって逃れようとしている」。「レスプリ」誌編集長は、傷口をさらにえぐった。「フランスでは、何百万人もの人々が左翼連合を支持しようとしているが、この問いを排除することができずにいる。〝PCFの指導者たちは何度も民主主義に基づく自由を保証すると発言しているが、なぜシベリアの収容所や、刑務所における精神医学、警察による出版の監視、チェコスロヴァキアの正常化を取るに足らないと見なすのだろうか。彼らはあらゆる証言を無視し、否定しないとしても通りすがりの情けをかけるだけで、左翼にとって不利な事態を招かないためにとの理由で、これらの問題について触れるべきではないと説明するのだ〟」。

ミッテランの戦略にとって、この新たなスキャンダルは余計だった。彼は、二つの義務の間で板挟みになった。ソ連の専制的な体制の前で沈黙してはならず、そして同時に、共産党との連合を分裂させないために、過度な反応は避けなくてはならなかった。ソルジェニーツィン事件の期間中、作家本人のパリ滞在により熱を帯びた場面もあったが、ミッテランと社会党は分水嶺にあって、「冷静」でありたいとした。同じ問題は、すでにチェコスロヴァキアについて起きていた。「リュニテ」誌のコラムに、当時、ミッテランはこう記した。「私はイヴェット・ルディの潔癖さを評価するものだが、彼女は、共同綱領のためのキャンペーンに注力すべき状況下で、こうした議論が行なわれることに不安を覚えている。今朝、彼女は私に、これは疑問を投げかけることにはならないだろうか、と訊ねた。私は、もし共同綱領が民衆および個人の権利に向けた社会主義者の戦いをわずかでも変質させ、あるいは弱めるなら、それは憎悪に値する、と答えた」[8]。彼は言うべきことは言ったが、それでは十分ではなかった。ソルジェニーツィン事件に際して、ジャン・ダニエルは「重大な疑問」を投げかけた。「スターリン主義と不可分だった収容所の世界は、社会主義と分離できるだろうか」[9]。彼が「ル・ヌーヴェル・オプセルヴァトゥール」誌に書いた記事は、「リュマニテ」紙から厳しく断罪された。ミッテランは、「リュニテ」誌上で、ジャン・ダニエルと彼の雑誌を擁護した。「私は、最大限の注意を払って、彼がこのところソルジェニーツィン事件について書いた記事を読んだ。確かに、火事を起こしたのは激しい論調の著作ではあるが、排斥するのではなく、明確な説明を行なう方が適切なのである」。それでも、彼は共産党に配慮を示した。「ジョルジュ・マルシェが反体制的作家について、ソ連共産党に同調したからと言って、彼にスターリン主義の痕跡が見られると非難するのは公平ではない。ソ連における言論の自由の侵害を、社会党はこの半世紀来非難してきた。それでも、第二〇回党大会に始まり、レオニード・ブレジネフが継続してきた改革を見きわめずにいることができるものだろうか。しかし、フランス共産党がいままでは忘れられたと思っていた言い回し（「『ル・ヌーヴェル・オプセルヴァトゥール』誌は、分裂をもたらす専門家だ！」）を用いるに至る熱を与えた怒りの発作には、私は驚きを禁じえない。私としては、最も重要なのはソルジェニーツィンが何を言うかではなく、彼が発言できることなのだと信じる。そして、彼の発言が共産主義にとって有害だとしても、彼がその発言ができることが、共産主義にとってはるかに有益なのである。この点について意見が一致するなら、現在の論争は――それが終わることが条件だが――何かの役に立ったことになる」[10]。自由の旗を高く掲げつつ、ソ連の影響圏内に残る党を味方につけるため、フランソワ・ミッテランはその政治戦略において、相反する要素を共存させようとした。彼にとって問題だったのは「何を信じるか」ではなく、整合性を失わずにどこまで譲歩できるか、だった。

四月四日木曜日、国民議会が故大統領に敬意を表した日、ジャック・シャバン＝デルマスは立候補を表明した。これは、UDRの執行委員会によって承認されたが、八日月曜日には、ヴァレリー・ジスカール・デスタンが、地元のピュイ＝ド＝ドーム県シャマリエールで出馬を宣言した。右派の分裂状態は明確になった。九日には、ピエール・メスメルが調停を試み、与党候補の一本化を目指して立候補を模索したが、これは不首尾に終わった。シャバンが立候補を取り下げない一方で、ジスカールは民主中道派党首ジャン・ルカニュエの支援を得た。この分裂状況は、左翼にとって有利に働くのではないだろうか。

フランソワ・ミッテランは、すぐには立場を明らかにしなかった。彼はいつも通り、慌てることなく、時計職人のゆっくりしたテンポで行動した。彼には、自分が共同綱領を締結した三党から、「左翼共同候補」に指名されるとわかっていた。四月一日、彼は「レクスプレス」誌にこう語った。「個人的には、特別に立候補したといとは考えていません。しかし、客観的には、私が立候補しないわけにはいかないと感じています」。要するに、犠牲的精神を発揮しようというのだ！　それでも、左翼第四党で、共同綱領に調印しなかったPSUは、彼を妨害しようとしていた。四月四日、PSUはシャルル・ピアジェに「リップ」の冒険――有名なブザンソンの時計工場におけるストライキと工場占拠、さらには「自主管理」[11]――を支援した人々の名において、立候補を要請した。CFDT活動家で、「リップ」のカリスマ的指導者ピアジェは、反抗的左翼の候補者となることを拒否した。最終的には、PSUの全国執行部は、ミシェル・ロカールの指導の下にミッテラン支援を決定した。CFDTも、ミッテランを支持した。よりマージナルなところでは、トロツキストは候補者一本化を果たせず、アルレット・ラギエとアラン・クリヴィーヌが出馬した。サルトルは、「リベラシオン」紙の質問に答えて、「左翼連合はある種の冗談です。もしミッテランが当選したならば、社会党は共産党を喰らおうとし、共産党は社会党を喰おうとするでしょう…（中略）…私は、右派と古い左翼、偽物の左翼と戦うことが可能だとは思いますが、そのために選挙に際して彼らと手を組むことを受け入れるわけにはいきません」。極左の霊は、まだ生きていた。

この日、四月七日は日曜日だったが、フランソワ・ミッテランはヴェズレーで過ごした。その前日、彼はシャトー＝シノンにいた。翌日、パリで開催された臨時党大会で、PSは大統領選への第一書記の擁立を全会一致で決定した。代議員による投票の終わりごろに、無数のカメラマンに囲まれて姿を現した彼は、こう叫んだ。「私が皆さんの候補となることを希望しますか。それなら、立候補しましょう」。もしそうでなかったら、多くの人が驚いたことだろう。彼は立候補者のうちで唯一、自ら出馬宣言をしなかった、とドフェールは語った。「民主主義にとって、模範的な行ないです」。最後に、フランソワが手にした一本のバラを高く掲げる中、大会参加者たちはインターナショナルを斉唱し、次いで若干の躊躇の後、ラ・マルセイエーズを歌った。

共産党は、すぐにこの選択を支持したものの、不安も抱いていた。一九七三年九月の県議会選挙で、同党はまたもや後退していた。同党は、左翼連合が勢いのある社会党を利するのではないかとの懸念を持ち始めていた。しかし、少なくとも当面、同党は方針を変更しなかった。共産党のロラン・ルロワとポール・ローランが、社会党のクロード・エスティエとジェラール・ジャケと会談した後、ジョルジュ・マルシェは書簡をもって、ミッテランに正式に支持を伝えた。ミッテランは、ピエール・モロワに返信の任務を託したが、これは共産党書記長にとっては不快なことだった。選挙戦期間中、共産党は常に疑問を持ち続けた。なぜなら、ミッテランは共同綱領のスポークスマンとして運動する代わりに、フランス国民全体の候補者であると宣言したからだ。マルシェに宛てた返信で、モロワは、左翼候補は「政府共同綱領の基本的方針を主張する」ものとしていた。確かにそれはそうだったが、ごく控え目だった。四月二五日、ラジオ局ユーロップ1の番組に出演したミッテランは、「共同綱領の基本方針を主張すべく立候補」したと述べたが、「基本方針」とはその主要な部分にとどまった。選挙戦において、彼は公共空間における自由と、インフレ対策に力点を置いた。彼はこう語った。「左翼は、自らのために勝利を求めているのではありません。是正すべき不公平があることは確かですが、左翼だけの勝利を望んではいません。我々は、勝利が国民全体のものとなることを望んでいます。それに加わりたくない人は、加わらなくて結構です。我々は、フランスを二分したいと考える人たちには与しません」。階級闘争は、また別の機会に、というわけだ。

一九七四年の選挙戦は、十分な準備ができなかった一九六五年の選挙戦とはまったくの別物だった。今回は、ミッテランには十分な資金があった。彼は選挙本部をモンパルナス・タワーの四階に置いた――PSからの独立を示すためである。彼は「ル・ヌーヴェル・オプセルヴァトゥール」誌主筆のクロード・ペルドリエルに選挙戦の運営を任せた。ペルドリエルは、米国流の政治マーケティングの手法を、選挙資金集めも含めて取り入れた。忠実な友人たち、ダヤン、デュマ、メルマズ、エルニュ、エスティエ、ジョクス、フィリウー、ボーシャン、グロスーヴル、そしてその他の多くの友人は、熱気にあふれ、ついにそのときがきたと感じた。選挙技術に通じたガストン・ドフェールがチーム全体の指揮をとり、一方でピエール・モロワは第一書記代行として、シテ・マルゼルブの「古き我が家」の留守番役を務めた。

新たにミッテランのチームに加わり、経済担当顧問となった、ENA（国立行政学院）出身でアイデアマンのジャック・アタリは、依然としてPSUの指導者の地位にあったミシェル・ロカールの助力を得ることを考えた。ミッテランに対する不満をすべて忘れて、党内では引き続き多数の党員がシャルル・ピアジェに傾いていたにもかかわらず、ロカールはこの依頼を快諾した。ミッテランは、自主管理社会主義の最もよく知られた代表者を味方につけたことに満足して、ロカールを歓迎した。ロカールは、アタリとともに、ミッテランの経済財政政策を準備した。二人は、対外関係担当のロベール・ポンティヨンとともに、ボンでヴィリー・ブラント首相と会談するためにドイツを訪問した。代表団のブラントに対する要望のうちには、軍事クーデターが起きた場合に、ザールラントから放送しているラジオ局ユーロップ1を通じて、ミッテランがフランス国民への呼びかけができるよう協力を得たい、というものもあった。一九五八年五月と、チリでの出来事が彼らの脳裏にあった。ロカールにとっては、重要な機会だった。「私は、ようやく本格的な仕事に携わった」[12]。

ジャン・ラクテュールの質問に答えて、クロード・ペルドリエルはミッテランが常に周囲の人々の間に「ライバル関係、競争、対抗意識が生じるように心を砕いていた」と語った。にもかかわらず、である。「私は、情報分野で唯一の責任者となる、との約束を取り付けていました。すぐに、私はフィリウーにも一定の責任が与えられていること、また特にルスレにもかなりの発言力があることに気がつきました。二人ともミッテランと友情で結ばれていましたから、驚くにはあたりませんが、それでも腹立たしいものでした」。アドヴァイザーとして、彼はテレビにも力を集中する必要があった。「私たちは、彼にテレビ出演のためのトレーニングを、ド・ゴールのように受けさせようとしました。このトレーニングは、ジスカールももちろん受けていました。自分の才能に自信があった彼は、拒否しました（その後、仕方なく受けることになりましたが）。それでも、私たちは、何人かの女性の協力を得て、彼の服装を改めることに成功しました。それから、とがった歯を削ることも[13]」。

共産党はどうしていたのだろうか。ミッテランは共産党には関らなかったが、四月二五日のポルト・ド・ヴェルサイユでの大規模集会の共同開催には、ともかく同意した。ジョルジュ・マルシェは、当然ながら勝利の場合には、「共同綱領全体、共同綱領のみを」実施に移すよう呼びかけたが、ミッテランは「基本政策」の実施を主張するにとどまった。選挙集会や記者会見では、彼は五点からなる基本政策を提示した。より存在感のあるフランス、国民間の友愛関係の増進、より強い通貨、より公平な社会、より自由な人々。具体的には、どういうことだろうか。六〇歳定年制、週当たり労働時間の短縮、年間有給休暇五週間制、未成年女性の避妊の権利の保障、地方改革、物価の一時凍結、最低賃金の引き上げ……。彼の提案する政策は、共同綱領と比較すると、全体として後退していた。ミッテランは、当選するには少なくとも決選投票で中道票を取り込む必要があることを知っていた。左翼陣営内での規律が守られている現在、まだ態度を決めていない有権者、刺激すべきでない中道支持者からの信頼を高めることを目指すべきだった。ジョルジュ・マルシェの大きな目玉は、多くの人を必要以上に不安にさせるのに十分だった。

　フランソワ・ミッテランはリラックスしていた。しばしば、彼は楽しんでいるように見えた。

「ル・モンド」紙のアンドレ・ロランス記者は、新しい住居でミッテランと面会した。「フランソワ・ミッテラン氏は、数カ月前から、パリ左岸のビエーヴル通りにある、風変わりな小さな一軒家に住んでいる。古い石造りで、階段の段はすり減り、壁は塗り替えられたばかり、エレベーターを備えて、近代的な設備と歴史の魅力が混合した、ごく簡素な建物である。候補者は、屋根裏の書斎にいた。（受験勉強をする）学生の部屋に似ている。本はまだ全部は書棚に整理されていない。大半は古い本だ。読書が大いなる脱走であり、執筆が大いなる冒険だった若い時代からの本だ。デスクの上に置かれた近年の出版物は、古くからの情熱が今も続いていることを示している。この午前の終わりに、ミッテラン氏はずいぶんと体力を使ったと思われるのに、意外なほど元気そうだった。よく知っている場所ではいつもそうであるように、彼は時間をかけて対応してくれた。彼は、懇談の相手に同意を求めつつ質問に答え、オフレコを条件に、公にできない話をし、冗談も交えた」。

　ミッテランは、有権者を安心させたいと考えていた。「共同綱領は、政策実現スケジュールのない政権政策綱領です」。しかも、共同綱領は高度経済成長期の一九七二年に策定されたものだ。「一九七四年の成長率は四・五パーセントに低下し、インフレは記録的です」。当面、彼はインフレ対策、フラン防衛と雇用の維持を約束した。では、国有化はどうするのか。彼は沈黙した。選挙公約では、彼は自らを社会主義者だとしながらも、こう付け加えた。「西欧の指導者の名をあげるなら、私は西ドイツのブラント首相、オーストリアのクライスキー首相、ハロルド・ウィルソン英首相、スウェーデンのオロフ・パルメ首相、ノルウェーのトリグヴェ・ブラッテリ首相、オランダのヨープ・デン・オイル首相などと同じように社会主義者なのです」。共産党が忌み嫌う、社会民主主義者の一群である！

それでも、ミッテランは共産党と手を組んでいた。彼にとって、これは強みであると同時に弱点だった。選挙戦の最中、ユーロップ1で初めてジスカールと討論したとき、この対立候補は統制経済の問題を持ち出して、彼を論破しようとした。「これまでのところ、先進社会で集産主義経済を選択した社会は一つもありません」。ジャン・ドルメソンは、「ル・フィガロ」紙に、誇張気味に書いた。「ミッテラン氏が当選したら…（中略）…我々の目の前にかざされているバラの花（社会党のシンボルマーク）に、鉄拳がとぶことだろう。ミッテランの背後に見えるのは、ジャン・ジョレスの影でも、レオン・ブルムの影でもない。それは、ジョルジュ・マルシェと、その師であるスターリンが交じり合った不吉な影である」。ジスカールは手強かった。早くも四月一三日には、ジャック・シラクが率いる議員四三名が、与党統一候補の擁立を求めるアピールを公表して、シャバン＝デルマスがＵＤＲから受けた支援を打ち砕いた。疑いなく、ネオ・ゴーリストたちの大半は、ボルドー市長のシャバンよりも、シャマリエール町長のジスカールを選択したのである。

フランソワ・ミッテランは選挙戦を好んだ。またしても、彼はフランス中を駆けめぐり、多くの聴衆を集めて、ときには辛辣でおかしく、ときには厳粛な調子で、成熟した見事な弁論術を披露した。「権利も権力も持たない労働者の皆さん、私たちとともに歩もうではありませんか。私たちは、皆さんのために働くものです」。彼は聴衆を魅了し、笑わせ、熱狂させた。聴衆は喜び、彼の才気は聞く人に魔法をかけ、喝采はいつまでも続いた。

五月五日の第一回投票で、ヴァレリー・ジスカール・デスタンは成功を収めた。彼は、得票率三二パーセントで二位となり、一五パーセント強にとどまり三位となったシャバン＝デルマスをリードした。歴史的ド・ゴール主義は終わった。フランソワ・ミッテランは、四三パーセント余りの得票で、他を引き離して首位に立った。それでも、彼は失望した。最新の世論調査では、四五パーセントの得票が期待できたからだ。彼には、不足する七パーセントを集めることができるだろうか。リベラル右派と、社会党の候補者間の闘いは厳しく、互角で、その行方は不確実だった。かつてのド・ゴール派の一部は、大義が裏切られたと感じて、左翼候補を支援した。ロマン・ギャリ、ジャン＝マルセル・ジャヌネイ、ジャック・ドビュ＝ブリデル、フィリップ・ヴィアネイ、ルイ・ヴァロン、ダニエル・コルディエらである。ミッテランが、レジスタンスを味方につけたのだ！　何よりも左翼に敵対的なミシェル・ドブレは、ド・ゴール派の名において、ジスカールに投票するよう呼びかけた。共産党は、約束を守った。ジョルジュ・マルシェは勇敢にも、駐仏ソ連大使がリベラル派候補者を訪問したことを「不適切」だと評した。

五月一〇日に予定された両候補による討論が、行方を決するものになる可能性があった。このテレビにとって重要な放送で、カメラの前でややぎこちないミッテランは、非常に慣れたジスカールの才能あふれる攻撃の的となった。彼は、歴史に残る言葉を口にした。「ミッテランさん、ハートはあなたの専売特許ではありません」。ジスカールが、彼は「過去の感性と結びついている」と決めつけたとき、ミッテランはこの言葉に無関心であるかのように、反応しなかった。ジスカールは自信にあふれ、学者ぶって説教をたれ、特に経済通だったことのない彼に比して、はるかに有能に見えた。大方の見方では、大蔵大臣はニエーヴル県の議員に、決定的な打撃を与えたのだった。そんなことはない！ ミッテランは、五月一二日のコラムに、対立候補についてこう書いた。「大統領になることは、彼にとっては到達点だ。私にとっては、出発点である。いま、私が成し遂げようとしていることは、私自身をはるかに超えるものだ。ジスカールは、当選したら重要な政策を実行できるだろう。当選したら、私は物事の流れを、すなわちこの時代の人々の生活を変えるだろう」[14]。その数日後には、IFOP社とSOFRES社の世論調査で、両候補の支持率は再び均衡した。有権者は投票日を前に熱狂し、両候補の間の論戦は激しさを増した。ミッテランは当選に自信を持った。彼の予想はどうだっただろうか。五〇対五〇だった。ただし、「ほんのわずかなプラス」があるはずだった。五月一七日にアラン・ポエールを訪ねた彼は、ポエールから各県知事からの報告では、彼が有利だと聞かされた。彼はガストン・ドフェールに、ルイ・メルマズとともに閣僚候補者名簿を作成するよう依頼した。

ミッテランの最後の選挙集会はグルノーブルで行なわれ、高揚する参加者の前で、ピエール・マンデス・フランスが応援演説を行なった。五月一九日日曜日の投票で、結果が判明した。ジスカール・

デスタンが、わずか四〇万票差で勝利を収めたのだ。得票率は、五〇・八一パーセント対四九・一九パーセントだった。左翼にとっては敗北だったが、これは未来への約束でもあった。右派に勝つことは可能だ。次回こそ勝てる！

†マザリーヌ

あまり口には出さなかったが、ミッテランは失望した。大統領選で二度目の失敗を喫して、彼はあきらめるべき時期が来たのではないかと真剣に自問した。「私がそこまで大統領になることを夢見ていると思いますか」と彼は、ジャン・ダニエルに語った。「確かに、私は政権担当に関心があります。国家元首になれるなら、それは私にとって喜びです。でも、それが本当に重要なことではまったくありません」[15]。これは本心だろうか。彼を信じてもよいだろう。なぜなら、彼のうちには二つの人格があるからだ。彼の政治的野心が、巨大な山を前に引き下がることがないとしても、野心は彼を食い尽くしてしまいはしない。

最も意外なのは、この選挙集会の演壇のプロ、党指導者、政治工作の専門家が、政治だけにとどまらない人生観の持ち主だったということだ。「リュニテ」誌のコラムで、休むことのない移動、終わりのない政治集会、記者会見、各種の訪問や会談、選対メンバーとの協議、演説の準備、この政治的目標の達成に向けた集中的活動が、彼が望むように暮らし、秘密の庭を耕すのを妨げなかったことだ。コラムの読者である社会党の活動家たちは、彼の自然への賛歌、樹木や花や、ラッチュの果樹園の収穫に向ける彼の気遣いを読んで、意外に感じたことだろう。一九七三年一一月には、彼はこう書いた。「今年は、参考までに記しておくと、若干のリンゴとナシを収穫した。サクランボ、桃、スモモ、ネクタリンは収穫できなかった…（中略）…難しいのは、どこに問題があるのか突き止めることだ。私の仕事をいつも見ている道路の管理人は、塩気を含んだ西風が原因だと言う。彼の弁では、私は最も不適切な場所に木（二〇本）を植えたのだ。丘の間から、好ましくない風が吹いてくる場所である」。そして、田園の隣人たちの他の仮説に耳を傾けるのだ。彼は樹木に情熱を示すが、鳥についても同じだ。「あなたは、夜の終わりと日の出の間の沈黙のひとときに、ツグミが鳴くのを聞いただろうか。ソリストが最初の音階を歌うと、フルートの合奏がそれに応える。この土地のツグミたちが、新しい日を称えているのである」[16]。彼は、知恵とは何かを知っていた。「生きるためには、人生は短すぎる。驚異は瞬間のうちにあると知ったときには、もはや遅すぎるのだ」[17]。

彼はしばしば、お忍びで旅行した。一九七三年一二月、彼はヴェネツィアにいた。「時間に伴う劣化と愚行が重なり、ヴェネツィアは干上がり腐敗しつつある潟に沈もうとしている。至近距離に建てられた工場は地下水を汲み上げ、酸性物質を流出し、煙と廃棄物を排出し、灯油を用いる住宅暖房は大気と水を汚染し、木材と石材を腐敗させる」[18]。彼の旅の記録を読むのに慣れてきて、感覚が鈍った読者たちは、それからドージェ宮に関する長い論考を読まなくてはならないのだ。

モルヴァンの散歩者、ブルゴーニュのハイカーは、毎年ペンテコステの日曜には友人とともにソリュトレ山に登り、頂上に着くと「桜の木の下で仰向けになった」。この登山は年中行事となり、招待されたミッテランの友人たちは、「選ばれた少数者」のための儀式に参加したように自慢するのだった。彼は書いた。「ソリュトレの岩山からは、ソーヌ川から靄が上ってこないときには、ジュラ山地の稜線を見ることができる。ときには、アルプス山脈の向こうに、目には見えないモンブランの三角形を見分けられることもある。けれども、今日の光は濃密すぎて、かえって光そのものを暗くし、視線はブレス地方の上で失われる」[19]。

一九七四年四月七日、ポンピドゥーの死から数日後、左翼の候補に正式に決定する前日、彼はまたヴェズレーにいた。彼は、そのときのことを、こう語った。「私が、ヴェズレーに（私なりに）巡礼するようになって三〇年が経った。世界と人間との調和においてはすべてが寄進であるとはいえ、私がここで求めているのは、祈りに関わることではない。私は記憶だけを頼りに、できる限り遠くからマドレーヌ教会を認めることのできるすべての場所をつなぐ環を、描くことができるかもしれない……（中略）……メゾン＝ディウーから、私は林の中の径を進み、すると通りの頂点に、突如として村の教会が見えてくる。〝ヴェズレー、ヴェズレー、ヴェズレー、ヴェズレー〟。フランス語で最も美しいアレクサンドラン〔一二音節詩〕をご存じだろうか。私は、これでアラゴンを以前よりももっと好きになった」。恐らく、作家になりえたかもしれない詩に敏感なこの人物を、全共産党員の中でアラゴンは最もよく理解できただろう。

彼が書かなかったのは、ヴェズレーに来るとき、彼はたいてい一人でなかったということだ。彼の傍らには一人の女性、アンヌ・パンジョがいた。彼女は、ごく親しい友人たちにしか知られていなかった。彼がこの女性と出会ったのは、オスゴールでのゴルフのパートナーで、ミッテランと同世代のクレルモン＝フェランの実業家、彼女の父親であるピエール・パンジョのお蔭だった。アンヌは、彼の政治の世界とは無縁だった。彼女の家庭は非常に保守的だったが、政治そのものには彼女は関心がなかった。彼女が尊敬するフランソワに対する秘められた愛情によるものを別にすれば。そして、彼は自分の周りにいる、彼にしばしば身を任せる女性たちとは異なる彼女に夢中になった。素朴で、化粧もせず、髪を上げて、活き活きとして、話し相手になれる女性だった。彼女は、フランソワが離婚しないことを理解して、公の場に姿を見せないことに甘んじた。彼は年に何度も彼女をヴェズレーに連れて行った。ここでは、レストラン「レスペランス」の経営者で、旧知のマルク・ムノーの協力を得ることができた。ダニエルはこの秘められた関係を知るようになったが、彼女は夫と協定を結ぶことを受諾した。彼女は彼を尊敬していたし、彼が彼女を離そうとせず、彼が彼女の二人の息子の父親だったからだ。ルーヴル美術館学芸員のアンヌは、週末は彼とともに過ごし、選挙運動では誰からも気づかれないように、控え目で、しかし注意深く、彼のそばにいた。人々は、彼女を秘書だと思った。ミッテランがビエーヴル通りに転居した一九七三年以来、彼女はサン＝ジェルマン＝デ＝プレのジャコブ通りにある小さなアパルトマンで暮らしていた。

ピエール・パンジョは、自分のゴルフ仲間と娘の関係を噂で知った。彼にとって、当然ながら喜ばしいニュースではなかった。しかし、アンヌは抵抗し、家族は彼女の決心を受け入れなくてはならなかった。彼女は、フランソワの子供がほしいと望んだ。彼には躊躇があったが、彼は共同生活を営むことができず、結婚を申し込むこともできないこの女性が望む子供の父親になることにした。一九七四年一二月、アンヌ・パンジョはアヴィニョンの病院で、マザリーヌという名の女の子を出産した。[20]

フランソワ・モーリアックは、フランソワ・ミッテランを、よく「小説の登場人物」と評していた。モーリアックは、ミッテランをこれほどよく知っているとは思わなかっただろう。後に、はるか後に、この隠された事実は明らかになるが、フランス国民から批判されるどころか、国民の目に老大統領をさらに小説のような生涯を送った人物だと見せることになる。それまでの二〇年間、この二重生活は、ごく限られた人にしか知られなかった。

選挙での敗北の失望が過ぎ去ると、五八歳のミッテランは引退しようとは考えなかった。一九八一年の次回大統領選でも、彼はまだ六五歳だ。ド・ゴールは、政権に復帰したときに、それより二歳年上だった。重要なのは、彼が意志の力によって培ってきた政治的資産をうまく活用し、それをさらに増大させることだ。敗北により彼は動揺したが、対立候補が勝利したとはいえごく僅差だったから、十分に希望を持つことができる。「政治的動物」は、まだ巣穴に帰ろうとはしていなかった。

第8章　勝利

大統領選敗北後の戦いを放棄することへの誘惑は、わずかしか続かなかった。その後の数週間における社会党の勢力伸長は、フランソワ・ミッテランを立ち直らせた。一九七五年のポーでの党大会時には、エピネーの年には七万人だった党員が、一五万人に増加していた。左派にとって、勝利はいまや手の届くところにあるように思われた。四二万五〇〇〇票の差（総投票数二七〇〇万票のうち）は、勝利が可能だといういまでは広く共有された確信を揺るがせるものではなかった。

個人の入党希望が殺到するのとは別に、ミシェル・ロカール元書記長が個人の資格でミッテランの選挙運動に積極的に関わったPSUでは、社会党への合流が議論となっていた。ロカールは、PSUとPSの接近を提唱していた。一九七四年一〇月、彼はPSUの全国会議でこの主張を繰り広げたが、考え方はばらばらであるにもかかわらず革命幻想により結ばれた人々が構成する多数派によって否決された。ロカールは、少数派のみを引き連れて、社会党に合流した。

元PSU党員で、新社会党に加わったジル・マルティネは、こう証言した。「ミッテランは、彼に批判的な〝第二左翼〟に属する活動家の入党を、熱烈に歓迎してはいませんでした。しかし、こうした合流が持つメディア的な効果は理解していました。ですから、彼はこの合流に積極的だったピエール・モロワ、アラン・サヴァリと私にこの仕事を任せてくれました。私たちは、PSUのローカルの仲間の少数派グループと一部のCFDT幹部が堂々と社会党に加入できるよう、〝社会主義セミナー〟を開催したのです(1)」。

「メディア的な効果」に加えて、ミッテランには党の拡大を受け入れるもう一つの理由があった。彼は、PCFが社会党よりも優位にある点を認識していた。それは、CGTを通じた労働者階級への浸透である。結党間もないころ、共産党はフランスの労働組合の分裂を引き起こし、CGTのライバルとなるCGTUを設立した。両組織は、人民戦線の際に統一された。冷戦に端を発する新たな分裂が起こると、共産党が優位に立ちCGTを支配するようになった。それ以来、PCFとCGTは、同じ一つの軍隊を構成する二つの師団となったのである。CGT幹部の多くは共産党中央委員会、ないしはこの党の他の主要機関のメンバーとなっていた。PSは、一九四七−四八年の分裂から生まれたCGT−FOが組合の独立の原則を守り続けていたため、労働者の世界との間に仲介者を持たなかった。ミッテランはこの歴史を知っていた。「労働者大衆から切り離されたフランス社会主義は、当然その代弁者とならなくてはならない社会基盤から遠ざかった。一方で、共産党は組合に対する労働者の愛着を重要視して、二つの態度を見事に使い分けた。労働組合を支配しながら、組合は自由だと称したのである(2)」。エドモン・メールら、PSUに近いCFDT幹部の社会党入党は、欧州の全社会民主主義政党が持つ要素を構築する絶好の機会だった。すなわち、労働者からなる支持基盤である。しかしながら、PSのすべての扉がローカルに開かれたわけではない。CERESは党内左派の立場を崩そうとはしなかったし、ミッテランの後継候補と見られた人々は、自分たちと同様に野心的な人物の登場を歓迎しなかった。さらに、ロカールは共産党に対する敵対心を隠そうとはしなかった。これが、PSとPCFの関係を困難にする要因となる心配はなかったのだろうか。

一九七四年一〇月一二、一三の両日、パリのPLMサン＝ジャック・ホテルの地下で、一五〇〇人の活動家が参加して社会主義セミナーが開催された。フランソワ・ミッテランは、開会にあたり、左右双方に配慮した長い演説を行なった。彼は、PSとCFDTの関係強化の重要性を語るのを忘れなかった。ミシェル・ロカールは、なぜ最近になって共同綱領に賛同したかを説明した。「共同綱領は、社会・労働運動の原動力である階級の連携の基礎となるものです」。一九七二年に共同綱領を批判したことを認めた上で、彼は状況が変化したと述べた。「我々は、確かに署名を希望しませんでした。当時、我々は、共同綱領は技術的に不十分だと考えていたのです。石油とエネルギーの危機が、状況を変化させたのです」。実のところ、ロカールは突然共同綱領に宗旨替えして社会党に入党したのではなかった。彼はただ──やや遅巻きながら──セクト主義による孤立が不毛であることを認識し、社会党を左翼第一党に押し上げた力学を観察して、すべての政策に賛成ではなかったとしても、内部からこれを批判し、内部から彼と「第二左翼」の仲間たちがその意見を採用させるように働きかけるべきだと考えたのだ。こうした展望は共産党を怒らせるもので、同党はこのセミナーについて厳しくコメントした。それはそれとして、ミッテランはロカールとその仲間に門戸を開いたが、大歓迎したわけではない。六年後に、彼はその疑念についてこう記した。「このセミナーを通じて社会党に入党した人々はキリスト教左派のさまざまな流れに属しており、自分たちの間の特別な関係を維持して一つの派閥を形成し、派閥として発言したことは事実だ」[3]。ロカールは、ライバルになりうる人物だった。彼はまた、徒党の首領でもあった。

†連合は戦いだ

一九七四年一〇月には、共産党にもう一つの警戒警報が鳴り響いた。同党にとっての脅威が明確になってきたのだ。いくつもの下院補欠選挙で、共産党の得票は漸減していた。今回は、共産党は反応した。同党は補完勢力となるつもりはなく、左翼第一党の地位を保とうと考えた。ミッテランによれば、共産党と社会党の断絶は、この一九七四年の補欠選挙から始まった[4]。PCFの第二一回党大会で、マルシェは共同綱領にまったく言及していないセミナーの最終宣言を激しく攻撃した。得票率二五パーセントの回復（一九五六年までの同党の得票水準）を目標に掲げ、彼は「PCFの影響力を削ごうとするいかなる試み」も糾弾すると述べた。一一月五日付の「リュマニテ」紙で、党の経済専門家フィリップ・エルゾグはミシェル・ロカールを批判した。「古びたとされる共同綱領に取って代わると称する現代的な考え方が、どこに向かおうとするのかがわかろうというものだ」。一二月一〇、一一、一二の三日間、マルシェは「リュマニテ」紙上で、数週間来社会党に対して投げつけてきた批判を要約した。彼によれば、PSは共同綱領を清算し、共産党に不利な形で左翼勢力内の再均衡を強く望んでいる、というのだった。

両党間の不一致は、ポルトガルでの「カーネーション革命」により具体化した。一九七四年四月二五日にサラザール体制を打倒し、不確実な民主化への移行期を開いた軍事クーデターである。この革命を主導するＭＦＡ（国軍運動）は、共産党と新左翼からレーニン主義的な第二革命を起こすよう要求された。フランソワ・ミッテランは、ポルトガル共産党のアルヴァロ・クニャル書記長の「ブルジョワ民主主義」を拒否するとの発言に懸念を覚えた。「大変結構」と彼は書いた。「ブルジョワ革命であれ、プロレタリア革命であれ、民主主義には言論の自由、複数政党制、普通選挙という原則がある。これでは不十分だろうか。そうかもしれない。しかし、これは間違いなく必要だ。そして、私はクニャルの罵声よりも、次のような社会党の呼びかけを好むものだ。Socialismo, sim, ditadura, não（社会主義に賛成、独裁に反対）」[5]。

フランスにおける左翼連合の行く末は、リスボンの動向にかかっているように見えた。ＭＦＡは、反革命クーデターの試みが明らかになったことから、一九七五年四月二五日に総選挙を実施する決定を行なった。意外にも、勝利を収めたのは結成されたばかりのマリオ・ソアレスの社会党で、三八パーセントを獲得、アルヴァロ・クニャルのポルトガル共産党は一二・五パーセントにとどまった。極左は、それでも政権奪取をあきらめたわけではなかった。五月には、社会党に好意的な日刊紙「レプブリカ」本社が、共産党員の労働者グループによって占拠された。編集長のパウロ・レゴが監禁され、結局ＭＦＡは新聞社を閉鎖した。ミッテランは、イタリアとスペインでは共産党がこの占拠事件を非難したのに対し、フランス共産党の態度は人を困惑させるものだ、と書いた。「しかるに、言論の自由は、最も基本的な権利の先頭に掲げるべきものなのである」[6]。

一方、北部を拠点とし、カトリック教会の支援を受けた反革命勢力は、新左翼の動きを利用し、工場占拠や農業改革によって引き起こされた恐怖感を煽ろうとした。ブラガの大司教は反共的な呼びかけを行ない、動員を促した。このとき、ジョルジュ・マルシェはフランソワ・ミッテランと社会党に対して、共産党とともに反動勢力の暴力行為を非難するよう呼びかけた。ルイ・メルマズとジャン・ポプレンとともに、フランソワ・ミッテランは返事を書き、その内容を電話でピエール・モロワに伝達した。反革命を前にしては、連帯すべきだ！ しかし、自由の侵害には、それがいかなるものであれ反対すべきだ！ この文書には、次のように書かれていた。「この点に関しては、御党政治局の分析とは異なり、〔社会党は〕ポルトガル共産党執行部の判断の誤りが、事件の展開——我々としては、これを遺憾だと考えています——に大きな影響を与えたと見ている次第です。もし我々がこの革命の目的追求を継続するために必要とされる和解を準備しようとするならば、これらの誤りは妥協のない評価の対象とならなければなりません」。マルシェへの返信の署名者たちは、ポルトガル共産党の民主主義の軽視、「少数者しか代表していない行政府へのほぼ無条件の支援、有権者の判断の軽視、政党の役割の縮小に対する同意、そして最も多くの労働者の票を獲得した政党の排除…（後略）[7]」を告発した。

人々は、ロシアでの一九一七年二月革命後の出来事を連想した。レーニンは一〇月の蜂起を利用して憲法制定議会を解散し、「ソヴィエト」の権力、すなわち、普通選挙の結果に反してボルシェヴィキ党の権力を確立したのである。同じことが、リスボンで繰り返されようとしているのかもしれなかった。かかるシナリオを非難することなく、ＰＣＦはポルトガルの兄弟政党を支援した。フランソワ・ミッテランと彼の仲間は、不安を抱いた。一一月二五日には、極左が計画した軍事クーデターの最後の試みが行なわれた。これは失敗に帰し、一九七六年四月二日には新憲法が公布された。ポルトガルは、四月二五日の革命から二年を経て、自由民主主義的で議会制の国家となった。

一九七六年六月のナント党大会で、ジャン＝ピエール・シュヴェーヌマンはCERESを代表して、ポルトガル社会党は「裏切った」と述べた。この非難は、ポルトガルでは大きく取り上げられたが、その数日後にこの国を訪問したフランソワ・ミッテランは、躊躇せずにマリオ・ソアレスとポルトガル社会党を擁護した。「私には、どうすれば一つの国民を独裁制から民主主義へ転換させた決定的な革命について不満を持てるのか、なぜ何も起こらなかったと主張できるのか、理解できません。その名にふさわしい社会主義であれば、民主主義を経ることが必要不可欠であるのは明らかです。社会主義は、本質的に人権の社会なのです(8)」。

ポルトガル共産党の方針は、すべてについて「リュマニテ」紙の賛同を得ていた。ジョルジュ・マルシェは、ポルトガル共産党との連帯が不十分だとして、イタリア共産党を批判した。一九七五年の夏の初め、PCF書記局員エティエンヌ・ファジョンが、レ・ゼディシオン・ソシアル社から、『連合は戦いだ』を出版したときに、フランス左翼連合の両パートナー間の意見の相違が明確化した。この本は、著者が一九七五年五月一二日にマルセイユで行なった講演の原稿を採録するとともに、一九七二年六月の共同綱領署名の直後に書かれ、ジョルジュ・マルシェが党中央委員会で行なった報告の未発表原稿も収録していた。この本の出版は、人々を驚かせた。左翼連合結成以来、共産党は連携相手の社会党に対して、重大な疑念を抱いていたというのである。ファジョンは、PSとPCFの根本的な違いを明らかにした。社会党は、「全般的に見て中間層の政党」であり、改良主義的だった。「労働者階級の党」である共産党だけが、革命政党だった。それゆえ、「社会党を階級間協力と右派政党との連携へと逆行させないためには、共産党の影響力と実力が、決定的な要素となる」。「生きた科学的理論であるマルクス・レーニン主義」に支えられ、「民主集中制」に代表される組織原理を有するPCFは、社会運動の革命的前衛だというのである。

この紋切り型の言葉は、同じ本に一九七二年のマルシェ報告が掲載されていなかったら、注目されずにすんだかもしれない。書記長は、共同綱領策定の過程で、「主要な部分」については共産党の見解が採用され、社会党に対して行なった譲歩は「マイナー」なものだと自賛していた。同時に、彼は社会党によるNATOと「小さな西ヨーロッパの統合」、さらには「米国の指導の下、わが国を帝国主義体制に服従させる性質と機能を持つ階級間協力」重視を強く批判していた。共産党のリーダーは言う。「こんにちの社会党のイデオロギーは、科学的社会主義とは無縁である。根本的課題に関しては、社会党のイデオロギーは労働者階級の視点からすべての問題を扱うことの必要性を、完全に否認している」。マルシェは、大資本との共謀が疑われる社会党に対する攻撃を続けた後、「共産党の影響力を強化」する必要があると結論づけた。

この論争的文書の発表後、PSは各地方組織に全国書記局員リオネル・ジョスパンによる報告書を配布させた。「現在の問題は、共産党が依然として左翼の統一を望んでいるかどうかだ」。明確なのは、いまや議論の対象は社会党の活動の個別的な詳細ではなく、「我々の本質それ自体を問うている」のである。「我が党の活動家との関連で、フランスの世論、あるいは国際世論との関連で、フランスの政権を担うことを目的とした連合のパートナーとして、我々は共産党による我が党の性質に関する評価を受け入れることはできない」[9]。

七月一五日に、ミッテランは「リュニテ」誌上で、マルシェ報告を「不快な、あるいは侮蔑的な評価の積み重ね」だとコメントしていた。彼は特に、マルシェがNATOと欧州経済共同体（EEC）を社会党が重視していることを指して、これが「階級間協力」の結果だとしたこと、また「労働者階級と大衆が動かない」リスクを社会党の責任に帰したことに対して、怒りをあらわにした。両党の間で目に見えない戦争が行なわれていたことは、もはや否定できなかった。八月には、PCF、PS、MRG三党による、ポルトガルに関する共同文書の作成が不首尾に終わったことで、共同綱領署名政党間の不一致が再確認された。

なぜ、社会党に対するこのような攻勢が行なわれたのだろうか。それはフランソワ・ミッテランの目には、予想外だった社会党の「勢力拡大」に共産党が動揺した結果と映った。「それはあたかも、共産党が、自分が主役となることが確実でなければ、勝利を受け入れることができないかのようだった」。彼は、共産党の戦略は、署名した各党が責任を分担する五年間の政権担当のための共同綱領の戦略ではないと見抜いたように感じた。彼は、こう書いた。「実態においては、現状の力関係と戦いの性質の正確な評価に基づいて、共産党は社会変革が可能となる時期まで現在の社会を温存して時間を稼ぐことにしているが、言説においては、詳細を明らかにしないまま、社会党が理論的裏切りを犯していると非難する。その理論とは、ソヴィエトの理論に兄弟のように似たものだと思われる」[10]。

それにしても、共産党の態度は不思議に感じられた。社会党に対する攻撃と平行して、ソ連およびマルクス・レーニン主義から解放されていく印象を与えたからだ。一九七五年一二月に、ソ連における弾圧を扱ったドキュメンタリーがテレビで放映されると、ＰＣＦ政治局はコミュニケで、ソ連における「弾圧」の手法のいくつかについて、正式に反対の立場を明らかにした。一九七六年一月初め、テレビ出演したジョルジュ・マルシェは、「プロレタリア独裁」の概念を放棄する必要があると発言した。考えられないことだった！　アルテュセールをはじめ、一部の共産党員知識人は動揺した。「プロレタリア独裁」は、マルクス・レーニン主義の基本概念の一つである。マルシェと彼の同志たちがこれを放棄したのは、彼らが国民の好感を得るために展開したキャンペーンの中で、「独裁」の語が民主主義社会とは相容れないと気づいたためであり、ＰＣＦが「プロレタリア」を超えて「フランスの人民」を代表しようとしていたからだった。この決定が、当然ながら個人的になされたものでなかったことは、二月にサン＝トゥアンで開かれた第二二回党大会の議題と最終報告が示している。この大会では、プロレタリア独裁の放棄が全会一致で決議された。そして、インターナショナル斉唱の時間がくると、マルシェは「拳を高く上げて」歌った同志を叱責した。「彼らは、我々が拳を振り上げる党でないことを知っておくべきです。我々は手を差し伸べる党、連合の党なのです。しかも、拳を上げるのはフランス的な伝統ではありません。拳を上げるべきではない、と私は思います。我々はキリスト教徒に、社会党員に、そして我が国の独立を守るためなら、ゴーリストにも手を差し伸べるのです(11)」。

ＰＣＦの、奇妙な動きだった。一方では、自由と民主主義の第一人者として振る舞い、ソ連とは距離を置き、プロレタリア独裁を放棄した。他方では、社会党への攻撃を継続し、「改良主義」を非難し、ポルトガルにおける極左グループの過激な行動を支持した。これは、一貫性に欠けていただろうか。組織化されていないとはいえ、実際に存在する党内のさまざまな潮流を満足させるためだったのだろうか。ＰＣＦはより多くのフランス国民から好感を持たれようと努め、社会党の勢力拡大に抵抗しつつ、革命政党としてのアイデンティティーを維持しようとしていた。この均衡を取ろうとする動きは、社会党にとってあきれるほどの矛盾を含むものだった。

一九七六年三月の県議会選挙は、左翼の躍進を裏づけた。しかしながら、二七〇万票を獲得した社会党は他の政党を抑えて首位に立ち、二四〇万票の共産党は二位に甘んじた。ＰＣＦが恐れていたことが、現実となった。左翼陣営内での同党の優位は、過去のものとなった。九月には、フランス全国の多くの都市で、共産党のポスターが社会党に対する攻撃を再開した。「事実に目を向けなければならない」とミッテランは「リュニテ」誌に書いた。「共産党が開始したプロパガンダは、少なくとも統一を求めるものでも、真実を目的としたものでもない(12)」。

構うものか！　連携相手が弱気になり、挑発し、罠を仕掛けてきても、彼は方針を堅持した。何としても左翼連合を維持しなくてはならない。フランソワ・ミッテランには、これを放棄する意図はまったくなかった。いつか頂点にたどり着くためのジャンプ台であり、その可能性を提供していたからだ。一九七七年三月の市町村議会選挙は、左翼連合の利点をまたしても明らかにした。左翼は大勝した。統一名簿を構成したことで、左翼連合は人口三万人以上の都市で大勝利を収めた。共産党は、これまで支持を得られなかったナント、アンジェ、レンヌなどの都市で、議席を確保した。ブルジュ、ベジエ、ランス、ティオンヴィル、ル・マンなど人口三万人以上の七一都市では、市長ポストを得た。しかし、選挙結果を分析すると、この大きな成果を単純には喜べないことがわかった。社会党の優位が明らかだったからだ。左翼統一名簿の筆頭候補者〔筆頭候補者は、市長候補である〕が共産党員の場合には、左翼の得票は後退していた。筆頭候補者が社会党員の場合、左翼票は大きく伸びた。共産党票の減少傾向は明確だった。喜んだミッテランは、コラムにこう記した。「社会党と共産党が対決した一七都市では、一四カ所で社会党が勝利を収めた」。

どう見ても、左翼連合は共産党に有利に働かなかった。表向きの勝利の裏で、この事実が確認されたのである。それでも、ミッテランは警戒を緩めようとしなかった。一九七七年五月一二日、彼はテレビで首相のレイモン・バールと討論する予定だった。その二日前、「リュマニテ」紙は「政府共同綱領のコスト」と題する、両党が決定した政策のコストを数字で示す、罠とも取れる特集記事を掲載した。何百万人もの視聴者の前で、ジスカールが「フランス最高の経済学者」と呼んだ相手と討論しなければならないミッテランを応援するには、もっとよい方法があったはずだ。社会党執行部は、この数字には共産党だけが責任を持つものだとした。これは途方もない数字で、有権者の気勢を削ぐものだった。しかし、これはレイモン・バールにとっては思わぬ幸運で、彼は討論でこの数字を遠慮なく利用した。首相は、気さくな調子で、陽気に、社会党の指導者を料理した。翌日、シャルル・フィテルマンは、フランソワ・ミッテランが共産党の提示した数字を一蹴したことを図々しくも非難した。

ポイントを稼ぐべく、共産党は共同綱領の見直しに着手した。一五人のメンバーからなる作業チームが設けられ、最終交渉のための準備に当たった。ミッテランと社会党は、CERESを除いて、細部の見直しを求めたが、共産党は共同綱領の国家管理的側面を強化することが必要だと考えていた。夏に公開で行なわれた議論は、まず核の問題を取り上げた。かつてはフランスの核武装に反対していたPCFは、いまでは核兵器だけが国を防衛できると考え、また核を他国との同盟の枠組みの中では決して使用すべきではないと主張した。ミッテランと社会党多数派は、共産党の「全方位」戦略は「フランスのような国においては受け入れられない」とした。それは、フランスの戦略的孤立を招くからだった。八月三日、休暇を切り上げて急いでパリに戻ったジョルジュ・マルシェは、テレビに出演し、芝居がかった調子で、論争を蒸し返した。「フランソワ・ミッテラン氏がフランス独自の国防政策について約束することを拒否するのを聞いたとき、私は家内にこう言いました。パリに帰るぞ、支度をしてくれ。ミッテラン氏が左翼連合の解散を決めたぞ」。核武装の問題を国民投票に付す可能性に言及したことで、ミッテランは左翼を「弱体化」させたというのである。社会党は直ちにコミュニケを発表して、反論した。こうしたやり取りが続いた。

八月半ば、フランソワ・ミッテランはジャック・アタリとクロード・マンスロンを伴って、作曲家ミキス・テオドラキスが主催するクレタ島でのシンポジウム「社会主義と文化」に出席した。「リュマニテ」紙は、反共的だと評してこの「実に奇妙なセミナー」について、毒のある報告を掲載した。ミッテランは、コラムで、ミキス・テオドラキスが憤慨した様子を記した。「あなたの国の共産党は、いったいどうなってしまったのですか。東欧諸国で行われているのが社会主義ではないことがわかっていないのでしょうか。生産手段の国家管理と、それに伴う排他的な統制は経済ばかりでなく、教育、軍、警察、保健衛生、観光、美学、情報、科学技術、聖職者、宗教、保育園、老人ホーム、精神病院、墓地、建築、詩、音楽、遺伝子研究、秘密警察までに及び、その統制を行なうのは党、すなわち中央委員会、すなわち幹部会、すなわち終身書記長、これを現代的な新しい形の君主制と呼んでもいいかもしれません。毛沢東の葬儀の翌日に私たちが見たのは、この全国民を八億人のはたらき蟻に変身させることができる、人間的、超人的な恐るべき力です。はたらき蟻が盲従するのは、たまたまライバルのカーストに勝つことができたカーストなのですが、この歴史的実験を社会主義と同一視すべきではありません。それは、民衆を侮蔑することになります」[13]。ミッテランは、理由なしにこの長い引用をしたのではなかった。怒りをあらわにした詩人の言葉は、彼の考えと一致していた。彼がこの言葉を書き写しながら、歓喜していたことには間違いがない。

共同綱領「見直し」のための会議は、一九七七年九月一四日、社会党本部で開催された。その二週間前、ジャン＝ピエール・シュヴェーヌマンは、「ル・コティディアン・ド・パリ」紙に、左翼の首脳会議は成功するだろうと述べていた。なぜなら、「社会党も共産党も、自殺を望んでいません。我が人民が持つ統一への意志は、失敗の責任者を排除することになるでしょう。現在の意見の不一致のうち、乗り越えられないものは一つもありません……」。それは、希望的観測だった。ＰＣＦの意思は、明らかに連合を解体させることだった。事実、共産党はその要求、特に国有化の拡大要求により、確実にパートナーの拒絶を引き起こしていた。九月一四日の晩、ロベール・ファーブルはジョルジュ・マルシェからマイクを奪い取り、急進左派運動の名において、ＭＲＧは「官僚的集産主義と過度な国家管理に向けたフランス社会の変化には」反対だと述べた。「経済の民間部門は維持され、保護されるべきです」。一九日、社会党執行委員会は、最終的な提案を発表した。九月二二日から二三日にかけての夜、交渉は無期延期されることに決まった。

ミッテランは、共産党の方針転換を説明するのに躊躇した。共産党は権力を求めながら、権力を欲しない政党だ。「左翼連合に勝利の展望が開けたときに、共産党は責任を回避した。この勝利が、厳密には同党だけのものとならないことを恐れたのだ」。同党は、もし思い通りに政策を進めることができたならば、「党の考え方に基づいて社会を改造し、同党は否定しているものの、私がソヴィエト・モデルと呼ぶものに近づけたいと考えているのではないだろうか」。共産党が予測できなかったのは――苦々しい驚きだったが――、社会党が勢力を伸ばして、左翼第一党の地位を共産党から奪ったことだった。

ミッテランは、もう一つの、恐らく補完的な説明にも注目した。それは、共産党と袂を分かった共産主義学生同盟の元書記長で、『我らが共産主義世代、一九五三－一九六八』を出版したばかりのフィリップ・ロブリウーが提示したものである。社会党のリーダーと接近した彼は、ミッテランにＰＣＦの態度を、フランスにおける左翼連合の勝利を望まないソ連との関係の視点から理解するよう促した。ロブリウーは「左翼連合の分裂と、ブレジネフ＝マルシェ関係の突然の好転」を指摘した。別のミッテラン側近で、ロシア系のシャルル・サルズマンは、ソ連の公式紙「コムニスト」を引用しつつ、同じ方向性の解説を行なった。同紙は、「議会の愚鈍さ」、「普通選挙への無邪気な信頼」を非難し、ブルジョワ政党と社会民主主義政党との宥和だけのために、現代版修正主義である「最小限の政策」を受け入れることの共産主義者にとっての危険性を強調していた。

元スペイン共産党幹部のフェルナンド・クラウディンの異なる解釈が、「ル・モンド」紙の国際論壇ページに掲載された。「ＰＣＦの戦術変更の裏に〝モスクワの手〟があるとは、私は考えない。この面に関しては、ＰＣＦは大きく変わった。同党は、政策方針においても、組織においても独立している。それはともかく、フランス共産党は、一つの肝心な点でまだモスクワとの臍帯を断ち切っていない。それは、ソヴィエト体制の社会主義的性格の承認である。これは、ユーロコミュニズムの立場とは矛盾するものだ」。

いずれにしても、左翼連合は、政治関係者が市町村議会選挙での圧勝の後、左翼の勝利は間違いないとした一九七八年の総選挙をあと数カ月に控えたところで分裂した。いまや、疑いの余地はなかった。フランソワ・ミッテランの目には「ジョルジュ・マルシェは、彼の論理を最後まで押し進めるだろう。その結果、左翼は敗退する」のだった。しかし、この敗北の第一の被害者はPCFだと彼は確信していた。彼は、あたかもまだ連合が死んでいないかのように振舞い続けるつもりだった。一九七二年の合意が、依然として彼の行動指針であるかのように。これに代わるカードはなかった。彼は、社会党が連合を解体させたのではないと繰り返した。「一九七八年以前も、それ以後も、私は社会党の決定機関で、誰かが左翼連合の分裂を求めるのを聞いたことがありません[14]」。

†ロカール「ウィルス」の退治

党内では、フランソワ・ミッテランはこれまで過小評価していたが、いまやライバルに成長したミシェル・ロカールと戦わなくてはならなかった。先述の通り、ロカールは一九七四年一〇月のセミナーの後に社会党に入党したが、その際PSUの多数派を合流させることはできなかった。一九七五年一月一日、彼はわずか二五〇〇人の同志とともに、党員一〇万人のPSに入党したのだ。均衡の取れた力関係に基づく新党結成をめぐり社会党と交渉することのできる左翼の大政党を建設しようとして社会党入党を遅らせてきたロカールにとって、これは挫折だった。一九七四年の大統領選挙と、この選挙が生んだ推進力、内容空疎な革命的言説と思想潮流が競いあうＰＳＵ内部の乗り越えがたい対立が、ロカールに一歩を踏み出させたのだ。友人のアタリとともにミッテランの選挙運動で積極的な役割を果たし、政権担当を使命とすることがいまや明らかとなった大政党の中心で、彼は持てる才能とエネルギーを花開かせたのである。

ＰＳＵで彼を知っていたジャン・ポプレンは、次のようにミッテランに忠告すべきだと考えた。「あなたは、社会党にウィルスを入り込ませようとしていますよ」。一年後に、第一書記はポプレンが正しかったと気がついた。大統領選挙の際に、ロカールの知性、経済に関する見識、右派との戦いのために彼が傾けた信じられないほどのエネルギーを、ミッテランは目にすることができた。しかしながら、すでに彼との間に対立関係が存在したことに加え、この二人の間には、意見の相違を超えて個人を結びつける親和性がまったく欠如していた。

対立は、アルジェリア戦争にまでさかのぼった。当時、ギィ・モレ内閣の法務大臣だったミッテランは死刑囚の特赦を拒否したため、ロカールから「人殺し」呼ばわりされたのだ。ロカールは、ピエール・マンデス・フランスとアラン・サヴァリがしたように、ミッテランがモレ内閣を辞任しなかったことを非難した。アルジェリア戦争は、政権にあって、植民地戦争の政策を実施していた伝統的左派に対して非常に批判的な新しい左派を生み出す母胎となった。学生時代、ロカールは反植民地主義的な学生団体ＵＮＥＦ（フランス全国学生連合）の指導者たちと親交を結び、その人々の中からロカールを応援する友人のネットワークが作られた。ミシェル・ド・ラ・フルニエール、フランソワ・ボレラ、JEC（キリスト教学生青年団）出身の若者らがそれに含まれ、やがてロカールとともにPSU入りする。ミッテランの目には、ロカールの友人たちは、彼に心底から敵対的な「キリスト教左派」の代表と映り、ミッテランも彼らのことを評価していなかった。一九七八年六月に、コンフラン＝サン＝トノリーヌで二人だけの昼食の際に、第一書記はロカールにこう伝えた。「あなたは、ずっと私を敵視してきたキリスト教左派の支援を受けていますね」。ミッテランにとって、これは帰属の問題だった。ロカールの属する集団は、彼の属する集団とは違っていた。

特に、二人の個性は正反対だった。国立行政学院出身のロカールは経済問題について学び、自分で思っている以上に抽象的、あるいは難解な言葉を用い、図式や数字を大量に消費する理知的な人物だった。ミッテランは文学を専攻し、シュンペーターよりはドストエフスキーを読むことを好んだ。コンフランでの昼食の後、ロカールは友人たちに、ミッテランについて言った。「何と無能な奴だ」。そして、ミッテランは友人たちに向かって、ロカールについて言った。「何と無教養な奴だ」。

二人の性格も正反対だった。一方は、弁舌さわやかで、開放的で、人に教えるのがうまく、チームワークを好んだ。他方は本心を明かさず、よそよそしく、皮肉屋で、堅苦しかった。社会党入りしたロカールは、意外に感じた。「我々は意見が対立する者同士の議論、社会の変化に関する大がかりな分析、我々の選択の根拠となる理論的な思考に慣れていました。PSでは、党内の議論は儀式的で、すでに固まっていて、しばしば力関係の分析や選挙対策に限られていました」[15]。ミッテランは党首であり、ロカールは同志だった。ロカールにも野心はあった。彼も、いつか大統領になりたいと考えていた。しかし、ロカールにとっての権力欲は、人を支配したいという欲求ではなく、物事に刻印を残すことだった。彼の野心は、戦略と権力の獲得を重視するミッテランよりもはるかに強い信念に基づいていた。それに、周知のように、ミッテランの政治思想には変化が見られた。それに対して、彼のライバルの政治思想は、疑問の余地なく一貫していた。

ロカールにはまた、倫理的な厳しさ、他者の尊重、約束の順守、公益への配慮が見られたが、これらはミッテランにはあまり見られない長所だった。母親によるプロテスタント教育が、ロカールの政治活動の原点だった。「私に最も影響を与えた教育でした…（中略）…非常に深く、いつまでも残る刻印です[16]」。長くプロテスタント系ボーイスカウト団で班長だった彼は、UNEFの友人たちとすぐに自然に付き合えるようになった――彼らはカトリックだったが、それでも政治的無道徳主義とは折り合わない厳しさや価値観を共有していた。「フロランタン」とあだ名されたミッテランは、ロカールの無邪気さを馬鹿にしたかもしれない。一方は、「殺し屋」と評された。もう一方は、無邪気と見られたが、実際はそれほどではなかった。

ミッテランとロカールの間の対立は、一九七七年に共産党が社会党に共同綱領見直しの必要性を認めさせたときに具体化した。ロカールは、社会党入党にあたり、公表された当時には批判した共同綱領に、口先だけで賛同した。ロカールは、若い頃の思想形成上の師だった元共産党員ヴィクトル・ファイの影響で、マルクス主義的な訓練を受けていた。彼は社会主義の歴史、ベルンシュタインとカウツキーの修正主義論争をよく知っていた。要するに、彼はあまりに遅くやってきたミッテランに欠けている社会主義的教養の持ち主だった。しかしながら、マルクスを読んでも、彼は国家統制的な結論には至らなかった。彼はむしろ、「反国家統制的なマルクス、反官僚主義的なマルクス」を評価した。誰でも、読書から自分が望む結論を導き出すものだが、実際、マルクスの著書には強権的で官僚的な社会主義の勧めと同様に、絶対自由主義的な社会主義の理屈を見出すこともできるのである。いずれにせよ、ロカールは共同綱領が大規模生産手段の国有化にこだわり、これを綱領のアルファでありオメガであるとしたことは誤りだと考えた。ずっと以前から、彼にとって社会主義の核心を占める原理は自主管理、企業内部における権力であり、生産手段の所有ではなかった。六八年五月の事件により、彼のこの確信は一層深まった。一九七八年のナント党大会で、彼はこの考え方を明確に表明した。「自主管理の基本原理は、直接管理であって、国家管理ではありません…（中略）…我々が関心を持つのは、権力であって、所有権ではありません…（中略）…市場は、その内側に抱えている不純物がいかなるものであれ、成果を測定する道具であり続けます——不純物は、計画化によって除去されるでしょう。この市場の使命を殺してしまうならば、それはフランスにおける社会主義の実験の終わりです」。反対に、ミッテランにとって「重要なのは、所有者が変わること[17]」だった。

ロカールは、国有化に全面的に反対していたわけではない。ただし、機械的には実施せず、株式の一〇〇パーセントを取得するのではなく、過半を占めればよいと考えていた。それに、自主管理は企業の枠組みの内部にとどまるものではなかった。それは、中央集権的国家に比して、政治と社会全体に新たな息吹を与える神話だった。その結果の一つに、地方分権化があった。彼は、地方自治の強化を主張するパンフレット、『地方の脱植民地化』を出していた。こうした考え方は、社会党内では社会主義的というよりは自由主義的だと捉えられた。ポプレンは彼を「ロカール・デスタン」と呼び、党内多数派は「右傾化」を非難した。

しかしながら、対立を思想的な面だけに帰することはできない。ミッテランには、CERESの硬直したマルクス主義とも折り合いをつけたように、ロカールの思想とも折り合いをつけることが可能だった。ロカールが、この血気さかんな味方（CERES）に用心するよう促そうとしたとき、ミッテランはこう答えた。「安心して下さい。これ［〝これ〟とは思想を指す］には何の重要性もないのです。困難な状況になれば、彼らはしっかりと持ちこたえてくれます」[18]。ロカールとの問題は、彼の考え方――党内ばかりでなく、新聞で、ラジオで、テレビで、彼は自らの考えを主張していた――が、共同綱領および共産党との連携の再検討を迫るものだったことだ。ロカールが批判していた国有化は協力協定の基本であり、一九七七年には、共産党は国有化対象企業を増やすための「見直し」を強く求めていた。フランソワ・ミッテランの社会主義は単純で、党派的ではなかった。彼の社会に対する見方は、「二〇〇家族」の時代のものだった。この一九三〇年代の表現は、ほんの一握りの資本家が、他の大多数の国民の利益に反して国富を独占している、というものだ。ミッテランは書いた。「利潤も、また権力も、大多数の利益に反して少数者が専有すべきではない」[19]。それゆえ、大規模生産手段の社会化によって、あらゆる不平等とあらゆる苦痛の根源である資本主義の病を治癒させることができるのだった。彼の目には、国有化が社会主義の基準だった。「次の質問に対する回答により、社会主義に賛同するのか、それともそうではないのかがわかる。独占的傾向が広がっている分野、国民の生活と安全に不可欠な品目を生産する分野が、民営にとどまるべきか、それとも国民の所有となるべきか[20]」。

同時に、この単純すぎるとまでは言わずとも、単純な社会主義の定義は、ミッテランにとって社会民主主義的手法と何ら対立するものではなかった。「私の目には、スウェーデン、デンマーク、ノルウェー、オーストリア、あるいはドイツの経験さえも、フランス社会党のアプローチとの間に、本質的な違いはない――そして、五年間を展望する左翼の共同綱領とも、また差異はないのである」[21]。彼の社会主義の定義とは、完璧に矛盾する評価だ……。ミッテランの理論はあまりにも開かれているため、自主管理の原理さえも受け入れた。「欧州の反対側にある共産主義の実態は、単一政党の陰で敵対しあう姉妹であるテクノストラクチュア（技術者集団）と官僚機構の支配下にある社会が内包する危険について、その悲劇的真実において社会主義者に考察するよう求めるものでもある。そこから導き出されるのが、自主管理理論だ。この理論が想定するのは訓練を受け、情報を与えられ、責任を持つ個人が、自らが暮らし働く場で各人にとって、そして全員にとって何が適切かを自ら判断する能力を持つことである。これはユートピアだろうか。この理論はすでに、個人を一つの人格と見なしたキリスト教の理論でもあったのだ[22]」。

ミッテランの社会主義の柔軟性は、入党したばかりのロカールと第一書記との関係を容易にさせるはずだった。実際、当初はいかなる衝突も起きなかった。ミシェル・ロカールは、かつての批判を忘れて、左翼のリーダーとなったミッテランに深い尊敬を表し、感嘆の念さえ覚えた。ミッテランの教養、弁舌の才、自然なリーダーシップに、ロカールは圧倒された。すべての証人が、そう証言している。ジル・マルティネは「ミッテランの前では、彼は礼儀正しく、小さな男の子のようだった」と言う。ロカールは、党内で派閥を組織することを拒否し、友人で元ＰＳＵ全国書記のロベール・シャピユイにその仕事を任せた。彼自身は、多数派に加わることを希望した。一九七五年九月に、彼は公共セクター担当全国書記のポストに就いた。重要ポストではなかったため、彼にとってやや不本意ではあった。彼が、ミッテランのごく内輪のグループに受け入れられることは、その後もなかった。ミッテランは彼の能力を評価していたが、彼の批判、理屈の多さ、厳密性を求める傾向、彼の用いる「専門用語」、党内あるいは公開の場での左翼連合の基盤を脅かす上、彼にめまいを起こさせる発言に苛立ちを覚えていた。

一九七七年の市町村議会選挙で、ミシェル・ロカールはイヴリーヌ県のコンフラン＝サン＝トノリーヌで当選を果たした。彼はかつて、この町での下院補選の際に、モーリス・クーヴ・ド・ミュルヴィルを破って当選した経験があった。この勝利により、世論はますます彼を将来有望な人物と見るようになった。一九七五年以降、頻繁に行なわれるようになった世論調査で、彼を社会党におけるフランソワ・ミッテランの後継候補として最有力視する結果が常に出るようになった。しかし、ミッテランにとっては、左翼連合分裂の責任の一端を負うロカールの批判は、以前にも増して耐え難く感じられた。ロカールは、社会党が共同綱領を裏切っていると説明する口実を、共産党に与えているのではないだろうか。

一九七七年六月一七、一八、一九日のナント党大会では、それぞれの立場が明らかになった。ミシェル・ロカールは、左翼の二つの文化というテーマを展開した。一つは、ジャコバン的、中央集権的、国家統制的な考え方の影響を受け、マルクス主義的色彩の左翼。もう一つは、地方分権化と自主管理を通じて、市民に権力を与えようとし、国家統制主義に反対する左翼である。社会主義の歴史において、第二左翼には多くの先駆者がいた。プルードンからパリ・コミューンにおける反強権主義の少数派を経て急進的労働組合運動に至るまで、ゲーディスムと党組織中心の社会主義に反対する運動の系譜に、多くの記録や文書が残されているのは事実である。しかし、フランソワ・ミッテランはこの歴史には関心がなかった。二つの左翼という理論の中に、彼は自分に挑戦しようとする陣営の結成、もしくはその強化を見たのである。

一九七八年三月一九日の晩、左翼は僅差で総選挙に敗れ、ヴァレリー・ジスカール・デスタンは、コアビタシオン（保革共存）の試練を回避することができた。このとき、予想外の事件が起きた。ロカールのテレビでの発言を聞いたミッテランは驚愕した。ロカールは、厳かな調子で、次のように語った。「左翼は、歴史と邂逅する機会を逸しました。第五共和制樹立以来、八回目となる失敗です。今晩、大きな悲しみが私たちの心を締めつけています。これが、運命なのでしょうか。この国で、左翼が政権を担当することは不可能なのでしょうか。そんなことはない、と私は答えます」。第一書記にとって、敗北の責任は合意を破棄した共産党にあった。選挙結果は、彼の方針が正しかったことを示していた。社会党は、ライバルを上回る結果を残したではないか――一九三六年の総選挙以来、初めてのことだ。ロカールを敵視する人々は、ミッテランにこれはコンフラン市長の陰謀だと吹き込んだ。彼の発言は即興ではなく、周到に準備された、しかもミッテランに向けられた攻撃なのだ、と。三月二五日の「ル・ヌーヴェル・オプセルヴァトゥール」誌上で、ロカールは再び強調した。「自信に満ち、自らのアイデンティティーを確立した社会党だったならば、一九七二年の合意文書に、より大きな説得力を与えることができただろう。しかし、そうはならなかった」。

ミッテランにとって、左派のメディアである「ル・マタン」紙と「ル・ヌーヴェル・オプセルヴァトゥール」誌の支援を受けた、彼を標的とするロカール派の陰謀の存在は疑いのないものとなった。彼にとって、緊急の課題はロカールと彼の味方を分断することだった。彼はまず、ピエール・モロワを取り込もうとした。ロカールを孤立させる！　一九七八年六月二〇日、約三〇人のミッテラン派が署名した「社会党の強化とフランスにおける社会主義の勝利のために」と題する文書だ、各紙に送付された。この文書には、「我が党を重大な危険に落とし入れかねない、技術的もしくは現代的と称する解決法の追求」の排除が謳われていた。しかし、追い風を受けたロカールの世論調査における人気はますます確かなものになっていた。九月一七日には、コンフラン市長の支持率は、一五ポイント下げたミッテランと同水準に並んだ。九月二三日の「ル・モンド」紙は、「ロカール氏、一九八一年大統領選出馬を検討」との見出しを掲げた。一〇月には、複数の世論調査でミッテランをリードしたロカールは、左翼の最良の候補の地位を与えられた。一〇月九日の「ル・ポワン」誌は、「ロカールの攻勢」と題するカヴァーストーリーで、彼がミッテランに勝つと予測した。

社会党内では、ある者は慌てふためき、別の者は抗議の声を上げ、憤激する者もあった。ただ一人、ミッテランは冷静だった。しかし、一九七九年一月の全国会議では、第一書記は権威を前面に押し出して、資本主義との断絶を求める本物の社会主義者とそうでない者とを分けるエピネー路線の継続を訴えた。二つのグループ、二つの潮流、好調な世論調査の結果に勢いづいたロカール派と、これに抵抗するミッテラン派との間のバラ戦争〔バラは社会党のシンボルマーク〕の決着は、メス党大会でつけられることとなった。党大会は、四つの決議案の戦いとなった。ミッテラン、ロカール、モロワとＣＥＲＥＳの決議案である。党大会の一週間前、第一書記は胸をなでおろした。代議員の票を計算した結果、ミッテランが獲得した票は四〇パーセントで、ロカールの二倍だった。一九七九年四月六日、開会当日の朝、「ル・レピュブリカン・ロラン」紙のインタビューに答えたロカールは、ミッテラン票を「老人票」と評した――失望からの発言だったのだろうか。それとも、挑発だったのだろうか。

ジョレスとブルムを援用した挙党体制を求める演説で、フランソワ・ミッテランは党の統一の保証人の立場を取り、ロカールの改良主義を批判し、ロカールが言う二つの文化の和解を呼びかけた。ロカール派はブーイングで応じたが、演壇に上がったロカールを迎えたのは、大半が彼に対する反発を隠そうとしない聴衆だった。彼は緊張していた。彼は、経済の実態の名において教条的理論を糾弾したが、納得しない代議員たちは野次を浴びせた。翌日、ローラン・ファビウスは、過激な言葉で――後に彼は後悔していると述べたが――、ロカールに社会主義とは何かについて説教した。ミッテランは、これを聞いて歓喜した。ロカールは敗れた。そうなることは、彼にはわかっていた。しかし、彼は社会党の活動家の前で敗れたのにすぎない。世論は彼に味方しており、彼の仲間はあきらめなかった。しかしながら、大会最終日、正直であるのと同じだけ無邪気なロカールは、ミッテランに自殺行為となる約束をした。「私は前にも言いましたし、繰り返しもしました。ここで、もう一度申し上げます。あなたは第一書記として、我々の仲間として最初に個人的な決断をしなければならない立場にあります。あなたは、次期大統領選挙に立候補されるのか。もし、あなたが立候補するなら、私は出馬しません」。息を詰まらせたロカールの仲間の動揺を、想像することができる。ロカールは、海賊の心の持ち主だったが、出港を見合わせ、港にとどまった。

ロカールとその仲間に残された希望は、二回の落選の後に、ミッテランが三度目の立候補を断念することだった。その上、第一書記は、沈黙を守ることで、不出馬説を強めようとしているかに見えた。一方で、世論調査におけるロカールの人気は引き続き高かった。彼はどういう点で好意を持たれたのだろうか。ミッテランのような、人を魅了し、惹きつけ、面白がらせ、王位継承権者の言葉と貫禄と振る舞いによって人を感嘆させる能力は、彼にはなかった。しかし、ロカールは誠実な、「本物の言葉」で、自分の考えを語る政治家と見られて、尊敬を集めた。策略に長けた、狡猾な人物と見られ、マキャヴェリ的と評されるライバルとは好対照である。彼は、現代的で若返った社会主義を代表し、古臭いイデオロギーから自由な、これまで社会党に投票したことのない有権者を取り込むことができる人物と見られていた。ミッテランの周辺は、苛立ちを募らせた。側近の一人、ルイ・メクサンドーは、強烈な言葉を言い放った。「私は、ロカールの立候補を阻止するためなら、何でもする」[23]。沈黙したままの第一書記に、意向を表明するよう圧力がかかった。ライバルが断念するのではないかとの幻想を抱いたロカールは、真正面から攻勢をかけた。数名の友人からなるチームに押されて、一九八〇年一〇月一九日、正式な立候補受付開始の日、彼は市長を務めるコンフラン＝サン＝トノリーヌで、事前に通知を受けて取材に来たテレビ・カメラの前で、厳粛な様子で、候補の候補となると発表した。何百万人ものフランス国民が視聴した立候補表明は、失敗に終わった。緊張して、固くなり、顔色が悪いロカールは、本来の魅力である率直な話し方と自然な態度を忘れて、自信のない声で、丸暗記した宣言文を暗誦したとの印象を与えた。ロカールが自分で身動きが取れなくなる中、ミッテランはその一週間後、一〇月二六日に、マルセイユで落ち着いてこう宣言した。「党員が出馬を求めるなら、私には立候補の用意があります」。PSの各県地方組織は呼びかけに応えた。党内多数派にとって、ミッテランは依然として最良の候補者だった。約束どおり、ミシェル・ロカールは立候補を断念した。幕は引かれた。ウィルスは、駆除されたのである。

†一九八一年

一九七四年には、フランソワ・ミッテランはヴァレリー・ジスカール・デスタンに敗れたとはいえ僅差だったため、雪辱の希望を持つことができた。その後、左翼連合が崩壊したことは事実であり、共産党は独自候補として党書記長のジョルジュ・マルシェの擁立を決定した。しかし、これは果たして不利な要素だっただろうか。ミッテランは、左翼連合瓦解の中で、二つの重要な長所を示すことができた。一つは、彼が連合と共同綱領の原則に忠実だったことだ。世論にとっては、失敗の責任が共産党にあることは疑いようがなかった。多くの共産党支持者が、そうした確信を持っていた。もう一つの、より決定的と思われる長所は、社会党指導者の共産党に対する断固たる態度である。ミッテランは、決して共産党の意のままにはならないことを証明した。これは、決選投票で必要となる中道支持者の多くを安心させる要素だった。

一九八一年一月二四日、社会党の臨時党大会がクレテイユで開催され、フランソワ・ミッテランが正式に大統領候補に指名された。ミッテランに代わり、リオネル・ジョスパンが第一書記に就任した。選挙運動の基礎となる「フランスのための一一〇の提案」は、PSの主張を取り入れていた。工業分野の九企業グループと銀行、保険会社の国有化。富裕税の制度化。週当たり労働時間の三五時間への短縮。六〇歳からの年金支給。公的分野での一五万人を含む毎年二一万人の雇用創出。最低賃金の引き上げ。五週間目の有給休暇の制定。原子力開発計画の停止と、石炭および新エネルギー開発の推進。欧州の拡大、である。

ミッテランにとって、主たる対立候補は現職大統領のヴァレリー・ジスカール・デスタンだった。しかし、ジスカールの置かれていた状況は有利とは言えなかった。失業者数は、七年間で四〇万人から一五〇万人に増加していた。一九七三年と一九七九年の二度の石油危機は貿易収支の均衡を崩し、一九八〇年のインフレ率は一三・六パーセントに達した。とはいえ、七年間の任期中に、無視できない成果が上がっていた。ジスカールは、就任当初、経済的な困難にもかかわらず、近代化推進論者として選挙権年齢を一八歳に引き下げ、検閲を廃止し、妊娠中絶を合法化するヴェイユ法を成立させた。これは、社会の「柔軟化」を求める意図に基づくもので、ド・ゴール的な硬直した姿勢とは対照的だった。しかしながら、経済状況の悪化に加えて、デマゴーグ的要素のまったくない首相のレイモン・バールは財政緊縮策を取ったため、非常に不人気となった。複数の「疑惑」、あるいはロベール・ブーラン労相の自殺をめぐる論争が、暗い影を落とした。一九七九年以降、「ル・カナール・アンシェネ」紙は大統領本人を標的としたキャンペーンを開始した。中央アフリカ「皇帝」ボカサからの贈り物として、何度にもわたりダイヤモンドを受け取ったというのである。

加えて、右派は左翼と少なくとも同じだけ分裂状態にあった。一九七六年夏に首相を辞任し、直後に強固な大衆的基盤を持つド・ゴール派の政党ＲＰＲ（共和国連合）を結成したジャック・シラクが立候補したからだ。ジスカールは、ジャン・ルカニュエの民主中道派の支援を取り付けることに成功し、ルカニュエは、結成されたばかりのＵＤＦ（フランス民主連合）議長に就任した。しかし、一九七七年のパリ市議選で快勝したのはジャック・シラクとＲＰＲだった。首都の市長となったシラクは、百戦練磨の部隊を率いて、エリゼ宮の住人に挑戦した。右派からは、他にもミシェル・ドブレとマリー＝フランス・ガローが立候補したが、有力候補とは言えなかった。左派でも、いまや瀕死のＰＳＵからユゲット・ブシャルドー、ＭＲＧのミシェル・クレポー、トロツキストのアルレット・ラギエ、元ＰＳＵ党員で、環境保護政策を訴えるブリース・ラロンドが立候補したが、彼らも主要候補ではなかった。立候補者は全部で一〇人だったが、有力なのは四人にとどまった。

フランソワ・ミッテランの選挙運動には、左翼連合の崩壊によって困難に陥る局面もあった。一部の知識人は、「青・白・糞」の候補者を自称するお笑い芸人コリューシュを支援した。ピエール・ブルデュー、ジル・ドゥルーズ、フェリックス・ガタリらのインテリたちは、道化師の赤い鼻をつけ、オーバーオールを着た芸人が「反糞的」公約を読み上げるのを聞いて喜んだ。もし、ある時点でコリューシュが世論調査で一二・五パーセントの支持率を記録しなかったら、これは単にやや風変わりな挿話で終わったことだろう。結局、彼は一九八一年四月に出馬を断念した。「この話から手を引けてとてもうれしい。あいつらの糞の中に鼻を突っ込んだからといって、ずっとそのままでいるわけにはいかない」。この人を馬鹿にしたようなエピソードは、左翼連合による政権獲得を期待していた人々を、いくらか狼狽させた。この芸人が、あまり輝かしいとは言えない左翼像を描いて見せたからだ。

この選挙戦において、ミッテランは努力を惜しまないロカールの誠実な協力をあてにすることができた。ミッテラン派の警戒心にもかかわらず相変わらず人気が高く、各地から演説依頼が殺到した彼は、いつでも会場を満員にした。確かに、彼は自分の社会主義を主張していたが、候補者の思想とそれを対比させようとはしなかった。彼は私的な場以外では、ライバルに対する留保や批判は口にしなかった。ミッテランは、いつも通り選挙戦には慣れた調子で、才能の多くの面を次々と披露した。ときには甘い言葉で、あるいは皮肉に、また情熱的に、さらには嘲弄するように、簡潔かと思えば大仰に、まさに彼の独壇場だった。彼は、広告の専門家ジャック・セゲラの助言を受けることとし、「より若々しい」服装に変え、的を射たスローガンを掲げた。「静かなる力」である。ポスターでは、候補者の後方に村の教会が見え、それは田園との縁が深いフランスの人々の琴線に触れたのだった。

彼は、ジスカールの「民衆的ではない民衆的君主制」を批判し、すべてを収奪する「ジスカール国家」を攻撃した。しかし、彼は左翼連合を破壊し、ソ連によるアフガニスタン侵攻を支持する共産党も忘れなかった。そして彼は、「政府が調和の取れた政策を実施するためには、共産党閣僚の存在が望ましいと考えることは穏当ではない」と付け加えた。これを聞いたジョルジュ・マルシェの憤激を想像できるだろう。堂々と、右と左を次々に攻撃することで、一九七四年に敗れた候補者への信頼度はますます高まった。

一九八一年四月二六日の第一回投票では、フランソワ・ミッテランは二六パーセント近くの票を得て、二八パーセントのジスカールに次いで二位となった。マルシェは大きく引き離され、一五パーセント余りの得票で、シラクに次ぎ四位だった。ここで確認されたのは、社会党が間違いなく左翼第一党だということである。共産党は打ちのめされ、当惑し、屈辱を受けた。選挙戦中、マルシェとPCFは、右派に対するのと同様に、ミッテランとPSを攻撃した。そもそも、右派とヴァレリー・ジスカール・デスタンは、現職大統領への支持を隠さない「プラウダ」紙の記事により、後押しを受けていた。ミッテランを上回ることはできないとしても、マルシェは有利な立場で社会党と決選投票に向けた交渉を行なうために、良好な結果を期待していた。それは失敗に終わった。フランス解放以来、PCFにとっては最低の結果であり、四五年前に逆戻りするものだった。それは長期にわたる退潮の結果だったが、ミッテランの戦略（「君を抱擁するのは、窒息させるためだ」）の成果というよりは、フランス社会の変化によるものだった。共産党の作った小社会は、労働人口の「第三次産業化」、「レジャー社会」、消費社会、テレビが流布するイメージ、生活習慣の自由化に、うまく適合できなかった。現代世界の実態に対して閉ざされた政党は旧式化し、自らの優位性を土台から崩していったのだ。加えて、ソルジェニーツィンとその他の反体制派、反全体主義運動、ポーランドでの出来事、これらのためにソ連はもはや見習うべきモデルではなくなり、かつて名声を得たソ連は、いまや嫌悪を呼び起こすようになっていた。

それでも、共産党は決選投票で社会党候補を支援しないわけにはいかなかった。少なくとも公式には、党中央委員会は支持を表明し、ジョルジュ・マルシェは気難しい表情をして、テレビでこう述べた。「これまで、私が何の根拠もなしに行動したことがありますか。厳しい状況の下で、私が攻撃を受ける中、四五〇万人もの人たちが私に票を託してくれたのです。彼らが、私が降伏するのを許してくれると思いますか」。この口先だけでの支持は、元政治局員ピエール・ジュカンを初めとする何人かが証言したように、共産党の指導者たちが、社会民主主義に反対して、ジスカール・デスタンへの「革命的投票」を行なうよう秘密裡に推奨するのを妨げるものではなかった[24]。一方で、ジャック・シラクは「個人の資格で」ジスカールを支持したものの、党に対しては投票の指示を出さず、右派候補との共同選挙集会の開催を拒否した。

決選投票に向けた選挙戦の目玉は、もちろん、フランス国民が好むようになった両候補によるテレビ討論だった。司会を務めたのは、ミシェル・コタとジャン・ボワソナだった。今回もまた、経済に関しては、元財務大臣が優位に立っているのが見て取れた。彼は、しかしながら、大学教授めいた口調で、相手を苛立たせた。「私はあなたの生徒ではありません」とミッテランは答えた。一九七四年には、ジスカールは効果的な言葉を投げかけた。「ミッテランさん、ハートはあなたの専売特許ではありません」。今回は、彼は殺し文句を発することができなかった。彼は「私は、決定的な一撃を加えることができなかった」と回想録に書き記した。

一九八一年五月一〇日、フランソワ・ミッテランはついに国家の頂点を極めた。彼は、一五〇〇万票以上、得票率で五一・七五パーセントを獲得し、四八・二四パーセントの対立候補を破ったのである。期待に違わず、共産党票のロスは最小限にとどまった。一方で、第一回投票でジャック・シラクを選んだ有権者の票、また中道右派の反ジスカール票が数十万票、ミッテランにもたらされた。この五月一〇日の晩、彼はシャトー゠シノンで、ダニエル夫人とともに開票結果を待っていた。午後遅くに、ソルフェリーノ通り〔パリの社会党本部〕で、彼の仲間たちは世論調査会社ＳＯＦＲＥＳのフィリップ・ジャフレからの電話で、ミッテランが当選確実であるとの知らせを受けた。社会党本部は、喜びで沸き返った。リオネル・ジョスパンは、この待たれていた朗報をシャトー＝シノンに伝えた。ミッテランは、感動を隠し切れずに長いこと沈黙した後で、こう言った。「何てことだ、本当に！……何てことだ」。アンヌ・パンジョは、まだ幼い娘マザリーヌとともに、パリの自宅のテレビでシャトー＝シノンからの中継を見ていた。ミッテランが大統領になることで、彼女はこれまで以上に自由でなくなり、国家機密となった。大統領夫妻は、フランソワとダニエルである。最愛の女性は、秘密のうちに閉じ込められることとなった。左翼支持の有権者たちは喜びに満ちあふれて、いたるところからバスティーユ広場に集合し、第五共和制になって初めての左翼の大勝利を祝ったが、彼女はバスティーユには行かなかった。五月二一日、フランソワ・ミッテランはパリ市内で仰々しく象徴的な凱旋行進を行ない、セルジュ・モアティがカメラを回す中、パンテオンで偉人たちに敬意を表した。ミシェル・コタは、著書『第五共和制の秘密ノート』に書いた。「歴史的な一日。狂乱の一日、かつてない一日。多くの人がのぼせ上がり、ミッテラン自身どうやって脱け出せるのかわからないくらいだ。この数時間は、私にとって熱狂的で、感動的かと思えば滑稽で、それでも歴史的なものだった。ほかにどう表現したらいいのかわからない[25]」。

六月の総選挙では、社会党および協力関係にあるＭＲＧの大勝利が確認された。投票総数の三七・五パーセントを得て、決選投票では国民議会の絶対多数を獲得したのである。共産党は得票率一六パーセントで、一九七八年総選挙に比して四二議席減の四四議席となった。非常に長い待ち時間の果てに、ミッテランは全面的な勝利を収めたのだ。ジスカールに対して、マルシェに対して、ロカールに対して。これからは、政権にあって、社会主義政策を実施しなければならない。

一九八一年五月一〇日、その一五年近く前にガストン・ドフェールが大統領選挙で屈辱的な敗北を喫したときには不可能と思われたこと、考えられなかったことが現実となった。非共産党系左派による政権の獲得である。アンドレ・マルローの次の言葉は広く流布していた。「共産党と我々の間には、何も存在しない。そして、この状態ができるだけ長く続くようにしなくてはならない」。ド・ゴール派の大臣は、ド・ゴール派と共産党の間の事実上の連携の実態を説明したのだった。この連携には、どちらの勢力も利益を見出していた。左翼を深淵から引き上げるために、忌まわしい第五共和制憲法を利用して、左翼の無力化の論理を覆したのは、フランソワ・ミッテランの功績のうちで最大のものだ。これは、一九五八年以来どころか、一九三六年以降前例がないだけに大変な出来事だった。一九三六年には、人民戦線は勝利したが、政権を担当した期間は二年に満たなかった。左翼がその刻印を残すために、何が起ころうとも、新大統領には少なくとも七年の時間があった。

第9章　社会主義との別れ

国家の頂点を極めたいとのフランソワ・ミッテランの強い欲望は、こうして満たされた。彼の粘り強さ、期待、失望、闘い、深い穴への転落と陽の当たる場所への復活、これらがようやく報われたのだ。彼は忍耐強く、闘争心旺盛で、巧妙だったが、その一方で、彼は自信と、幸運の星の下に生まれたとの確信に裏打ちされた、ある種の政治的神秘主義を培っているとの印象も与えた。毅然とした態度で、背筋を伸ばして身長の不足を補い、額は広く禿げ上がり、やや太り気味の体格、薄い唇はしばしば辛辣な言葉を発し、ネクタイを締めた宮廷人に取り囲まれ、威厳を示すべく自然に緩慢な動作を見せて、勝利した社会主義の高貴なる父親たるフランソワ・ミッテランは、王杖の代わりにバラの花を片手にして、新たな職務に就いた。五月二一日、パンテオンで、彼はジョレスの亡霊により戴冠され、彼がクリプト（地下納骨室）内を歩くさまをテレビで見た視聴者は、共和主義君主制を休止させるのは彼ではないと理解したのだった。

ド・ゴール体制を批判した『恒常的クーデター』の著者は、この体制をうまく自分に合わせようと試みた。他の人々にとっては、この体制は適切でなかったが、彼には合っていた。ピエール・ジョクスによれば、「彼はかつて攻撃した制度に、喜びをもって[1]」その身を滑り込ませた。ミッテランによればこれまでのどの大統領も遵守しなかった憲法の定めに反して、フランスは引き続きエリゼ宮から統治されるが、社会主義者、共和主義者である彼には、憲法の民主的な部分を尊重させる使命があった。健全な決意だが、緊急性はなかった。

彼は、エリゼ宮の事務総長に、ピエール・ベレゴヴォワを選んだ。元マンデス派、元PSU党員で、アルフォールヴィル党大会で誕生した新生社会党（PS）に入党し、経済分野に関する知識と、労働組合関係者と人脈を持つことから、エピネー大会後すぐにミッテランに見出されていた人物だ。フランスの繊維工場で働いた白系ロシア人の息子で、自身フランス電力・ガス公社の従業員だったベレゴヴォワは、新政権における大衆出身者の占める位置の大きさを示していた。首相のピエール・モロワに関しても同様だ。ミッテランは、自分の側近からではなく、最も近い取り巻きとは離れた協力者のうちから首相を選任した。社会主義運動の古参兵、SFIO青年組織の元メンバー、元技術教育教員、小学校教師の息子で、素朴な印象を与え、北フランス出身の現実主義者である五三歳のモロワは、ロカールとは異なり抽象観念にはあまりこだわらなかったが、ロカール同様、一九七九年のメス党大会では、多数派のミッテラン派に反対した。社会民主主義者だが、それを声高には宣言せず、ミッテランを尊敬しながらも無条件には服従せず、彼はその体格、純朴さ、その言説と経歴から、「社会主義の民衆」を体現していた。大統領は、彼のうちに忠実な右腕を見出したのである。

当初、大統領選挙と総選挙にはさまれる期間の暫定首相に指名されたモロワは、総選挙後に再任され、ほとんどすべての閣僚がミッテランによって選ばれた内閣を率いることとなった。内閣には内務大臣としてガストン・ドフェール、法務大臣ロベール・バダンテール、文化大臣ジャック・ラング、教育大臣アラン・サヴァリが名を連ねたことに、意外性はなかった。大統領は、人気の高いかつてのライバル、ミシェル・ロカールを無役にとどめるわけにはいかなかった。彼は、経済計画・国土整備相ポストを得た――これは窓際的なポストで、それ以上でもそれ以下でもなかった。意外だったのは、ド・ゴール派のミシェル・ジョベールが国務大臣・海外貿易大臣に起用されたことだ。第一次モロワ内閣には共産党閣僚はいなかったが、今回、ミッテランは共産党員四人を入閣させた。しかし、声が大きいジョルジュ・マルシェには、引き続きPCFを指導してもらうほうがよいと彼は判断した。シャルル・フィテルマンが国務大臣・運輸大臣、ジャック・ラリートが保健大臣、マルセル・リグーが職業訓練大臣、アニセ・ル・ポルスが公務員担当大臣に就任した。

ミッテランは、共産党の協力を得ないで済ますこともできただろう。大統領選の第一回投票に向けた選挙戦で、共産党が「共産党から大臣が出る」(2)とポスターで予告したのに対し、彼はまだ機は熟していないと発言した。しかしながら、PCFが総選挙で一六パーセントの得票をした現在、彼は共産党員を入閣させることで、左翼連合への忠誠を示すことができたのである。これは、非常に単純な計算に基づくものでもあった。共産党を内側に取り込んでおいた方が、外部にとどめて自由に政権批判をさせておくよりは望ましかったし、CGTが最大の労組だったからだ。この決定に対し、アンドレ・ベルジュロンが率いるFO(「労働者の力」派)は、こう反駁した。「我々は、大統領と首相にフランスの政府を組織する責任を付与する共和国の制度を尊重します。共産党の政権参加に関しては、我々は厳粛に、歴史のために、反対を表明するものです」。

冷戦のために共産党が政権を去ってから三四年後の復帰は、米国に懸念を抱かせた。事実、米国のアレグザンダー・ヘイグ国務長官は、不同意を表明した。「フランス政府への共産党の参加は、両国の同盟国としての立場を弱体化させるものだ」。フランソワ・ミッテランにとって、これはロナルド・レーガンに対して独立を主張する絶好の機会だった。彼には、慣れてもらう必要があった！

ほとんど絶対的な権力を持つ新大統領は、社会党の公約が謳っていたように「新しい社会の建設」までは行かずとも、党の公約から離れずに政策の転換を果たそうと考えていた。しかし、彼があらかじめ準備したメニューは、ジャック・プレヴェールの言葉を借りるなら、恐るべき現実の障害に直面することになる。

†積極策の失敗

フランソワ・ミッテランは、一九八一年に長期的視野を持つ三つの施策を実施、あるいは提案したのを誇りとすることができた。死刑廃止、地方分権化と、労働大臣の名を取った「オルー法」の制定である。

当時、ギロチンはまだ現役で、前大統領の任期中には三人の死刑が、その刃によって執行された。フランソワ・ミッテランは、選挙運動中に、フランス国民の多数が死刑制度の維持に賛成する中、大胆にも当選したら死刑を廃止すると宣言した。死刑廃止法案が可決されたその翌日、「ル・フィガロ」紙は新たな世論調査で、六三パーセントが死刑廃止に反対したと伝えた。フランスは、この問題に関して時代の先端を行っているとは言えなかった。ヨーロッパでは、オーストリア、ポルトガル、スカンジナヴィア諸国が、一九六八年以降、次々と死刑を廃止していた。それでも、フランスでのこの法案の成立は、イタリア、英国、オランダよりも早かった。米国については、言うまでもない。この仕事を主導したのは、新法相のロベール・バダンテールだった。彼は、はるか以前から、死刑廃止を左派の闘いの象徴と位置づけていた。彼は国民議会で、厳格で、感動的で、衝撃的な演説を行ない、賛成三六九票、反対一一三票の大差で法案を可決させた。右派のうちの少数派は、ＲＰＲ党首ジャック・シラクの同意の下、反対派の抵抗にもかかわらず、法案に賛成した。上院の抵抗はより強かった。しかし、バダンテールはここでもまた雄弁かつ揺るぎない演説で、多数派の形成に成功した。法案は、一六〇票対一二六票で可決された。一九八一年一〇月九日、死刑廃止法が公布された。

新大統領の功績として、もう一つ認めるべきは地方分権化法である。この法律については、内相のガストン・ドフェールが入念に準備を行なった。マルセイユ市長のドフェールは、パリ一極集中、官僚主義による障害、諸決定の遅延がいかに影響を及ぼすか、よく知っていた。過去のいずれの体制も、パリによる監督の強化に寄与していた。絶対王政、革命期のジャコバン主義、ボナパルト体制、そして第三共和制と第四共和制も例外ではなかった。脱中央集権は一九世紀以来の考えだったが、権力の座につくと、昨日までの脱中央集権論者も、翌日には中央集権推進論者となるのだった。かつて、財務監察官として地方を視察したミシェル・ロカールは、パリの官僚が地方自治体に強いている厳しい締めつけと不毛な要求の実情に触れていた。彼は、先述の通り『地方の脱植民地化』と題する冊子を刊行したが、これを気にとめた者は少なかった。シャトー＝シノン町長、ニエーヴル県議会議長を務めたミッテランも、地方のイニシアティヴにとって有害で、一九六〇年代に覚醒した地方のアイデンティティーを否定するこの異常な行政の現状を理解していた。地方分権化は「一一〇の提案」の一つとして取り上げられ、ガストン・ドフェールがその実現を担うこととなった。彼は、ナポレオンによって制度化された知事職〔政府任命〕を廃止したいと考えた。ミッテランも以前それを考えたことがあったが、いまでは憲法の遵守と国家の統一に配慮していた。「もし、地方分権化のために国家機関を廃止すれば、国家の統一を脅かすとして強く批判されるだろう」[3]。そのため、これは革命ではなく、地方に対する国からの制約を緩和する試みでしかなかったが、それでもミシェル・ドブレにとっては行き過ぎだった。彼は、この問題について、無謀にも内閣不信任案を提出した。直接選挙による地域圏議会の創設は、ド・ゴール将軍の一九六九年の地方分権化計画を忘れてしまったドブレとド・ゴール派の多くの人々の目には、「国家の統一の解体」と映った。法案は、一九八一年九月一二日に、難なく可決された。比較的広い自治権が市町村、県と地域圏に与えられた。具体的には、これ以降、国の監督権は事後に適用されることとなったのである。上院は抵抗したが、国民議会は法案を一九八二年三月二日に可決成立させた。これは基本法で、その後いくつもの法律制定が必要だったが、それでも重要な部分が実現したのだった。

この二つの重要な法律――死刑廃止法と地方分権化法――は、本来社会主義的な法律ではなかった。一部の右派議員は、両法案に、あるいはそのいずれかに賛成票を投じた。これらは、自由主義的発想の法律だった。これらと並行して、ミッテランと与党にとっての課題は、即時に実行される施策と、資本主義との「断絶」を実現する構造的な改革により、社会主義的な変化を強調することだった。

大統領任期の初期における三つ目の重要な法案は、左派の歴史にその根を持ち、議論の余地なく左派的なものだった（シャルル・フィテルマンは、その「社会民主主義的」な性格を遺憾だとしたが、これは人民戦線の系譜に属するものだ）。それは、「オルー法」と名づけられた、労働者の権利を改革する法案である。一九八二年八月四日から一二月二三日までの長期にわたる、熱のこもった討論が、ド・ゴール派のセギャン、ノワール、ミヨンら各議員によって行なわれ──彼らは三五〇〇にも上る修正案を提出した──その後労相が提出した、企業内における従業員と組合の役割を見直す四つの法案が可決された。その目的は、事業所内における労働条件に関する交渉を容易にしようとするものだった。いかにも、これは自主管理、あるいは共同管理からはほど遠かった。それでも、労働者の権利と自由は改善されるとともに保証され、経営権はもはや「神授」ではなくなったのである。組合の権利の強化、組合代表が使用できる手段の拡大、従業員代表の選出、企業委員会の権限拡大、労働協約の適用範囲拡大、従業員の発言機会の拡大……。これらの改革とは別に、議員たちは緊急の課題に対応するための判断を迫られた。それは、経済・財政の危機を回避するためのものであり、社会党の政権獲得がこの危機を深刻化させていた。資本の逃避、失業者の大幅増加、急速な物価上昇、これらの問題を食い止めなければならなかった。モロワ内閣が組織されるや、ロカールは新首相に早急に大幅なフラン切り下げを行なうよう進言した。この切り下げは、右派の経済政策の必然的結果として説明することができた。切り下げには、輸出を促進する効果が期待された。ミッテランは、明確にこれを拒否した。彼にとって、かかる施策は、左翼の弱さを露呈するものだったからだ。この任期当初の拒絶は、その他の拒絶と同様、フランソワ・ミッテランの考え方とアプローチをよく表している。彼の考えでは、政治が経済に対して優位に立つべきだった。フランの立て直しは必要だが、それは団結した議会多数派の支持を受けた大統領の威信を通じて行なわれるべきだった。現実主義者、専門家に対抗して、彼は周囲にいた多数のイデオローグの協力を当てにすることができた。発すべき指令は、景気刺激策だった。これもまた、明確な社会主義の枠組みの内部にあるものではない。消費によって景気を刺激するのは、資本主義を救うためのケインズ的政策であり、資本主義との断絶を目指すものではなかった。しかし、そうした色彩はどうでもよかった。それに、いずれにしても景気刺激策は、緊縮策を中心とするバール氏の政策とは正反対だった。購買力の増大により、すべては改善されるはずだった。一連の政令が、そのために公布された。最低賃金の一〇パーセント引き上げ、老齢最低保障手当の二〇パーセント引き上げ、家族手当の二五パーセント引き上げ、公的部門での五万五〇〇〇人の雇用創出、賃金を四〇時間分に維持したままでの週当たり労働時間の三九時間への短縮、年金支給開始年齢の六〇歳への引き下げ、五週間目の有給休暇の制定、である。

社会主義政権である以上、政府は経済情勢に応じた施策だけで満足するわけにはいかなかった。資本主義との断絶を、具体的に実現する必要があったが、共同綱領以来その第一の手段とされ、ミッテランも社会党も決して否認しなかったのは、フランスの工業分野の大手企業グループと金融機関の国有化である。ピエール・モロワは、ジャン・ル・ガレックに手続きを進めるよう求めた。ミッテランにとって、これは政策の要、彼の政権が社会主義的であることの証拠だった。共産党の勢力は弱まっていたから、ミッテランは国有化を先送りすることもできた。否、彼はそうはしなかった。それは公約に忠実であることを意味していた上、国有化は彼が支配階級に対して宣言した戦いにふさわしいものだった。したがって、これは時間を置かずに実現すべきだった。そのための方式はどのようなものであるべきだろうか。政権内の現実論者、ドロールとロカールは、国は国有化の対象となるグループの株式の五一パーセントを取得すればよいと考えた。しかし、彼らは非常に少数で、大統領の決意と他の人々の確信の前では力が弱すぎた。一九八一年九月二日、エリゼ宮の工事のために例外的にランブイエで開かれた閣議で、大統領は他の全員が沈黙する中、一〇〇パーセント国有化の計画を説明した。ミシェル・ロカールは、沈黙したまま苛立ちを募らせ、じりじりして経済財政大臣ジャック・ドロールの反応を待った。しかし、それは無駄だった。ミッテランは、議論の終了を告げた。ロカールはこう語っている。「私は我慢できませんでした。私は挙手して、四〇人が私に恐らくは非難の視線を向ける中で、一五分以上にわたって、選ばれた方式を批判しました。これらの企業のために、ケースによりますが、企業価値の二倍、三倍、四倍もの対価を支払うことになるのです。たとえばサン＝ゴバンの場合、国が株式の過半を保有するためには、株を買い足すだけでよかったのです」。ロカールの発言は、ジャック・ドロールをはじめとする、眠っていた頭脳を目覚めさせた。「もしかしたら、意見が通ったのだろうか」とロカールは自問した。ミッテランは立ち上がり、そっけなく、「近日中に、私の決定をお知らせする」と述べた。五日後、決断が行なわれた。一〇〇パーセント国有化だった。[4] ミッテランにとっては、しばしば効率性よりもシンボルが重要だったのである。

議会に提出された法案は、九つの製造業グループ（トムソン＝ブラント、サン＝ゴバン、ローヌ＝プーランク、ペシネー＝ユジーヌ・キュールマン、ユジノール・サシロール、スエズ、ＣＧＥ、マトラ、ダッソー）および銀行と金融会社三九社で、これは全金融機関の九〇パーセント以上にあたった。この計画は、当然右派から反対を受け、多数の修正案（第一読会で一五〇〇近く）が提出された。提訴を受けた憲法評議会は、補償の計算方法を定める法案の一部につき異議を唱えた。新たな法案が国民議会に提出され、一九八二年二月一三日に成立した。これ以降、給与所得者の三人に一人は公的部門で働き、GDPの四〇パーセントが国の管理下に置かれたとされる。国有化に要した費用の総額は八六〇億フランと算定され、それを一五年で支払う計画だった。その間、一九八一年一〇月のヴァランスでの社会党大会に、ミッテランは次のようなメッセージを寄せた。「大統領選挙で社会党の候補だった私は、大統領となっても引き続き社会主義者です」。国有化が、彼の理論を端的に示していた。

「勝者の大会」と称されたヴァランス党大会は、メディアと政界関係者にいくらか動揺をもたらした。さまざまな反対に直面した国有化を含む党の政策の早期実現を求める参加者たちが、過激な意見に走ったのである。勝利の後の数週間の陶酔は、醒め始めていた。過激とは見られていなかったポール・キレス、ガストン・ドフェール、ルイ・メルマズも、行き過ぎた発言でこれに手を貸した。ポール・キレスの発言が、最も反響を呼んだ。彼は叫んだ。「フランス国民が望んだ政策の実施を妨害しようとの決意を持つ人々（学区長、知事、国営企業経営者、高級官僚等）を、現在のポストにとどめておくほど無邪気であってはなりません。しかし、ロベスピエールが国民公会で述べたように〝首を斬る〟とだけ言うべきでもありません。どの首を切り落とすのかを、早急に明らかにすべきです[5]」。ロベスピエールへの言及は、党大会の興奮の中ではありがちな失言だった。ミッテランにはその認識はあったが、彼自身がこの大会での行き過ぎた発言を助長していた。キレス、メルマズとドフェールは彼の側近だった。首相のピエール・モロワは、彼らとは立場を異にした。「彼らは、世論を不安に陥れるためなら何でもする。我々を立ち往生させたいなら、これ以上によいやり方はない」。

事実、モロワはミッテランが現実に目を向けずに主張する経済社会政策の誤りに、すぐに気がついた。ミッテランにとっては、政治の意志があらゆる障害に打ち勝つべきだったのだ。ド・ゴールのものとされる言葉によれば、「経済問題は政治的決定に従うべき」だったのである。しかしながら、経済状況の厳しい現実は、やや遅すぎたとはいえ、徐々に彼の目を開かせた。

徹底した景気刺激策は、ジャック・アタリの予測を基にして推進された。彼はエリゼ宮の特別顧問で、予言者としては腕が立たず、世界経済の景気回復が近いと告げていた。実際には、そうはならなかった。フランスは、一カ国だけでこうした無謀な政策を採用し、孤立した。一九八一年の経済指標は、やがて危機的な様相を呈した。資本の逃避、財政赤字の増大、社会保険の赤字、急増して一五〇万人以上にも達する失業者、年率一三・四パーセントの物価上昇に加えて、購買力の増加は主として「外国の工場の生産を活発化」（リオネル・ストレリュの言）させ、これにより貿易収支は五〇〇億フランを超える赤字を記録した。期待されていた経済成長も実現せず、成長率は年率一パーセントに満たなかった。

当初、ミッテランはこれを気にかけなかった。一九八一年秋、彼はアラン・デュアメルにこう語った。「ある希望を掲げているとき、ある約束に基づいて選ばれ、その約束を遵守しようと望むとき、物事を現実に動かそうとすると、無数の専門家たちが登場して、各種のグラフを見せながら、〝無理です、できません〟と言うのです。彼らの予測は数カ月後には間違っていることがわかるのですが、それは問題ではない……。私は厳しく非難され、いろいろな理論を突きつけられます。国有化してはいけない、労働時間短縮はもってのほか、年金や最低賃金の引き上げは論外だと言うのです。毎回、同じ言葉が返ってきます。〝ニエット！〟〔拒絶の意〕と。改革は禁じられているのでしょうか。我々の政策を実施させまいとするのなら、その政策をますます断固として推進するほかありません」[6]。ここでは、「フロランタン」とあだ名された人物は、マキャヴェリの教えには従わなかった。『君主論』の著者は、よりよく指導するには、流れに乗るべきだとしていた。ミッテランは、正面から立ち向かうことを選択した。何が起ころうとも、決定は下された。

†政策転換

頭脳明晰だが忠実な右腕のピエール・モロワは、大統領の政策を実行に移しつつも、そのもたらす結果には注意を怠らなかった。彼の補佐官であるジャン・ペルルヴァード、経済財政相ジャック・ドロール、ミシェル・ロカール、フランソワ＝グザヴィエ・スタス、クリスティアン・ソテールは、景気刺激策の失敗を予感した人々だった。フランソワ・ミッテランは、エリゼ宮顧問であらゆる場面に登場するジャック・アタリ、予算相ローラン・ファビウス、大統領府事務総長から一九八二年六月末に社会問題相に転じたピエール・ベレゴヴォワに押されて、「金《カネ》の壁」――エドゥアール・エリオが一九二四年に使った言葉だ――に対し繰り返し宣戦布告した。ドロールが、ラジオで「個人的には、意見ははっきりしています。改革を一時的に中断すべきです」と述べたとき、彼は怒りをあらわにした。一時中断だと！　一九三七年の人民戦線の失敗を想起させる、タブー視された言葉である。一二月三一日、年末のテレビ演説で、自信満々の彼はあえてこう述べた。「景気回復は、すぐそこまで来ています」。

ミッテランは現実と妥協し、三度にわたるフラン切り下げを行なわなくてはならなかった。一九八一年一〇月四日、一九八二年六月一二日、一九八三年三月二一日である。これは、世論にとっては失敗の象徴だった。切り下げは象徴的敗北だと考え、大統領就任時にこれを拒否した彼には、意に反して、回避しようとしたこの屈辱を受け入れなくてはならなかった。有権者は、経済状況の悪化には敏感だった。一九八二年一月、四つの下院補選では、野党が勝利を収めた。三月の県議選では、左派が後退し、ＲＰＲとＵＤＦが議席を増やした。一九八二年一月には、まだフランス国民の多数が肯定的に受け止めていたミッテランの政策運営だったが、一九八三年になると、否定的な見方が急増した。(7)悲観論者に対する敵意にもかかわらず、彼は政策を変更し、緊縮策の受け入れを決断しなければならなかった。しかし、彼はその語を発しなかった。彼の辞書にはない言葉だった。一九八二年六月の切り下げが転換点となった。ピエール・モロワが策定した緊縮政策を、彼は自らの政策として受け入れざるをえなかった。というよりは、彼は一定の距離を置き、政策の実施を首相に一任した。政策変更は、仕方がないだろう。できることなら一時的な変更としたいし、目標が変わったとの印象は与えてはならなかった。サルトルが言ったように、「ビアンクール〔かつてルノー工場があったパリ近郊のブローニュ＝ビアンクールを指す。ルノーでは労働運動が活発だったことから、ここでは労働者全般を意味する〕を絶望させてはならない」のだった。緊縮策を行なうのはモロワで、彼ではなかった。ジョスパンが率いる社会党は、こう言うべきだ。何も変わっていない、と。

ジョスパンはギアチェンジした。一九八二年五月二九日、彼は「ル・ヌーヴェル・オプセルヴァトゥール」誌にこう語った。「必要とされている努力に合わせるために、エンジンの回転数を変えるべくギアチェンジする必要があります」。六月一二日、ジャック・ドロールはブリュッセルで、二回目の切り下げをめぐる交渉に臨んだ。フランは五・五パーセントの切り下げ、ドイツ・マルクとオランダ・ギルダーが四・五パーセントの切り上げと決まった。フランスの景気刺激策の恩恵を最も受けていたドイツは、協力的だった。インフレ退治のために、ピエール・モロワは大統領から、四カ月間の物価および給与の凍結、財政赤字の削減と付加価値税の税率一パーセント引き上げにつき、了解を取り付けた。首相は上院に優越する下院で、この苦い薬を飲ませるのに必要な絶対多数を持っていた。一九八二年九月、フランスはさらに四〇億ドルを外国から借り入れなければならなくなった。

しかしながら、党内とミッテラン側近にも、緊縮策への反対者は少なくなかった。この人々の間では、あるアイデアが芽生え、成長していた。それは、その言葉を口にはしないが、保護主義的政策の採用を意味する「外部からの制約を、当面除外する」ものだった。すなわち、少なくとも一時的なEMS（欧州各国の通貨間の為替調整を目的とした、欧州通貨機構）離脱である。「我々自身の力にもっと自信を持つべきです」と閣議でシュヴェーヌマンは述べた。「欧州諸国の連帯には、疑問もあります。我が国の独立を求める反射神経に期待しましょう(8)」。徐々に、この陣営は力を増し、ミッテランは二つの相反する理論の圧力にさらされた。この「もう一つの政策」（保護主義に走る危険を抱えた、EMS離脱）は、社会党の専売特許でない分、ミッテランは余計に関心を持った。シュランベルジェ会長で彼の友人である大物経営者ジャン・リブーもまた、通貨に関わる制約を排し、EMSから離脱することで、企業の債務支払いを助け、フランの価値の維持が求めるのよりも低い利率で借り入れが可能となる、フランスの産業近代化につながる政策を採用するよう勧めた。一方で、ミッテランは緊縮策を進めるモロワとドロールに政策運営を任せたが、他方では、モロワが「晩の来訪者」と呼ぶ、モロワよりも後に来訪し、ミッテランに別の政策を採用するよう助言する人々の言葉に耳を傾けた。「日中は」とモロワは語っている、「ミッテランは一九八二年六月に決定された政策を推進する政府とともに仕事をしていました。晩には、彼はまったく異なる政策を提案する姿を招いていたのです」[9]。社会問題相のベレゴヴォワもまた、シュヴェーヌマンとファビウスとともに、ＥＭＳからの離脱論者だった。

物価と賃金の凍結は、一九八二年一一月一日に終了した。ドロールは、この四カ月間で、物価上昇は抑制されたと判断した。モロワは、公務員給与の物価上昇見込みとのスライド制を廃止するという快挙を成し遂げた（右派政権では、実現不可能だった）。他にも、特に社会保障分野で、賃金・物価凍結の終了に伴う健全化策が取られた。入院費用一日当たり二〇フランの個人負担、掛け金の引き上げなどである。一二月になると、新たな経費削減策が検討されたが、ミッテランは一九八三年三月の市町村議会選挙以前の実施は受け付けなかった。モロワは、板ばさみになった。彼は、一九八三年二月一〇日の「リュニテ」誌にこう書いた。「行き過ぎた緊縮策は、失業者の増大を招く。手を緩めれば、物価上昇が再燃するだろう」。市町村議会選を前にして、ミッテランは何としても社会党の目標が変わっていないことを示したかった。しかし、物価はまた上昇し始め、貿易赤字は再び増加した。選挙ついに市町村議会選の時期となり、激しい選挙戦が展開され、右派は左派を無能だと非難した。選挙の結果は、左派にとって芳しくなかった。四〇の大都市で、左派は敗北した。これは、EMS離脱のサインだったのだろうか。エリザベート・ギグー、ジャン＝ルイ・ビアンコ、フランソワ＝グザヴィエ・スタス、クリスティアン・ソテールと、意見を変えたジャック・アタリからなる「五人組」は、ミッテランにEMS離脱の場合の危険を警告するメモを次々と送った。大統領は、どのような決定をするのだろうか。

すべては、一九八三年三月一三日から二三日の間に決まった。この一〇日間で、三度目のフラン切り下げが行なわれ、ミッテランは「現実主義者」に降伏し、フランスは欧州に対して門戸を閉ざさなかった。この決定に伴って、二年間で国際収支の均衡を図ることを目的とした、新たな厳しい緊縮策が計画され、ジャック・ドロールが閣議で説明した。決定された施策には、フランス人の海外における支出を制限する（年間、大人は一人当たり二〇〇〇フラン、子供は同じく一〇〇〇フラン）為替手帳の導入、財政赤字の二〇〇億フラン縮減、年間五〇〇〇フラン以上の所得税納税者に課される納税額の一〇パーセント相当の国債購入義務、などがあった。野党は、これらの策を皮肉ったが、それとは異なる声も聞こえてきた。ラジオ局ユーロップ1に出演した前首相レイモン・バールは、喝采を送った。フランスは「フランのEMS離脱という、大きな危機を回避しました…（中略）…いくつかの施策は、正しい方向性を持っています…（中略）…困難な状況下で、機械的に否定的な立場を取る権利は、我々にはありません」。

こうした賛辞は、社会主義政策の目的は不変であるとするミッテランを喜ばせるものではなかったかもしれない。リオネル・ジョスパンは、正当化を可能とする言葉を彼に贈った。「緊急避難」である。後になって、社会党第一書記は、大統領の選択をこう説明した。「ＥＭＳ離脱への誘惑は非常に強かったのですが、二つの要素が残留決定へと導きました。［ＥＭＳからの］脱退は、貿易収支の改善に有効かどうかの保証がないまま問題から逃避しようとすることなのではないかとの感覚、それから本格的な欧州政策を推進しようとの野心です。彼がその後成し遂げたことが、一九八三年三月の選択を説明しています」[10]。それは、フランソワ・ミッテランにとって、社会主義政策以上に、欧州の未来がより重要になっていたことを意味する。一九八三年五月二八日、ジャン＝ピエール・シュヴェーヌマンは社会党全国会議で、誰も口にはしないが全員の頭にあった考えを声高に主張した。これは「緊急避難」ではなく、「政策転換」だというのである。適応力にすぐれた社会主義者の大統領は、「混合経済」に言及した――半分以上を占める民間部門と、ダイナミックな公共部門からなる経済である。

後にジャック・アタリが書いたこととは異なり、一九八二年春から一九八三年春にかけて実施された政策は、明らかな「転換」だった[11]。「緊縮策」の名の下に、内閣はフランソワ・ミッテランを、グローバル化の途上にある市場と、統合過程にあるヨーロッパに適合した政策へと導いたのである。ジャン＝シャルル・アスランは、次のように書いた。「一九八一年に宣言された目標からすれば、もちろん政策変更だった。財政出動による景気刺激策は、工業分野の投資支援策の前に姿を消した。国内市場拡大策は、欧州域内のルールの受け入れに取って代わられた。資本主義との断絶の戦略は、企業の役割の十全な尊重に変わった[12]」。

ピエール・モロワの進めた政策は、一九八四年七月に代わって首相となったローラン・ファビウスによって継続された。新内閣には、共産党は参加しなかった。緊縮策は、成果をもたらした。改良主義者たちは、一九八三年の物価上昇率を一〇パーセント以下に抑えようとし、この目標は達成された(九・三パーセント)。一九八四年には、上昇率は六・七パーセントに抑えられ、一九八五年には、五・八パーセントにまで低下した。一九八四年には、貿易収支はほぼ均衡するまでに回復した。残る問題は、失業が開いた傷口だった。一九八六年の総選挙の時点では、失業者数は二三〇万人に上った。ミッテランは、「フランスは、この四年で最も多くの雇用を失った国の一つ」だと認めた。確かに、失業率は一九八五年にはいくらか低下した。「しかし、二〇〇万人以上の失業者がいるときに、我々は成功したと言えるでしょうか。私には、そうは言えません」。

資本主義との「断絶」の意志のうちで残ったのは、国有化だった。実のところ、PSにおいてもこれは疑問視されていた。一九八五年四月、工業再編・外国貿易相エディト・クレソンは、忌憚なくこう問題提起した。「国営企業の脱国有化……ありえない話ではないでしょう」。事実、国営企業の民営化は進展する方向にあった。一部の国営企業の経営状態は芳しくなかった。一九八二年には、ペシネーは四六億フランの赤字を記録した。トムソンは同じく二二億フラン、ローヌ＝プーランクは七・八七億フランの赤字だった。緊縮財政のために投資が不可能な状況下で、国は個人の預貯金の力を借りようとした。一九八五年のドロール法は投資証券を制定し、投資型株式と従属型株式を通じて、一九八五年に国有企業に二〇〇億フランの資金を注入することができた。かつては忌み嫌われた証券取引所の評価は、再び高まった。この「緩やかな脱国有化」は、世論の変化に適合したものでもあった。複数の世論調査によれば、フランス国民は国が企業経営を行なうことの有益性に疑問を呈していた。一九八三年一〇月には、国有化に関し、否定的な意見(四六パーセント)が肯定的な意見(三四パーセント）を上回った。一九八七年五月には、民営化に反対する意見は二七パーセントにとどまった。時代の空気として、利潤の概念そのものが、肯定的に受け止められていた。いったい、我々はどこに向かうのだろうか。

一九八六年総選挙での左翼の敗北は、史上初めての「コアビタシオン（保革共存）」の局面を開いた。ミッテランから首相に指名されたジャック・シラクが率いる内閣は、一連の完全民営化を実施した。サン＝ゴバン、パリバ、ＣＧＥ、ソシエテ・ジェネラル、スエズ等である。これによって、国は七〇〇億から一〇〇〇億フランの売却益を得たとされる。一九八八年の大統領選に際し、ミッテランが発表した、フランス国民に向けた書簡形式の公約集では、彼はあきらめたようだった。「国有化と民営化を往復させることで生ずる興奮を沈静化させるべきです。そうでなければ、悪影響が出ることでしょう。いまや、株式市場は、預貯金が創造と建設のために投資される場となるべきで、近視眼的な投機に基づく経済が勝利を得る構造に終止符を打たなければなりません」。国有化も、民営化も行なわないという、「両否定」（ni-ni）の理論である。ラジオ局ユーロップ１で、アラン・デュアメルは、「全フランス国民への手紙」を、「ごく薄いピンク色」と評した。大統領は、これに反論した。「私が社会党の綱領の前文を書いたとき、あなたは私を無責任な革命家だと非難しました。いま、私がより緩やかな政策を提唱すると、あなたは裏切りだと批判します。それは論理的ではありません……（中略）…私が変わった、というのは間違いです。私の信念は、以前と変わりません。しかし、私は現実が政治的意志に抵抗するものだと知りました。ご存知のように、一九八二年に、我々は金融機関を国有化しました。それは、我々のどんな役に立ったでしょうか。そうしたからといって、我々はほんの一グラムも余分な権力を獲得したわけではありませんでした」[13]。これは、重要な告白である。「修正主義的」な論理により、ミッテランはこの選挙戦中に、世論の要望に応えて、「開放」(ouverture)を唱えた。一九八八年五月一九日から二一日にかけて行なわれたSOFRES社の世論調査では、社会党支持者で社共両党による政権を支持するのは八パーセントで、五九パーセントが社会党と中道派との連立を求めていた[14]。選挙運動最後となるトゥールーズでの演説で、現職候補はこう宣言した。「我々の歴史哲学は、歴史の起源以来、精神と身体の解放への期待に応えるものです」。しかし、彼は「社会主義」の語は発しなかった[15]。

一九八八年、新首相となったミシェル・ロカールは、ルノー社に民間資本を導入すべく、同社の株式を市場で売却した。一九九三年総選挙での左翼の敗北後に、ミッテランが受け入れることとなった新たなコアビタシオンの局面で、首相に就任したエドゥアール・バラデュールは、ジャック・シラクが開始した民営化の仕上げを行なった。主として、ローヌ゠プーランク、BNP、エルフ゠アキテーヌとトタルである。ミッテランの二期目が終わってから、民営化リストはさらに長くなり、リオネル・ジョスパンのような首相が、国庫を満たすために民営化を行なったことも意外には思われなかった。もし、フランソワ・ミッテランが言ったように、「断絶」を行なうために、社会主義が国有化を必要としていたならば、断絶は終焉を迎え、それに伴い社会主義も終わったことになる。

「ルビコン川なんか知らない!」。これは、改良主義と革命的行動とを分かつ川を渡る勇気を持たなかったミッテランを一九八八年まで支持していたレジス・ドブレが、ミッテランの政治哲学を要約した言葉である。一九九六年に発表した残酷な人物描写で、この作家は失望を表現した。「千年王国論の北風の残滓に押されて、六八年五月のフランスに起きた、一九世紀から二〇世紀に伝えられた宗教の最後の出現である革命への残された希望の波に乗り、古い平等主義のメキシコ湾流――幸いにも、彼はそこから来たのではない――を利用して、したがって言葉と行動を混同することなく（〝暮らしを変えよう〟、〝資本主義との断絶〟、〝共同綱領〟等）、洞察力に富むシニカルな人物は、流れに乗った。彼は、執拗な性格だったから、それを最後まで続けたのである」[6]。

この気のきいた一節において、「シニカル」という言葉は適切とは言えないかもしれない。私は注意しながら書いているのだが、それはフランソワ・ミッテランについてはいろいろなことが言われ、また書かれたにもかかわらず、彼には謎めいた部分が残っているからだ。彼は、それが政権獲得に必要な手段だと判断して以来、自らの社会主義を信じたようだ。彼はやや無理をして、文献を読み、「インターナショナル」を歌うようになり、レオン・ブルムと同じつばの広い帽子をかぶり、階級闘争と闘争の現場について語った。彼は、信念を持つようになったのである。信念、信念の半分、信念の四分の一かもしれないが、シニシズムではなかった。きわめて政治的な頭脳の持ち主である彼は、「フランス式」社会主義は、実現の可能性よりも、想像上の世界と親和性があると気づいたのだ。この、困難な現実回帰に、景気刺激策と緊縮策をめぐる論争の渦中で、彼は抵抗した。彼は次第に、左派の立場から歴史に名を残したいとの彼の野心とはかけ離れた、散文的な必要性に納得させられるようになった。しかし、本当のところ、「現実的改革論者」だとするピエール・ジョクスのフランソワ・ミッテランに関する評価は、恐らく正しいのだろう。市場経済の維持は、彼および左派が政権にとどまれる限りにおいては、耐え難いことではなかった。

しかしながら、政治家は間違いを認めようとはしなかった。彼は自らの態度の変化を隠蔽し、自分は以前と変わらない政策を遂行しており、目標は変わらないと思わせようと努めた。歴史に名を残し、自らの痕跡を印すには、彼は自分自身を、また社会党を見直し、「フランス的例外」に別れを告げて、二〇世紀の社会主義は社会民主主義だと認めるべきだったのかもしれない。ドイツでは、まさに歴史的な一九五九年のバート・ゴーデスベルクの社会民主党大会で、集団的にそれを行なった。ドイツ社会民主党にとって、マルクス主義の遺産を見直すためには、正式な手続きが必要だった。それから三〇年後、「現実社会主義」の破綻がベルリンの壁の崩壊と共産主義の終焉に伴い明確となる中で、社会主義の前提を再検討する機会があったはずである。スカンディナヴィア諸国でも、ドイツとオーストリアでも、社会民主主義政党は労働者をはじめとする人々の日常を改善するために、資本主義と断絶する必要はなかった。実際のところ、この進歩的政策は自由な企業活動の枠組みの中で実施されていた。それは、レジス・ドブレを夢見させるものではなかった！　ミッテランは、すでに見たように、これらの社会民主主義者に敬意を表するのに吝かでなかったが、彼はフランスの活動家のいわゆる「革命的超自我」、あるいは「マルクス主義的超自我」と妥協する義務があると感じていたのだ。一九八二－一九八三年の嵐の後に、もし彼がもっと社会主義文化をよく知っており、フランスの「労働」運動の歴史において演じることができたかもしれない役割を自覚していたなら、重要な再検討、レオン・ブルムが戦争中に牢獄において考察した再建、ある必然性の理論的主張を押し進めることができたのかもしれない。すなわち、搾取される人々、屈辱を受ける人々、下層の人々を助けるための、しかし過激主義を排した、労働者の、真の共和主義的左派の大政党の結成が可能だったのではないかないだろうか。妥協は社会民主主義の精神であり、ミッテランは、妥協の一覧の中身がいかなるものであれ、その原則を受け入れることができなかった。「私は社会主義者でした。これからも社会主義者です！」[17]。社会民主主義を実践するが、その名を呼ぶことだけは避けよう、ということである。

†批判されながらも、実践される社会民主主義

「社会主義の夢」は、すでに一期目から忘れられた。二期目には、変化が明確化した。一九八八年に、フランソワ・ミッテランは、「開放」を宣言した。中道派が、与党内に居場所を見出したのである。そのためには、再選後に国民議会を解散しないという選択肢もあった。ジャック・シラクに大勝したことで、彼は逆の選択をした。解散は、左右の対立を再度明確化した。モーリス・フォールは、次のように証言した。「もし大統領が中道寄りに与党を開こうとしたならば、私は半年で下院議員七七名と上院議員一一〇名を与党側に鞍替えさせることができたはずです」[18]。しかしながら、政党との交渉は行なわれなかった。民間出身者として法相に任命された破棄院判事のピエール・アルパイヤンジュ、レイモン・バールの下で大臣を務めたジャン＝ピエール・ソワソン、大統領選でバールを支援した、ジスカールに近いリオネル・ストレリュなどが、個人として「開放」を象徴するにとどまった。しかし、大統領が中道寄りの旋回を見せたのは、ライバルであり、内なる敵であると同時に世論調査の寵児でもあるミシェル・ロカールの首相への起用によってだった。

一九九一年五月一五日まで、首相はフランソワ・ミッテランの公然の同意の下で、社会民主主義的

政策を推進した――大統領は、この語を発することはなかったが。ミッテランは、彼にとっては我慢できないこの自分より若い人物が、ジャック・シラク内閣当時流血の事態が発生していたニュー・カレドニアの重大な問題を解決した手腕にいささか驚かされた。ロカールは、カナク系民族政党FLNKSと、ジャック・ラフルールが率いる入植者の政党RPCRとの間で、一九九八年にニュー・カレドニアの将来を決定する住民投票を行なうという合意を得たのだった。就任直後のこの成果により、新首相は、彼に対する疑問を持っていたミッテランの視線の下で（「一年後にどうなっているか、見てみよう」と彼は言った）、長期にわたり首相の職務を遂行することができるようになった。

二つの重要な社会的施策の実施が、この内閣の成果となった。RMI（同化最低所得）とCSG（一般社会会拠出金）である。前者は、大統領選挙中に、社会党候補がその概略を示していた。それは、シラク内閣が不用意にも廃止した資産連帯税（ISF）を復活させ、その税収を財源として、最貧困層の家庭に補助を与えるというものだった。ロカールは閣議で、シュヴェーヌマン国防相の反対にもかかわらず、資本逃避を食い止めるためにISFの適用範囲を限定した。「経済活動の活発化が、より多くの税収を保証するのです」。法案は、一九八八年一〇月一二日に、全会一致にわずか三票の不足で可決された。CSGは、これほど一致した賛成は得られなかった。法案は、毎年赤字が増大する社会保険会計を、資本所得を含む全所得を対象とする税により均衡させようとするものだった。CFDTはこの法案を支持したが、FOは賛成せず、CGTは厳しく非難した。ジョルジュ・マルシェは、もし右派が内閣不信任案を提出するなら、共産党議員団はこれに賛成する可能性があると発表した。国民議会では、ロカールの与党は少数与党だった。共産党が賛成しなければ、法案は否決される危険があった。しかし、法案はバール派議員五名と、海外領土選出の三議員の賛成により、過半数を五票上まわり可決にこぎつけた。法律は、一九九〇年一二月二九日に公布された。

この社会改良主義路線はミッテランの同意を得たものだったが、個人的な確執が大統領と首相の間の協調を妨げた。両者間の決裂は、一九九〇年三月のレンヌでの社会党大会の機会に起こった。人とポストをめぐる問題が、イデオロギー上の不一致よりも重要になりつつあった。ロカールが自らの後継者となることを避けたいミッテランは、自ら選んだローラン・ファビウスを推したが、ファビウスは後継者の地位を目指すもう一人の人物、リオネル・ジョスパンと対決しなくてはならなかった。ミシェル・ロカールはファビウスと大統領の工作に明確に反対だったが、ミッテランはそれを許さなかった。「ロカールは本当に小さい、けちくさい男だ。彼が、このファビウスに対する憎悪の裏側にいるのだ…（中略）…ロカールには、この代償を払ってもらおう。彼には、辞めてもらう。あとは、口実を見つけるだけだ[19]」。懲罰はすぐには訪れなかった。第一次湾岸戦争のために、それは一年以上遅れることになる。レンヌ党大会では、モロワとシュヴェーヌマンの支援を受けたジョスパンと、ファビウスが激しく衝突した。党大会では、いかなる合意も形成されず、最悪の内部抗争と、個人間の憎悪と、目に見えない策略の餌食になったばらばらな政党の姿を、ジャーナリストらの目にさらしたのである。やはりジャック・アタリの証言によれば、ミッテランは烈火のごとく怒った。「自殺しようとする気違いども！　馬鹿なやつらだ！　ファビウスは何人もの重要閣僚の支持を得ているのに、少数派になってしまった！　連中を困らせるために、下院を解散したいくらいだ[20]」。その数日後、ピエール・モロワはパリで第一書記に再任され、党内各派がポストを分け合うことで妥協が成立した。大統領の怒りは収まらなかった。「あの甘やかされた子供たちは、右派と闘うかわりに内輪喧嘩ばかりしている！　ファビウスを選出すべきだった。それが党を刷新する唯一の方法だった。連中はそれを拒否したのだ。連中は選挙に負ける。私には、もうどうでもいい。嫌がる連中を助けるわけにはいかない」[21]。しかし、彼の怒りは主にロカールに向けられていた。確かに、慎重で注意深い彼は距離を置いていたが、それでも舞台裏では反ファビウスで動き、ファビウスに反対する人々と、目立たないように、ホテルの部屋で協議を重ねていた。ミッテランは、それを許さなかった。彼の名は、ブーイングの対象にさえなった。正式に後継者に指名されるはずだった党大会でファビウスは敗れ、彼とともにミッテランもまた敗れたのだった。

一九九一年五月一五日、ミッテランはロカールを辞任させ、代わってエディト・クレソンを首相に任名した。フランスで女性が首相になるのは、これが初めてだった。大胆な選択である。不幸なことに、彼女にはすぐに批判が集中し、メディアと政界の多くの人々から愚弄の対象となった。彼女は、マティニョン館には長くとどまらなかった。経済財政相で、首相ポストを心待ちにしていたピエール・ベレゴヴォワが、下院任期の最後の首相となった。社会主義に関して言えば、この二つの内閣は、社会民主主義的変化を再確認するものとなった。激しい気性のエディト・クレソンは、乱暴な調子で、ある日こう叫んだのではあるが。「株式市場なんか、私にはどうでもいい！」。欧州統合のスケジュールも、後述するように、制約となっていた。インフレに対抗しての通貨防衛、財政赤字の制限、国際収支の均衡を、ロカール内閣は尊重するよう努めてきたが、その後任者たちもその努力を継続した。一方、国有化も民営化も行なわないとの「両否定」の理論は、ミッテランにとってはもはや犯すべからざる原則ではなくなっていた。一九九一年九月の記者会見では、彼はこう述べた。「私は、一部の国有企業の資金調達のために、国があらゆる局面においてプレゼンスを示し、国が出資している場合には、出資比率が五〇パーセントを下回らない」限りにおいて、「民間資本の導入を内閣に許可しました」。確かに、彼はなお社会主義者であると主張したが、その社会主義は彼が尊重する「フランスの政治、社会の偉大な伝統」としての社会主義だった。しかも、社会主義は自らの位置を定める手段になっていた。彼はもはや、「新しい社会」の夢の使者ではなかった。

しかしながら、社会党内では一部に疑問の声が上がった。実践の面では社会民主主義的であることが明らかなのに、依然としてエピネーの党だと主張できるものだろうか。一九九一年九月にラマテュエルで開かれた党の夏季研修会で、この問題が提起された。失業対策を犠牲にし、インフレ対策を重視しすぎているとして、政府の政策は批判の対象となった。しかし、この研修会で出現した最も新しい点は、理論を転換しようとする意思だった。ソ連の「現実社会主義」が崩壊し、統制経済が経済学者の標的になっていた時期のことである。PSの全国書記ミシェル・シャルザは、次の臨時党大会で議論の対象としうる文案を提示した。彼が書くところでは、社会党は「共産主義の破綻によって、道義的な傷は負わなかったが…（中略）…社会主義という考え方は、革命的予言の崩壊の影響を完全に免れたわけではない…（中略）…歴史は、ボルシェヴィズムとその変種に対して民主的社会主義を是としたが、民主的社会主義は資本主義には打ち勝っていない」。シャルザは、新たな戦略と理論の刷新が必要だと呼びかけた。このイニシアティヴは、ジャン・ポプレン、ジャン゠ピエール・シュヴェーヌマンらの反対にあったが、予定された臨時党大会は、一九九一年一二月一三日に、大統領が新たに建設させたパリ郊外のラ・グランダルシュで開催された。シャルザ報告は、ジャン＝ピエール・シュヴェーヌマンとジュリアン・ドレイの決議案を向こうにまわし、八〇パーセントを超す賛成で採択された。ミシェル・ロカールは、社会党の新綱領をこのように要約した。「市場経済の中で、連帯した社会」。ドイツ社会民主党のバート・ゴーデスベルク党大会とはまったく似ていない、目立たない、輝きに欠ける理論的転換だった。シュヴェーヌマンを初めとする反対派は抗議した。「PSは、結党時の基本理念に背を向けた」。

フランソワ・ミッテランは、彼の流儀で、エピネーに別れを告げる党大会に参加した。その前月、一九九一年一一月、「レクスパンシオン」誌のインタビューで、彼は欧州統合が彼にとっての「大プロジェクト」になったと告げていた。ラ・グランダルシュ党大会の三日前、マーストリヒトでEC一二カ国の首脳会議が開催された。この首脳会議の結果が、欧州連合を発足させる条約だった。単一通貨の計画は、通貨と予算に関わる制約（物価上昇率一・五パーセント以下、財政赤字対GDP比三パーセント以内、累積公的債務対GDP比六〇パーセント以内等）を伴ったが、これは一九八一年に行なわれたような「社会主義的」政策には適合しない規律だった。マーストリヒトで最大限に影響力を行使したミッテランは、首脳会議の結論を「この半世紀で最も重要で、来るべき世紀を準備する」歴史的な出来事だと称賛した。

次には、フランス国民を説得する番だった。なぜなら、フランソワ・ミッテランはマーストリヒト条約を、国民投票に付したいと考えたからだ。条約が有効となるためには、市町村議会選挙にフランス国民以外の加盟国出身者に選挙権を付与するための憲法改正が必要だった——上院議員は、その市町村議会議員らによる間接選挙で選ばれるのである。一九九二年五月五日、憲法改正について国民議会で審議が行なわれた。ド・ゴール派で、エピナル市長、同市選出下院議員のフィリップ・セギャンは、マーストリヒト条約反対の熱烈な演説を行ない、多数を占めるには至らなかったものの、一〇一票の反対票を得た。共産党議員二六人と、シュヴェーヌマンと彼に近い社会党議員五人も反対に回った。六月二日、デンマークの有権者は、反対五〇・七パーセントで条約を否決した。九月二〇日に予定されたフランスでの国民投票は、接戦の様相を呈した。パスクア、セギャン、フィリップ・ド・ヴィリエらに、社会党を離党して市民運動（ＭＣ）を結成したシュヴェーヌマン、共産党、ドミニク・ヴォワネが率いる一部のエコロジストが加わった。ミッテランは国民投票のキャンペーンに全力を傾注し、九月三日にソルボンヌの講堂で、テレビが実況中継する中、フィリップ・セギャンと公開討論を行なった。コシャン病院での前立腺手術の一週間前のことだ。九月二〇日、最終的には賛成が小差で勝利を収めた。賛成五一パーセント、五四万票差だった。欧州統合は、これ以降フランス国民の意見を二分した。国民投票に勝ったミッテランは、欧州統合の使者となった。

一九九三年二月一七日、総選挙の一カ月前、トゥール近くのモンルイ＝シュル＝ロワールで演説したミシェル・ロカールは、戦略転換を呼びかけた。ミッテランの反対にもかかわらず、一九九二年七月のボルドー党大会で、ロカールは次回大統領選でＰＳの「自然な」候補者と認められていた。彼の思想は次第に受け入れられるようになり、「血液製剤汚染事件」に巻き込まれたローラン・ファビウスが一時的に政治の第一線を離れたことも手伝って、より大胆な言動が可能になっていた(22)。その一週間前にミッテランのコミュニケーション担当アドヴァイザーであるジャック・ピランの事務所において、ジャン＝ポール・ユションとギィ・カルカソンヌの助言を得て準備された演説で、彼は、この二月一七日に、左派を再生させ、「総選挙の直後に、エコロジスト、中道派、そして共産党改革派に門戸を開いた社会主義運動を建設するため」の政治的「ビッグ・バン」を行なうよう呼びかけた。ロカールは、こう説明した。「我々はいま市場社会の中にいますが、ここでは不平等がさまざまな形をとって現れています。ある階級や集団の運動への帰属は、現実としてもはや認識されなくなっており、変革は個人を動かさない限り有効となりえないのです」。これは、エピネーで誕生した党を葬ろうとするものだった。ミッテランは、暗黙の標的となっていた。ロカールは、社会党が一九八一年にできもしない約束をし、一九八三年の政策転換を「乗り越えるべき一時的な困難」と説明し、「疑惑」に関与した党幹部の過ちを「認めるのが遅く」、「世界の変化を捉えることができなかった」と非難した。

社会党での受け止め方は、非常に好意的だった。ファビウスは、PSの死亡宣告を受け入れなかったが、ベレゴヴォワは「進歩的陣営の構築に賛成する」として、ロカールの分析に同意した。ロカール内閣で環境大臣を務め、当時の代表的なエコロジストの政治家の一人だったブリース・ラロンドは、動揺することなく次のような結論を示した。「ようやく、新しい状況が見えてきました。これは社会主義の終焉であり、それを社会党員が告げるのは大変に結構なことです」。では、ミッテランの考えはどうだったのだろうか。彼は、二月二〇日にこう発言した。「私は、左翼連合のある種の理想に忠実でいます。左翼連合とは、投票する人々の連合です……。私は、この配慮を忘れるべきではないと考えます」。これはイデオロギーではなく、純粋に選挙目当てだった。勝ち取った共産党票を、失ってはいけないのだ。「私が思うのは、まず社会党が抱える矛盾を乗り越え、内部分裂を克服し、自らの路線を再構築し、その出自に忠実であるべきだということです。フランスにおいて、社会主義とは偉大なる歴史的な平等です」。

しかしながら、一時的に一歩下がっていた、後継者たるべきローラン・ファビウスは、一九九三年二月二〇日付の「ル・モンド」紙のインタビューで、経済リベラリズムを非難しつつ、社会党では長いことタブーであり、共産党の文書においては侮辱的な言葉である社会民主主義の方法論を受け入れた。「共産主義が崩壊し、相対しているのは経済リベラリズムと社会民主主義のみです。然るに、現在の世界の諸問題が、経済リベラリズムによって解決できるとは思えません。国際的な通貨の流通の問題、深刻な病気との闘い、人口の抑制、環境汚染の対策、いずれについてもそうです。社会民主主義の方法論の基本的要素、すなわち公権力の介入、集団的な対処法の承認、無政府状態の市場の拒否、責任と自由と連帯の認知以外に、どのような解決法があるのでしょうか」。ローラン・ファビウスは、この一〇年（すなわち一九八三年の政策転換以来）、労働組合と協力してその力を使うことができない点を別にすれば、社会党が社会民主主義的政策を進めてきたと、的確に認めた。そこで、彼はこのように結論づけた。「我々は、いわば政府と議員による社会民主主義の実験を行なってきたのです」。

一九九三年三月一九日の「ル・モンド」紙で、エリック・イズラエレヴィチは、ピエール・ベレゴヴォワが経済財政相として、次いで首相としてフランスの経済政策を運営した五年に及ぶ「ベレ時代」の総括を、「陳腐化した資本主義」という明快な題名の記事で描いた。そして、この記者は次のように要約した。彼の政策は、世界経済が成長したよき時代（一九八八－一九八九年）にあっても、一九九〇年代の経済危機の時期にあっても、「国際機関からも、金融機関からも、正しい政策運営を行なったとの評価を多数与えられた…（中略）…欧州統合を到達点と見定めて、彼はすでに一九八四－一九八六年に開始していたフランス資本主義の近代化を推進した」。彼の功績としては、物価上昇率の低下、競争力の改善、国際収支の均衡の回復、比較的健全な企業業績が上げられた。その一方で、高失業、社会保険会計の赤字、高い行政コスト、実情と適合していない教育訓練制度などがあった。下院の任期満了近くになると、財政赤字、社会保険の赤字、失業保険の赤字、そして多くの企業の赤字など、あらゆる方面での赤字が爆発した。一部の人々が「左のピネイ」と呼んだベレゴヴォワは、物価の自由化にもかかわらず、一度もフランを切り下げなかったと誇ることができた。この、プラスもあればマイナスもある貸借対照表を作成した記者にとって、ベレゴヴォワの選択を導いたのは欧州統合だった。「社会正義よりも欧州統合」というわけだ。

国有化の問題の「脱イデオロギー化」を図ろうとしたベレゴヴォワは、エピネーの社会党綱領と、一九八〇年の「社会党政策集」の基本を清算しようとした。「社会党政策集」には、こうあった。「我々のアプローチは、［東欧諸国型社会主義を回避するために］資本主義社会の構造をそのまま維持しようとする〝改良主義的計画〟のアプローチと混同されるべきではない」。経済をリードする企業グループの国有化は、当時、「階級間の力関係の永続的な逆転と、経済発展の新たな論理の実践のための本質的な前提条件」と見なされていた。フランソワ・ミッテランと社会党の政策運営を、結局は放棄せざるをえなかった純粋に経済的な側面にだけ矮小化して見るのは、公平ではない。労働政策の改革、文化活動への支援、地方分権化、放送の自由化は、フランスの近代化における重要なステップだった。しかし、経済政策だけに目を向けるなら、最も有効だった施策（インフレ対策、貿易収支改善策、企業と市場への支援策）には、「社会主義的」とのラベルを貼るわけにはいかない。これらは、しいて言えば社会民主主義的な施策であり、あるいは社会的リベラルと言ってもよい、さほど「左」に位置しない政権であっても取りえた政策だった。そもそも、ベレゴヴォワ内閣とバラデュール内閣との間には、経済政策と通貨政策について、一定の継続性があったと見ることもできた。

社会党の未来は、すでに一九八一年から、共同綱領を基本とする政策に反対した人物に属していたと見るのが論理にかなうようになっていた。実際、一九九三年一〇月の社会党大会では、ミシェル・ロカールが八一パーセントの票を得て、第一書記に選出された。「市場経済の中で、連帯した社会」が、いまや社会党の中心概念となった。この点について、フランソワ・ミッテランは、まだ完全に敗れたわけではなかった。思想の面で敗北しても、第一級の戦術家であり、ロカールに党を実際に指導することを禁じ、次期大統領選への彼の出馬を失敗させることのできるライバルを、上昇過程にあってもロカールは警戒していただろう。しかし、これはまた別の話だ。思想的闘争であるよりは、二人の人間の戦いの話だった。

フランソワ・ミッテランは、遅くに社会主義者になった――レジス・ドブレは、「一時的な社会主義者」と書いた――が、それがたとえレオン・ブルムによって修正されたものだとしても、マルクス主義理論への転向というよりは、第一級の戦略家としての選択だった。この転向は、彼に最高権力者への道を開いた。この社会主義への賛同は、恐らく、彼が大ブルジョワジーに対して警戒感を持っていたことで、より容易になったと思われる。彼が「社会主義者」となる以前から、「貧しい人々」、地位の低い人々、フミリオレス〔古代ローマの都市貧民〕に対する同情心を持っていたことは知られている。かつての国民義勇兵は、「社会優先」をスローガンの一つとしていたラ・ロック大佐の社会的カトリシズムに賛同していた。こうした過去の経験によって、もともとは彼のものではなかった言葉、戦略上必要だと感じられた言葉、それもしばしば不器用な言葉を、彼は用いて話すようになったのだ。彼が支持した自由主義的な欧州の中での欧州統合の計画――彼はその闘士となった――において、社会党の政策の実施に効果がないことがわかると、「資本主義との断絶」には意味がなくなった。しかし彼は、かつてエドゥアルト・ベルンシュタイン――ドイツ修正主義の父――が勧めたように、彼が言葉と物を和解させ、理論と実践を融合させようとはせず、ミシェル・ロカールが望んだように、フランス社会主義に新たな知的枠組みを与えようともしなかった。彼は、右派に対抗して自らの位置づけを明確化するために、「社会主義者」であると主張し続けた。彼は新たな「大プロジェクト」――彼が国家統制主義志向を持っているのではないかと疑わせない、建設途上の欧州連合――を採用したが、それでもPSの理論的刷新は望まなかった。彼が去った後も、「エピネー」は党内左派に取りついて離れず、それによって政権を担うことになった社会党関係者はいつまでも良心の呵責を抱え込んだ。「二つの顔を持つヤヌス」であるフランス社会主義は、こうしてその革命的伝統に忠実な人々と、逆説的なことに、ミッテランが、そうは口にしないものの、確かに代表者の一人だった「現実主義的改良主義」の支持者の双方を失望させる運命を背負っていたのである。

第10章 君主

内輪では、最も親しい人々は、彼を「トントン」(「おじさん」の幼児語)と呼んだ。敬意を覚える人々は、「神」と呼んだ。フランソワ・ミッテランには天国を連想させるところはなかったが、そのスタイル、振る舞い、威厳は、普通の人々には尊敬の念を起こさせた。エリゼ宮はヴェルサイユではない。しかし、ここを訪れる人は、目に見えない玉座の存在を感じた。荘重さを好む彼の性向は、年月を経るにつれて強まり、ミッテランは古めかしい細心な儀礼をこれに加えた。社会主義者の大統領は、民主的な特性の持ち主ではなかった。彼は最高の地位にいるのであり、それを誰もが理解すべきだった。日常の最もありふれたことであっても、彼に不足感を与えてはならなかった。彼は、儀式を好む傾向を抑制しようとはしなかった。勲章の授与式、記念日の演説、各種の式典、盛大にして荘厳なるものは、何であれ彼に無縁ではなかった。周囲では、宮廷人たちが競って彼への崇拝を態度で表した。ユベール・ヴェドリーヌは、こう書いている。「視線を向けるだけで、まばたき一つで、一言も発さずに、フランソワ・ミッテランは相手を突き刺し、判断し、撫で回し、見抜き、褒賞を与え、虚無へと突き落とすのだ[1]」。そして、一時期「偉大なる誘惑者」の演説草稿の執筆を担当したエリック・オルセナは、小説『大いなる愛』に、こう記した。「我々の大統領は、太陽王との比較により傷つけられることはなかった。彼の周りは、すべてが愛で満たされていた。愛の香り、愛の言葉と沈黙で[2]」。ただし、ルイ一四世が、時間に正確であることは国王たちの礼儀だと考えていたのに対し、ミッテランにとっての国王のマナーは、常に時間に遅れ、短気であってはならない臣下を待たせることだった。この点に関し、ジャン・ダニエルは「非常なナルシストで気難しい」この人物の特徴をよく表すあるエピソードを紹介している。一九八〇年に、この大ジャーナリストは、ビエーヴル通りから、社会党議員団の重要な会議が開かれる国民議会議事堂まで、社会党第一書記を車で送ったことがあった。ダニエルの時計を見て、時間通りであることに気づいたミッテランは、ダニエルに「ブルボン宮の周りを二～三周するよう」依頼した。「サン＝ドミニク通りが渋滞しているのを見て、希望通りに遅れて到着できると知ると、彼は喜んだ。〝どうしてですか、ミッテランさん〟と尋ねると、彼は〝もっと話ができる〟と答えた。それは嘘だった。我々は一言も発していなかった[3]」。

ブルボン王朝の人々とは異なり、フランソワ・ミッテランは私生活と公務を分離するよう努めた。彼はエリゼ宮には住まず、ビエーヴル通りのアパルトマンで暮らし続けた。彼とアンヌ・パンジョとの関係、またマザリーヌの存在を知っているのは、アンドレ・ルスレ、ロランス・スーデ、フランソワ・ド・グロスーヴル、ロベールとエリザベート・バダンテール夫妻らの、ごく少数の親しい人々のみだった。いまでは、アンヌとその娘は、国の保護および監視の下に置かれていた。彼女は、ルーヴル美術館、次いでオルセー美術館で仕事を続けた。娘と社会党指導者との関係を知ったとき、これを歓迎しなかった彼女の父、ピエール・パンジョは、一九八三年に娘の愛人からレジオン・ドヌール勲章を授与された。権力者の役得である。目立たないようにするために、君主は愛人を説得して、ブランリー河岸にあるエリゼ宮付属の建物内の広いアパルトマンに転居させた。彼女は二階に住み、そのすぐ上の住人はフランソワ・ド・グロスーヴルだった。大統領とそのパートナーは、彼が細心の注意を払って訪れるこのアパルトマンの他に、エソンヌ県スジー＝ラ＝ブリシュにある、国有財産で広大な庭に囲まれた一九世紀の邸宅を利用することができ、二人はここで好んで週末を過ごした。親友のロジェ＝パトリス・プラの財政援助を得て、アンヌ・パンジョは一九八七年にヴォークリューズ県の名所ゴルドに一軒の家を購入し、もう一つの共同生活の空間とした。ダニエル・ミッテランは新たな立場を活用して、クルド人を擁護し、フィデル・カストロを訪問した。一九九四年一一月に、「パリ・マッチ」誌がスクープするまでは、大統領とアンヌ・パンジョの関係は、次第に知られ始めていたとはいえ、秘密だった。この当時まだ、私生活の尊重は、メディアの職業倫理の重要項目だったのだ。

公的な面に関しては、一九八一年に外交顧問としてエリゼ宮に入り、ミッテラン時代を大統領府事務総長として終えたユベール・ヴェドリーヌが、著書『フランソワ・ミッテランの世界』に、「宮廷」の生き生きとした描写を残している。この「宮廷」を構成するのは、大統領官邸のスタッフというよりは、ヴェドリーヌによれば「エリゼ宮内部よりは外部にある、大統領が作ったグループ、サークル、ネットワークで、それらは別々に動いているのだった」。これらのグループは、実際に存在した。「ミッテランの人の扱い方の巧みさ、本格的な技量と熟練と作意でもある彼のカリスマ性、そして彼を前にしての〝他者〟の態度に、どうしたら感嘆せずにいられただろうか[4]」。

ミッテランの観察者だったユベール・ヴェドリーヌも、伝記を書いたフランツ＝オリヴィエ・ジスベールも、彼の振る舞い、独特な儀礼、癖を見て、ごく自然にサン＝シモン公を連想している。「誰それを招待し、あるいは誰それを招待しないことで、王は数多くの祝祭、散歩、遠出の機会を褒美や罰の手段として利用した。分け与えることのできる褒美で、人々を驚かすのに十分でないと知った王は、現実の褒美に代えて、彼が引き起こさせる小さな嫉妬、ささやかな好意、思いやりなどの想像上の褒美を与えたのである」。

レジオン・ドヌール勲章を発明したナポレオンのように、虚栄心をくすぐることでその人物の忠誠を得ることができると知っていた彼は、名誉を与えたいと思う人物の胸にメダルを付ける楽しみを、誰にも譲ろうとはしなかった。彼には、この皇帝あるいは王のような行為を独占はできなかったが、それでも彼にとって、この恩恵の授与の楽しみは変わることがなかった。同様に、彼はポスト、地位、役得のある立場、特命事項を配分して、与えられた者を彼に恩義がある立場に置いた。近親者の任用も、彼にとって少しも不快でなかった。息子たちのうち、ジルベールはジロンド県選出の社会党下院議員として、ジャン＝クリストフはエリゼ宮のアフリカ・マダガスカル担当顧問として、恩恵に浴していた。家族、友人たち、よき奉仕者、惹きつけるべき人物に対し、大統領の恵みの大分配者として、彼は気前よく分配することを楽しみ、同時に必要な忠誠を勝ち取ったのである。

ラッチュで、彼は夏には必ず忠実な友人たちを迎え入れた。ロカールを招くことは避けた。毎年、ペンテコステの日には、彼はソリュトレ山登頂の儀式を執り行なった。同様に、ロカールが登頂に加わることはなかった。確かに、ロカールはおべっか使いではなかったし、神は取り巻きが炊く香を必要としていた。首相となると、ロカール自身、一時は香炉の罠にかかり、友人たちは彼を「平身低頭の王様」と呼んでからかった。

†政権内の序列

憲法第二〇条によれば、議会に対し責任を持つ首相は、「国の政策を決定し、それを実施する」とされる。この条文は、各政党の指導者に対してド・ゴール将軍が譲歩した結果だった。ド・ゴールは、内心では政策運営は大統領の専権事項だと考えていた。彼およびその後継者のジョルジュ・ポンピドゥーとヴァレリー・ジスカール・デスタンは、大統領権限に関するこの不文律を遵守した。フランソワ・ミッテランは、これを『恒常的クーデター』で糾弾していた。だが、政権を獲得すると、彼は大統領の優位と首相の従属という関係を、再検討しようとはしなかった。

大統領任期を開始するにあたり、ミッテランはピエール・モロワを首相に任命した。メス党大会では、モロワはミッテランと連携していなかったが、それは悪いことではなかった。五三歳で、ノール県連の強力な書記長であり、一九七三年以来リール市長を務めるモロワは、強い勢力を持っていた。彼は人にへつらうことがなく、盲従することもなかった。誠実で、勇気があり、庶民的で、穏健な社会主義者の彼は、人に安心感を与えた。大統領によって首相に指名されたモロワは、その後数日をかけて、閣僚名簿を準備した。無邪気な彼は、ミッテランが何も言わずに、閣僚候補をリストアップし、一人ずつ面接しているとは、最終的な名簿を見せられ、追認を求められるまで気がつかなかった。実のところ、新大統領は前例を踏襲していた。こうして、当初から、彼は政権内の序列を明確化した。モロワは、かろうじて、教育大臣にアラン・サヴァリ、欧州問題相にアンドレ・シャンデルナゴール、住宅相にロジェ・キヨを起用できただけだった。「王は君臨すれども統治せず」。このシャトーブリアンの言葉は、シャルル一〇世の下では死文化した。フランソワ・ミッテランの下では、ますます遠ざかったようだ。大統領就任後の数日間で、モロワはそれを実感することになった。

フランスの通貨と財政の状況についてロカールとドロールから警告を受けたモロワは、当初からフラン切り下げの必要性を確信していた。ミッテランは拒否した。彼にとって、就任直後にかかる政策を実施するのは、信頼を失うことになりかねなかった。彼はまず、公約である景気刺激策と国有化の実施を望んだ。すぐに、彼は首相のスタッフを嫌うようになった。その筆頭格が、クレディ・リヨネ銀行幹部で、経済担当顧問のジャン・ペルルヴァードだった。かつてマンデス派だったこの人物は、消費刺激策に反対だった。ミッテランはそれを知っており、評価しなかった。モロワは、ファビウスとベレゴヴォワとアタリの影響が濃い大統領の政策の実施に努めたが、ペルルヴァードの意見に耳を傾け、ミッテランの要求にもかかわらず彼の解任を拒否した。景気刺激策の効果に悲観的で、国有化――それも完全国有化――の必然性に懐疑的なモロワは、大統領の意向に合致した月並みな言葉の下に不安を隠した。ミッテランは、一九八一年七月、友人のジャーナリスト、マルセル・パドヴァニにこう語った。「モロワの官房、モロワ本人ではなくて官房が、メディアを利用して私の国有化計画にブレーキをかけようとしたことは事実です(5)」。

ジャック・ドロールがラジオで、必要とされる「一時休止」をあえて訴えたとき、首相と経済財政相の間で、衝突が起きるのではないかと思われた。実際には、モロワはドロールの説をよく理解した。激怒したのはミッテランだった。しかし、大統領に忠実なモロワは、改革の続行を宣言した。それでも、彼は抵抗することも知っていた。フランソワ・ミッテランがペルルヴァードを解任するよう求めたとき、彼は聞き入れなかった。大統領が、ラジオ局ユーロップ1でジャン・ボワソナが担当する経済コラムを気に入らず、排除するよう要請したとき、彼は動かなかった。それでもやはり、重要な点については、最終決定権はフランソワ・ミッテランにあった。したがって、労働時間短縮の法制化にあたっては、CFDTが主として提唱しモロワも同意していた「ワークシェアリング」は所得のシェアも伴うとの提案に反して、ミッテランは四〇時間分の賃金を維持した上で三九時間に短縮することに決定した。

正面から対立することなく、ドロールの警告に耳を傾けるモロワは、当初は反対だったフランソワ・ミッテランを、徐々に緊縮策へと接近させた。やがて、その必要性に確信を抱くようになると、ミッテランは緊縮策を予定外の事態への対処療法、経済状況に関する一挿話だと説明した。「絶対に」と、彼は首相に命じた「政策を変更したとは言わないように」。ドロール、ロカール、ペルルヴァードの言葉にモロワは耳を傾けたが、ミッテランはモロワに、彼を首相にしたのはマーガレット・サッチャーの政策を実施するためではないと念を押した。しかしながら、一九八三年に、ミッテランが批判には根拠があると理解し、緊縮政策に賛同したとき、彼はこの政策は自分が望んだものだと思わせるよう努めた。一九八三年三月に、彼は「テモワニャージュ・クレティアン」誌のフィリップ・ボシャールにこう語った。「私が、反対する一部の大臣に、緊縮策を取るよう命じたのです」。ミッテランがやむをえずに行なった現実回帰は、彼自身の意志以外によると考えられるべきではなかった。彼以上に洞察力のあった首相は、この「政策転換」により個人的利益を得ることはなかった。

経済での見込み違いは、象徴的な施策によってバランスが取られるべきだった。そのために、選挙公約のうちの一つの実現が図られた。それは、「統一された、ライックな教育の大公共サービス部門」の設立である。よきライックであるピエール・モロワには、その準備ができていた。法案の作成は、教育大臣のアラン・サヴァリに委ねられた。元レジスタンス闘士、コンパニョン・ド・ラ・リベラシオン勲章〔レジスタンスで顕著な功績があったと認められた人物、軍部隊、都市に授与された〕受勲者の彼は、エピネー党大会で、ミッテランに社会党第一書記の地位を譲っていた。ピエール・モロワと近い彼は、モロワと共同で法案を準備し、忍耐強く現実主義的な交渉者の立場から、辛抱強くカトリック系学校の代表者と、妥協が得られるように配慮しつつ交渉を行なった。カトリックの人々は、二つの条文について抗議した。一つは、市町村が希望しない場合、私立学校への補助金支給を免除されるというもの。もう一つは、私立学校教員の公務員任用である。私立学校を擁護する人々は、この宥和を求める法案が学校の独立への脅威になると見て、運動を開始した。一九八四年初めに、巨大なデモ行進が次々と行なわれた。三月四日には、ヴェルサイユで八〇万人がデモ行進した。ライック陣営は、これに不意を突かれた。私立学校が、「自由」の名において立ち上がったからである。これは新たな宗教戦争ではなく、世論の多数派にとって、学校の選択は各家庭の自由に任されるべき問題だったのだ。ミッテラン自身も、公立学校で学業に失敗した生徒に、「二度目のチャンス」を与える可能性について、私的な会話の中で理解を示した。ピエール・モロワとアラン・サヴァリはあきらめず、カトリック学校の責任者や何人かの聖職者と会い、議論した。一九八四年四月一八日、アラン・サヴァリの法案は閣議決定されたが、ＦＥＮ（国民教育連盟）の後押しを受けたピエール・ジョクスとアンドレ・レニェルを先頭とする社会党下院議員らは、私立学校に不利な方向の修正を強く要求した。アラン・サヴァリの意見にもかかわらず、モロワは譲歩した。市町村による私立学校への補助金支給は、教師の過半数の公務員任用を条件とするよう改められた。カトリック系学校の代表者は、この「極悪」な修正はまったく受け入れらないと判断した。学校をめぐる戦いは、その場を国民議会に移し、法案審議が行なわれ、野党が提出した不信任案が否決されると、五月二三日に第一読会で法案は可決された。カトリックはこれに反応し、リュスティジェ枢機卿は「約束違反」との言葉を口にして、六月二四日にデモを行なうよう呼びかけが行なわれた。一三〇万人を集めたこのデモは、パリで行なわれたものとしては最大級だった。モロワは戦意を失わなかった。右派が多数を占める上院は法案を否決するだろうが、最終決定権は国民議会にある。しかし、それはフランソワ・ミッテランの変化を知らなかったからである。

大統領は、下院議員たちがよりライックな方向に要求をエスカレートさせるのを評価しなかった。彼は、私立学校を守ろうとする人々の抵抗力と動員力に驚嘆していた。五月二二日、アンジェを訪れた大統領は、群集から非難を受けた。「ミッテラン、出て行け！」との言葉は、彼を傷つけた。私立学校の保護者会長だったピエール・ダニエルによれば、この攻撃的なデモが、ミッテランの判断に決定的な影響を与えたのだった。(6)「落としどころ」を求めて、ミッテランは完全にモロワの頭越しにことを進めた。いつものように、彼は時間をおいて、七月に臨時議会の開催を決めた。ミシェル・シャラスが発案し、リオネル・ジョスパンが支持する国民投票という手段の活用について、ミッテランはラッチュで想を練った。それは、議会審議での野党の要求を、そのまま利用しようとするものだった。しかしながら、憲法は社会に関わる問題については、国民投票の実施を認めていなかった。そこから、憲法第一一条の適用範囲拡大に関する国民投票――これは、完璧に適法である――実施を発表する、という「天才的」なアイデアが生まれた。そうすれば、次に学校教育に関する国民投票が可能になるのだ。七月一四日の記念日前日にパリに戻ると、ミッテランはモロワにこの案を伝えた。モロワは仰天し、即座に大統領があまりに危険な法案を葬り去ったのだと理解した。サヴァリは辞任した。モロワも辞任しようとしたが、ミッテランはしばらく待つように求めた。次年度予算が成立する年末まで、モロワを首相にとどめたかったのだ。しかし、力尽きて、疲労困憊し、気力喪失した首相は引かず、彼は譲歩した。かなり以前から、彼の念頭には後継首相の名前があった。ローラン・ファビウスである。国民投票に関する国民投票は、結局行なわれなかった。国民投票実施の発表は、ミッテランにとっては影響を計りきれない危機から脱するための手段であり、そのために首相はだまされ、犠牲となったのである。

こうして、ローラン・ファビウスは、三八歳で、今期議会の二人目の首相となった。骨董商の息子で、ＥＮＡで学ぶ前に高等師範学校を出て文学のアグレジェ〔高等教員資格取得者〕となった彼は、深い教養の持ち主であると同時に、国家参事会調査官としての能力を備えていた。亡くなるまで有能なリクルーターだったジョルジュ・ダヤンに見出された彼は、その明晰な頭脳と知的好奇心ですぐにミッテランを魅了し、ピエール・モロワが言うところの「エナルコ＝ブルジョワ」〔ＥＮＡ出身のブルジョワ」――モロワは彼らを嫌っていたが――の中でも、お気に入りの精神的息子の一人、やがて最愛の精神的息子となった。一九七八年総選挙でセーヌ＝マリティム県で社会党から出馬し当選した彼は、一九八一年に再選され、モロワ内閣で予算担当相――このポストで、彼はドロールと衝突することもあった――、次いで科学研究相を務めた。ミッテランは、ファビウスに全幅の信頼を置いていた。はるかに年少のこの人物が、趣味、冷静さ、人を惹きつける力などの点で、自分に似ていると感じたからだ。一九八一年以降、彼は頻繁に大統領執務室に出入りした。「ル・コティディアン・ド・パリ」紙は、「ミッテラン、自らをマティニョンに任命」との見出しを掲げた。大統領は、ファビウスの妻、フランソワーズ・カストロのことも大いに評価していた。彼女はミッテランの元アシスタントで、どこにいてもその快活さで周りを明るくする才能があった。この夫妻は、国家の頂点における若さの象徴となった。すぐに、ミッテランはファビウスを自分の後継者と見るようになった。それでも、モロワ内閣でもそうだったように、彼は閣僚を自ら選任した。序列はとどまり、王は統治した。

個人的な親近感は別として、ファビウスを首相に選んだことは意外とも受け止められた。彼は、失敗した景気刺激策の支持者だったではないか。しかし、ファビウスにはイデオローグ的なところはまったくなかった。彼も現実的立場を取り、必要とあれば意見を変えることができた。彼は、かつては反対していた、モロワとドロールの二人組が始めた緊縮策を継続した。それが、最も適切な政策であることが明らかだったからだ。共産党は反対した。これによって、共産党の政権参加は終わった。離別は決定的だった。それは、ミッテランの意思ではなく、もはや協力できない経済政策に加担することを避けたい共産党の意向によるものだった。この「潜入工作」、トロイの木馬方式にはメリットもあり、一定の分野（たとえば国鉄）では、共産党閣僚の働きにより、成果が上がったのにもかかわらず(7)。

　一九八四年七月から、一九八六年三月の左翼が敗北を喫する総選挙まで、ローラン・ファビウスは、ミッテランの父親のような眼差しの下で、国政の運営に当たった。二人の間の協力は、ときとして現れた緊張関係のため、無傷ではすまなかった。大統領が不人気から脱出できない中、新首相はメディアと世論から比較的好意的に受け入れられた。世論調査では、ファビウスがはるかに優位に立ち、ミッテランはそれを喜ぶわけにいかなかった。一九八五年九月五日のテレビでの、明らかに取るに足らない、彼のお気に入りによる「彼は彼、私は私です」との発言が、不幸なことに保護者には気に入らなかった。この年の一一月、ローラン・ファビウスはジャック・シラクとテレビで討論し、シラクが優勢で終わった。ファビウスは悔しがったが、期待していたような慰めの言葉は、ミッテランからは得られなかった。

　「レインボー・ワリアー号」事件が、二人の間の溝を深くした。ムルロア環礁で計画されていたフランスの核実験に反対する環境保護運動団体「グリーンピース」の活動を妨害するために、ラコスト提督が長官を務める情報機関ＤＧＳＥ（対外保安総局）は、ニュージーランドのオークランド港で、この団体の船を爆破したのである。「ルーティン」だとされた作戦は暴走し、オランダ人カメラマン一名が死亡した。状況が明確にされず、何週間にもわたる沈黙の後、メディアの執拗な追及を受けて、ミッテランは面目を保つために、責任者を処罰せざるをえなくなった。国防大臣のシャルル・エルニュ以上の責任者が、果たしているだろうか。

ファビウスは、内務大臣ピエール・ジョクスの後押しを受け、ミッテランにエルニュの辞任を求めた。しかし、ミッテランにとって、エルニュは古くからの仲間で、大切な友人だ。大統領は、まずは断固拒否した。九月一七日の「ル・モンド」紙に掲載された、ベルトラン・ルジャンドルとエドウィー・プレネルの取材に基づく記事は、船の破壊命令は政治権力によるものでしかありえないことを証明していた。最終的に、ミッテランは国防大臣の辞任を了承したが、執拗に友人に責任を負わせようとしたファビウスを恨みに思った。ラコスト提督は一九八六年四月に、シラク内閣の国防相アンドレ・ジローに長文の報告書を提出し、その中でエルニュばかりでなく、ミッテランの責任も明確に証明した。「大統領直々の許可がなければ、私がかかる作戦に手を染めることはありませんでした」[8]。ラコストによれば、ファビウスは準備中の作戦について報告を受けていなかったが、ミッテランが知らないことはありえなかった。「大統領は知っていました。しかし、大統領は知らない振りをして、事実の究明に参加し、〝犯罪者を厳しく指弾〟した」のだった。この重大事件は、大統領と首相の連帯に限界があることを明らかにした。秘密の決定、マティニョン館の頭越しにエリゼ宮で行なわれる判断、大統領と閣僚の直接的な協調、これらは大統領が通常行なっている権力行使法であり、普段は目に見えないが、スキャンダルによって例外的に人々の知るところとなったのである。

一九八五年一二月二日、ファビウスはＡＦＰ通信が配信した記事により、大統領がパリで、レフ・ワレサと「連帯」を支持する人々から唾棄されていたポーランド大統領のヤルゼルスキ将軍と会談することを知った。ファビウスは不快感を表した。ミッテランはファビウスに説明したが、彼の期待とは異なり、首相は国民議会での政府に対する質問の際に、躊躇することなく、この訪問に「当惑」しているると述べた。ミッテランは怒った。ファビウスは、ミッテランに反対することで、自らの立場を強化しようとしているように見えた。しかし、それでも彼にとって、後継者が気骨のある人物であることが明らかになったのは喜ばしいことだった。

二年間のコアビタシオンの後、一九八八年に再選された大統領は、国民議会でかろうじて過半数を確保し、意外にも首相にミシェル・ロカールを起用した。彼は、ロカールという人物を好きではなかった。ミッテランの目には、ロカールの最大の間違い、恐らく最大の過ちは、すべてが決着したエピネー党大会に不在だったことだ。彼の社会党入党は遅すぎ、彼はそのためにずっと外様扱いだった。

しかし、一九八八年には、ロカールこそ期待を集めている人物だった。ミッテランは、「結束したフランス」をテーマに選挙運動を行ない、それは「開放」政策を想定するものだった。それを、最も適切に体現できるのがロカールだった。彼は、メエニュリー、スタジら中道派と良好な関係にあり、彼らはロカールの首相就任を歓迎した。ミッテランは、ロカールを「社会主義者」というよりは「キリスト教民主主義者」だと見ていた、と後になって語ることになる。一方で、ロカールのマティニョン館への任命は、彼に試練を与える最良の方法でもあった。かつての騒々しいPSU党員は、ミッテランにとっては国家元首にふさわしい資質の持ち主ではなかった。彼の予想では、ロカールは誤りを犯し、失言や過激な言動、PS内部に敵を作る傾向から、権力の座で長続きしないはずだった。彼の意図は、ローラン・ファビウスを確固たる後継候補とし、一九九五年の大統領選で社会党の切り札とすることだった。彼の選択を導いた理由には、ロカールという障害を取り除くことも含まれた。

新議会の任期開始当初、ミッテランはルールを守った。確かに、彼は首相の行動の自由を制限し、当然閣僚の大半を、とてもロカール派とは言えない「エレファン（象）」と呼ばれる党の実力者のうちから選んだ。経済財政相ピエール・ベレゴヴォワ、内相ピエール・ジョクス、外相ロラン・デュマ、国防相ジャン＝ピエール・シュヴェーヌマンなどである。彼らは、マティニョン館を経由することなく、直接ミッテランとやり取りした。それでも、彼はロカールに政策遂行を任せた。やがて、彼は、ニュー・カレドニアの悲劇的な事件の解決におけるロカールの手腕に驚かされることになった。ミッテランは、シラク前首相の強硬路線にブレーキをかけられず、その結果カルドシュ〔白人入植者〕と民族主義者の間で、内戦寸前の事態に至っていたのである。ロカールは的確な方法で、パリで両陣営の指導者、ジャック・ラフルールとジャン＝マリー・チバウを会談させた。両者は妥協案に署名し、島の独立に関する住民投票を後に行なうことを受け入れた。一九八八年六月一五日、交渉の行なわれる当日、閣議の真っ最中に、ミシェル・ロカールは腎疝痛の激しい発作に襲われた。大統領は深い同情を示し、ロカールをエリゼ宮の居住スペースにある自室のベッドで休ませ、主治医のギュブレール医師を呼んだ。これは、苦しむ者に対しては配慮を示す、ミッテランのもう一つの特性である。彼自身、恐ろしい病に侵されており、猶予を与えられているにすぎなかった。彼は、他者の苦しみには敏感だった。翌日、ラスパイユ通りのロカールの自宅を訪ねた彼は、ヴァル＝ド＝グラス病院で数時間を過ごした後、自室のベッドで横になっている首相を見舞った。こうした振る舞いは、大統領の決意を何ら変えはしなかったが、それでもライバルを感動させるものだった。

内閣成立直後、ロカールはミッテランより一歩引いて、控えるようにした。彼は、誰に対しても、大統領の政策を実行するのだと話した。それでも、少しずつ、目に見えないところで、大統領は首相との闘いを継続した。彼は、いくつもの指令を出して、ロカールを消耗させた。「社会政策」を実施せよ！　ロカールにもその意図はあったが、方法論は異なった。大統領は、不平等の縮小、低所得労働者層の賃金引上げ、失業の急速な減少など、すぐに結果を求めた。次期総選挙で左派が多数派を占められるように、との考えからだ。一九八八年選挙の結果、与党は絶対多数を得られなかった。ロカールは、法案ごとに中道派の賛成を得るべく、闘わなくてはならなかった。ロカールは、長期に目を向けていた。彼は、フランスが一九八一－一九八二年の困難に再び陥ることを望まなかった。そのためには、企業の体力を増進し、負担を軽減し、競争力を強化し、インフレと闘うべきだった。需要と供給のいずれを重視するか、という経済危機の際の永遠の議論である。この分野に関しては、ロカールには、ミッテランの側近中の側近である経済財政相ベレゴヴォワをはじめとして、多数の味方がいた。緊縮政策の不都合な点は、結果が出るまでに時間がかかり、ミッテランが恐れる抗議運動が起こることだ。九月には、組合の指令がないまま、看護師が行動を開始し、デモを行ない、ストに入った。看護師の賃上げ要求は、ロカール派の保健相エヴァンとロカール自身の目には、満足させることは不可能と映った。そこで、ストのさなかに大統領が動き、エリゼ宮で看護師グループの代表であるニコル・ベネヴィーズと会見した。看護師の行動は沈静化したが、公務員、国鉄職員、ガス公社と電力公社社員、ＲＡＴＰ（パリ交通営団）社員のストライキがこれに続いた。ロカールは、一件ごとに個別に交渉し、そのためミッテランの批判を招いた。「ロカールのやり方はまずかった。一体的なアプローチを取っていたら、結局これほど高くはつかなかっただろう」(9)。世論調査で、政権の人気は下落した。それでもロカールは持ちこたえ、それなりに巧みに、すべての要求には屈しなかった。ミッテランはそれをわかっていたが、首相の成功は彼を不安にした。ロカールは、彼が考えていたような図々しいだけの男ではなく、それだけにかえって危険だった。

一九八九年一月に起きたのが、ペシネー事件である。国有化されていたペシネーは、米国最大の包装会社であるアメリカン・カンを傘下に置くトライアングル・インダストリーズを買収した。ところが、COB（証券取引委員会）は、この企業買収にあたりインサイダー取引が行なわれ、ミッテランの親友であるロジェ＝パトリス・プラが大きな利益を得た可能性があると明らかにした。大スキャンダルである！　ミッテランは標的にされたと感じ、ロカールは口を閉ざした。テレビで質問されたミッテランは、親友に敬意を表した。「私が戦争中に、当時の状況で知り合った人々の中で、ロジェ＝パトリス・プラほどのエネルギーと、決断力と、存在感と力を示した人は他にいませんでした」。友情に厚い彼は、友人が無実であるとの確証はなかったにもかかわらず、責任を問われ、世論から非難された友人をかばった。事件は悲劇的な様相を呈した。三月七日、プラは心臓発作のために死亡した。この数週間、ロカールはずっと沈黙し、それは大統領の目には連帯感に欠ける証拠に見えた。

いまや、警戒心を持つことが普通となった。「毎週、意見が合わない問題が一五もある」(10)と、ロカールは言った。経営者に好意的すぎるロカールに対して、ミッテランの姿勢は、自分は左翼の理想に忠実であるのを見せることだった。たとえば、ISF（資産連帯税）の復活に関しては、ロカールが経済界の指導者に集中攻撃を加えることを避けるため税率を加減したいと考えたのに対し、社会主義者の大統領は、金持ちに重い負担を課そうと意図していた。周知のように、両者の対立は一九九〇年のレンヌ党大会で決定的となった。これは、表面上は二人の後継候補、ジョスパンとファビウスというライバルの対立だったが、背後にはミッテランとロカールの闘いがあった。大統領は、首相の工作を素早く見抜いた。ロカールの狙いは、何としてもファビウスが党を支配するのを妨げることだった。党は、大統領になるために必要な発射台だったからだ。次回選挙まで五年を残して、ミッテランの後継争いは容赦のない闘いを引き起こした。そして、ロカールは「神様」のお気に入りのファビウスを、有利な立場に立たせるわけにはいかなかった。弟子の失敗で、ミッテランは決定的にロカールを敵視するようになった。大統領の人気は大きく低下していたから、なおさらである。いまや、課題は術策を弄した人物を排除することだった。それでも、ことを性急に進めるのは避けるべきだった。各種調査では、ミッテランとロカールはコンビを形成しており、世論から好意的に見られていたからだ。首相と袂を分かつことは、大きな危険を伴った。必要な猶予期間を与えてくれたのは、突然起きた湾岸戦争だった。

クウェートに侵攻したイラクに対してジョージ・ブッシュ父が決断したこの戦争の期間中、ミッテランは作戦を指導し、大統領府事務総長のビアンコと顧問のヴェドリーヌの補佐を受けて、外相のロラン・デュマ、大統領付き参謀長ランクサード提督と直接やり取りした。彼にとって、ロカールは国際問題に関与する才能をまったく持っていなかった。彼は戦略的には無能であり、国家間の関係が持つ長い時の流れを形成する歴史に無知だった。フランスは作戦に参加するが、首相は遠ざけられたのである。だからといって、ミッテランが内政に関与しなかったわけではない。一一月には、フランスは、その現代史のお気に入りの項目の一つである高校生の運動に直面した。デモは、壊し屋の破壊行為によって混乱し、機動隊は反撃した。一九六八年以来、どの政権も若者が起こす騒乱を恐れていた。ところが、大統領は高校生の代表たちと面会することを決めた。代表のナセル・ラムダンは、エリゼ宮での会見が終わると、こう発言した。「大統領は我々の要求に同意しました。ロカール内閣が、責任を持って実行する番です」。つまり、大統領が約束した教育省の追加予算にあたる四五億フランの財源を、首相が捻出しなければならないのだった。大統領が公にした高校生たちへの支援は、ロカールを深く傷つけた。彼はまたしても、背後から刺されたのだった。二人はともに苛立ち、ロカールは正面からミッテランと衝突するのをもはや躊躇しなかった。一九九一年二月一三日の閣議では、一九九二年の地域圏議会選挙での選挙方式が議題に取り上げられた。ロカールは地域圏全体を一選挙区とする方式を支持していたが、ミッテランは地域圏を構成する県単位の選挙方式を推していた。ロカールが説明している途中で、大統領は突如首相の発言を遮った。普段は、首相の発言が長いと感じ始めると、大統領は人差し指でテーブルを叩いて、苛立ちを表現した。今回は、彼はそっけなく発言を中断させた。ロカールはむきになった。「大統領、いま私の発言を中断されましたが、他の発言者を中断なさったことはありません」[11]。彼が首相でいられる時間は、もう長くなかった。

ミッテランは、嫌っていたロカールを、親しみを感じていたエディト・クレソンと交替させた。これは大胆な人事だった。フランス史上初めて、女性が首相ポストに就いたのである。HEC（高等商業学院）卒業生で、財務監察官の娘であるこの五七歳の女性は、共和国制度協議会（CIR）の時代からのミッテランの仲間であり、PSで政治家としてのキャリアを積んでいた。欧州議会議員から、一九八一年にはヴィエンヌ県選出下院議員となり、シャテルロー市長、モロワ内閣農相を務めた彼女は、ロカール内閣では欧州問題相の任にあったが、一九九〇年に辞任していた。大統領が首相就任を要請したとき、彼女はシュネデール・アンデュストリー・セルヴィス・アンテルナシオナル社の社長を務めていた。

ミッテランはエディット・クレソンをよく知っていた。一九七〇年代には、選挙戦の際、彼女がミッテランを乗せた車を運転していた。彼は、クレソンの聡明さ、経済問題に関する知識、エネルギーと強い個性を好んだ。しかし、間もなく、この人選はミスキャストであることが明らかになる。当初、メディアと、世論調査によれば世論からは好意的に迎えられたものの、彼女はやがて適材適所ではないと見られるようになった。能力不足というよりは、スタイル、言葉遣い、手法の問題だった。一風変わった人物であるアベル・ファルヌーの助言を受けたクレソンは、所信表明演説が不評で、公の場でいくつかの失言をおかし、左右を問わず、ともすれば女性蔑視に陥りがちな政界関係者の笑い者になってしまった。

エディット・クレソンはいくつもの決定を行なった（職業訓練の改革、CGTが独占的に組織してきた港湾労働者の資格の改革、国の機関の地方移転、特にENAのストラスブールへの移転等）が、彼女は国会議員、ジャーナリスト、お笑い芸人の集中砲火を浴びた。彼女が首相に起用されたのは、大統領との親密な関係ゆえだとする噂も流された。クロード・サロートは、三流紙の代表とは言えない「ル・モンド」紙の一九九一年七月一一日のコラムに、こう書いた。「ねえ、クレソンちゃん、わかるかな…（中略）…あなた方がどういう関係か全然知らないけど、ミミが熱くなった女の愛撫にイライラして、あなたを足で押し返そうとするとは、ちょっと考えられないな。もし彼が嫌になってるとしたら、あなたの品のない嘘のせいかもしれない……」(12)。「ベベット・ショー」（民営テレビ局TF1の人形劇による風刺番組」は、ミッテランの首に抱きついて、甘い言葉をささやき続ける「アマボット」と名づけられたクレソンの人形を使って、人々を面白がらせた。エディト・クレソンの人気は急落した。就任後三週間で、彼女の支持率は七二パーセントから三八パーセントに下降した。

フランソワ・ミッテランは、お気に入りを擁護しようと努めた。彼は、彼女に対する不当な攻撃に怒った。クレソンに対する批判を隠し切れないモロワを、彼は牽制した。「モロワは彼女のために汗をかくべきだ」[13]。しかし、ミッテランの騎士道精神にも限界があった。一九九二年に入ると、風向きが変わった。特に、三月の県議会選挙で、社会党が得票率を一九パーセント以下にまで落としたことが響いた。その直後の四月二日に、クレソンは辞任した。失望した彼女は、社会党の同志たちから見離されて被害者意識を抱き、政策運営に必要な手段を与えなかったミッテランにも恨みを持った。それから七年を経て、彼女はジャン・ラクテュールに次のように語った。

「彼は、私を利用したのです。まだ人気があったロカールを排除するには、世論に与えるショックを緩和するニュース性が必要だったのです…（中略）…それから、自分自身の栄光を確固たるものにするためでもありました。フランスで、これほど高い地位に女性を起用できる大胆な人物、と見られたかったのです[14]」。

クレソン内閣は、一年続かなかった。後任となったピエール・ベレゴヴォワの内閣も、一九九三年の総選挙での左翼の敗北まで、それよりわずかに長かったにすぎない。ずっと以前から首相になりたくて仕方がなかった彼は、自分の功績――それは、現実にあった――にもかかわらず、褒賞が得られないのは不公平だと考えていた。この人選は、ミッテランにとって最小限のリスクを意味した。元経済財政相は、最も忠実な部下の一人であり、ミッテラン自身の変化と一致していた。彼にとって、社会主義の夢は終わっていた。かつての景気刺激策の唱道者、国有化の支持者は、経済界と市場から敬意を払われる人物となっていた。経済を近代化しようとする彼の意志は、かつて非難していた資本主義への賛同と同義だった。新自由主義のイデオロギーは追い風を受けており、金を稼ぐことは人々が共有する理想となった。ソ連共産主義の崩壊は、社会主義がうまくいかないことの証拠とされた。一部のコラムニストは、この時期を「カネの時代」と呼んだ。労働者の息子、「プティ・ショーズ」（アルフォンス・ドーデの小説。「プティ・ショーズ」と呼ばれる主人公が、厳しい実社会で、苦労を重ねて成長する姿を描く自伝的作品）、飢えたる者たちの高潔な擁護者だったピエール・ベレゴヴォワは、銀行家の友人となったのである。これらすべては、フランソワ・ミッテランを困惑させはしなかった。それでも、彼は最後まで、自分は社会主義者だと主張し続けたのではあるが。

大統領と首相の本格的な対立は一度しかなかった。マーストリヒト条約をめぐる国民投票に関してである。慎重なベレゴヴォワは、リスクが大きすぎると見た。ミッテランは強行し、僅差ながら賛成票が反対票を上回ったことで、自分の勘の鋭さを自慢することができた。ベレゴヴォワ内閣の最後の数カ月は、黒いベールで覆われた。一九九二年九月、フランソワ・ミッテランは前立腺の手術のために、コシャン病院に入院した。彼が癌に侵されていることは、フランス国民の知るところとなった。一九九三年二月、「ル・カナール・アンシェネ」誌は、ピエール・ベレゴヴォワが、ミッテランの友人であるロジェ＝パトリス・プラから、無利子で借金をしていたと報じた。プラは、死の直前にインサイダー取引疑惑で批判を受けた、危険な匂いのする実業家だった。この件について、何ら違法性はなかったものの、腐敗との闘いを宣言していたベレゴヴォワは、メディアのキャンペーンに虚を突かれ、疑いの眼差しを向けられるようになった。集中攻撃を受けた彼は、ミッテランに見捨てられたと感じた。一九九三年四月の総選挙とともに、彼の内閣は終わった。絶望した彼は、自分が敗北の原因だと確信した。彼はこの敗北に生き延びることができなかった。

フランソワ・ミッテランが任命した社会党出身の首相のうち、国を「統治」した者は一人もなかった。中には、有益な行動を取り、長期的視野の改革を行なった者もあった。しかし、誰もがエリゼ宮の君主の優位を認めなくてはならなかった。この仕組みは、社会主義者の大統領が作ったものではなく、彼はそれを遺産として相続したのだった。彼の前任者たちはいずれも、憲法が大統領に与える君主にも近い権限を活用することができた。しかし、彼は一九五八年憲法には反対していた。『恒常的クーデター』で、彼は首相の大統領への従属を糾弾していた。一九八〇年になっても、彼は『いま、フランスでは』で次のように主張した。「私が問題視しているのは、まさにこの君主制なのです」[15]。

†コアビタシオンの二頭政治

一九五八年以来それまで起きていなかった事態は、大統領が反対勢力による議会多数派と対立する構図である。一九八六年に、人気の下落に直面していたフランソワ・ミッテランは、社会党の総選挙敗北を予測した。右派が勝利した場合、彼はどういう判断を下そうとしていたのだろうか。この疑問は、ド・ゴール将軍の一期目の終わりから呈されてきたものだ。ド・ゴールは、「国の頂点における二頭政治は受け入れられない」[16]と宣言した。そうである以上、もし反対勢力が国民議会で多数を占めた場合、第五共和制の創立者は、民間出身者を首相にあてることを検討していた。将軍は、アラン・ペルフィットにこう語った。「議会で多数が得られないなら、それで構わない。もちろん、我が陣営が完全にやられてしまわなければの話だ。この憲法は、議会で多数を占めなくても政権運営ができるように作られた。一九五八年のように、私は新しい人材を起用するつもりだ。政治闘争で汚されていない技術者、専門家だ。その能力により、尊敬される人々だ。高級官僚、管理運営能力のある人々だ」[17]。しかしながら、反対勢力が大勝した場合には、彼はそれを認めて、辞職するか、議会を解散するとした。

社会党の敗北を最小限にとどめる方策は、小選挙区二回投票制を、県単位の比例代表制に改めることだった。比例代表制の復活は、大統領選の際の「一一〇の提案」にも含まれていた。新選挙法は一九八五年四月、社会党が敗北した県議会選挙後に成立した。この選挙法は、小選挙区制を支持し、右派の力を弱めるために国民戦線を利することを拒否する農相ミシェル・ロカールの辞任を招いた。一九八六年三月の総選挙では、左派与党は予想通り敗れたが、一〇パーセント近い票を得た国民戦線は三五議席を獲得し、右派（RPRおよびUDF）の議席はその分だけ減ることとなった。ところで、ド・ゴールは亡くなり、ド・ゴール派と新ド・ゴール派は、政権獲得の機会を逸するよりは、「コアビタシオン」と習慣的に呼ばれるものを敵視しなくなっていた。右派の理論家の一人、エドゥアール・バラデュールは、「ル・モンド」紙への寄稿でその原則を説明し、注目を集めた。一方、フランソワ・ミッテランは、一九八六年三月一六日に「新たな多数派」の勝利を確認した後、彼が左派の大統領と右派の多数派による「コエグジスタンス（共存、共生）」と呼ぶ新たな事態を受け入れた。議会制民主主義のルールを尊重して、術策を弄することなく、彼は勝利した政党のリーダーであるジャック・シラクに、新内閣を組閣するよう要請した。彼が、一九八八年の大統領選を念頭に置いていたことは疑いようがない。二年間内閣を率いて、シラクは消耗するはずだ。ミッテランは、不人気な政策の責任を負わずによくなり、人気回復が見込まれるのだった。彼の両義的な傾向は、こうした状況に適していたから、彼は日々のこと細かな実践を楽しむことができた。ジャン・ラクテュールは、興味深い言葉でこれを評した。「コアビタシオンを、彼は享楽的に憎んでいた[18]」。

シラクと閣僚たちは、一九八六年三月二二日の、コアビタシオンの下での最初の不可思議かつ重々しい閣議を記憶にとどめたことだろう。閣議の始まる前に、慣例にならって、大統領は首相と意見交換し、その後二人でミュラの間に入ったが、その際ミッテランはその場にいる大臣たちの誰とも握手しなかった。アタリは、こう記している。「非常に重苦しい雰囲気だった。ビアンコ、フルニエと私は、ウィンターガーデンへと向かうドアの横の小テーブルに座っていた。カメラマンたちは大急ぎで写真を撮ると、退出した。大統領は凍りついたようだった。その声は低かった。私には、彼の動揺が見て取れた[19]」。大統領は、こう述べた。「ここで、国のさまざまな問題が扱われます。たったいまから、すべての責任は皆さんにあります。いくつかの問題については、引き続き私に責任があります。しかし、誰にとっても、我々の責任です」。

最初から、ミッテランはお飾りの大統領にはならないと宣言した。一方で、シラクは躊躇しなかった。「私は小選挙区制を復活させるための法案を提出します。比例代表制と同数の議員数を維持するために、以前の四九一に代えて、五七七の選挙区を作るために、区割りを変更します」。社会主義者の大統領が取った施策の「解体作業」が始まった。「ひどいものだ」と、閣議を終えたミッテランはアタリに漏らした。

フランソワ・ミッテランは、憲法上の規定はないものの、慣習的に大統領の「専権事項」とされた分野について、主導権を握り続ける意向だった。外交と、防衛である。組閣にあたり、両分野の担当閣僚人事では、彼はシラクが提案した実力者、ジャン・ルカニュエとヴァレリー・ジスカール・デスタンの任命を拒否した。一方で、フランソワ・レオタールは「軽すぎる」として、これも拒絶した。エリゼ宮では、彼は強力なチームに助けられた。ジャック・アタリとジャン＝ルイ・ビアンコに、エリザベート・ギグー、ジャン・グラヴァニ、ユベール・ヴェドリーヌ、シャルル・サルズマン、ミシェル・シャラスらが加わった。大統領は、自分の業績——特に国有化——を崩そうと決意している首相の政策に対して、反撃を行なうと決意していた。世界中が、マーガレット・サッチャーとロナルド・レーガンを大祭司とする生粋の新自由主義イデオロギーの影響下にあった。シラクは、その風に乗っていた。急いでいた彼は、政令により民営化を実施したいと考えた。そのためには、特例を定める特別立法が必要だった。法案はバラデュールが準備し、一般企業と金融機関計六五社が対象とされた。その中には、エルフ、アヴァス、ビュルとマトラが含まれた。議会の審議では、戦術の常として、右派が国有化に際して行なったように、左派は多数の修正案を提出した。内閣不信任案が否決された後、法案は憲法評議会の承認を得て、七月二日に可決された。これで、政令を公布することができた。民営化の対象企業リストには、一九八二年以前に国有化されていた企業も含まれた（ソシエテ・ジェネラル、BNP、クレディ・リヨネ等)。ミッテランは、これを拒否した。彼はアタリにこう語った。「私はこんな政令には署名しない。衝突は避けられない。私は、国民に証人になってもらう。閣議でこの政令を議題に上げることはできるが、署名するのは内閣ではなく、私だ。私は署名しない！　結果は、壁にぶち当たるだけだ」[20]。右派の計画を失敗させるため、大統領は外国資本によるフランス企業の支配に対抗して、国の独立論を持ち出した。七月一四日、大統領はテレビカメラの前で、政令に署名しないと明言した。その晩、シラクは大統領に電話した。「与党は我慢の限界にきています」。ミッテランは拒絶を繰り返した。一九四五年に国有化された企業の民営化には署名しない、というのである。首相がどうしてもというのなら、議会で法律を通さなければならない。シラクは、辞任して繰上げ大統領選に持ち込むと脅した。冷静なミッテランは、愛想よく、国民議会を解散できるのは自分だ、辞任するつもりはさらさらない、と反駁した。シラクは、繰上げ大統領選を考えるべきではないのだ。シラクは、何度も問題を提起し、外国資本によるフランス企業の支配に対応できるよう、政令の内容変更を提案した。七月一六日の次の閣議で、彼は閣議に決定権があると主張した。駄目だ！　署名は大統領の権限だ。ミッテランが言いたいのは、こういうことだった。議会で法律が通るなら、自分はそれを認めよう。しかし、自分が反対する内容の政令に署名することはできない。内閣は断念し、議会で法律を成立させるしかなかった。民営化は確かに実施され、多くの人が株式を購入するに至った。少なくとも、ミッテランは毅然たる態度を示し、「共存者たち」はこれに慣れるしかなかった。

二頭政治の両巨頭間の陰の闘いは、他の機会にも露見した。一九八六年一二月、大学の独立を促すアラン・ドゥヴァケの法案に反対する大学生と高校生の大規模なデモが行なわれた。一二月九日、ラジオ局ユーロップ1で、大統領は「学生たちとほぼ同じ見方」をしていると表明した。フランスは、そのとき悲劇のさなかにあった。五日に、デモ隊は喪に服した。カルティエ・ラタンでの警察との衝突の際に、二二歳の学生マリク・ウセキーヌが死亡したのだ。翌日、追悼デモが行なわれ、再び警官隊との衝突が起きた。研究・高等教育担当相アラン・ドゥヴァケは辞任した。八日、ジャック・シラクは大学改革法案を取り下げると発表した。フランソワ・ミッテランは、この危機で政治的勝利を収めたと見なされた。一二月一七日、彼は労働時間の見直しに関する政令への署名を拒否した。内閣は、またしても議会での立法を強いられ、法案は三日後に可決された。

大統領は、話を聞いてくれる者には誰にでも、シラクと大臣たちに対する批判を延々と語った。一九八六年の夏、ラッチュで、彼は訪問者に向かってこう述べた。「この調子で行くと、私は立候補したい気分になってしまう。連中を負かす楽しみのためだけに。だが、それも退屈だ……。ここにいれば、気分がいい[21]」。衝突は次々と起こった。特に、パスクア内相の選挙区の区割り変更案である。ファビウスは、これを「シラキュタージュ（chiracutage）」と称した〔選挙区割りを都合よく変更することをシャルキュタージュ（charcutage）と呼ぶのを、シラクの名前にかけたシャレ〕。国際的な会合では、ミッテランはフランスを代表するのは自分だと見せるために全力を傾注した。国防会議では、彼が主要な方向性を定めるのだと強調した。シラクに対する辛辣な言葉が次々と放たれた。「彼は走るのは早いが、どこに向かっているかは本人も知らない」。ジャック・アタリの『発言録』を読むと、小さな衝突の数の多さに驚かされる。ほとんどの場合、大統領の毅然たる態度に面喰ったシラクに対して、ミッテランが優位に立っていた。権力の座にある右派は、彼を後退させ、無力化し、副次的な役割に閉じ込めようとするのだが、彼は、議会での多数派こそ持たないものの、憲法の定める権限を背景に右派の動きを妨害した。一九八七年一月一日、彼はブレガンソン城砦〔南仏にある、大統領の公式な別邸〕で、ストライキ中の国鉄運転士と面会した。運転士たちは、ミッテランに花束とともに、こう書かれたカードを贈った。「一九八七年が幸福な年でありますように。早急な交渉開始を望む、ストライキ中の国鉄運転士一同」。内閣の怒りは想像に難くない。シラクは、大統領が政府に反対する者を支援したことに抗議した。ミッテランはこう解説した。「むしろ子供っぽい文章だ。うまく書けているとは言えない。返答の必要はないだろう」。英国女王のように、君臨すれども統治せず、であってほしいと考える人はいたが、それは彼のことをよく知らないためだ。彼はいつでも愛想よく、ときには物腰柔らかで、憲法と慣習を根拠に決断を遅らせ、パートナーでもある政敵たちに譲歩させることで、彼にとって最悪の事態を回避した。彼はときにはジャック・シラクに対してはるかに優位に立ち、イランとの外交摩擦の際には、笑みをたたえて、ジャン＝ルイ・ビアンコにこう言うことができた。「このところ、彼は私の首席補佐官みたいに振る舞っているよ」(22)。

両者間の緊張は極度に高まることがあった。大統領は、首相に対する軽蔑を隠そうとはしなかった。「シラクは階段を上るように考える。握手をするように話す。少しは落ち着いて座っていたらどうかね」。それでも、しばしば寛大でもあった。「それでも、決して悪い奴じゃない！」と彼はあるとき、特別顧問のアタリに言った。二人の関係は、親しみを伴うこともあった。マリー＝フランス・ガローによれば、シラクはミッテランに「魅了」されていた。一九八七年一月五日、新年の祝辞の会で、シラクは一番にエリゼ宮を辞去した。大統領は、意外そうに言った。「総理、もうお帰りですか」。それに対して、シラクは答えた。「はい、将軍……。いや、大統領」。シラクは自分の言い間違いに気づいて笑ったが、ミッテランは聞こえなかった振りをした。その後、彼はアタリにこう尋ねた。「本当に、そう言ったのか。君には聞こえたのか。何と、不可思議な……」[23]。

全体として見れば、フランソワ・ミッテランはコアビタシオンには苦しまなかった。彼の支持率は急上昇した。フランス国民は、野党の代表が国家の頂点にいることを評価した。彼は、自らの置かれた立場、憲法上の免責、そして残酷にも失業率の上昇カーブが伸びてゆく時期にあたったことで、特に有利な立場に立った。好々爺然としながらも、固い決意を持って、彼は政敵に畏怖の念さえ起こさせた。高等教育相を辞任しなければならなかった気の毒なドヴァケも、ミッテランの再選を希望して、大統領府顧問にこう語った。「危機のさなかで、モノリ〔教育大臣〕は権威に欠けていました。シラクはモノリを巻き込むことだけを考え、バラデュールはまったく役に立ちませんでした。私は、大統領のために働く用意があります。大統領が望むなら、社会党に入党するつもりです」[24]。

一九九三年総選挙での左翼の敗北は、より深刻だった。しかしながら、ルールは知られていた。フランス国民は、このルールを評価していた。したがって、新たなコアビタシオンが行なわれた。フランソワ・ミッテランは、ジャック・シラクの同意を得て、エドゥアール・バラデュールを首相に選任した。今回は、さまざまな理由から、大統領と首相の共存は前回ほどの衝突を伴わなかった。バラデュールの性格もあった。文化的で、丁寧な物腰で、やや高慢なところはあったが、フランソワ・ミッテランは決して彼を「野蛮人」に分類しようとはしなかっただろう。しかしまた同時に、なお社会主義者を自称する大統領もいくつかの幻想を捨てており、それに進行する病気や疲労やある種の倦怠感が加わって、国家の頂点に立つ両者の関係は平穏に保たれた。それでも、彼は自分の権限については敏感だった。

一九九三年七月一四日、恒例となったテレビのインタビューで、彼は次のように述べた。「バラデュール氏を選んだのは私です。これは偶然ではありません。多くの情報から、彼が現在の議会多数派の持つ感覚と合致していると考えたからですが、彼に優れた点があるからでもあります…（中略）…大統領としては、できる限り多数派を尊重すべきです。しかしながら、直接選挙での選出により、大統領には、明らかに特別な重要性を持つ役割が与えられています。［特に］外交と国防の分野においてです。それを、私は実践しています。内政、経済社会政策に関しては、私の役割ははるかに小さなものです。これらは法律に基づき実施されるものですし、立法は議会の役割だからです」。

そして何回か、大統領はこの権限を行使した。一八五〇年に施行されたファルー法を見直し、地方自治体が私立学校に補助金を支給できるよう改める法案の審議が一九九三年六月の会期末にまだ終了していなかったとき、彼は、憲法の規定に基づいて、同法案を七月の臨時議会の審議予定案件に登録することを拒んだ。法案が可決されたのは、一二月になってからだった。一月一六日には、ライシテの支持者による巨大デモが行なわれた。憲法評議会は新法の第二条を取り消し、これによって新たな「教育戦争」は沈静化した。ミッテランは、これに満足を覚えた。

一九九四年七月一四日、彼は国祭日のパレードに、ドイツ軍の兵士を参加させることを決定した。議会多数派の反対に合うと、彼はこの大胆な決断の重要性を主張した。彼は、依然として自分が国家元首であることを明確にするべく、常に心を砕いていた。それでも、エドゥアール・バラデュールとの対立は少なかった。ル・ペンは、驚きの声を上げた。「これはもはやコアビタシオン（同居）ではない。本物の蜜月だ」[25]。世論調査が示すように、フランス国民はコアビタシオンを「よいこと」だと捉えるとともに、フランソワ・ミッテランがエドゥアール・バラデュールの政策運営上の重大な障害にはなっていないと考えた。これによって、彼の人気は再び上昇した[26]。

二度にわたるコアビタシオンの実験に関しては、さまざまな異なるコメントがなされた。一九九五年に、ジャック・アタリの『発言録・第二巻』についての「ル・フィガロ」紙の書評で、アラン＝ジェラール・スラマはこう記した。「最初のミッテラン／シラクの組み合わせが目に見えない厳しい闘争だったのに対し、第二次コアビタシオンの経験と、一九九五年春の大統領選挙の穏健な調子は、二元論的左右対立の時代が終わったのだとも思わせた。しかしながら、これほど深い傷口が、いまでは完全にふさがったとは考えにくい。そして、ジャック・アタリにこの両義的なメモの公表を許可することで、大統領が何らかの有利な材料を得られると判断した可能性は排除できない。あたかも、正統性の名に値するものは、彼とともに始まり、彼とともに終わったと、いまだに考えているかのようだ。現在の平穏な空気がもたらす抑制された雰囲気の中で、懸念しないわけにはいかない。右派はこう考え続けるのではないか――〝私こそがフランスだ〟、と。そして同じく左派は右派に対してあくまでもこう言い続けるだろう――〝私こそが、民主主義だ〟。〝コアビタシオン〟が第五共和制に与えた害を、これ以上明確に表現することはできない。一九八六年以後に紛争を激化させ、一九九三年以後には、逆にそれを隠蔽したにせよ、国家の頂点で正統性を持つ二人の人物が共存したという事実は、民主的な議論を長期にわたり歪めたのである。正常化には、時間がかかるだろう」。

左－右と与党－野党の区分は、見えにくくなった。この当時、フランス国民は不満を持たなかった。コアビタシオンは、団結しつつもその内側に必要な批判を抱える、和解の一つの形と受け止められた。一九九七年から二〇〇二年に及ぶシラクとジョスパンの長いコアビタシオンによって、ようやくアラン＝ジェラール・スラマが批判した混同がその頂点を極め、その結果極右はその候補者ジャン＝マリー・ル・ペンを、大統領選の決選投票に進出させるに至ったのである。二〇〇〇年の、いわゆる任期五年制を採用した憲法改正により、大統領任期と下院議員の任期は同一となった。これは（不完全ながらも）、新たなコアビタシオンへの防護措置となった。

結局のところ、ド・ゴール将軍の憲法解釈に忠実な立場からレイモン・バールが批判したこの両頭政治の形を作り出すことで、ミッテランは、共同綱領の時代には彼自身想定しなかった政治の沈静化に貢献したのである。一部の関係者は、コアビタシオンの政権の中に、決して遵守されることのなかった一九五八－一九六二年の時期の憲法への回帰を見た。ティエリー・ブレイエは、次のように書いた。「この〝議会制共和国〟では、国民議会の多数派とそれに由来する内閣が大統領よりも強い権限を持つ。それこそ、彼［ミッテラン］が一九八一年以前に思い描いていたものだ…（中略）…それを、ブルボン宮の最大会派を従わせることのできた一〇年間に、彼は一度も適用したことがなかった…（中略）…彼は、議会多数派の要望の〝公証人〟でしかないことを喜んでいるようだ。助言者の役割も演じる、田舎のよい公証人だが、顧客が意見を聞かなくとも怒りはしない」。大統領は、「フランスの主要な外交上の利益と国防の守護者」としての権限を利用しつつ、内閣に自由な政策運営を許した。ジャーナリストは、次のように続けた。「この制度の理論は、憲法上認められている。これは、むしろ、一九五八年以来の、ミッテラン自身を含む歴代大統領が行なった実践よりも、第五共和制の基本となる文書に適合するものだろう」。

ミッテランは、「ル・モンド」紙のコラムニストのそれに近い結論に達していた。「第三共和制と第四共和制では、行政府の力が弱すぎた。そのために、第五共和制では、実態として、大統領の権限が強くなりすぎた。私は一九五八年以来そう思ってきたし、そのことをずっと考慮に入れてきた」。それは、彼が議会で多数派を握っていた時期には事実でなかったが、途中で意見を変えた可能性はある。「試行錯誤しながらも、現在の状況は永続的なアプローチを構想しているのだ。たとえ、大統領と議会多数派が再び一致するとしても(27)」。

こうして、君主は、ほとんど絶対的な権力を振るった後で、民主主義のために働いたと称したのである。この言葉は、第一次コアビタシオンの時期にあたる一九八六年のものだ。二年後に議会で多数を得たとき、その言葉は彼が再び無制限の権力を行使することを妨げるものではなかった。彼の信念の両義性も、順応力も、変わってはいなかったのである。

第11章

偉大さを求めて

フランソワ・ミッテランは、疑いもなく、フランスの名声を擁護し、これを広めようと努めていた。同時に、彼自身の名声も。当選直後、オタワでの先進七カ国首脳会議に出席した際、彼はすげなく扱われ、いくらか屈辱を覚えた。彼は、フランスで開催される一九八二年六月のサミットで、雪辱を果たすことになる。いかなる出費も惜しまず、彼は首脳たちをヴェルサイユに集め、彼らを驚嘆させるために太陽王の豪奢な宮殿を最大限に利用した。

首脳たちの最初の晩餐会は、トリアノン宮殿で催された。終了後、アタリの語るところでは、「翌々日の鏡の間における大晩餐会のテーブルプランを作成するのに、我々は一時間以上を費やした」。六月五日土曜日、首脳会議の最初の会合は、ナポレオンの戴冠を描いたダヴィッドの絵画が飾られた、宮殿の二階で始まった。ミッテランは、この絵画について、時間をかけて首脳らに解説した。

午後一一時、豪華な夕食の後、巨大な花火が打ち上げられて、首脳会議は終了した。大統領は、やりすぎたのではないだろうか。以下は、ピエール・ジョクスの思い出である。「私はまずいことに、〝大統領、人々がどのような印象を持つか、わからないのですか。あなたがルイ一四世気取りでないことはわかっていますが、テレビでルイ一四世の鏡の間を見たなら、誰でもルイ一四世を思い出すでしょう〟と言ってしまったのです。彼は、こう答えました。〝それは違う。これがフランスのイメージだ〟(1)」。

もう一つ、人々を印象づけるためのミッテランの手法は、建設事業だった。これは、目新しいものではない。しかし、フランソワ・シャランによれば、「それでも、近年の建造者としてのエリゼ宮の冒険において特別だったのは、その規模、その巨大さ、その野心である。七つ、八つ、九つものプロジェクトがあった。すっかり忘れられた、文化省による地方での案件は含めずに(2)」。熱意にあふれる創造担当大臣ジャック・ラングは、一九八二年九月の「ラルシテクテュール・オージュルデュイ(現代建築)」誌に、こう書いた。「建築は、よく言われるように社会の表現ではなく、その社会を指導する権力の表現なのである…(中略)…そして特に、その歴史における存在を永遠に伝えようとする王権の表現である」。大ルーヴルとイオ・ミン・ペイのガラスのピラミッド、オペラ・バスティーユ、アラブ世界研究所、ラ・デファンスのグランダルシュ、科学技術博物館、フランス国立図書館は、君主主導によるものだった。プロジェクトの価値はさまざまだったが、国家とその元首の栄光を称えるためのものだった。

フランスは、世界の中で一定の重みを持つべきだ。ミッテランは、ド・ゴール外交の偉大さが惜しまれることがないよう、外交政策に専心した。その意思には揺るぎがなかったが、成果はまちまちだった。

フランス外交において、ミッテランと補佐官らを導いたのは、三つの基本方針だった。一九八一年、まだ世界が東西陣営に分かれていた時代には、彼は各勢力間の均衡の維持、あるいはその保障を求めた。周知の通り、欧州統合は、彼にとっての「大計画」となる。しかしながら、当選直後の社会主義者の大統領にとっては、第三世界との連帯の表明が重要だった。

†限定的な第三世界との連帯

ミッテランは、就任後の最初の公開の場での演説で、「公正で、連帯し、平和の中で生きようとするフランスは、人類の歩みに光をもたらすことができます」と述べた。まず第三世界重視の傾向を通じて強調された、模範的であろうとする野心は、外務大臣クロード・シェイソンに影響されたものだ。一九八一年一〇月二〇日、カンクンでの南北サミットの数日前、メキシコ・シティーでミッテランは感動的な演説を行なった。「生きることを、屈辱を受けながらも自由に生きることを望む人々、移住者、祖国の中で住みかを追われた人々に私は挨拶を送ります。生きることを、自由に生きることを望み、発言を封じられ、弾圧され、拷問を受けた人々に、私は挨拶を送ります。ただ生きることを、自由に生きることを望んで監禁され、行方不明となり、殺害された人々に、私は挨拶を送ります。生きることを、自由に生きることを望む、虐待を受ける神父、獄中の労働組合運動家、生き延びるために売血する失業者、住む森の中で追い回されるインディオ、権利なき労働者、土地なき農民、武器を持たぬ抵抗者に、私は挨拶を送ります。皆に、フランスは〝勇気を出しなさい！〟と呼びかけます。自由は、必ず勝利を収めます」。その後のカンクン会議では、オーストリア首相ブルーノ・クライスキーのイニシアティヴに応えて、フランス大統領は南北関係の刷新を繰り返し求めた。方向性は示されたが、この政策の実践は容易ではなかった。

対アフリカ政策では、彼は現状を大きく変更することには慎重だった。外交顧問だったユベール・ヴェドリーヌの説明は、次のようなものだ。「現政権が不安定化すれば、植民地時代に引かれた国境線の内側に何とか抑えられている民族間の対立がすぐに再燃する可能性があった」[3]。彼は、「フランサフリク」〔フランスの新植民地主義的対アフリカ政策を、否定的なニュアンスで指す言葉。さらに、この政策全体が包含する各国指導者間のネットワーク、利害関係等の総体を指す〕の指導者たちと良好な関係を保った。彼は、ギニアの暴君セク・トゥレをパリに迎え、海外協力相ジャン゠ピエール・コットに恨まれた――彼は、このポストに長くはとどまらなかった。ミッテランが緊急に取り組まなければならなかったのは、非常に困難な一件だった。チャドの二人の指導者、イッセン・ハブレとグクーニ・ウエデイの対立を利用して、カダフィのリビア軍部隊がチャド領の一部を占領していた問題である。ハブレに権力の座を追われたウエデイは、カダフィと手を結んだ。内戦にリビアの介入が加わった事態に、フランスは軍を派遣し、一九八四年九月一七日に、チャドからの同時撤退を含む合意に達した。結局、この合意は詐欺まがいだった。フランスは撤退したが、リビアはとどまったからだ。一一月一五日、ギリシャの友人アンドレアス・パパンドレウの勧めで、ミッテランはクレタ島でカダフィと会談した。リビアの独裁者は、リビア軍部隊はチャド領から撤退したと主張し続けた。フランスでは、野党寄りのメディアは、大統領がカダフィに信頼できる人物としての資格を与えたと、厳しく批判した。一九八六年二月、リビア軍部隊が大攻勢をかけると、フランスは再び軍事介入して反撃した。「エペルヴィエ（ハイタカ）」作戦である。結局、イッセン・ハブレの部隊がリビア軍を破り、勝利を収めた。チャドとリビアの最終合意は、一九八九年八月に、アルジェで署名された。ジャン・ラクテュールは反ミッテランとは言えない人物だが、一九九四年に次のような迎合的ではない判断を示している。「一九六〇年の多数の独立宣言以来、フランスのアフリカ政策は当初、戦術家としては二流のジャック・フォカールにより策定され、実施されていた。要するに部族ごとの利益誘導型政策である。これは、一三年間の社会党政権下で、何ら変わることがなかった――ジャン＝ピエール・コットが始めて、間もなく中断された政策を別にすれば。次々と続く妥協と武器供与を伴う疑惑がつながり、全体主義によりがんじがらめになり、複数政党主義をいくらか取り入れようとしただけで崩壊してしまう独裁政権によって、私たちは手足を縛られてしまった。こうして私たちは、マルローが言ったように、〝取り返しのつかないものの中に埋もれてしまった〟のだった[4]」。

第三世界との連帯の政策においては、パレスチナ人と、その国家形成の意思を擁護することを忘れるわけにはいかなかった。それが大統領の意向だったが、同時に、彼はイスラエルの友人でもあり、前任者たちよりよほど親イスラエル的だった。一九八二年三月、彼はフランス大統領として、初めてイスラエルを公式訪問した。三月四日、彼はクネセト〔イスラエル議会〕において、イスラエル国家の「妥協の余地のない生存権」を宣言した。同時に、彼は国家の樹立を目指すパレスチナ人の希望を擁護した。イスラエルのメナヘム・ベギン首相にとっては、これがフランスとイスラエルの友好関係にとっての「主要な障害」だったのであるが。均衡を求める意思は謳い上げられたが、その実現は困難だった。同じ一九八二年の六月、イスラエルはレバノンで「ガラリアに平和を」作戦を開始した。

ヤセル・アラファトが率いるパレスチナ勢力の排除が目的だった。フランスは多国籍軍に参加し、派遣した兵士がアラファトの退去を護衛した――イスラエルのメディアは、この行動に関して、フランスを批判した。ユベール・ヴェドリーヌがそうしたように、こうした行動の有効性について疑問を呈することもできる。「時間を経て振り返ると、こうした行動には考えさせられる。大統領、クロード・シェイソン、次いでロラン・デュマは、これほど敵対的で、これほど固い決意を持った同盟を向こうに回して、状況を打開することができただろうか。これは、アリバイとしての外交ではなかっただろうか。否、フランソワ・ミッテランは、執拗に正しい鍵を探し続け、フランスはそれを見出だせる立場にあると考えていた。時間とともに、彼は中東紛争の当事者のいずれも、相手に向けて先に一歩を踏み出すことができないが、より広範な文脈において、二国間のコンタクトが目立たなくなる国際的な〝傘〟の下であれば、それが可能になると確信するようになった。一九八四年からは、直接対話を勧めることを控え、国連安保理の下での国際会議開催というアイデアを前進させようと模索した。そうすれば、フランスも重要な役割を得ることになったからである」(5)。この考え方は悪くはなかった。しかし、それは実現性に乏しい願いであり、その後も実現することはなかった。

†東西関係

「世界における軍事ブロック間の均衡」は、フランソワ・ミッテランの外交政策のもう一つの重要方針だった。「貧困国の発展」以上に、フランス大統領は、この分野において変わらぬ決意を示し続けた。ベトナムで米国が敗北して以降、ソ連は再び重大な脅威と見られるようになった。特に、一九七九年に、内戦状態に突入していたアフガニスタンの親ソ政権を支援するためにソ連が軍事介入を決定して以降、その傾向が強まった。一九八〇年、レイモン・アロンは「コマンテール」誌に、「ソ連の覇権元年」という、非常に明快な題名の論文を寄せた。ヨーロッパでソ連は一九七七年以来、東欧に核弾頭付きミサイルＳＳ20を、西側に照準を合わせて配備していた。断固たる立場を取るべきとの意見のミッテランは、この不均衡は交渉を通じて解決できると考えたが、交渉が失敗した場合には、米国のパーシング・ミサイルの配備が必要になると見ていた。核抑止理論に合致したこの論理は、ヨーロッパで大規模な平和運動の反対を招いた。この傾向は特に西ドイツで顕著で、社会民主党のヘルムート・シュミット首相は、党の同志であるヴィリー・ブラントと社会民主党、さらにはプロテスタント教会が平和主義的な考え方に大きく傾斜する事態に直面した。

ミッテランは古くから、一貫してＮＡＴＯの支持者だった。彼は当初フランスの核武装に反対だったが、その後は「ド・ゴール的」とも言えるフランスの独立維持への意志から、「光輝ある孤立」には反対しつつも、賛成に転じたのだった。ヨーロッパにおける軍事力の再均衡を図る意図から、彼は平和のための闘いは核抑止力、すなわち力の均衡、あるいは（レーガンの言葉によれば）「オプション・ゼロ」、具体的にはＳＳ20に対抗するパーシングⅡの配備を基礎にしなければ成り立たないと、西ドイツを説得しようと考えた。彼はこうした説得への意志をもって、一九八三年一月二〇日、ド・ゴールとアデナウアーによるエリゼ条約調印二〇周年の機会に、ボンのドイツ連邦議会で大きな反響を呼ぶ演説を行なったのである。

この演説は、入念に準備された。一月一三日、アフリカ訪問に出発する際、ミッテランはビアンコ、アタリとヴェドリーヌが準備し、歴史家ジャン＝ミシェル・ガイヤールが執筆した演説草稿を携行した。アフリカのフランスヴィルから、大統領は特別顧問に連絡した。「いま草稿を読んだ。本当にひどい」。一月一九日、パリに戻ると、閣議の最中に、議論にはさして関心を示さずに、彼は三つの主要な論点からなる構成案を書き、顧問たちに手渡した。「フランスの軍事行動と、フランスによるドイツ防衛の限界について、明快かつ十分な説明のある草稿にしてほしい」。代書人たちは早速仕事に取りかかった。午後七時ごろ、再び大統領の厳しい診断が下った。午後一一時から午前二時までかけて、彼は声に出して草稿を読み上げ、手を入れ、段落ごとに、単語ごとに議論を交わした。アタリはこう書いた。「彼は、全体を読み直して首尾一貫しているか、朝までに見ておいてほしいと指示した。ビアンコとエルニュは、私とともに、新たな案に目を通した。次には、シェイソンとヴェドリーヌがさらに新しい修正案をチェックした」。翌一月二〇日、ボンへ向かう機内で、ミッテランはなお演説原稿に手を入れ、西ドイツ首相官邸に到着すると、ヘルムート・コールの執務室で個人秘書にタイプさせた。その間、コールは廊下を行ったり来たりしていた。議員たちは沈黙し、注意深く聞き入った。ある者は苦い思いをかみしめ、他の者が驚嘆する中、フランス大統領はヨーロッパにおける軍事力の均衡こそが「戦争を不可能にする」唯一の保証だと説明した。

その翌日、ヘンリー・キッシンジャーはジャック・アタリに電話し、ミッテランの演説は「最高に素晴らしかった」と伝えた。「私が唯一残念に思ったのは、米国政府がすぐにこの演説を高く評価するとの声明を出さなかったことです」。一月二八日、ミッテランはレーガンから祝福の言葉を受け取った。「あなたのボンの演説は、ヨーロッパ各国が無力感を抱き、少なくともそれぞれの世論を前に不安を抱いているときに、同盟を強化するものでした。私は、ヨーロッパと米国の間の分断のリスクに関するあなたの見解を完全に共有するものです。あなたの演説は、西側の安全保障を強化するための相互の努力に対する、重要な貢献となるものです」[7]。西ドイツにおけるパーシングⅡの配備は、一九八三年末に開始された。その後、東西間で交渉が行なわれ、ゴルバチョフがソ連共産党書記長に就任すると、交渉は加速した。最後のＳＳ20は、一九九一年五月に撤去された。

フランソワ・ミッテランは、ソ連の新指導者による改革を歓迎した。両者は意気投合し、パリで、そしてモスクワで会談した。大統領はゴルバチョフをラッチュに招待し、幅広い改革によってソヴィエト体制を防衛しようとするゴルバチョフの意志に賛意を示した。しかしながら、ベルリンの壁の崩壊以降のソ連の急速な瓦解により、事態はそうは進まなかった。一九九一年八月一九日、ゲンナジー・ヤナーエフを中心とするスターリン主義の守旧派がクーデターを試み、ゴルバチョフを拘束した。パリ駐在ソ連大使を通じて、臨時政府は改革の続行を表明したが、それは「抑制された変革のプロセス」によるものとされた。その晩のテレビで、当然抗議の声を上げるものと思われていたミッテランはそうはせず、このメッセージを読み上げるべきだと判断した。不思議なためらいだったが、解放されたゴルバチョフがこれを恨むことはなかった。

彼のうちには、強い意志と待ちの姿勢がないまぜになっていたようだ。ドイツ連邦議会での演説は、平和主義的な傾向に反して、核抑止政策によって平和を維持しようとの彼の決意を示したものだ。平和運動家、新左翼、エコロジストたちがベルリンの通りで叫んだスローガン「死ぬよりも、赤くなった方がましだ」を、彼は共有しなかった。彼のスローガンは、「死にも、赤にもノー」だった。彼は、一九三八年のミュンヘン会議を思い出していた。彼は、降伏は平和のための行動ではないと知っていた。共産党閣僚の反応を気にかけることなく、彼は「フランスの名」において、「自由世界」の名において発言した。大政治家としての彼の地位は確固たるものとなった。レーガンと米国は、米国にしばしば抵抗する（ラテン・アメリカについて、東西貿易について）が、最も信頼できるパートナーであることを明らかにしたこの社会主義者の大統領を、重要な味方と見なすようになったのである。

†湾岸戦争

こうした意志の強さを示す態度と均衡を図るかのように、彼は歴史がその流れを速めたときに、意外にも思われる慎重な態度を取った。中東欧における分裂の混乱を引き起こしたソ連の終焉とドイツ再統一、ユーゴスラヴィアの解体は国境の安定を脅かした。当時の国境線は理想的とは言えなかったが、それでも理性に基づくある程度の現状維持を保証していた。時間をかけるのはミッテランの性向だが、この方法はときとして決断力不足とも見られるようになった。物事を作り上げる時間を味方につける手法は恐らく知恵の一つの形なのだろうが、それが無力を示すように見えることもあった。『フランソワ・ミッテランの世界』で、ユベール・ヴェドリーヌは、自ら二期一四年にわたり関与した大統領の外交政策を懸命に擁護した。要約すれば、予測困難だった状況を判断する際に、歴史の重みと、前任者たちの行動と、それぞれの時点における国際的な環境が忘れられがちだ、と彼は言う。また、政治的な意思が成果を上げうることも事実だ。フランソワ・ミッテランの個人的な地位を確立したが、東西関係にはごくささやかな変化しかもたらさなかったドイツ連邦議会での有名な演説以上に、欧州統合に向けた行動は彼の旗印となり、多くの人々から彼の政策のうちで最も肯定的に見られるようになったのである。

いずれにせよ、彼にとって世論の圧倒的な支持を受け、外交上の唯一にして真の成功となったのは、一九九一年の湾岸戦争へのフランスの参加だった。ミッテランは、一九八一年から一九八八年にかけての、サダム・フセインのイラクとイランの戦争においてはイラクを支援したが、一九九〇年八月二日にクウェートに軍事侵攻を行なうと、イラクの独裁者を厳しく非難した。各国は、数カ月にわたり交渉による解決を求めて外交活動を行なった。早くも八月九日に、ミッテランは記者会見を開いて、イラクを非難した。この日、彼はジャック・アタリにこのように語った。「戦争は避けられない」。フランスが常任理事国を務める国連安保理はサダム・フセインに警告を発したが、効果はなかった。八月二一日、ミッテランは今回は公に、「サダム・フセイン氏が責任を持つ行為により、我々は戦争の論理に従わねばならない」と語った。

この決意は、議会の与野党双方から幅広い賛同を得た。共産党だけが、フランスの軍事介入に徹底して反対した。党派を超えたところでは、異質な人々の集まる平和運動が起こった。歌手のルノー、元外相クロード・シェイソン、アラン・ド・ブノワ〔極右の理論家〕からレジス・ドブレら知識人に至るまで、運動は広がりを見せた。しかしながら、最も強く戦争に反対したのは、国防相のジャン＝

ピエール・シュヴェーヌマンだった。彼は次々と警告の声を上げて、ミッテランをうんざりさせた。一月一八日、招集された臨時議会で、軍事介入が承認された（国民議会では賛成五二三、反対四三、元老院では二九〇対二五）。軍事作戦の開始後に、平和主義的なデモとキャンペーンを行なったのは、主として極右（ジャン＝マリー・ル・ペン）と極左（トロツキストと共産党）だった。彼らの声も、やがてかき消された。一月二九日、ジャン＝ピエール・シュヴェーヌマンは辞任し、ピエール・ジョクスがそれに代わった。次々と発表される世論調査では、ミッテランの政策への世論の賛同がますます高まる様子が示された。一九九一年二月末、イラクがクウェートから撤退する時期には、彼はフランス国民の八一パーセントの支持を受けていた。三月三日のテレビ演説で、大統領は満足の意を表明した。「フランスは、誇りを持って、その地位にふさわしい役割を果たしました」。外交政策に限らず、大統領は人気の絶頂を迎えた。一九九一年三月に「ル・フィガロ」紙が発表した世論調査では、フランス国民の六二パーセントが、国が直面する諸問題を解決するために、彼を信頼すると回答したのである。

†サラエヴォ

一九九一年初め、湾岸戦争が終結し、マーストリヒト条約が調印されたとき、人々の注意はユーゴスラヴィア紛争に移った。一九八〇年にチトーが亡くなって以来、六つの共和国（スロヴェニア、クロアチア、ボスニア＝ヘルツェゴヴィナ、セルビア、モンテネグロ、マケドニア）、二つの「国籍」（アルバニアとハンガリー）、さらに一二の「少数民族」（ロマ人、トルコ人、スロヴァキア人、ルーマニア人等）

からなるユーゴスラヴィア連邦共和国では遠心力が働いていた。一九八八年に、エリゼ宮の外交顧問ユベール・ヴェドリーヌは、ミッテランに警告した。「危機をもたらす要素は拡大している。チトーが亡くなって八年が経つが、ユーゴスラヴィアはいまだに孤児のままだ。中央政府の力は弱まり、各共和国間の対立が現れ、セルビアではポピュリズムと権威主義を掲げる指導者（ミロシェヴィチ氏）が登場し、経済は不振が続き（インフレ率は二〇〇パーセント、対外債務二〇〇億ドル）、全体として非常に不安な情勢下にある」(8)。

フランソワ・ミッテランは、ユーゴスラヴィア連邦が解体の危機にあるとの警告を受けると、その統一の保全に寄与しようと努めた。しかし、それはセルビアの覇権を排して独立を獲得しようとするスロヴェニアとクロアチアの意志を考慮しないものだった。一九九〇年一一月一九日、フランス大統領は、ヨヴィッチ連邦大統領にこう表明した。「我々は、ユーゴスラヴィアがユーゴスラヴィアであり続けることを希望するものです。現存している国家が、いくつにも分裂することは望ましくありません。それは、しかし、少数派の尊重と両立するものでしょうか。それが重大な問題なのです」。ミッテランは、一九九一年六月二五日に、スロヴェニアとクロアチアが独立を宣言するのを止められなかった。ドイツがクロアチアを強力に支援したため、EC一二カ国は一致して解決案を提示することができなかった。クライナの少数派セルビア人は既成事実を拒否し、ミロシェヴィチのセルビアの後押しを得て、ザグレブに対して戦争状態に入った。クロアチアのセルビア人民兵は、ミロシェヴィチの連邦軍の支援を受けて、クロアチア領の一部を占領した。八月二七日には、ヴコヴァルを包囲し、連邦軍航空部隊はヴコヴァルと他の都市を爆撃した。残虐行為は続き、完全にクロアチア人の都市であるドゥブロヴニクも包囲された。一九九一年秋まで、非常に激しい戦闘が続いた。フランスは国連安保理での討議を提案したが、米国はこれを拒否した。

一九九五年末まで続くユーゴスラヴィアの悲劇は、苛酷な内戦で荒廃した国に平和をもたらすための決定を行なえなかった「国際社会」内部の不一致に、大きな原因があった。国連安保理は、旧ユーゴスラヴィアへの武器禁輸を決議したが——他に比してはるかに優秀な装備を持つセルビアに有利な決議である——、平和維持部隊の派遣は拒否した。一九九一年一一月一〇日、ミッテランは人道支援のための物資運搬経路の確保を訴え、それを実現すべく人道援助担当閣外相ベルナール・クシュネルをドゥブロヴニクに派遣した。

マーストリヒトでのEC首脳会議の直前に繰り広げられたクロアチア紛争は、仏独間の良好な関係に亀裂を生じさせる可能性もあった。フランソワ・ミッテランは、ユーゴスラヴィアの各共和国の自決が、少数民族に対する保証を伴うべきだと強く主張した。スロヴェニアでは、人口の九〇パーセントがスロヴェニア人だったが、クロアチアのセルビア人は少数民族としては大きかったからだ。ヘルムート・コールは、国内のカトリック世論、ヴァチカンの外交部局、ドイツ在住のクロアチア人らの圧力の前に、一九九一年一二月二三日、一方的にクロアチアとスロヴェニアの承認を決定した。両首脳間の良好な関係と、マーストリヒト条約締結という重要な時期に欧州各国間の連帯が必要とされた事情から、危機には至らなかった。フランスは、一九九二年一月に、やむなくクロアチアとスロヴェニアを承認した。

セルビア・クロアチア紛争が終結して間もなく、より深刻なボスニア紛争が勃発した。一九九二年二月二九日、ボスニアのアリヤ・イゼトベゴヴィチ大統領は、ボスニア・ヘルツェゴヴィナの独立に関する国民投票を実施した。人口の重要な部分を占める少数民族のセルビア人（全人口の三一・四パーセント）は国民投票をボイコットし、独立の可否をイスラム教徒とクロアチア人に委ねた。ミロシェヴィチのセルビアの支援を受けた、カラジッチ率いるボスニアのセルビア人は、サラエヴォの政府に対して反乱を起こした。新たに、残忍で、苛酷で、凶暴な戦争が始まり、これは一九九二年四月から一九九五年一一月まで、三年半にわたり続いた。ボスニアの戦闘と爆撃に関する報道と映像は、すぐさま世論を動揺させた。民族浄化、人々が緩慢な死へと向かうセルビアの収容所、ボスニア人女性に対する計画的なレイプ……。ある知識人グループは、欧州共同体の無力ばかりでなく、親セルビア的感情を持つとして批判されていたフランス大統領の無策をも非難した。それには、根拠がないわけではなかった。二度の世界大戦の歴史をひも解きながら、フランス大統領は一九九一年一一月二九日の「フランクフルター・アルゲマイネ」紙にこう語った。「クロアチアは、ナチス側のブロックに属していました。セルビアはそうではありません」。彼は、ボスニアのイスラム教徒にとって不利となっている武器禁輸を解除することを拒否した。実は、この当時、米国、欧州とロシアは、ユーゴスラヴィアの解体に対処するための共通方針をまったく持たなかった。にもかかわらず、ミッテランはこの問題解決のために動こうとしなかった。彼はまた、ゲリラ戦となっているこの紛争に、フランス軍を投入する意図はなかった。彼が求めていたのは、国際的合意なくしては成り立たない政治的解決だった。一九九二年八月一九日、メディアと知識人の批判を受ける中、彼は閣議でこのように述べた。「野党に対して、真実の問いを投げかけなくてはなりません。フランスがどのような形で軍事介入するのを望むのですか。ベオグラードを攻略するために、徴集兵を含む一〇万人の部隊の派遣を望むのですか。それとも、サラエヴォの防御を望むのですか。そうした大事業に乗り出すのが、フランスの国益でしょうか(9)」。

一九九一年五月以来大統領府事務総長の任にあったユベール・ヴェドリーヌは、著書『フランソワ・ミッテランの世界』で、大統領の政策を無条件に擁護しているが、それでも次のような留保を行なっている。「〝戦争に新たな戦争を加えるべきではない〟と明確に述べたことで、彼は意に反して紛争当事者に誤ったメッセージを送ってしまった。特に、セルビア人指導者に、自分たちの方針を継続してよいと思わせてしまったのである…（中略）…彼は、西側およびロシアの指導者の考えを口にしただけだったが、私の見方からすれば不公平なことに、彼に対する批判を増幅させる結果になったのである(10)」。一言で言えば、彼の現実感覚は、きわめて現実的な武器、すなわち脅しを用いるには至らなかった。

軍事介入に反対し、武器禁輸解除にも反対したとはいえ、ミッテランも、外相のロラン・デュマも、紛争の残酷さに心を痛めなかったわけではない。一九九二年五月二日、ロラン・デュマはEC一二カ国に、サラエヴォへの物資等の空輸を含む人道支援の計画を採択させた。六月八日、国連安保理は決議案第七五八号を採択し、サラエヴォ空港周辺に安全地帯を設け、一〇〇〇名からなる国連平和維持部隊に警護させることを決定した。しかし、ボスニアの首都に対する砲撃は再開された。そうした中、六月二八日、フランソワ・ミッテランはEC首脳会議が行なわれたリスボンから飛行機に乗り込み、ベルナール・クシュネルとともにサラエヴォに向かった。人々に強烈な印象を与えた、驚くべき決断である。ミッテランは、無謀にも、ボスニアのイゼトベゴヴィチ大統領の呼びかけに応じたのだ。彼の目標は、サラエヴォ空港が、国際的な支援を受け入れられるようにすることだった。しかしながら、このときは、セルビア人スナイパーに包囲された空港に着陸することは不可能だった。彼は、スプリットに降り立った。そこで、パリから来たヘリコプターで彼はサラエヴォへと向かい、戦争の恐ろしい状況を説明するアリヤ・イゼトベゴヴィチと、ベルナール・クシュネルによれば「過激でシニカルな」[11]セルビア人指導者と相次いで会談した。

ミッテランの思い切った行動は、世界中のメディアから歓迎された。危険な場所に乗り込む勇気、平和を求める意気込み、この悲劇の解決は政治的でしかありえないという確信が評価されたのである。彼の行動により、国連はサラエヴォ空港の再開を決定した。平和維持部隊が、援助物資の輸送を担当した。しかし、攻撃をやめさせる措置は何ら取られなかったため、人道支援はそれから目をそらすための作戦のように、多くの人から受け取られた。[12]歴史家アンドレ・ビュルギエールは、一九九三年一〇月に、パリ学区長ミシェル・ジャンドロー＝マサルーが開始した文化支援プログラムの第一号として、サラエヴォを訪問した。彼の証言はこうだ。「ルネサンス時代のように、包囲された都市に降り立ったのです。降り立ったと言うのは、私がＵＮＰＲＯＦＯＲ（すなわち国連）の飛行機に乗り、セルビア人勢力の対空砲火があるかもしれない中で、ぎりぎりまで水平飛行し、急降下で飛行場に着陸したからです。私は防弾チョッキとヘルメットを着けて、サラエヴォの土を踏んだのです…（中略）…ＵＮＰＲＯＦＯＲを指揮していたフランス軍の将軍（名前は忘れましたが、ベアルヌ地方の姓でした）と、全員フランス人の将校たちと話しました。セルビア人は戦車でサラエヴォの高台を占拠して決して動かなかったのですが、将校たちは、もしセルビア側が行なう市場や市街地に対する砲撃に反撃することができたら、容易にセルビア人勢力を排除することができただろうと言っていました。しかしながら、UNPROFORに与えられていた任務は、それを禁じていたのです[13]」。ユーゴスラヴィア紛争におけるミッテランの政策は、保守的だったと評価してよいだろう。彼は、新たな手法と、それを裏づける新たな希望を想像することができなかった。彼は現状維持にこだわり、ミロシェヴィチが新たな秩序を構築し始めていることに気づかなかった。

最終的には、バラデュール内閣が成立し、アラン・ジュペが外務大臣に任命されてから、フランスと米国が「コンタクト・グループ」を形成し――米、英、ロ、仏の専門家により構成された――、協調を図った行動が開始された。多数の死傷者を出した戦闘、サラエヴォ砲撃、ゴラジュデとスレブレニツァでの虐殺、一九九四年のミロシェヴィチとカラジッチの決裂の後、一九九五年一一月二一日にはデイトン合意に達し、ボスニア紛争に終止符が打たれた。クロアチア人とボシュニアク人が連邦を形成して国土の五一パーセントを支配し、四九パーセントがスルプスカ共和国に与えられた。フランソワ・ミッテランは、この年の五月に大統領の職を退いていた。この紛争に関して、彼の政策の両義性は批判の対象となった。欧州による介入を妨害したと非難された一方で、どの国よりも早く、彼はサラエヴォに大使を派遣した。人道支援の必要性を説きつつ、彼はセルビアを侵略者と見なすことを拒否した。恐らく、彼の待ちの姿勢は、歴史的観点からのユーゴスラヴィア統一維持の重視と、またフランスの国益には影響がないとの確信によるものだったのだろう。クロアチアが攻撃を受け、セルビアがヴコヴァルを破壊して、クロアチア人を追放し民族浄化を実行したときに、仏独の連帯を生かさなかったとして彼は批判を受けた。仏独の連帯が機能していたなら、ヘルムート・コールは、カトリック教徒のクロアチア人ではなくイスラム教徒のボシュニアク人が問題の中心となったときに、ミロシェヴィチの行動を妨害し続けざるをえないと感じたかもしれない。協調体制が続いていたならば、ユーゴスラヴィア紛争に決定的に欠けていたヨーロッパとしての責任感覚が醸成された可能性はある。いずれにせよ、この見方は仮説にすぎないが、ボスニア紛争はフランソワ・ミッテランの外交政策のうちの、最も優れた一章ではなかった。

†マーストリヒト

その間、彼は自らの外交政策のうちで最も優れているとされたものを実現するに至った。欧州連合の成立である。世論は、第一次大戦中に生を受け、第二次大戦によって大きな傷を負ったこの人物の、フランスの未来と平和の未来はヨーロッパという名だとの信念を、完全には受け入れなかった。「彼の政策の重要な部分——ドイツ、アフリカ、中東、ヨーロッパ——の実施にあたり、彼は自らの才能のあらゆる側面を活用した」と、ユベール・ヴェドリーヌは書いた。「しかし、ヨーロッパをめぐる大計画に関するときに、このオーケストラは最も完璧な音色を奏でたのである(14)」。

この政策の第一部は、仏独関係の強化だった。ド・ゴールとアデナウアーにより始まったこの関係は、ヴァレリー・ジスカール・デスタンとヘルムート・シュミットとの間でも非常に良好だった。シュミットに代わり西独首相となったキリスト教民主同盟のヘルムート・コールとフランソワ・ミッテランは、ときには意見の不一致もあったが、実り豊かな友情を結んだ。一九八四年九月二二日、二人はヴェルダンで第一次大戦開戦を記念する式典に臨んだ。フランスとドイツの首脳は「二度の世界大戦の犠牲者」に敬意を表して、手をつないで記念すべき写真に収まったのである。仏独を基軸とする欧州統合の選択は、ジャン＝ピエール・シュヴェーヌマン、あるいはミシェル・ジョベールのような反欧州統合派が反対してモロワ内閣を去ったにもかかわらず遂行された。一九八五年には、フランス出身のジャック・ドロールがEC委員会委員長に就任した。フランス大統領は、ECを強化するさまざまな決定に積極的に関わった。シェンゲンで調印された移動の自由に関する協定、一九八六年のスペインとポルトガルの加盟、この同じ年に署名された、今後七年間で欧州内に巨大な市場を形成するという、欧州連合の結成を見すえた統一議定書、ドイツ再統一の後に統合を加速させた一九九一年一二月一〇日のマーストリヒト条約がそれにあたる。ミッテランはテレビで、「これは「一九五七年の」ローマ条約以来の重要な決定です」と語った。

仏独間の良好な協調関係は、しかしながらドイツ連邦共和国とドイツ民主共和国の再統一をめぐり、不安定な状況に陥った。一九八九年一二月に、ミッテランは「平和を維持しようとするなら、安易に国境をいじるべきではない」と述べていた。この年の一二月二〇日、彼はエーリッヒ・ホーネッカーの招きでドイツ民主共和国を公式訪問した。この訪問は、フランス大統領による共産主義ドイツへの理解しがたい支援だと解釈された。しかし、コールはゴルバチョフの同意を得て、ミッテランが想像できなかった再統一政策を推進した。現実的な彼は態勢を立て直して、結局これを認めた。それでも、彼は大ドイツの承認にあたり、一つの条件を課した。ポーランドとの国境であるオーデル・ナイセ線の同時承認である。ずっと未決定のままになっていたこの問題にフランス側が固執したことで、ドイツのプレスは苛立ちを覚えた。ユベール・ヴェドリーヌによれば、一九九〇年三月にポーランドのヤルゼルスキ大統領がパリを訪問したのも、「ドイツ側への圧力を増すため」だった。何度にもわたり、ラッチュとパリで、ミッテランはこの問題に関する国際的な行動の必要性について、ドイツ首相を説得しようとした。一九九〇年四月二五日、それは現実となった。その年の六月一七日、ドイツとポーランドは友好善隣条約を締結した。六月二一日、ドイツ連邦議会はポーランドとの国境を最終的なものとして承認した。フランソワ・ミッテランの決意は成果をもたらし、この採決は間違いなく平和のための行為となった。

その後も、ヨーロッパ統合に向けた仏独の協力は続いた。フランス大統領とドイツ首相の間の友情は、相互に譲歩することを可能とした。ミッテランは、マーストリヒト条約が、国民投票により批准されることを望んだ。リスクは大きかったが、彼は風と波に抗して突き進んだ。フランス国内で、キャンペーンを展開する左と右の反欧州統合派に対抗して。閣議では、懸念の声が上がった。「フランスはプジャード派になってしまった」と、ミシェル・シャラスは語った[15]。思い切った賭けだったのか。一か八かの勝負だったのか。「ときにはリスクを犯す必要がある」とミッテランは反論した。「この問題で失敗するのなら、それも悪くはない」。一九九二年九月二〇日の国民投票では、「賛成」が僅差で勝利した。得票率五一パーセントだった。その晩、コシャン病院で手術を受けたばかりの、蒼ざめた顔色のミッテランは喜びを隠さなかった。「この日は、フランスの歴史にとって最も重要な日の一つでした…（中略）…フランスは、いまでもヨーロッパにインスピレーションを与えられることが証明されました。いまや、世界の超大国と互角に振舞うことができます」。ヴェルダンの戦いの年に生まれたこの愛国者は、欧州統合に間違いなく最大の利益を見出した。何世紀にもわたる戦争の末に、ついに平和が制度化されたのである。彼は、孤立し、その遺産に閉じこもり、追憶とノスタルジアの虜になっていてはもはや第一級の役割を果たすことができないフランスの未来を、欧州統合のうちに見出したのである。ユベール・ヴェドリーヌは、こう結論づけた。「時間が経つとともに、フランソワ・ミッテランはドイツ政策とヨーロッパ政策――これは、同じ一つの政策だった――を自らの最も重要な業績、最も貴重な遺産だと考えるようになったのである」[16]。ところで、マーストリヒト条約は非常に不完全だった。クロード・バルトローヌは、この条約の限界を、以下のように短く要約した。「欠けていたのは、民主主義の深化と、欧州統合計画の明確化だった。ヨーロッパは、商品の流通と人の移動のための手段として提示されたが、文化的で、人々を結束させる計画の基盤として提示されてはいなかったのである」[17]。

フランソワ・ミッテランの外交政策は、相矛盾する評価を与えられた。いずれにしても、彼は共和制下の君主として、コアビタシオン政権の時期も含めて、外交政策の主導を誰にも任せなかった。第二次大戦以降のフランスは、中級国家でしかない。ド・ゴールはフランスの衰退を超越して、フランスはいまなお世界の最大級のアクターの一つだとの幻想を与えた。残されたのは、ド・ゴールの遺産である核抑止力、何とか世界のトップクラスにとどまっている経済、これらがフランスの存在を示す、あるいは国威発揚の政策実施を可能にしていた。フランソワ・ミッテランは、かかる政策の遂行に努め、一四年間にわたり、彼の雄弁も手伝って、国際的な名声を維持した。ソ連崩壊にあたっては、彼は先を見通す力を持たなかったが、連帯する平和なヨーロッパ建設の必要性についてはこれを予見し、変化を促し、フランス国民の多数がさほど望んではいなかったそれを受け入れさせたのだった。

第12章　治世の終わり

フランソワ・ミッテランにとって、二期目の最後の二年間、一九九三－一九九五年は、惨憺たるものだった。一九九三年三月の総選挙で、社会党は歴史的大敗を喫した。これは、フランソワ・ミッテランの敗北でもあった。彼の支持率は一九九二年初めから下降線をたどり続け、一一月には回答者の六六パーセントが彼を信頼しないとした。一九八八年に彼に投票した人々の半数以上が、失望したとしていた――一九九一年には、彼について肯定的な評価をした者は、半数以上に上っていたにもかかわらず。フランス国民一人ひとりと大統領の間の関係は、不調に陥っていた。その主たる原因は、恐らく経済社会問題だった。というのは、失業者数は、一時的な回復はあったものの増加し続けたからだ。求職者数は運命的とも言える三〇〇万人に達し、社会党政権は増加を食い止めることができないように思われた。同時に、左派とカネの関係をめぐるさまざまな「疑惑」が与党を襲い、倫理的な危機が訪れていた。議会の任期最後の首相、ピエール・ベレゴヴォワは、自身が無利子融資問題の渦中にあり、彼を批判する人々からは腐敗の象徴と見なされた。さらに悪いことに、ミッテラン本人は、秘かに死と戦わねばならなかった。

†一九九三年三月の大敗

一九九三年三月の総選挙は、第一回投票からすでに、社会党の壊滅的な敗北が明確だった。ブリュー・ノ・フラッパは次のように書いた。「政権は急速に消耗した。政権政党を罰したいと望むとき、有権者は中途半端な行動は取らない。時代はもはや、警告、非難、あるいは単なる失望を通り過ぎてしまったことを知らなければならない。社会党は、一九八一年の歓喜以来最大の試練を迎え、完璧に踏みつけられた。決選投票に向けた動員への呼びかけが弱々しく行なわれたが、右派はKO勝ちを収め、政権交代は間違いがない[1]」。一九八八年と一九九三年を比較すると、社会党および連携する急進派の得票は、三七・五パーセントから二〇パーセントに後退し、四〇〇万票を失った。PCFは、得票率を一〇パーセント以下に落とした。右派の圧勝が予想された。実際、決選投票の結果、RPRが二四二議席、UDFは二〇七議席を獲得した。一方、社会党と急進派は合わせて六七議席にとどまり、共産党は二四議席だった。衝撃は大きかった。

選挙戦の最中に、PSのイメージの悪化について質問を受けたフランソワ・ミッテランは、「疑惑が「大きく影響した」とした上で、こう付け加えた。「これが、社会党と一部の有権者との間の距離を広げた最大の要因ではないかと思います。当然のことですが、この有権者層は、伝統的教育や、また自然な傾向によって、倫理基準に非常に厳しいのです」。彼は、過ち、「不誠実な行ない」、「きわめて不誠実ないくつかの事案」があったことを認め、社会党が「正直な人々の党」だとしても、これら

のいくつかのケースによって苦しめられたと答えた。(2)
これは、自身の責任との間に距離を置きすぎているとは言えないだろうか。一九八九年に、彼がインサイダー取引の疑いで非難された友人のプラを擁護して批判を受けたことは、先に記した。フランソワ・ミッテランは金銭を軽蔑して、決してポケットに現金を持たなかったから、彼はレストランの代金を同席者に支払わせていた。しかし、この習慣は、彼の庇護下にあるずる賢い友人たちへの、ときとして過度の寛容さを伴っていた。

公私混同や腐敗に対する抵抗力があると見られていた与党社会党の行ないや慣習に、世論が不信感を持ち始めたのは、一九八〇年代末のことだった。亡くなったガストン・ドフェールの後を継いでブッシュ＝デュ＝ローヌ県の社会党県連のトップに就いたミシェル・プゼは、一九八九年に党に資金を提供していた土木工事会社ソルマエ社の架空請求事件に関与した。事件の捜査は、こうしたやり方が特定の地方だけでなく、全国レベルで行なわれていることを明らかにした。このとき始まったのが、社会党の違法政治資金をめぐるユルバ事件である。この事件では誰かが私腹を肥やしたわけではなかったが、それでも一部の仲介者は必要経費の払い戻しを通じて、いくらかの特別な手当を得ることができた。特に注目されたのは、多額の選挙資金が使われたケースである。フランソワ・ミッテランは、これを受けて、政党の資金に関する法案を提出した。すべてをリセットしようと、彼とモロワとファビウスは、この法案とセットで特赦を与えることを考えた。二本の法案は、ともに一九八九年一二月二二日、三カ月に及ぶ審議の末に、与党社会党の賛成で可決された。国民議会では第四読会、元老院では第三読会まで審議が行なわれ、法律は一九九〇年一月一五日に公布された。当初、この法律は特赦を認めない形で可決されたが、国民議会での第二読会で、オート＝ソーヌ県選出の社会党議員ジャン＝ピエール・ミシェルが、一九八九年六月一五日以前の違法行為については議員を除き赦免の対象とするとの修正案を提出した。議員を赦免対象から除外したにもかかわらず、世論はこれを政治家が自己赦免するための法律だと受け止めた。

諸状況が、そうした見方を助長した。議会での審議中に起きた、ユルバ・テクニック社幹部で、社会党の政治資金集めを担当していたジェラール・モナートとジョゼフ・デルクロワの起訴、さらにその後のミシェル・プゼの起訴は大きな反響を呼んだ。ところが、警察と司法による捜査は政治権力の壁にぶつかり、捜査責任者の一人であるアントワーヌ・ゴディノが異動させられたと報じられた。法律の公布後、いくつもの公訴棄却の決定が行なわれ、元大臣のクリスティアン・ヌッチとミシェル・プゼもこの決定により起訴が取り消された。こうした中、マルセイユの架空請求事件につき詳細に書かれたアントワーヌ・ゴディノの著書、『不可能な捜査』が出版された。一九九一年四月七日、ティエリー・ジャン＝ピエール予審判事は、ユルバ・テクニック社本社を家宅捜索した。翌年一月一四日、別の予審判事ルノー・ヴァン・リュイムベークは、ソルフェリーノ通りの社会党本部を家宅捜索した。この年の五月、マリー＝ノエル・リーヌマン住宅相は、エソンヌ県の社会党議員二名の責任を追及した。テレビ出演などを通じて有名になった実業家で、ベレゴヴォワ内閣の都市問題相を務めていたベルナール・タピは、私法上の問題で起訴される前に、閣僚辞任を余儀なくされた。七月には、国民議会議長アンリ・エマニュエリが、社会党経理局長時代の責任を問われて、ヴァン・リュイムベーク予審判事により起訴された。

これらの責任追及、起訴、さらには国会議員による自己赦免との誤解もあって、政治不信は広がり、特に与党社会党に厳しい目が向けられた。ミッテランも、自党の汚い行為を隠蔽しようとしていると疑われ、余波を受けた。恐らく、最も悪かったのは、それまで疑惑とは無縁と思われていた首相のピエール・ベレゴヴォワが、突如としてこの倫理的危機の中心に位置づけられたことだった。

総選挙まであと一カ月となった一九九三年二月二日、「ル・カナール・アンシェネ」紙は、一九八六年に、当時経済財政相だったピエール・ベレゴヴォワがパリ一六区にアパルトマンを購入する資金として、ロジェ＝パトリス・プラから一〇〇万フランを無利子で借り入れたと報じた。この当時、ミッテランの友人であるプラはまだペシネー事件には関与していなかったが、以後彼の名は疑惑と結びつけられた。ベレゴヴォワの二人の元首席補佐官、アラン・ブブリルとジャン＝シャルル・ナウリが起訴された。庶民の出で、「ル・プティ・ショーズ」と呼ばれ、疑いようのない誠実な人物と見なされ、所信表明演説で腐敗との戦いを宣言したベレゴヴォワに、シリア人の武器商人サミール・トラブルシのような欲得ずくの人物との交流があったのだ。一九八八年一一月には、トラブルシはプラとともに、ベレゴヴォワ夫妻の結婚記念日に、パリの超一流レストランに招かれていた。

三月三日、ジャーナリストのフィリップ・アレクサンドルは、ラジオ局ＲＴＬで、傷口にナイフを差し込んだ。「ベレゴヴォワ氏は、奇妙な交際のためにいささか評判が損なわれたのを挽回しようと、バジリオ〔ボーマルシェの戯曲を原作とするモーツァルトのオペラ『セビリアの理髪師』の登場人物〕が中傷のアリアを歌うときと同じ威厳をもって、誠実のアリアを我々に歌いました。たちの悪いペシネー事件にもかかわらず首相となった彼は右派を非難し、委員会を設け、法案を提出しました。しかしながら、この種の事件では、拭き取ろうとすればするほど、シミは目立つようになるのです」。メディアはこの理屈を用いて攻撃を繰り返した。三月五日には、ラジオ局ユーロップ1で、カトリーヌ・ネイが非難する番だった。「腐敗根絶の第一人者でありながら、真っ正直に資産を形成したとは言えないトラブルシ、プラ、タピといった人々に目がくらんだ友人でいることができるものでしょうか。結論を言うなら、私たち女性は、一般に男性ほど説教を垂れようとはしませんが、非常によく知っていることが一つあります。白い服を着るのには、大きなリスクがあります。とても汚れやすいのです(3)」。

タピに関しては、果たしてベレゴヴォワが自分の内閣の都市問題相に起用させようとミッテランを説得したのか、それとも大統領主導だったのかはわからない。ベルナール・タピは、すでに実業家として知られ、大胆な事業家であり、経営不振に陥った企業を安価に買収し、再建後に売却することでかなりな差益を稼いで資産を築いていた。尊大な態度で、嘲笑的で、人に受けやすい下品さで、彼はテレビに出演して人気を得たのだった。特に、どの政治家も避けたジャン＝マリー・ル・ペンとの一対一の討論は、人々の記憶に残っていた。政治に惹かれた彼は、「大統領与党」所属で、マルセイユから下院議員に当選した。都市問題相となったものの、彼は一九九二年に背任の疑いで起訴され、閣僚を辞任していた。結局免訴となり、彼は一九九三年一月に内閣に復帰した。社会党員からは好意的に見られていなかったが、ミッテランの庇護下にあったこの場違いな大臣は、ピエール・ベレゴヴォワの人気を押し上げる要因とはなりえなかった。

この一〇〇万フランの借入金は税務当局にも申告されており、それ自体何ら違法ではなかった。しかし、スキャンダルになるのを恐れたベレゴヴォワは、半額を「骨董品の家具と稀覯本」で返済したと説明した。彼はメディアの笑いものとなり、辞任を申し出たが、ミッテランは拒否した。憔悴し、老け込み、罪の意識に苛まれたベレゴヴォワは、亡霊のようになって選挙戦に臨み、公開の集会で嘲笑の対象となった。一九九三年三月二八日、選挙の結果が判明すると、彼は自分が社会党惨敗の第一の原因だと思い込んだ。

このイメージの悪化と庶民からの拒絶反応に占めるミッテランの責任の度合いは、どの程度のものだったのだろうか。彼が行なった首相の選択は、成功とは言えなかった。一九九一年に、彼はフランス国民の過半数から評価されていたミシェル・ロカールを辞任させた。後任に指名されたエディト・クレソンは、実力を発揮できずに、第五共和制で最も短命の首相となった。基本的に女性蔑視の傾向がある政界において、政府のトップに女性を充てるという大胆さに喝采することもできただろう。しかしながら、彼のそばにはシモーヌ・ヴェイユのような人材がいなかった。エディト・クレソンは聡明で、勇気もあったが、はっきりと言えるのは、不器用さゆえ世論を味方につけられなかったということだ。ピエール・ベレゴヴォワの選任は当然の結果だった。市場経済とフラン防衛に転向したかつての社会主義者は、新自由主義の時代に適合した人材だと思われた。彼の実績は取るに足らないものではなかったが、彼が在任した時代はカネがあふれ、カネがあることを見せびらかすような時期に相当し、それは社会党員の求めるものとは一致しなかった。その間に、失業者数は三〇〇万人を超え、不安を与えつつあったこの問題について、ミッテランは国は無力だと告白したのだった。世論調査によれば、この無力が社会党、ひいてはミッテランへの反対の主たる理由であり、回答者全体の七七パーセント、社会党支持者の六九パーセントがこれを不満としてあげた。それ以外には、「貧困層と社会から疎外された人々の増加」と「架空請求事件関係者の特赦」の二つの非難すべき点が、小差で並んだ(4)。したがって、「疑惑」は重大な重荷となったのである。少数者の富裕化と失業の増加の対比は、最も貧しい人々を擁護するはずの社会党が政権を担当し、大統領であるフランソワ・ミッテランが、少なくとも遠くから見る限り運命だとあきらめているように見えることで、世論にマイナスに作用した。彼の最後の数年間の政治的弱体化は病気によるものであり、彼がある種の運命に対するあきらめの念、倦怠感を抱いたとされる言説がしばしば見られる。しかし、彼は第五共和制が付与する大統領権限にもかかわらず、政治権力には限界があることを、一二年間にわたり測り知るに至った。いかに意思を持って政策を推進しても、事実、国際的制約、社会に内在する諸矛盾を無に帰すことはできない。そしてミッテランは、彼が完全な自由を与えたプレスと放送が逆に彼を攻撃したことで、苦い思いを味わったのである。

またしてもコアビタシオンが始まった。それは、新たな失敗の証左だった。一九八六年と一九九三年の二度にわたって、大統領は議会多数派による異議申し立てを受けた。二重の制裁は、批判に根拠を与えた。二度の制裁と、二度の否認は、彼を酷評する人々に絶好の機会を提供したのである。

†暴露記事

一九九三年の総選挙前、この年三月五日付「ル・モンド」紙は、同紙記者エドウィー・プレネルの自宅電話が一九八五年から一九八六年にかけて、エリゼ宮のテロ対策班により盗聴されていたと報じた。一方、「リベラシオン」紙は、プレネル記者の盗聴された会話一六件の内容を公表した。記者の、職業、社会生活および私生活に関わる内容である。当時、エドウィー・プレネルは政権にとって都合の悪い二つの事件、グリーンピース事件とヴァンセンヌのアイルランド人事件について取材していた。最初の事件は、一九八五年七月にニュージーランドのオークランド港内で、太平洋におけるフランス核実験への反対行動のために出港する直前のレインボー・ワリアー号が爆破されたことで始まった。この爆発により、カメラマン一人が亡くなった。何度も新たな展開を見せたこのいやな事件では、先に見たようにシャルル・エルニュ国防相が辞任した。二つ目の事件は、ロジエ通りでの爆発で死者六人、負傷者二二人が出たテロの二週間後に、エリゼ宮のテロ対策班が犯人だとして逮捕した三人のアイルランド人に関わるものだった。テロ行為への厳正な姿勢を示そうとして、当時バリル大尉が責任者を務めていたエリゼ宮テロ対策班は、密告を根拠に容疑者の逮捕に及んだのだった。三人のアイルランド人活動家は、三カ月間にわたり拘置された後、無罪と認められた。この暗い事件でもまた、エリゼ宮の憲兵が悪役を演じたのだった。いずれのケースでも、新聞記者の暴露記事を恐れた政権は、熱心に取材する記者を監視しようとした。エドウィー・プレネルは、「リベラシオン」紙にこう語った。「この盗聴は、私に関しては何一つ暴いていません。逆に、この盗聴はエリゼ宮の〝テロ対策班〟の求めで行なわれたのですから、国家の頂点で行なわれた基本的自由に対する侵害を暴いているのです」。

この時点では、電話盗聴が一人の記者にとどまらず、大規模に行なわれていたことは知られていなかったが、エリゼ宮と政府への反応は厳しかった。ブリューノ・フラッパは、「ル・モンド」紙上で、厳しく批判した。「〝お城〟の耳は、誰からも罰されることなく、法と民主主義の枠外で機能した…（中略）…大統領に就任して一二年、一度のコアビタシオン、五つの社会党内閣、いくつもの疑惑、多くの〝理想〟の放棄の後で、こうして後日判明した国家の頂点のごく近くにあった政治警察の手法に関する情報には、いかなる市民も無関心でいることはできない(5)」。翌日、三月六日付「ル・モンド」紙で、ジャン＝マリー・コロンバニは、フランソワ・ミッテラン本人の責任に言及した。「ここに、フランソワ・ミッテランの永遠の二重性を見ることができる。一方では、彼の政治家としての基盤となる法治国家を求める情熱。他方では、彼が長い政治生活で直面してきた多数の陰謀と、彼を陥れようとする政敵の存在に起因する秘密主義と二元的組織への嗜好がある」。また、野党に近い判事、弁護士、国会議員などの組織であるオプセルヴァトワール・デ・リベルテ（自由観測所）は、弾劾調のコミュニケを発表した。「この新事実で、一〇年間の法と政治の分野における破廉恥な行為の実態が明らかになった。こうした、口には出せない行為によって、我々の自由と民主主義が脅かされているのである」。

この違法盗聴スキャンダルが、総選挙の結果に影響を及ぼしたかどうかは判然としない。なぜなら、結果はあらかじめわかっていたからだ。いずれにせよ、フランス国民は政治的権力が誠実なものだと思っていなかった。もっとも、ジャン＝マリー・コロンバニは、この傾向を最近のものだと言う。「一二年間のミッテラン時代を経て、この国は社会主義ではなく、一種の平穏なシニシズムに転向したのかもしれない。〝疑惑〟は、〝政界という小宇宙〟だけに関係するものだと」。いずれにせよ、左翼が「倫理的」だとのイメージは、信用を失った。この電話盗聴はエリゼ宮が命じたもので、ミッテランも同意していた。盗聴対象者全員のリストが暴露されて、彼の犯した過ちは本格的なスキャンダルに発展した。リストには、ジャーナリストばかりでなく、歌手、俳優の名前、特に美人女優として知られるキャロル・ブーケのような、害を及ぼすと思えない人物も含まれていた。「ル・ポワン」誌一九九五年三月一八日号は、一三四八名のリストを公表した。同誌によれば、「恐らく、これはテロ対策班の偏執狂の作品集のうちの第一巻を構成しているにすぎない」のだった。この記事で、ジャン＝マリー・ポントーはこう書いた。「スキャンダラスで、恥ずべきで、許されざるべきで、受け入れられない。〝大統領の手下〟が一九八六年から一九九三年にかけて行なった卑劣な行為には、もっといくらでも形容の仕方があるだろう。この三年間に、クリスティアン・プルトーが指揮し、内務官僚ジル・メナージュの監督下にあった有名なエリゼ宮テロ対策班は、好みや関心に応じて、いかなる規制もなしに、何千何万に及ぶ電話の通話を録音したのである。エリゼ宮の〝長い耳〟は、〝標的〟の個人的、職業的な生活を侵害しただけでなく、代表的な被害者の名前を電子媒体のリストに記録していた。民主主義国家では考えられない、市民をブラックリストに載せる作業だった」。

世論のより大きな動揺を引き起こしたのが、一九九四年九月初めの、ピエール・ペアンの著書『あるフランスの青春』の出版だった。フランソワ・ミッテラン本人へのインタビュー――彼は、積極的に取材に応じた――を含む入念な調査を踏まえて、この著作はそれまでは噂としてしか語られなかったこと、政治的中傷と受け止められていたことが事実だったと確認した。この本の表紙は、非常に大きな衝撃を与えた。それには、ペタン元帥とともに、フランソワ・ミッテランが写った写真があった。フランシスク勲章を授与されたのはミッテランがロンドン、あるいはアルジェにいたときだったという伝説は、完全に打ち消された。確かに、著者は、後の大統領の真のレジスタンス活動家としての過去を、少しも隠しはしなかった。本の表紙の、ペタンと一緒の写真のすぐ下には、口髭を生やしたモルラン――地下潜伏中のミッテランの偽名――の身分証明書の写真もあった。しかしながら、大統領はヴィシー政権に関わったことを後悔しているようには見えなかった。彼はヴィシー派だったが、ペタン体制と断絶することでレジスタンス入りしたのではない。彼は、順番に、まずペタン派で、次いでレジスタンスに入ったか、あるいは同時にその両方だった。この話は、ミッテランが語っていた青年時代の反ファシスト運動参加と、ドイツから帰国後の一九四一年にレジスタンスに加わったとするストーリーとは、うまくかみ合わなかった。

この本が明らかにしたもう一つの事実が、大きな衝撃を与えた。それは、フランソワ・ミッテランと、一九四二年のヴェルディヴ一斉検挙事件のフランス側実行責任者、ルネ・ブスケとの長期にわたる友人関係である。当時、ブスケはヴィシー政権の警察長官の職にあった。ドイツ側の要求とヴィシーの同意に基づき、彼は一九四二年七月一六日と一七日に、フランス警察による「外国籍および無国籍」のユダヤ人一万二八八四人の検挙を実施し、虐殺収容所に送ったのである。戦後になって、彼は最悪の事態は免れた。当時、多くの官僚がそうだったように、二つの態度を使い分けたからである。一九四九年、彼は特別高等裁判所から五年間の公民権剝奪の判決を受けたが、レジスタンスに協力したとの理由で、即座にこの刑を取り消された。ところで、フランソワ・ミッテランとルネ・ブスケは、恐らくヴィシー時代以来、確実なところでは一九四九年以来、知り合いだった。二人は親しくなり、交流し、反ド・ゴールで結びついた。インドシナ銀行副頭取で、「ラ・デペーシュ・デュ・ミディ」紙取締役となったブスケは、ミッテランの人脈とつながるようになった。ミッテランが法相だった一九五七年、国家参事会は、フランス解放時に裁判所が取り消したレジオン・ドヌール勲章をブスケに返還する決定を行なった。

ピエール・ペアンの著書により動揺が起きたことで、フランソワ・ミッテランはテレビで弁明を迫られた。一九九四年九月一二日、テレビ局フランス2でジャン＝ピエール・エルカバッシュの質問を受けた大統領は、ブスケについてこう説明した。特別高等裁判所は彼を無罪とし、彼は普通の暮らしに戻って有力者となり、誰からも迎え入れられた、と。しかしながら、彼はブスケを何度もビエーヴル通りの自宅に、そしてそれ以上に例外的な特権として、ラッチュとエリゼ宮に招待したことは語らなかった。二人が最後に会ったのは一九八六年のことだが、この時点でブスケのヴェルディヴ事件への関与は知られていた。病気で体調がすぐれないミッテランのテレビでの説明は、好意的には受け止められなかった。彼は、それを自覚していた。ペアンの本がもたらした効果は、彼にとって耐え難かった。彼の友人たち、社会党の活動家たちは打ちのめされた。九月六日、ラ・ロシェルでの夏季研修会に出席したPSの幹部たちは、ミッテランを擁護しようと努めた。アンリ・エマニュエリは、「オプセルヴァトワール事件以来、この時期の話について、いつまでも追い回され続けることを彼は知っていますし」と語った。「今回、ペアンの取材に応じることで、彼は今後ばら撒かれるであろうことすべてを、自分でコントロールしたいと考えたのです」。ローラン・ファビウスは、ミッテランが右から左へと進路を変更したことを喜ぶべきだと述べた。「重要なのは、一人の人間の生涯を通じた歩みです。私としては、反対方向の歩みよりは、こちらの方をはるかに評価します」。師の無実を明らかにしようと急ぐ幹部たちの態度を、若手社会党員たちは評価しなかった。彼らは高校で、あるいはパリ政治学院で歴史の授業を受けていたから、ヴィシーに対して異なる視線を向けていた。一九八〇年代以降、ヴェルディヴの一斉検挙は、一九一八年一一月一一日〔第一次大戦休戦記念日〕以上によく話題に上った。同じくラ・ロシェルで、ピエール・モスコヴィシはこう断罪した。「フランス人として、またユダヤ人としてショックを受けたのは、一九九四年になって、フランソワ・ミッテランが一九八六年までルネ・ブスケと交流があったと告白したことです」[6]。ヴァル＝ドワーズ県連第一書記のマニュエル・ヴァルス（ロカール派）は、この本が明らかにした事実に「ショックを受け、憤慨している」とした上で、「社会党の沈黙に不安を感じる」と述べた。フランスの高級官僚のナチスに対する協力の象徴である、ユダヤ人の収容所への大量移送を実行したルネ・ブスケに対するフランソワ・ミッテランの迎合的な態度は、非難されるべきだった。パリ市連第一書記ジャン＝マリー・ル・グエン（ジョスパン派）も同じ印象を持ったし、青年社会主義運動議長のブノワ・アモンは、長文のコミュニケを公表した。社会党員の意見は大きく割れ、激しい議論が交わされた。九月七日の常任委員会では、若手とベテラン（エマニュエリ、メクサンドー、メルマズ、キレス、グラヴァニー）の間で、二時間以上にもわたる悲痛な対立が見られた。「〝吐き気を催す議論〟、〝恐ろしく冷酷だ〟と、最も傷ついた人々は語った。ミッテランの恩恵をこうむった者とそうでなかった者の間での議論は、〝悪意に満ち〟ていた」[7]。これは、世界を同じ角度からは見ていない、世代間の論争でもあった。

九月八日、「ル・フィガロ」紙のインタビューで、ミッテランは極右と関わったことはなく、常に共和主義者だった、出身は右派でカトリックのフランスのプチ・ブルジョワ家庭ながら愛国的だった、と強調した。「私はアクシオン・フランセーズの会員ではありませんでした。私の家族にしても、私自身にしても、少しでも反ユダヤ的だったことは決してありません」。その通りだろう。しかし、フランシスク勲章に関しては、彼はいささか古びた正当化を試みた。「これは、絶好のアリバイだったのです」。記憶のうちに生えた雑草は、そう簡単には除去できないものだ。九月九日付「ル・モンド」紙の長文の記事で、トマ・フェレンジは厳しい調子で書いた。「彼の沈黙、逃げ口上、虚偽までもが、半世紀もの間、彼が中傷の被害者のふりをすることを、こうして許してきたのである」。エドウィー・プレネルは、ルネ・ブスケとの長年の交友関係を強調し、セルジュ・クラルスフェルドによる告訴の後も、この「対独協力者」に対する刑事訴追にミッテランは反対していたと書いた。「ルネ・ブスケは、一九九三年六月八日に殺害された。そのころ、検察は論告文の仕上げに取りかかっていた」。ミッテランにとって、ブスケは一九四九年に裁判にかけられ、それですべては終わっていた。「人道に対する罪の無時効性を定めた、事後に制定された法律の名において、同一の事実に関して」再び罪を問うことはできなかった。「しかし、こうした公の法的根拠だけでなく、個人的な、隠された理由もあった。ルネ・ブスケとフランソワ・ミッテランは、ミッテランの大統領就任後も交友関係を保っていたのである」。ヴェルディヴの大量検挙におけるブスケの責任は、一九七八年一〇月二八日の「レクスプレス」誌上で、ヴィシーの元ユダヤ人問題庁長官で、スペインに亡命していたダルキエ・ド・ペルポワが指摘し、それを受けてセルジュ・クラルスフェルドが調査を行ない、刑事告発に及んだのである――それは、ミッテランが一九八六年までブスケを招待することを妨げはしなかった。大統領が毎年、イゥー島にあるペタンの墓に花束を贈り続けていた事実がこれに加われば、社会党内に動揺が走ったのも理解できる。

ミッテラン本人に関わる問題とは別に、ピエール・ペアンの著書は、ミッテラン主義、ミッテラン方式の何たるかをも明らかにしていた。PSの理論家で、駐イタリア大使も務めたジル・マルティネは、「ミッテランディスム」を、近くから観察した経験を持っていた。マルティネによれば、「資本主義との断絶」は、彼の本当の信念とは一致していなかった。ミッテランは何よりも権力を求める人物であり、それを獲得したばかりでなく、維持することができた。「ルネ・ブスケ、あるいはその他何人かの人々との関係は、さまざまな信条を持つ人々の間に張り巡らされた幅広いネットワークの活用を基盤とする権力行使のシステムに組み込まれていた。同時に友人関係、協力関係、互いに役立つ関係などを基盤として作られたネットワークは、左右の境界線で止まるものではない。これを使いこなせる者は、実にさまざまな策略や工作を行なうことができるのだ」。マルティネは、さらに説明した。「この手法を用いて、フランソワ・ミッテランはよい時期にも悪い時期にも、統治することができた。彼はいつでも、自分の望みを実現してくれる人物を見つけ出すことができた。なぜなら、その人物は自分が助力を与えられ、擁護され、保護され、褒美を与えられ、地位を与えられると知っていたからだ。たとえ、世間ではミッテランの政敵だと思われていたとしても」。もちろん、この分野ではミッテランは新しいことを始めたわけではない。ただし、マルティネはこう書いた。「オルセナが『大いなる愛』で面白おかしく描写しているこの封建的なタイプの仕組みは、完璧に近いレベルにまで到達したのだ。非社会主義的な政策を遂行しながら（だからといって、評価に値しないという意味ではない)、社会党が政権を維持し、その後政権への復帰を可能にしたのは、かなりの部分彼の力によるものだ。当初私たちにわからなかったのは、ミッテランの両義性が私たち自身の、すなわち社会主義運動全般の両義性となったということだ。敗北が現実となり、再生へと向けた意志が強まった現在では、この両義性、この仕組みと断絶する必要がある」。ジル・マルティネにとって、フランス社会主義の未来は、「ミッテランディスムとの断絶[3]」を通じてのみ可能となるのだった。「ル・ヌーヴェル・オプセルヴァトゥール」誌の元記者で、後に駐イタリア大使となった社会党の大物が、ミッテランの生前にこれほど厳しいミッテランディスム批判を行なったのは、これが恐らく最初だった。それに先立つ六月一二日の欧州議会選挙は、ミッテランの両義性が実際に証明される最後の機会となった。ある人々は、倒錯という語さえ用いた。彼は、ミシェル・ロカールが率いる社会党リストと競合する左派リストのベルナール・タピの出馬に同意し、これを勧めさえし、励ましたのである。これにより、彼は「ミッテランディスム」をどん底にまで引き落とした。ミッテランは、社会党第一書記の敗北を引き起こし、大統領を目指す競争において、彼を最終的に脱落させるのに成功した。

　大統領はなぜ、これほど遅くなってから、かつて語ったことを否定する告白を行なうに至ったのだろうか。あたかも病を得た老人が、死の待合室にあって、かつての虚偽、曖昧さから抜け出すために告解をしたいと考えたかのようだ。ペアンの爆弾から三カ月後、一九九四年一一月三日の「パリ・マッチ」誌は、マザリーヌの存在を公にした。「ミッテランと娘。驚くべき二重生活の物語」。同誌は、マザリーヌの顔立ちが見て取れる一連の写真と、ジャーナリストのフィリップ・アレクサンドルのインタビューを掲載した。アレクサンドルは、『家族からも見離された老大統領のための困難なる弁論』と題する、大統領の二重生活をテーマとした著書を、この同じ日に出版した。この本は、「大統領の小説めいた生涯の最後の秘密を明らかにする」と謳っていた。

読者は、写真の説明文により、一九六〇年代にオスゴールで、フランソワ・ミッテランが控え目で教養豊かな若い女性と出会ったこと、その女性――名前は明かされていなかった――がマザリーヌの母親であると知った。「常に彼女に注意を向け、心を砕く大統領は、書物への情熱を共有する娘を誇りに感じている。こうして、彼の数奇な生涯の新たな一ページがめくられるのである」。また、マザリーヌと母親が、大統領の二度の手術の際に、正式な妻であるダニエルとも知り合っていたことが明らかにされた。「こんにち、彼女ら全員が長老のまわりに集まっている」。

フィリップ・アレクサンドルは、秘密を漏らすのは不謹慎ではないかとの批判に対する答えを用意していた。ミッテランは、娘とともにあちこちに出かけている、これは公然の秘密ではないか、と言うのである。さらに、納税者の勤勉な弁護人として、こう語った。「これは公の分野に属する話です。というのは、〝身分違いの結婚〟をしたと言うべきこの家族は、納税者の負担により共和国の宮殿に居住し、移動し、暮らしていたのです」。私生活上の必要のために、国庫の金を消費していた大統領に対する鋭い攻撃だった。アレクサンドルは、さらに付け加えた。「これはいくつかの疑惑、特にパトリス・プラが果たした役割、いくつかの金融関係の疑惑へのパトリス・プラの関与、そして大統領が必死になってパトリス・プラを擁護する理由の説明になります」。こうなると、マザリーヌの存在を明かすことが、責任追及に変わった。これは、心が安らぐ可愛らしいお話などではなく、公私混同、秘密の生活と行きすぎた保護に対する厳しい攻撃だった。ジャーナリストは、いくらか楽しみながら、ヴァイオリンをかき鳴らした。「これはとても美しい話です。特に、次々と女性をものにしたとされる男が、ある女性に忠実だったという物語だから」。そして、この「不要」な秘密に関してこう結論づけた。「この点についても、もっと早くに問題を整理しておいたなら、彼はもっと自由だと感じたでしょう。娘に自分の苗字を与え、家族の一員としていたならば」。

すぐに、「パリ・マッチ」誌がどのようにして写真を入手したのか、との疑問が呈された。同誌編集部は、次のように釈明した。「フィリップ・アレクサンドルの著書の出版前に撮影された大統領の娘の写真は、当然、小誌より大統領に事前に提示されました。これは、大統領と小誌の間で直接行なわれたものです。大統領自身、これらの写真を見ています…（中略）…フランソワ・ミッテランは、この記事の掲載に反対しませんでした」。

フランスの他のメディアは不意を突かれた。当初は、怒りの声が上がっただけだった。「リベラシオン」紙上で、セルジュ・ジュリーはこう強調した。「政治に関するこの本質的なルールを断ち切る理由は一つもない。このルールがなくなれば、道徳を説く人々の天下がやってくる。これは、避けなくてはならない」。要するに、公職にある人々の私生活は、メディアの不健全な興味が及ばないようにすべきだというのである。フランツ＝オリヴィエ・ジスベールは、「豚小屋のジャーナリズム」を糾弾するために、ヘルムート・コールの言葉を引用した。「飼い桶が届き、我々は大原則に基づいて、好きなだけむさぼり喰らうことができる。あらゆる人の視線が下半身に向かうとき、すでに〝疑惑〟に動揺している政界関係者が、一層信頼を失うことにならないだろうか」。「リュマニテ」紙も、同意見だった。この「軽蔑に値する」行為は、「フランス国民の関心事項とはかけ離れた政治工作に起因する政治不信を、さらに増幅することになる」というのだ。「ル・フィガロ」紙の編集局長代理で、フランス新聞協会（ＦＮＰＦ）会長のジャン・ミオは、「一部のアングロ＝サクソンの同業者の下等なジャーナリズム」がフランスで模倣されたことに憤慨した。これら各紙は、このスクープにフランソワ・ミッテランが協力したとは想像しなかったようだし、「デイリー・テレグラフ」紙が書いたように、一紙も「国家予算で愛人を囲ったとして、フランソワ・ミッテランを攻撃しなかった」。

フランソワ・ミッテランの二重生活の暴露――九月にはブスケだったものが、一一月にはマザリーヌに変わった――は、彼の人気を下降させただろうか。王政以来の長い伝統により、国王、大統領、大臣ら権力者の些細な過ちに、人々は慣らされていた。共和国の伝統は、ピエール・ラルースの言によれば、寝室の入り口で足を止めることを学んできたのである。フランス国民はこれらを話題にすることはあっても、例外的な一部の潔癖症の人々を除いて、憤りはしなかった。この件に関して言えば、問題は共和制君主の羽目をはずした行為ではなく、秘密、隠蔽、長期にわたる公式の虚偽であり、それらが正式な夫人が公的な役目を果たすことを可能にし、愛するパートナーに地下潜伏を強いたのだった。ここで問題となるのは、世論がむしろ寛容に反応した事実そのものではなく、ある一つの性向と行動様式が確認されたということだ。フランソワ・ミッテランは、「率直に語る」のをまったく好まなかった。明らかにされた秘密は、策略家で、だまし討ちの名手、偽善的と見られているこの人物に対する広く共有された不信感を増幅させた。一九五九年のオプセルヴァトワール事件は、人々の記憶に深く根を下ろしていた。選挙での記念すべき勝利の際には忘れられていたこの事件は、その時々のニュースにより、政敵を打倒するための隠匿や陰険な行ないに関するミッテランの嗜好に光が当てられると、再び姿を現すのだった。自陣営の敗北を限定するために、それが国民戦線を利するものであっても比例代表制を導入したこと、一九九四年六月の欧州議会選挙でロカールが率いる社会党リストを敗北させるためにタピのリストを支援したことについては、驚くまでもない。ペアンの著書と、ブスケ事件と、マザリーヌの存在の暴露以来、人々はだまし絵のような生涯の多義性がいかなるものかを理解できたのである。一部の人々は、この生涯の「小説のような」次元を心ゆくまで味わったが、文学的な見地を離れれば、明かされた秘密、暴露された虚偽、消え失せた伝説、私と公は一体化して、大統領個人を直撃したのである。政治情勢も、それを後押しした。もし、フランスの失業者数が三〇〇万人に達していなかったら、より寛容になることもできただろう。いずれにしても、一九九四年の秋には、次期大統領選まで数カ月を残すばかりとなり、フランス国民はミッテラン後を待ち望んでいた。このとき、国民にはまだ知らされていない一つの虚偽、一つの秘密があった。大統領は、就任の年である一九八一年以来、癌に侵されていたのである。

†死を前にして

フランソワ・ミッテランの二期目の最後の三年間は、死の影につきまとわれていた。一九九三年五月一日、ピエール・ベレゴヴォワが、市長であり、選出下院議員でもあったヌヴェール近郊で自殺したと報じられた。その五週間前に首相の職を離れていた彼は、運河の畔を散歩しているときに、拳銃で頭を撃ち抜いたのだった。ヘリコプターでヌヴェールからパリに向けて運ばれる途中、彼はピティヴィエ上空で亡くなった。衝撃を受けたミッテランは、すぐに遺体が安置されたヴァル＝ド＝グラス病院を訪れた。五月四日の葬儀では、彼は弔辞を述べ、「一人の人間の名誉を犬に売り渡した人々」を糾弾した。無利子の借入金問題でピエール・ベレゴヴォワを攻撃したメディアを暗示した発言だった。しかし、ミッテラン自身も、彼をいくらか見放したのではなかっただろうか。ベレゴヴォワは、社会党内では象徴的な人物だった。移民労働者の息子で、大学出でない彼は、忍耐力と知力によって、社会と政界の階段を駆け上り、マティニョン館にまで上り詰めた。元PSU党員で、社会党の指導者に接近した彼は、大統領府事務総長から首相の地位に就いても、彼の忠実な部下であり続けた。彼は自殺したのではない、彼の知るあまりに重大な秘密のために、権力の手先によって消されたのだとする噂が流された。こうした疑念は、悲劇的な死が引き起こした動揺を、さらに拡大させた。彼の自殺は、政策の失敗の結果だと解釈された。先述のように、彼は自分が総選挙でのPSの敗北の原因だと思い込み、それから立ち直ることができなかった、と証人たちは語った。失望の中にあって、彼は孤独感を覚え、誰からも見放され、呪われたと感じた。「こんなことになってしまって、申し訳ない」[9]と、彼は同志たちに言ったとされる。彼は、自らの名誉を守らねばならなかった。「こうする以外にはなかったのだろう」と、ブリューノ・フラッパは書いた[10]。「国全体が喪に服し、すべての政治勢力がそろって、彼に生前得られなかった敬意を捧げるためには」。しかし、大統領には止めることができなかったのだろうか。これほど彼のために尽くした人物の苦悩に、十分注意を払わなかったのではないだろうか。ミシェル・シャラスは、決定的な行為の前に、「ベレ」が「すっかり落ち込んでいる」と大統領に警告を発した一人だった。ミッテランは彼に会いに行くつもりにはなったが、すでに遅すぎた。彼の感情面での序列からすると、ベレゴヴォワは彼と最も近いグループに属したことはなかった。「彼はよいナンバーツーだった」とミッテランはジスベールに打ち明けた。弔辞を述べた後、彼が糾弾した「犬」とは誰のことかと問うマルティーヌ・オブリに、彼はこう答えた。「全員だ。誰にでも、犬の部分がある」(11)。彼自身、いくらか罪の意識を感じていたのだろうか。

それから一年経たない一九九四年四月七日、新たな自殺が大統領任期の黄昏に影を落とした。フランソワ・デュラン・ド・グロスーヴルが、エリゼ宮の自分の事務室で、頭に弾丸を撃ち込んだのである。「大統領狩猟地委員長」という珍妙な役職のこの人物はフランソワ・ミッテランの親しい友人で、彼の秘密を知り、彼の二重生活ともう一つの家族を守っていた。大統領は彼を近くに置くためにエリゼ宮に事務室を与え、ブランリー河岸一一番地に住まわせた。この同じ建物では、一九八一年以来、アンヌ・パンジョとマザリーヌが暮らしていて、大統領はほとんど毎晩ここに宿泊した。しかし、二人の関係は次第に疎遠になり、グロスーヴルは師の行動、彼の人脈、安易な妥協に失望したと語っていた。ミッテランは、部下や友人に対する彼の非難に苛立ちを見せた。大統領は彼を遠ざけたが、「お城」の事務室はそのままにした。ミッテランは、評価しなくなった人間を追い出したりはしない、ただ見放して、隅の方で細々と生き長らえるままにするのだ。それにしても奇妙なのは、その「隅」がエリゼ宮の一角にあったことだ。大統領府事務次長のアンヌ・ローヴェルジョンは、フランツ＝オリヴィエ・ジスベールにこう説明した。「大統領は、人と縁を切ることができないのです。フランス人に対して、〝もういいだろう。一緒になすべき仕事は終わった。さよなら〟とは言えなかったのです。その結果、失恋して悔しがる人たちが発作を起こし、耐え難い雰囲気になり、これ以上は続けられない状況に至りました…（中略）…ロカールを辞めさせるのも、簡単ではありませんでした。彼には裏表があると言われますが、実は大胆に決断することができなかったのです[12]」。

「失恋の悔しさ」は、このエリゼ宮で起きた、壁に血の跡を残す自殺の説明として、恐らく最も妥当なものだろう。噂を抑えるのは容易ではなく、ベレゴヴォワのときと同様、グロスーヴルは大統領の手先に殺されたのだと囁かれた。シェークスピア悲劇のように、呪いは冠をかぶった彼の頭上に落ちてきた。皆、死の如く顔面蒼白となって、顔を見合わせたのである。

フランソワ・ミッテランは、戴冠の年である一九八一年以来、死を押しとどめてきた。当選したとき六五歳の彼は、やや太ってはいるものの、健康に問題があるようには見えなかった。食欲はあり、酒は少ししか飲まず、運動し、定期的にゴルフに通っていた彼は、七月末に突然腰と脚の痛みを訴え、一一月には、秘密裡にヴァル＝ド＝グラス病院で受けた検査で、前立腺がんが転移しているのが発見されたのだった。主治医のクロード・ギュブレール医師は、泌尿器科の権威アディ・ステグ教授の診察を受けるよう勧めた。教授が、大統領に恐ろしい診断結果を告知した。前立腺がんが、骨に転移していたのである。病人は、本能的にこう反応した。「もうおしまいだ」。教授は、本人には伝えなかったが、余命は三カ月から三年と診断した。

ミッテランは罠にはまってしまった。健康状態が国家機密とされたジョルジュ・ポンピドゥーの最期に衝撃を受けた彼は、半年に一度、健康診断の結果を公表すると公約していた。当選したばかりだというのに、余命がわずかだと宣告された彼は、絶対に秘密を守るよう命令を受けた医師たちの協力を得て、偽物の健康診断結果を公表させ、自らの責任において国家として虚偽を連ねた。統計や予測に反して、ミッテランは一一年間にわたり、癌および治療に耐えた。地方や外国訪問に際しても、医師たちはさまざまな術策と、隠蔽工作と、絶え間ない用心によって彼を診察し、治療し、保護することができた。ギュブレール医師は、後にこう書いた。「統計的に見れば、これはきわめて稀有な状況だった。人間的な面についてもそうだ。というのは、大統領はこの運命に直面して、例外的な抵抗を示したからだ」[13]。フランソワ・ミッテランは、病気が治ったと感じた。それが、一九八八年大統領選出馬の決断を後押しした。しかし、一九九二年には癌が進行し、手術が必要となった。このとき、幻想は消滅した。病気は治癒してはいなかったのだ。死と対峙するする日々が始まった。ずっと以前から、ミッテランは死の主題に魅せられていた。彼は読書と会話を通じて知識を蓄え、最期と来世についての関心は絶えることがなかった。彼は、一九九五年に、姑息的治療〔病気の原因を取り除くのではなく、痛みなどの症状を和らげる治療法〕の専門家で、数カ月来彼を支援していたマリー・ド・エヌゼルの著書『私的な死』に序文を寄せた。その序文には、こうあった。「我々は、この問題を恐れ、忌避する社会に生きている。我々以前の社会は、死を正面から見つめた。文明は、共同体、そして一人ひとりに、通るべき道を指し示していた。文明は、運命の終わりに、豊かさと意義を与えていた。人々が存在を急ぎ、神秘を避けているように見えるこの精神的枯渇の時代ほど、死との関わりが貧しかったことはないのかもしれない」。ミッテランは、死を最大のタブーにして消し去ろうとする同時代人の態度を否定した。彼が墓地を好んだことは知られているし、それをからかう向きもあったが、彼は死の床にある人、最後の日々、最後の時間を過ごしながら苦しむ人に優しい視線を向けていた。

彼はそうした人々を訪ね、配慮を示した。同時に、彼はこの、存在から無への移行の神秘に取りつかれていた。

一九九二年九月一一日、大統領はベルナール・ドブレが部長を務めるコシャン病院の泌尿器科で内視鏡による切除手術を受けた。手術は成功したが、秘密裡に採取した組織を検査した結果、癌性の細胞が発見された。このときに登場したのがジャン＝ピエール・タロ医師である。彼は、大統領の二度目の手術後、一九九四年から医師団に加わることになる。この当時、ミッテランは治療に当たっていた医師団に対して、政治上の取り巻きに対してと同様に、メンバー間にライバル関係を生じさせようとしていた。一〇年にわたり彼の治療に携わってきたステグとギュブレール以外に、彼は何人もの医師を頼りにしていた。痛みの専門家であるジャン＝ピエール・タロは、エリゼ宮に一室を与えられた。軍医のカルフォン医師もいた。ホメオパシーの専門家で、謎めいたフィリップ・ド・キュイペール医師は、「自然薬」、特に、かつて違法に医療行為を行なったとして有罪判決を受けた元国立科学研究センター（CNRS）研究員ミルコ・ベルジャンスキが調合する植物の抽出物を用いていた。これらの医師は、それぞれに自分の手法と信念を持ち、互いにライバル視しあう関係にあった。フランソワ・ミッテランの兄で、フランスの医療をあまり評価しないロベールも介入してきて、彼の病気を治した米国の泌尿器科専門医ポンテス教授をパリに招いた。教授は治療法を変更して化学療法を行なうこととし……デトロイトから患者を見守った。一九九四年七月一六日、新たな手術が必要となり、コシャン病院で行なわれた。いまや、大統領の病気はフランス国民の知るところとなった。多くの人々が、彼にメッセージ、花束、そしてプレゼントを贈った。手術後、彼はスジー＝ラ＝ブリシュで、アンヌ・パンジョ、マザリーヌ、そしてカルフォン医師とともに回復に努めた。八月には、タロ医師がベル・イルに大統領とともに滞在する番だった。医師同士の対立は、特にタロとド・キュイペールの間で激しくなった。ギュブレールとカルフォンは、遠ざけられた。放射線治療を受けるようになったミッテランは、非常に苦しんだ。朝、エリゼ宮に到着すると、彼は昼食の時間まで横になり、新聞を読み、居眠りした。死との対話以外には、彼の興味を引くものは何もなかった。辞職は、考えられなかった。任期満了まで務めるか、エリゼ宮で死ぬつもりだった。コアビタシオンの時期に当たったことで、彼は容易に姿を消すことができた。丁寧で礼儀正しいエドゥアール・バラデュールは、大統領の衰弱について何も口にせず、大統領はうわのそらで閣議を主宰した。それでも、彼は一九九四年六月二八日に、サラエヴォを訪問した。この年の春にはルワンダの悲劇が起き、フランスもこれに関与していた。死に近づきつつあるミッテランは、この事件について、何を理解できただろうか。

一九九四年一二月三一日、恒例の国民への年末のメッセージの折に、フランソワ・ミッテランは別れの言葉を述べた。「来年は、私の後任者が皆さんへのメッセージを述べることになります。私は、私がそのときいる場所で、私を信頼してくれたフランス国民への感謝で心を満たされて、そして皆さんへの希望を持って、そのメッセージを聞くことでしょう。私は魂の力を信じます。私はいつでも、あなた方とともにあります」。そのとき、エリー・ウィーゼルとの対話の本、『ある回想――大統領の深淵』が出版されたばかりだった。大統領としての成果を測るべきときが来ていた。彼は、二期にわたる業績を、不公平に判断されないよう望んだ。確かに、抱いていた望みには、「はるかに及びませんでした」、と彼は言った。「そして、一般論として、私に対する批判には、一理あります」。「しかし、政敵は私の政策を一まとめにして、全否定する傾向にあります。当然ながら、私の見方はそんなに単純ではありません。私に言わせれば、すべてにけちをつけるのは公正ではありません。いずれにしても、私が望むのは、いつか私の業績に人々が関心を示してくれるなら、私の言葉、著作、行動の中に、人類の運命、フランスの運命、ヨーロッパ統合についての信念を豊かにするものを見出してくれること、そして私の理想と道徳に関する原則のいくつかを共有してくれることです」。彼が最も誇りに感じていたのは何だろうか。死刑廃止、地方分権化、「重大事件が起きたときに、抑圧された第三世界の民族を防衛したこと」、ヨーロッパの統合であることは確実だ。それでは、最大の後悔は何だったのだろうか。間違いなく、失業の増加を止められなかったことだ。しかし、彼はこう付け加えた。「法律制定によって、社会を変えることはできないのです」。結局、あまり傲慢さは見られず、むしろ明晰だった。

ウィーゼルとの共著について、彼は一九九五年四月一一日に、ベルナール・ピヴォが司会するテレビ番組、「ブイヨン・ド・キュルテュール」に出演して語った。これは録画されて、その三日後に放送されたものだった。彼はスタジオまでたどり着くのにも苦労し、人に支えてもらわなければならなかった。しかし、マイクの前では、力と声を取り戻し、自分について、遠からずやって来る最期について、大建設事業について語った。四月二三日は、大統領選の第一回投票の日だった。社会党の候補で、彼が公式に支持しているリオネル・ジョスパンがトップに立ったが、五月七日の決選投票で当選したのはジャック・シラクだった。その一〇日後に、エリゼ宮で引継ぎ式が行なわれた。エリゼ宮を後にしたミッテランは、ソルフェリーノ通りの社会党本部に向かい、党職員に別れを告げた。以後、彼は国が用意した、シャン＝ド＝マルス公園近くの、フレデリック・ル・プレイ通り九番地にある広いアパルトマンで、アンヌ・パンジョとマザリーヌとともに暮らすことになった。アパルトマンの隣には事務所があり、資料係一名と秘書二名が働いていた。タロ医師が、彼の世話をした。最も頻繁にここを訪問したのは、ミシェル・シャラスとアンヌ・ローヴェルジョンだった。昔と同じだけ食欲がある彼は、エコール・ミリテール近辺のよいレストランを訪れた。彼は、ジョルジュ＝マルク・ベナムーと自伝的な対談を行ない、これは『中断された回想録』の題で出版された。一九九五年に、タロ医師の忠告にもかかわらず、彼はソリュトレの岩山を登頂したいと望んだ。六月四日日曜日、彼は登頂を試みたが、斜面を登るのに苦労し、足を止め、息を切らせ、座り込み、苦しみながら前に進もうとし、疲労困憊して、あきらめて引き返した。六月には、彼はアンヌ・パンジョとヴェネツィアへの最後の旅をした。彼はまたヴェズレーを訪れた。ル・プレイ通りでは、彼の飼っている雌のラブラドル犬バルティックは寝室で眠り、シャン＝ド＝マルスでの散歩のお供をした。ダニエル・ミッテランとマザリーヌが鉢合わせしたのは、この寝室でのことだった。家族は拡大した。大晦日を、家族とともにラッチュで過ごす直前に、彼はクリスマスにアンヌ、マザリーヌ、そしてアンドレ・ルスレを伴ってアスアンに旅した。彼は衰弱しきっていた。一二月三一日、ラッチュで、彼はダニエル、義姉クリスティーヌとその夫ロジェ・アナン、息子のジャン＝クリストフとジルベール、友人のベルジェ、ラング、エマニュエリ、ミュニエ、ジョルジュ＝マルク・ベナムー、タロ医師とともに、新年を祝った。彼はズアオホオジロ二羽と、キャビアをのせたトーストと、フォワグラを味わった。しかし、これが彼の最後の祝祭だった。パリに戻ると、フランソワ・ミッテランは治療を中断することに決めた。一九九六年一月八日、彼は塗油式の秘跡を受けた後、眠りのうちに亡くなった。

新聞、ラジオ、テレビは、競って彼を称える弔辞を捧げた。すぐに、未発表の写真を掲載した「パリ・マッチ」誌特別号が発売された。ファンと、野次馬と、目を涙で濡らした熱烈な支持者たちが、ル・プレイ通りに一輪のバラを捧げるために長い列を作った。ジャック・シラクは、木曜を国民の服喪の日と定め、ノートル・ダムで儀式が行なわれた。右からも左からも、彼の遺体の上に、あたかも敬愛の度合いを争うように、次々と敬意が表された。作家のジャン・ドルメソンは、なぜ人々がこれほど熱心なのかを、こう説明した。ミッテランは、その生涯で「フランス国民を順番に代表してきた。右派のフランス人、カトリック、ヴィシー派、レジスタンス活動家、社会主義者、中道派、そして共産主義者を」[14]。同様の見方は、レジス・ドブレのペンによっても記された。「彼の業績は、彼の人物そのものだった。そして徐々に、それぞれ関連しているが異なる人物を作り出してきた。火の十字団員、元帥派、ジロー派、ド・ゴール派、第三勢力、反共主義者、徹底的反資本主義者、寛容なリベラル派、ヨーロッパ主義者、神聖同盟…（中略）…時間とともに歩んだこの人物は、時間の気紛れと衝動を大きな善意とともに受け入れたため、前日に立ち戻って後悔を始めることができなかった。彼はそのたびごとに自分を赦した。なぜなら、そのとき、彼は完璧に誠実だったからだ[15]」。

一九八一年に彼に投票した有権者の多くは、前大統領と同時に社会主義の夢の指導者をも葬ったのだった――その夢の炎を、彼自身、やむをえずに消したのだったが。左右の政治的対立を超えて、多くのフランス人はある感情、すなわちノスタルジーにとらわれた。フランソワ・ミッテランとともに、手に負えない現代社会に抵抗してきた、フランスのある一面が消滅したのだ。ジャルナックで生まれ、オテル・デュ・ヴィウー・モルヴァンに宿泊し、風景と古書を愛し、パリを散歩し、かつて従軍し、長老だった彼のために、何百万人ものみなし子たちが涙を流したのだ。彼とともに、古きフランスは遠ざかり、再び目にすることができなくなった。

一月一〇日の夕刻、社会党は前大統領を尊敬する人々に、オマージュを捧げるべくバスティーユ広場に集まるよう呼びかけた。故人の巨大な写真が飾られ、バーバラ・ヘンドリックスが「サクランボの実るころ」を歌った。古い左翼は、フランソワ・ミッテランの二重の亡霊と、一九八一年の幻想の背後で、肩を寄せ合った。それは当然のことだった。なぜなら、第五共和制の入り口で進入を制止されていた左翼は、ミッテランのお陰で存在することができるようになったからだ。何をするために、というのは別の問題だ。この服喪の日には、この質問はふさわしくなかった。

ミッテランは権力のエピキュリアンだった。彼はその洗練を味わい、宮廷人の卑屈な態度に喜び、世論を無視して怪しげな人々を公に支援しさえした。最後には、権力は彼にとって死を遠ざけるための手段となった。待ち伏せしている死神に立ち向かうための、「私はここにいる。この場から動かない」〔マクマオン将軍が、セバストーポリ攻囲戦の際に述べたとされる言葉〕という療法だった。この人物は権力によって生き延び、一九八一年に余命は最長三年とした医師たちの予想を裏切ったのである。最後の数年間、私たちは、このシェークスピア的な対面、もの悲しい音階が私たちを政治から遠ざけ形而上的な瞑想に誘うこの死のタンゴの観客となった。永遠の生命の専門家であるカトリック哲学者、ジャン・ギトンの訪問で、国家の頂点で何が起きているかを、私たちは理解した。問題は、市民の散文的な境遇ではなく、ある魂の救済だった。このような指導者と死の対話は、他のいかなる民主主義国家で可能だっただろうか。マルクスのときは、ついに訪れなかった。エピクロスのときは過ぎ去った。いまや、パスカルが司式者となった。「最後の一幕は血で汚された。この劇の、他の場面がいかに美しかろうと。ついに頭の上に土がかけられ、永遠に終わるのだ」。

フランソワ・ミッテランが亡くなったとき、フランス国民は、すでにしばらく前から、彼が政治家だったことを忘れていたのである。

亡くなった直後、死はフランソワ・ミッテランに再び輝きを与えた。彼のために、二重の葬儀が営まれた。一つはパリのノートル・ダムで、世界の政治関係者が集まる中、現代のボシュエとなったパリ大司教リュスティジェ枢機卿の司式によって。その同じ日、ジャルナックで葬儀が行なわれた。アングレーム司教の杖のまわりに、フランソワと親しかった人々と二つの家族をともに集めて（教会に入らなかったミシェル・シャラスを除いて）。この二つのミサの模様は、テレビ放映されたことで、各家庭に入り込んだ。「テレビは本来、死を愛するものだ」と、ジャック・ジュリアールは書き、ド・ゴールの場合と比較した。(1) テレビは、二期にわたる任期中、人気が定期的に大きく上下したこの大統領を崇敬する予想外の空気を醸成するのに寄与した。フランスで最も優れたジャーナリストの一人であるアラン・デュアメルは、この瞬間をこう描いた。「フランスは、その君主のうちで最も異議を申し立てられた人物の喪に服していた。宗教的で、驚きと、あるいは後悔を伴う雰囲気の中で、彼が生前に起こした際限のない議論は、当面中断された…（中略）…亡くなったのは、英雄でも聖人でもなく、政治の芸術家だった。恐らく、二〇世紀フランスで最も魅力的で、間違いなく最も複雑な、最も小説めいた、最も非凡な、最も迷路のように入り組んだ政治の芸術家である。しかし、彼は死のうちに、突如として自ら演じた人物と自分自身を一致させた。ド・ゴールは、シャルルを隠していたが、ミッテランの場合は、公人であるとともに私人でもあるフランソワを二つに分割することはできなかった[2]」。

死の直後、そしてそれから後も、忠実な仲間たちはミッテランの記憶のために、彼の栄光を永く称える墓碑銘を紙の上に綴った。忠義な家臣、追従者、役得を得た人々、泣き女は、彼の思い出が朽ちないよう努めた。反対に、素直でない人々、失望した人々、恨みを持つ人々、復讐しようとする人々は、容赦のない判決を下した。この記憶をめぐる文書のうち、ここにいくつかの例をあげてみるだけで、いかに社会主義者の大統領の政策と人物が議論を呼ぶものだったかが理解できるだろう。

ミッテランに愛着を抱く理由はさまざまだ。彼の下で内務大臣と国防大臣を務めたピエール・ジョクスは、著書『なぜミッテランか』の題名に関してこのように答えた。「私の世代の者は、彼に何を負っているかを知っている。それは、コペルニクス的転回だ。彼の執拗な行動、彼の野心、人々を巻き込んでゆく尽きることのない力によって、我々はフランスの政治に新たな時期、新たな時代を築くことができたのである[3]」。

彼とともに、フランスの表情は変わった。フランスは、保守的なメッキをはがした。それは、社会主義者の大統領が文化に与えた位置づけによって、明確に知ることができる。ミッテラン時代を象徴する大臣で、長く文化相の任にあったジャック・ラングは、こう書いた。「フランソワ・ミッテランにとって、芸術創造と知識の必要性には議論の余地がなかった。芸術、美術館、文学、歴史、演劇、映画を愛していた彼は、暮らしを変えたいと考えていたが、近視眼的な採算上の、あるいは投機上の目標、国内的な狭い視野に屈するつもりはなかった。一九八一年に、彼はこう言っていた。〝フランスは、世界を見出さずに自らを見出すことはできない〟。かつてナンシーにボブ・ウィルソンを招くことを夢に見、ジョルジオ・ストレーレルとピーター・ブルックの才能に喝采した私にとって、これ以上満足のゆくことはなかった」[4]。ミッテラン時代には、世界中の知識人と芸術家が、フランスでは自宅にいるように感じた。大統領は、作家の印税に税制上の特例を認めるとのアイデアを持ったほどだった（これは、後任者たちによって、すぐに是正されたが）。

大統領は、彼自身の教養と歴史の知識によって、ユベール・ヴェドリーヌによれば「実際に、できることに集中した」現実的な国家元首となった。そして、その意味において、彼は「非常に現代的な政治家だった。彼の中では、歴史と現代性は対立していなかった。むしろ、弁証法的な関係において、互いを豊かにしていた。それは、特に彼がその時代の国際関係に同化していくときの手法に見ることができた」。一部の人の言とは異なり、ミッテランには遠い先を見通す力があった、と元補佐官で、大統領府事務総長を務めたユベール・ヴェドリーヌは言う。「彼には、間違いなく先を見通す力があった。中東の運命にしても、ヨーロッパの運命にしても、仏独関係の運命にしても」。しかし、最も光り輝いたのはヨーロッパ統合のための彼の行動である。「懐疑論者、あるいは頭脳明晰な人々は、しばしば運命論者だ。理想主義者と観念論者は、空想にふけりがちだ。フランソワ・ミッテランの場合、懐疑論は行動的で、明晰さは建設的だった。確かに、彼はときおり、フランスとヨーロッパの人々が、この大事業を進めることを望んでいるのか、疑問に感じることもあった。反対に、彼はヨーロッパの外側では、統合が歓迎されていないと知っていた。しかし彼は、強いヨーロッパを通じて、決意を持つフランスが影響力を再び得ると確信していた。それを通じて、フランスの叙事詩が続くのだと」[5]。

元国民議会議長で、ベレゴヴォワ内閣で農相を務めたルイ・メルマズは、共和国制度協議会以来の最も忠実な仲間の一人だが、友人ミッテランの二期にわたる大統領時代には溜め息をつくことがあった。「内心では、また、私は当時首相に選任されなかったこと、あるいは後に党のトップとなるための支援を得られなかったことを残念に思った。無謀な考えだったかもしれないが、私は彼の政策運営に重要な貢献と、包括的な視点を提供することができただろうとの確信を持っている」[6]。しかし、よい日も悪い日もともにあった仲間である彼は、すべての悔恨を忘れ、『回想録』において、最後には賞賛を惜しまなかった。「こんにち地球上では、時代の進歩を享受する人々と、貧困と苦しみしかない人々の間に、恐ろしい対比が生まれている。後者の人々にとって、グローバリゼーションは、彼らの資産と労働に対する略奪以外に何を意味しているだろうか。フランソワ・ミッテランの優れた点はこの実態に、世界の未来についての彼独自の視点を対峙させたことだ。そして、フランス国民に対して呼びかけたほどには変化をもたらせなかったとしても、彼は何ひとつ放棄することなく、いつか抑圧されている社会の力が勝利を得るときが来るとの確信を示していた。彼とともに、誇り高く、叙事的な気性を持つフランス国民は、運命と再会したとの感情を抱いた。文明の歴史に思いを馳せ、彼は自身の生涯よりも長いときのうちに、その行動を刻みつけたのである」[7]。

これに異議を唱えたのが、一九八一年から一九八五年までミッテランの顧問を務めたレジス・ドブレだった。彼はまさに、ミッテランが計画を放棄したことを理由として、絶縁したのだった。ミッテランに異論を唱えた人々のうち、この作家は一九九六年に、彼の著書で最も注目を集めた、『我らが支配者たちが称えられんことを』で、最も残酷な肖像を描いた。ここでは、非難が滝のように流れ落ちていた。「急進性の不足」、「厳正さの欠如」、「気持ちのよい一般論に、どこにでもある、迎合的で漠然としたヒューマニズムでお化粧を施した言葉の巧みさ」、「厳密な文体と、不正確な思考」、「包括的な視野の欠如」、「実践の見直しの欠如」、「想像力の不足と、過度の策略」、「偶然の社会主義者」――これらのすべてに、形容矛盾語法の集中豪雨が続いた。「大胆な小心者、向こう見ずな中道派、傲慢にして繊細な人物、慎重さを欠く打算的な人物、狡猾にして勇敢、しくじってばかりいるヴィルトゥオーゾ…（中略）…陰険な人物はすべてを斜に構えて読み解き、アンチテーゼを武装解除し、〝オア〟を〝アンド〟で置き換えた。後は自分で何とかしなさい、子猫たち。私は、君臨したのだ」。この「気配りに満ちた冷淡な人物」について、どう考えるべきだろうか。「ニヒリズムを除けば、あらゆることに関して中庸を行く――これが、彼の唯一の過激な原則だ」。彼のイメージは、どうなるのだろうか。「超越なき自我、目的性のない意志である彼は、尾の長い彗星のように、後世に伝えられるだろう」。幻想から覚めた左翼作家の手で、弓と矢によって描かれたこの肖像は、ミッテランの弱点を書いたものなのか、それとも著者の当初の無邪気さを表しているのかはわからない。著者は最後に、皮肉とともにこう自問する。「政治活動とは、陳腐な言い方をすれば、最終的に希望を政策運営に、絶対を小銭に置き換えることなのではないだろうか」(8)。この戯画的な肖像は、モラリスト、あるいは「行動する傍観者」によるものというよりは、失恋した者によって書かれたのだ。「我々は、彼に誓いをたてた。誓うことのほとんどなかった彼に…（後略）」。

ミッテランの生前、一九九四年秋に、「レスプリ」誌元編集長のポール・ティボーは、容赦のない筆致で大統領の肖像を描いた。彼によれば、社会党の指導者は「自分自身以外について考えることができなかった」。ミッテランは「政治的失敗から、自分を救出しようとした」というのだ。「権力への情熱の激しさと、一〇年に及ぶ絶対的な権力行使の成果の対比は、無残なものだ。ドイツ連邦議会での、明らかな確信を持ち、かつソ連の核の脅威の前での適切な反応だった演説を除けば、ミッテランの残した結果は本質的に負の部分が多い。彼は左翼の死とフランスの衰退を認識した上でこれを利用したが、これらの事実について考え、弱体化した部分を他のもので補おうとはしなかった。内政においてさえ、右派政権の臆病な対応により実現が遅れていた死刑廃止の後には、実現した重要な改革はなかった…（中略）…ミッテランは権力を愛するが、政権担当は好まない。彼にとっての権力は、しばしば影の内閣の運営だった。彼の政権プロジェクトは失敗に終わったが、この人物は、無為の有用性と、行動の無意味を深く確信し、政治とは人に何かを信じさせることだと考える傾向があり、何かが起きたときに、演出と表面的な行為でそれを払いのけようとする手法に信頼を置いていたのである」。

ポール・ティボーにとって、ミッテランは「無為の絶対主義」と「事なかれ主義のデマゴギー」を表していた。「何ら起こすべき事業がないのなら、イメージ作りと権力の維持が、政治の実態のすべてとなる」。統治せずに君臨するとは、どういうことだろうか。それは、「空虚な偉大さ、パロディー化された偉大さ、虚栄、政治的実体を伴わない際限なき権力」を選択することだ。ティボーは、ドブレのように、失望したうちの一人なのだろうか。それはそうだが、失望の質は同じではない。ティボーの失望は、一九八三年の「政策転換」の時期に起きたが、それはフランソワ・ミッテランが希望を与えていたからだ。「我々（私は、〝第二左翼〟とともにあった）の間違いは、一九八二―一九八四年の失望の後に、左翼の政策の再定義がなされること、つまり政策がより厳密で、恨みに裏づけられたものでなくなるのを期待したことだ。ミッテランの選択は社会主義の刷新、社会主義の理念のうちのいくつかが適用可能となる計画の策定ではなくて、社会主義の老朽化の利用、社会主義者であることが何の意味も持たない（ミッテランは、社会主義者だと主張し続けていた）ほどに信用を失った社会主義の維持にあったのだ(9)」。

これほど過激でなく、より距離を置いた形で、ジャン＝フランソワ・ルヴェルは一九九七年に出版した『回想録』において、ティボーが描いた肖像のいくつかの点について同意を示した。「ミッテランは、政治のための道具には情熱を燃やしたが、その目的に関してはそうではなかった。手段には関心を持ったが、目標にはそうではなかった。政権の獲得と維持には熱心だったが、権力を手にすることで実現が可能となる計画についてはそうではなかった。計画そのものが、一つの道具となったのである。その計画自体の妥当性を、政権戦略とは別に再検討することは、ミッテランにとって何の意味もなかった。重要なのは、その計画が、ある地位の奪取もしくは強化のために、世論に対する一時的な有効性を持つかどうかだけだった。ミッテランとの会話で、私は彼が次の二つのテーマ以外について話すのを聞いたことがなかい。純然たる政治戦術と、個人的な思い出である。彼は老人がしつこく繰り返すように、自伝を何度も語っていたが、私が初めて会ったとき、彼はまだ五〇歳になっていなかった。それに、私は後から知ることになったが、彼が青春時代について語ったことは、必ずしも事実に忠実ではなかった。政治に関する思索、事実関係に関する知識に関して言えば、基本的な考え方や、実態の詳細な検討から導き出される全般的なヴィジョンには、ミッテランは興味がなかった。それは、彼が思想には関心を持たなかったからであり、この現実主義者には、真剣な分析と、夢のような愚言との区別がつかなかったのである」[10]。

死の直後の一九九六年一月一二日金曜日付「ル・モンド」紙は、フランソワ・ミッテラン特集を組んだ。特集は、故人の陰と光についての記事によって構成されていた。ジャン＝マリー・コロンバニは、結びの記事で、その業績を公平に評価しようと努めたが、それはまたミッテランの両義性の要約ともなっていた。「社会的公正を求める高揚の裏側では、失業が根を下ろしていた。人種差別反対の行動は、政治の世界への国民戦線の浸透を伴った。民主主義への配慮に対しては、市民の政治離れを招く共和的君主制の永続化があった。記憶の尊重に対しては、ナショナリストで元帥派だった青春時代に関する虚偽があり、かなり後になってその事実は明らかにされたが、それによるヴィシーの緩やかな名誉回復は避けられなかった。友人への忠実さ、行きすぎた私的行動や私的利益への寛容さには、国が与える恩恵や役得の利用が対をなした」。

それにもかかわらず、ミッテランがこれほど多くの人から好かれたのはなぜかを理解するには、彼の人を魅了する能力を強調しなくてはならない。彼の身体的特徴は、一つの武器だった。確かに、彼は完璧ではなかった。身長はやや低かったし、よくまばたきし、歯並びは治さねばならず、上唇は薄すぎた……。しかし、整った顔立ちとやや皮肉っぽい微笑は、人を魅惑する人物に似つかわしかった。彼と会った人たちは、彼の温和な様子、洗練された物腰に感銘を受けた。他の人たちは、彼の冷酷な皮肉、その辛辣さに驚いた。彼の文化的――主として文学にまつわる――知識と引用は、報告書や、通達や、演説以外を読む時間を作ろうとしない彼の協力者、あるいは会話の相手に強い印象を与えた。当然ながら、ミッテランは自らを演出するよう努めていたし、それは大統領になる以前からそうだった。貴族のような威厳、丁寧な言葉づかい、ゆっくりとした身のこなしと儀式めいた振る舞い、必ず時間に遅れる習慣、金銭に対するこれ見よがしの軽蔑。しかし、これらの優越性と計算された人との距離は、他者に関心を抱くこと、支援すること、聞き上手と不変の友情により愛されることを妨げはしなかった。

彼は人を魅了しただけではない。友人が困っているとき、友人が病気のとき、あるいは服喪のときに彼が示す愛情と同情は、彼個人への愛着を抱かせるものだった。「フランソワ・ミッテランが忠実だとしたら、それは友人たちに対してである」と、フランソワーズ・ジルーは書いた。「この点では、彼は他の追随を許さない[11]」。それには、よい面もあれば、悪い面もあった——最も悪いのは、個人的関係に基づく利益誘導、頑迷、そして擁護しえないものの擁護だった。友情とは、彼の個人的な道徳的規範において、最も確かな価値だった。「ミッテランには、その才能があった」と、ピエール・ジョクスは語る。「誰も、彼から遠ざけられたとの感覚を持つことはなかった。そして、彼は忠実だったから、人々も彼に忠実だった。必ずしも、彼と深い結びつきがなくても、また彼ら同士で結ばれていなくても[12]」。大衆の支持を得るために、彼は特別な技能を求められるテレビを上手に活用した。テレビに出演するようになった当初、彼は不慣れだった。しかし、お茶の間のスターになる前のド・ゴール将軍にしても、それは同様だった。彼の話し方への専門家の評価は低かったが、一般の人々には好評だった。一九八一年、決選投票前のヴァレリー・ジスカール・デスタンとの討論で、玄人、経済専門家、知識人たちの目にミッテランは、数字を巧みに操り無知な対立候補をやや見下すようなジスカールの自在さに圧倒されているように映った。しかし、大衆はミッテランの方がより優れていると判断した。お説教を垂れるジスカールに対して、ミッテランの魅力が効果を発揮したのだ。彼の人を魅了する力が、彼の成功においてどれだけ有用だったか、いくら評価しても評価しすぎることはないだろう。

彼の魅力は自然に備わったもので、教養と繊細な心に支えられていた。ミッテランはしばしば、古くさい反動主義者であるジャック・シャルドンヌの愛読者だとして軽蔑された。彼自身、シャラント出身の同郷の作家をしばしば引用して、それを助長した。実際に、ミッテランは大変な読書家で、飛行機でも列車でも、常に本を片手にしていた。彼の読書範囲は広く、ラマルティーヌからマルグリット・デュラスに至るまで、トルストイ、ガブリエル・ガルシア・マルケス、アルベール・コエン、ミシェル・トゥルニエ……などを読んでいた。就任直後に、新大統領は、ジャック・ラングのやや大仰な表現によれば「ある種の文化的な闇から、確かな光への移行」を強調したいと考えた。「パンテオンへの巡礼は、ヤシャール・ケマル、ガブリエル・ガルシア・マルケス、カルロス・フエンテス、フリオ・コルターサル、ウィリアム・スタイロン、エリー・ウィーゼル、メリナ・メルクーリといった人々が出席する中で行なわれた。彼らは、テレビ放映された政治と文化の婚礼に招待されたのである」。ミッテランが初めて公式の場に姿を現したのはポンピドゥー・センターであり、この同じ年、彼はアヴィニョン演劇祭も訪れた。象徴的であることにとどまらない施策が取られた。出版社と書店が以前から求めていた書籍の単一価格に関する法律の制定、文化予算の倍増、そして早くも一九八一年に、ルーヴル美術館大改造の計画が立てられた。その結果として、財務省が移転することとなった。長年にわたり、特に若い世代からの人気を維持したきわめて活動的な文化大臣ジャック・ラングは、遂行した政策の一部にはったりめいた部分があったとしても、実態のある成果を残していた。ミッテラン時代に、政治に占める文化の位置がかつてなく大きくなったことには間違いがない。大型施設の建設（大ルーヴル計画、オペラ・バスティーユ、グランダルシュ等）は、その最も目に見える成果となった。

またフランソワ・ミッテランは、自身の倫理観についての説明を迫られた。この点について、アラン・デュアメルは「フランソワ・ミッテランの評価は高かったことがない」[13]と言う。彼の政治経歴と、政治的立場の変化が、その第一の要因だ。通常の流れとは反対に、彼は右から左へと向かった。同時に、この変化は日和見的だと受け止められた。ミッテランは、その政治的立場の一貫性の欠如にもかかわらず、決して自分の過去を否認しなかった。ピエール・ペアンの著書によって明るみに出た事実は、疑問を増幅させた。フランソワ・ミッテランは、変わったのだろうか。それとも、いくつもの立場を兼ねていたのだろうか。彼はいくつもの思想、あらゆる政治的立場の人々との友情、互いに矛盾したイメージ、怪しげな交友関係を積み重ねた。これらについての疑念が、重くのしかかった。彼の軌跡において、唯一一貫していたのは権力への情熱だけではないか、と。彼の、全方位にわたる交流は巨大な鍵盤のようなもので、これを彼は好きなだけ演奏し、ときにより異なるキーを押し、かつての捕虜収容所の仲間ばかりでなく、擬似同盟関係にある共産党、あるいは擬似敵対関係にある国民戦線を利用し、その一方では一九八六年までルネ・ブスケと交際し、一九九二年まで、毎年、イウー島のペタン元帥の墓に花束を送り続けたのである。ニーチェの思想の堕落した形が、あらゆる才能とあらゆる勇気の持ち主であるこの人物を「善悪の彼方」へと運んだのだ。青春時代について、政治的選択について、自らの健康状態について、彼は真実をないがしろにしすぎた。そうすることで、彼は自己中心的で、悔恨や自己批判に消極的な人物像を作り上げた。

　彼の私生活は大貴族の、特にフランス王のそれだった。それは、一過性であれ、継続的であれ、彼が手に入れた女性の人数ばかりでなく、「王の意志」に基づき国の持つ各種の物理的な手段を享受したことによるものだ――エリゼ宮の憲兵による「非嫡出」の娘とその母親の警護も含めて。この点に関して、フランス人は英国人や米国人よりも寛容だ。そして、倫理上の問題が浮上するとしても、それは個人生活をめぐる事柄よりも、怪しげな人物との交友やそうした人物に与えた庇護、公に語った虚言、共和国の倫理を忘れた行動の曖昧さに関するものだった。

　根本的な問題について言うなら、公人としてのフランソワ・ミッテランに関しては、彼の活動の三つの側面について注目すべきだ。戦略家として、社会主義者として、そして第五共和制の共同設計者として、である。

　彼の多くの才能のうち、最も明白なのは戦略家の才能だ。フランソワ・ミッテランには、誰よりも鋭い政治的直観があった。カール・シュミットの区分によれば、「試金石」となるのは敵と味方を識別する能力、「敵を敵として」[14]明瞭に認識する能力だ。この直観は、フランソワ・ミッテランにおいては一九五八年から発揮されることになった。それまでは、第四共和制下で下院議員、そして永遠の大臣だった彼には確かに多くの敵がいたが、ミッテランにとっての最大の「敵」が何者なのか、特定することが難しかった。彼は一九四六年憲法に反対していたが、この憲法の下でいくつもの連立政権に参加し、いつか頂点に立つことを目標とした。軍の協力を得てのド・ゴール将軍の政権復帰と、新体制の樹立が、彼の政治経歴の鍵となる時期だ。いまや、彼は敵と味方を識別することができた。彼は、第五共和制の創立者たち、特にド・ゴールその人の、徹底した、絶対的な、決定的な敵対者となった。すでに見た通り、この戦いにおける先輩であるピエール・マンデス・フランスとは異なり、彼は目の覚めるようなエッセイ『恒常的クーデター』で強く非難した新制度を利用するのに躊躇しなかった。すなわち、左翼が選挙方式を批判した直接投票による大統領選挙に出馬したのである。目的は、手段を正当化する。

政治の芸術家である彼は、一九五九年のオプセルヴァトワール事件で落ちるところまで落ちたが、絶え間ない努力によって一九六五年に左派諸勢力の候補者として大統領選に出馬し、一九七一年のエピネー大会での社会党の再生以降、左翼連合のリーダーとしての地位をますます強固にするに至った。冷戦開始以来、不可能と思われていた連合の結成を彼は実現した。右派との勢力関係から、右派に勝利を収めるには共産党との連携が必要条件だった。フランソワ・ミッテランは基本的に反共主義者だったが、左翼が政権を取るには、分裂から抜け出さなければならないという考えに至ったのである。彼は、共産党との間で、異論の余地の多い共同綱領を締結したではないか。いや、それは、二義的な問題だ。ピエール・ジョクスは、こう書いた。「綱領の有効性を信じることなく、彼は政治においては、いくつかの全般的方向性を示しさえすれば、人々から存在を認識されるのに十分だと確信していた」。彼は何者になろうとしていたのか。彼は、左翼の代表者、スポークスマン、「唯一信頼できる候補者」（リオネル・ジョスパンの言）である。ド・ゴール派の勝利によって弱体化したとはいえ攻略不能の要塞のように見え、同時に大いに嫌悪感を催させる存在だった共産党との協力を望むなら、彼は大胆である必要があった。しかしながら、彼の政治的直観に話を戻せば、協力関係を通じて社会党は勢力を拡大し、一方でパートナーは弱体化すると彼は見たのである。一九七二年には、この望みは純粋な信仰の表明と見られたし、共産党は正反対の計算から協定に調印し、この提携関係は自分たちに有利だと考えたのだった。一九七三年の総選挙から、早くもミッテランの賭けは成功に近づき、共産党指導部を悔しがらせた。一九七七年の左翼連合の分裂は、彼を動揺させはしなかった。なぜなら、このときＰＳは左翼最大の勢力になっており、彼はＰＣＦの幹部が、自殺行為に走らない限り、決選投票で彼に投票するよう呼びかけないことはありえないと知っていたからだ――実際、一九八一年にはその通りになった。一九八八年の再選も、彼の政治的な技量によるものだと考えられる。そのときは新しい綱領により再選されたのだが、彼にとって重要なのは決して綱領ではなかった。権力の獲得とその維持という事業において、フランソワ・ミッテランの右に出る者はいなかったと言ってよい。

それでも、この何としてでも左翼連合を結成するとの戦略は、フランソワ・ミッテランにとっては成功したが、結果として、政治的柔軟性が犠牲となり、政党間の協力関係を固定化してしまった。一九八八年には、選挙期間中に中道への開放を唱えた大統領は、合わせてわずか二議席の差で右派と中道派が多数を占めていた議会を解散することなく目的を達成できたのではないか思われる。フランソワ・ミッテランは、解散の道を選択したが、絶対多数を得ることはできなかった。共産党議員団による支持が、相変わらず必要となった。慣習が形成された。中道との連合は行なわれず、また「左翼に敵はいない」状態だった。二〇一二年においても、中道派（民主運動、MODEM）の指導者の一人であるフランソワ・バイルーは、決選投票でフランソワ・オランドに投票するよう呼び掛けたものの、総選挙では社会党の支援が得られず、下院選で当選を果たせなかった。あたかも、中道との連携の拒否が、他党の協力を必要とする社会党の左派政党としてのアイデンティティー――それも弱体化したアイデンティティー――を保証しているかのようだ。

ミッテランの社会主義者としての信念を、疑うべきだろうか。ジル・マルティネは、彼が社会主義について演説するのを聞くよりは、自分の靴を眺めている方がよかったと語った。ギィ・モレは、ミッテランが社会主義語を話すことを覚えた、と評した。客観的に見れば、この社会党指導者が晩年にこう強調するのを聞いて、疑問を感じることができよう。「私は以前と変わっていません。ジョレスとレオン・ブルムの延長線上にあるのです」。しかしながら、こんにち私が思うに、この質問にはイエスかノーでは答えられない。最初から、すなわち一九六五年の大統領選挙後に戦略を立てたときのフランソワ・ミッテランが、レジス・ドブレの残酷な言葉のように「偶然の社会主義者」だったとしても、あるいはたまたま好機を捉えて社会主義者になったのだとしても、いったんその選択をして以降は、彼はそれを放棄しようとはしなかった。当初は、彼の信条には野心ほどの重みはなかったとしてもよいだろう。しかし、野心は確信に基づく言説を要求する。その言説の反復は、信念を獲得する上で、パスカルの祈禱台の役割を果たした可能性がある。彼には、力の弱い人々の側につく個人的な理由があった。支配者に対する反感、キリスト教的教育、あらゆる富を独占する大資本によって社会が動かされているという見解、などだ。「給与所得者は、現在では労働人口の八〇パーセントを占めている…（中略）…搾取されている社会的・職業的階層が経済的行為と、社会的抗議と、投票用紙の一致を理解したならば、フランスで、社会的に多数派である左翼は政治的にも——一九八〇年には、すでにそうなっているかもしれない——多数派となるだろう」[15]。したがって、民衆をだましている支配者たちから、権力を奪い取らなければならない。彼が、次のような言葉を繰り返したゆえんである。「権力とは、所有である」——「重要なのは、所有者が変わることだ」。国家による支配、市場よりも計画、私有独占企業の国有化、これが社会党政権にとっての重要事項であり、社会党と共産党が絶縁して以降も変わらなかった[16]。彼が誠実でなかったと言うことはできない、と私は考える。それは、一九八一年の大統領当選後に、国有化を実施したことで確認できる。しかしながら、彼の関心は、理論には向かわなかった。彼の社会主義は、ジョレスやブルムとは異なり初歩的であり、文化的に見ると非常に貧しいものだった。そして、ＰＳの経済政策が失敗すると、彼は自分は社会主義者だと最後まで主張し続けていたが、社会主義を一時忘れたような印象を与えたのである。

人間の政治的信条には、それに対する信奉の度合いというものがある。あまり宗教に通じずにミサに参列する人々が、無神論者だったり、信仰を持つ振りをしているとは限らない。たとえ綱領の実現をあきらめるにせよ、ミッテランが左翼による政権獲得を最重要視していたことは明白だ。右派に代わって権力の座を占めることが、何よりも優先された。口の悪い人々は、こう言った。自分自身のための政権獲得だ、と。この二つは、矛盾するものではない。エリゼ宮にあって、フランソワ・ミッテランは左翼を体現しているとの確信を持っていた。彼の社会主義者としてのアイデンティティーにおいて最も説得力を持つのは、彼が「エピネーの党」と呼ぶ、まさしく灰の中から蘇った政党を再建したことだ。一九九一年に、リオネル・ジョスパンはこう書いた。「人は、フランソワ・ミッテランが社会党を利用したと言うが、彼は同じだけ社会党に奉仕した。彼は、毎日、自分自身が成功するとの保証もないまま、その力と、忍耐力と、熟練を党に提供した。彼の周辺に集まる男女は、左翼と政治の関わりを変えるだけでなく、行動し、ものごとを実現したいと望んだのである」[17]。社会党を再建し、自らの指導下で政権に復帰させることは、彼にとって最も明確な目的だった。彼の社会主義のうち、最も異論の余地のない部分だ。

社会党の活動家、支持者、議員たちがミッテランに負っているのは、間違いなく、資本主義体制下で平然と政権担当を引き受けたことだ。一八九九年に、ジョレスはワルデック＝ルソー内閣へのアレクサンドル・ミルランの入閣を支持して進むべき道を指し示したが、一九〇五年のＳＦＩＯ結成以降は、階級闘争とブルジョワ内閣への不参加という基本を踏まえ、この問題は提起されなかった。神聖同盟への社会主義者の参加は、第一次大戦という例外的な事態が生んだ結果だった。その後、誕生したばかりの共産党と競合関係にあったレオン・ブルムのＳＦＩＯは、革命という目的を放棄しようとはしなかった。この党は、一九三六年に左派の最大勢力となったときに初めて、政権を担当することを受け入れたのである。レオン・ブルムは、政権担当を正当化するために、その数年前に立てた理論を援用した。それは、権力奪取（革命）と権力行使（合法的に）を区別する理論だった。第二次世界大戦、レジスタンスとフランス解放に続く数年間、社会党の連立内閣への参加は習慣化した。理論と、議員たちの現実主義的な実践の間の乖離は、このときは冷戦によって正当化された。それでは、新しい社会党、「資本主義との断絶」への意志とともにスタートした「エピネーの党」は、何のためらいもなしに政権担当を受け入れたのだろうか。ミッテランが、その進むべき道を指し示した。一九八三年の政策転換以後、社会党は事実上の社会民主主義政党となり、「新社会」を創設するとか「暮らしを変える」と主張せずに政権にとどまることを最終的に受け入れた。フランソワ・ミッテランは、七年間の任期を二度務めたが、この間に社会党は政権交代と政権担当の責任を負うとの考え方を身につけたのである。

先に引用したポール・ティボーとレジス・ドブレの断罪は、相矛盾するものだ。依然として社会主義の精神と、生産手段および金融の国有化の必要性に忠実なレジス・ドブレは、ミッテランが計画を断念し、時代の潮流とヨーロッパで支配的な自由主義経済に順応しすぎたことを責めた。ポール・ティボーがミッテランを批判したのは、彼が変わったからではなく、説明なしに変化を遂げたためであり、強固な社会的民主主義を基盤にしたフランス社会主義の刷新を奨励するかわりに、むしろ正反対の主張を行なったためだ。一九九一年のアルシュ党大会とそれに引き続く何度もの党大会は、理論と実践の折り合いをつけ、社会党が目指すのは市場経済の中で市民が連帯する社会だと強調しようとした。だが、フランソワ・ミッテランはその沈黙によって、社会党がそれを自認しないまま「社会民主主義者」になったとの罪悪感を持ったことについて、大きな責任を負っている。フランス社会主義史を専門とする歴史家で、PS幹部でもあるアラン・ベルグニウーは、「フランソワ・ミッテランは、左翼および社会党の多様性と内部対立を考慮に入れた上で、イデオロギーの本格的な再検討を促さず、何も口に出さないままそれを行なうことを選択した」と書いた。「そのため、大きな困難に直面するたびに、この新たな状況下で政権を担当することは〝理想〟を裏切る結果になるのではないかとの議論が、社会党内では起こったのである」(18)。

フランソワ・ミッテランの最大の功績は、第五共和制の制度を強化したことだ。それを咎《とが》めることもできるだろう。彼は、一九五八－一九六二年の憲法が可能とした「恒常的クーデター」を厳しく非難したではないか。彼は大統領に当選後、この憲法は彼以前は有害であり、彼以降も有害なものとなるだろうが、彼にとってはふさわしい、と述べたのではなかったか。それでも、マンデス・フランスが、ド・ゴール将軍の引退とともに崩壊するだろうと見ていたこの憲法に基づく体制を、彼は強化した。一七八九年以来、この分野は非常に不安定だっただけに、フランソワ・ミッテランが体制に必要な継続性を保証し、政治の沈静化に努力したことについては、感謝してよいだろう。

第一に、彼の勝利それ自体と、ルール変更の拒否によって、彼は政権交代が可能であることを証明した。次に、「コアビタシオン」と呼ばれた事態が起きたときに、左派の大統領は右派の首相と折り合いをつけられると証明した。「政権交代が、一九八一年と一九八六年によって完全に制度化されたことは、一九六五年以来のミッテランの政治活動の成果、左翼を結集させるための一徹な行動の結果だった」と、ピエール・ジョクスは書いた。彼は、さらにこう説明する。「一九八一年五月一〇日の政権交代は、二〇年以上にわたる右派の政権独占と、第三共和制および第四共和制の不安定と対比すると、民主主義にとって重要な成果だった」。いかにも、歴史家から見ると、民主主義にとっての重要な出来事である。一九八一年以来、第五共和制は二本の脚で歩くことができるようになった。近代民主制の基本である政権交代を、フランス国民は知らずに来た。過去において政権交代は、クーデターと革命を通じてしか行なわれなかった。第三共和制と第四共和制においてさえ、主として小党分立のために、それはほとんど不可能だった。短命な連立政権に続く内閣の崩壊が、政権交代の代用品となっていた。現体制の「君主制」的制度に反対していたミッテランは、それを変更することを控えた。しかし、彼は政権交代を実現し、コアビタシオンを受け入れることで、憲法のド・ゴール的解釈を変更した。創立者がこの憲法に与えた共和的君主制の本質を維持することにはなったが、彼は実践においてルール変更を行なった。これに加えて、未完成なものだとはいえ、彼には地方分権化法を制定するという功績があった。というのは、パリの役所によって窒息させられていた地方に、必要な呼吸をいくらかでも提供したからである。野党時代のミッテランは、ボナパルトが制度化した知事職を廃止したいと考えた。それは実現には至らなかったが、彼は少なくとも進むべき道を示したのである。

　これらすべてによって、フランソワ・ミッテランは大政治家だと見なされるだろうか。彼の政治的芸術についてのように明確な評価を下すことは困難だ。ジャン＝フランソワ・ルヴェルは、『回想録』中で、次のように提案している。「私が大政治家の定義をしなければならないとしたら、それは縄の両端を手に持ち続けられる人物のことだ、と言うだろう。実用的な一端と、理論的な一端。技能と知識、権力行使の技術と権力行使の目的。それは、権力を手にしていることの俗な楽しみとは異なる[19]」。果たして、フランソワ・ミッテランが「縄の両端」を手にしていたか、それは一人ひとりの判断にまかされる。それについて、疑問を持つことも許されているのだから。

訳者あとがき

かつて、フランソワ・モーリアックがフランソワ・ミッテランを「小説の登場人物」と評したことはよく知られている。モーリアックがこの言葉を「レクスプレス」誌の「ブロック＝ノート」と題するコラムに記したのは、一九五四年のことだ。モーリアック自身、これほど適切な言葉を書いたとは思っていなかっただろう。ミッテランが「小説の登場人物」としての本領を発揮するのは、それ以降のことだからだ。一九五四年においては、オプセルヴァトワール事件も、マザリーヌの誕生も、癌との隠された闘いも、まだ未来の出来事である。

モーリアックのこの評価が正しかったことは、ミッテランについて書かれた書物の数の多さにも現れている。すでに大統領就任以前にも、ミッテランに関する著作はあった。フランツ＝オリヴィエ・ジスベールが『フランソワ・ミッテラン、あるいは歴史の誘惑』(Franz-Olivier Giesbert, *François Mitterrand ou la tentation de l'histoire*, Seuil) を出版したのは一九七七年のことだ。しかし、「ミッテラン本」とも言うべきジャンルが生まれるのはミッテランの大統領就任後であり、特に彼の任期満了が近い一九九四−九五年、そして亡くなった一九九六年の直後には「ミッテラン本」の出版数が急増した。その中には、ミッテランを賞賛するものもあれば (たとえば、パスカル・スヴラン『ミッテラン、知られざる日々』Pascal Sevran, *Mitterrand, les autres jours*, Albin Michel, 1998)、彼を厳しく糾弾するものもあった（一例をあげるなら、ジャン・モンタルド『ミッテランと四〇人の盗賊』Jean Montaldo, *Mitterrand et les 40 voleurs*, Albin Michel, 1994）。ミッテランをよく知る人々の著作も多かったが、その中には古くからの友人のものもあれば、ジャック・アタリ、ユベール・ヴェドリーヌ、ロール・アドレールなど、大統領在任中にミッテランを支えた人々によるものもあった。アタリは『発言録』全三巻（Jacques Attali, *Verbatim*, 3 vol., Fayard, 1994-1995）を、ヴェドリーヌは『フランソワ・ミッテランの世界』（Hubert Védrine, *Les mondes de François Mitterrand : à l'Élysée, 1981-1995*, Fayard, 1996）を発表した。元エリゼ宮テロ対策班長ポール・バリルの『エリゼ宮の隠された戦争』（Paul Barril, *Guerres secrètes à l'Elysée*, Albin Michel, 1996）のように、暴露的な内容のものもあった。主治医だったクロード・ギュブレール医師は、ミッテランが大統領に就任した一九八一年から前立腺がんにかかっていたことを明らかにする『大いなる秘密』（Claude Gubler, *Le grand secret*, Plon, 1996）を出版した（遺族の訴えにより、販売差し止めとなる）。実兄のロベール・ミッテランは『ある人の兄』（Robert Mitterrand, *Frère de quelqu'un*, Robert Laffont, 1988）を、娘のマザリーヌ・パンジョは『口を閉ざして』（Mazarine Pingeot, *Bouche cousue*, De Noyelles, 2005）を出版した。ジャーナリストの著作では、アラン・デュアメル『フランソワ・ミッテラン——ある芸術家の肖像』（Alain Duhamel, *François Mitterrand, portrait d'un artiste*, Flammarion, 1997）、フランツ＝オリヴィエ・ジスベール『老人と死』（*Le vieil homme et la mort*, Gallimard, 1996、邦訳『神なき死——ミッテラン、最後の日々』プジョー友子訳、春秋社、一九九九年）などがある。

　そして、ミッテランに関する著作で最大の反響を得たのは、彼の大統領在任末期、一九九四年に出版されたピエール・ペアンの『あるフランスの青春』(Pierre Péan, *Une jeunesse française, François Mitterrand 1934-1947*, Fayard) である。ミッテランの第二次大戦中の行動、特にヴィシーの勲章フランシスクをペタンから授与されていた事実は知られており、一九七四年の大統領選でジスカール・デスタン陣営はこの受勲を攻撃した(ミッテラン陣営は、ジスカールの母方の祖父で上院議員だったジャック・バルドゥーが、一九四〇年七月一〇日にヴィシーでペタンへの全権委任に賛成票を投じた事実をあげて反撃した)。とはいえ、多くの人々にとって第二次大戦はすでに遠い過去と見なされ、その時期のミッテランの行動を知らない世代の国民も増加していただけに、この本の出版は世論に大きな衝撃を与えたのである。この前年の一九九三年には、ヴィシー政権下で警察長官を務め、ユダヤ人の一斉検挙を指揮した容疑で起訴されていたルネ・ブスケが殺害された。リヨンのゲシュタポ隊長として、ユダヤ人の虐殺収容所への移送などに関わったクラウス・バルビーの裁判が行なわれたのはその数年前、一九八七年のことだ。一九四二年にジロンド県庁事務総長としてボルドーでのユダヤ人一斉検挙に関わった元パリ警視総監、元予算大臣モーリス・パポンに対する告発も行なわれていた時期だっただけに、反響は大きかった。『あるフランスの青春』には、本書中でもたびたび言及されている。

また本書以前にミッテランの生涯全体を取り上げた代表的な伝記といえば、ジャン・ラクテュール『ミッテラン、フランス人の物語』(Jean Lacouture, *Mitterrand, une histoire de Français*, Seuil, 1998) だろう。上下二巻、合わせて一〇〇〇ページを超す大著である。ラクテュールは「ル・モンド」紙記者などを務めたジャーナリストで、伝記作家として定評があり、ド・ゴール、レオン・ブルム、ピエール・マンデス・フランス、フランソワ・モーリアックなどの伝記を書いている。ラクテュール以外にミッテランの全生涯を対象とした伝記としては、フランツ＝オリヴィエ・ジスベール『フランソワ・ミッテラン、ある生涯』（*François Mitterrand, une vie*, Seuil, 1996）などがあげられよう。

二〇一六年はフランソワ・ミッテランの生誕一〇〇年、そして没後二〇年の記念の年にあたる。この年を迎えるにあたり、二〇一五年からミッテランに関連する多数の書籍が出版されている。本書もその一つとして二〇一五年三月に出版され、この年のフランス上院歴史書賞（Prix du Sénat du livre d'histoire）を受賞した。本書同様にミッテランの生涯を取り上げた伝記としては、他にエリック・ルーセル『フランソワ・ミッテラン』（Eric Roussel, *François Mitterrand*, Robert Laffont, 2016）、英ジャーナリストのフィリップ・ショートによる『フランソワ・ミッテラン、曖昧さの研究』（Philip Short, *Mitterrand: A Study in Ambiguity*, The Bodley Head, 2013, 仏訳 *François Mitterrand : Portrait d'un ambigu*, Nouveau Monde Éditions, 2015）がある。しかし、多く出版されたのはミッテランに近かった人々の著作だ。古くからの友人で、ミッテランの遺言執行人だったアンドレ・ルスレは、二〇一五年秋に『道の途中で』（André Rousselet, *À mi-parcours*, Kéro）を出版した。この本はルスレの自伝的著作だが、多くのページをミッテランに割いている。大統領就任以前からミッテランのブレーンの一人だった元文化大臣ジャック・ラングは『ミッテランを愛する者の事典』（Jack Lang, *Dictionnaire amoureux de Mitterrand*, Plon）を、やはり二〇一五年秋に刊行した。これは、プロン社の『……を愛する人の事典』（Dictionnaire amoureux de...）シリーズの一冊として出たもので、ミッテランと関連のある項目を事典形式で取り上げている。ミッテラン時代のエリゼ宮で文化担当補佐官を務めたジャーナリストのロール・アドレールは『フランソワ・ミッテラン、特別な日々』（Laure Adler, *François Mit-*

terrand, journées particulières, Flammarion, 2015）を出版した。ミッテランの下で大統領府事務総長を長く務めたジャン＝ルイ・ビアンコは『ミッテランと過ごした年月――エリゼ宮の舞台裏で』（Jean-Louis Bianco, *Mes années avec Mitterrand : dans les coulisses de l'Elysée*, Fayard, 2015）を書いた。これ以外にも、数え切れないほどの「ミッテラン本」が刊行されている。またレ・ベル・レットル社は、二〇一六年初めにミッテランの『著作集』（François Mitterrand, *Œuvres*, Les Belles Lettres）の刊行を開始した。

なお、邦訳があるミッテラン関係の図書としては、本書中でも引用されているミッテランとエリー・ウィーゼルの対話集『ある回想――大統領の深淵』（平野新介訳、朝日新聞社、一九九五年、原書 *Mémoires à deux voix*, Odile Jacob, 1995）、フランツ＝オリヴィエ・ジスベール『大統領ミッテラン』（宝利尚一、草場安子訳、読売新聞社、一九九三年、原書 *Le Président*, Seuil, 1990）、同じ著者で先にも挙げた『神なき死――ミッテラン、最後の日々』、アラン・デュアメル『ド・ゴールとミッテラン――刻印と足跡の比較論』（村田晃治訳、世界思想社、一九九九年、原書は Alain Duhamel, *De Gaulle-Mitterrand. La marque et la trace*, Flammarion, 1990）、カトリーヌ・ネイ『ミッテラン ――フランス 1981-88』（村田晃治訳、世界思想社、一九九二年、原書 Catherine Nay, *Les sept Mitterrand ou les métamorphoses d'un septennat*, Grasset, 1988）などがある。ミッテラン自身の著書で邦訳されているものに、先にあげたウィーゼルとの対談以外に、『いま、フランスでは――ミッテランの社会主義』（早良哲夫訳、サイマル出版会、一九八二年、原書 *Ici et maintenant*, Fayard, 1980）、『大統領への道』（上下二巻、佐藤昌訳、広済堂出版、一九八二年、原書上巻が *La paille et le grain*, Flammarion, 1975、下巻が *L'abeille et l'architecte*,

Flammarion, 1978）がある。

日本語で書かれたミッテラン関係の図書は多数あるが、長部重康著『変貌するフランス——ミッテランからシラクへ』（中央公論社、一九九五年）、渡邊啓貴著『ミッテラン時代のフランス』（芦書房、一九九一年）、吉田徹著『ミッテラン社会党の転換——社会主義から欧州統合へ』（法政大学出版局、二〇〇八年）などをあげることができる。

＊　＊

ミッテランの生誕一〇〇年、没後二〇年を迎えての「ミッテラン本」ブームの中で、本書はどのように位置づけられるのだろうか。まず、本書は歴史家の手になる最初のミッテランの伝記である。これまでの伝記の著者は、ラクテュールにせよ、ジスベールにせよ、ジャーナリストだった。エリック・ルーセルはジャン・モネ、ド・ゴール、マンデス・フランス、ピエール・ブロソレットらの伝記を著し、一九四〇年のフランスの敗北をテーマとした著作もあるなど歴史家に近い面を持つが、学者ではなく作家、ジャーナリストと言うべきだ。これに対して、ミシェル・ヴィノックはパリ第八大学とパリ政治学院で長く教鞭を執り、多数の著書と受賞歴がある、現代フランスを代表する歴史家の一人である。このような歴史家の手になる本格的な評伝が、没後約二〇年を経て刊行されたことには、大きな意義がある。時間の経過により、一定の距離を置いて、歴史家の立場からミッテランの人物と業績を評価できるようになったと言えよう。

実際、本書において、ミシェル・ヴィノックはミッテランの歴史的役割の評価を試みている。これこそが本書の目的である。それゆえ、これまで知られていない新事実の発見などのセンセーショナルな刺激を求める読者は、本書を読んで失望するかもしれない。ヴィノックの狙いは、ミッテランが政治家としての長いキャリアを通じてフランス政治において演じた役割を探ることだ。しかし、ミッテランの場合、ド・ゴールやマンデス・フランスとは異なり、私生活と政治活動が分かちがたく結びついている。彼の政治活動の仲間は、しばしば彼の友人でもあった。ジョルジュ・ダヤンとは兵役を通じて親しくなったが、戦後ダヤンは政界に進出したミッテランを助け、UDSR、次いでCIR、さらに社会党（PS）に加わり、下院議員、上院議員を務めた。アンドレ・ルスレは古くからミッテランとともに政治活動に加わり、下院議員などを務め、彼の遺言執行人ともなった。外相を務めたロラン・デュマ、下院議長を務めたルイ・メルマズなども政治上の同志であり、また私生活上の友人だった。ヴィノックは、こうしたミッテランの特性を踏まえて、政治家としてのキャリアと個人としての生活を明確に切り分けることなく、ミッテランの生涯を描いている。

しかし、ヴィノックにとって最も重要なのは、第五共和制におけるミッテランの歴史的な役割である。本書では、少年時代と青年時代、中でも第二次大戦中のミッテランについては、それほど多くのページを割いてはいない。それは、この時期が重要でないからではなく、すでに多くのことが書かれているからだと思われる。ペアンの『あるフランスの青春』のような本をもう一冊書く必要はない、ということだろう。第四共和制時代については特にマンデス・フランス内閣の内相時代、そしてそれ以上にモレ内閣の法相時代に焦点を当てている。アルジェリア戦争は、ミッテランの政治家としてのキャリアにおいて、避けて通れない出来事だからだ。また、ミッテランが植民地に向けるまなざしについても、紙数を割いている。

第五共和制初期におけるミッテランの立場は、ド・ゴール体制との対決である。ミッテランには多数の著書があるが、もっとも有名なのはこの時期に書かれた、第五共和制という体制（régime）を痛烈に批判する『恒常的クーデター』（*Le coup d'État permanent*, Plon, 1964）だろう。しかし、第五共和制を過渡的な体制と見たマンデス・フランスとは異なり、彼はこの体制を全面的に否定することはなかった。彼は、新たな共和国とその憲法が作った制度を活用して、その立場を強めていく。それは、特に一九六二年の憲法改正により制定された直接選挙による大統領の選出と、反ド・ゴール勢力としての左翼の結集を梃子にするものだった。

実際、カトリックの保守的なブルジョワ家庭に生まれ、学生時代には「国民義勇兵団」に所属し、第二次大戦中もモーリス・ピノやガブリエル・ジャンテなど非常に右寄りの人々と近かったミッテランは、第四共和制下で中道左派に転じ、第五共和制になると反ド・ゴール勢力の結集を目指す立場から共産党との連携を模索し始める。まず選挙地盤のニエーヴル県で共産党と手を組むことで基盤を固め、その一方で左派内部における共産党のヘゲモニーを阻止すべく、非共産党左派の集合を目指したのである。その重要な節目となったのが、一九七一年のエピネー大会における社会党（ＰＳ）第一書記就任である。それまで社会党員でさえなかったミッテランは、党内右派のドフェールとモーロワ（党内で大きな力を持つブーシュ＝デュ＝ローヌ県連とノール県連の実力者）ならびに党内最左派であるＣＥＲＥＳと提携して多数派を形成した。そして、翌年には共産党との共同綱領の署名にこぎつける。こうして、ミッテランは明確に左翼の指導者としての地位を獲得したのである。

その一方で、ヴィノックはミッテランが社会党の思想的バックボーンを改革、刷新しなかった、あるいはできなかったことに対して厳しい視線を向けている。ミッテランはもともと社会主義的文化を持たず、マルクス主義者でもなかったが、右派だった過去ゆえに自分が左であることを絶えず証明する必要があった。ヴィノックは、ミッテランの大統領就任直後の企業国有化の際のミッテランの態度について、詳しく叙述している。ジャック・ドロールとミシェル・ロカールが一〇〇％国有化は必要ないとして、五一％の株式取得を進言したのに対し、ミッテランは一〇〇％国有化の主張を曲げなかった。実際、フランスの社会党は、ＳＦＩＯの時代から、現実の政策は中道左派的であるにもかかわらず、共産党に唯一の左翼政党の立場を取らせまいと、マルクス主義的な綱領を維持してきた。共産党の勢力が弱まっても、ミッテランはこうした考え方を放棄しようとはしなかった。ミシェル・ロカールとの闘いには個人的なライバル関係という側面もあったが、マルクス主義の放棄を求めるロカールに対して、ミッテランはより左翼的な路線を代表し続けたのである。こうした社会党の立ち位置のために、フランスではドイツ社会民主党のバート＝ゴーデスベルク大会における階級闘争の放棄のような明確かつ決定的な転換は行なわれなかった。現在の社会党はもはやマルクス主義政党ではなく、ミッテラン時代以降も中道左派的な現実路線に沿って政権を担当しているが、いまだに党の一部には革命政党的な思考が残っている。これをミッテラン一人の責任に帰すことはもちろんできないが、彼にも責任の一端があることは間違いのないところだろう。一方で、ヴィノックは、「ロブス」（L'Obs）誌のインタビューでミッテランが本物の左派ではなかったとの批判を退け、当初は政治戦略から左に軸足を移したミッテランではあるが、彼の文章や演説原稿を読むと、彼が明確に左派に位置するようになったことがわかる、と述べている。

ミッテラン外交と欧州統合にも、触れておかなければならない。企業国有化と景気刺激策による経済政策が失敗に帰し、政策転換を余儀なくされた後、ミッテランは欧州統合を最大の政策課題と位置づけた。それは決して戦術的な選択なのではなく、彼は古くから欧州統合を重視する立場にあった。ヘルムート・コールとジャック・ドロールという強力な味方を得て、彼は単一市場とシェンゲン協定による人の移動の自由を実現し、マーストリヒト条約にまでヨーロッパを導くのである。欧州統合の現状はともかくとして、ミッテランが統合に大きく貢献したことは事実であり、彼自身もまた欧州統合の前進に貢献したとの認識を持っていた。

冷戦期においては、ミッテランは明確に西側の立場を取り、一九八三年のミサイル危機においては米国を支持して、レーガンとの信頼関係を築いた。しかし、一九八九年のベルリンの壁の崩壊からドイツ再統一に至る過程においては、彼はやや判断を誤ったようだ。この点に関して、ヴィノックは一九八九年一二月の東ドイツ訪問と、ドイツ再統一に対する消極的な態度を指摘している。

フランスにとって重要なアフリカ政策については、ヴィノックはリビアによるチャド侵攻に触れているものの、全体としてさほどの紙数を割いてはいない。しかしながら、野党時代には強く批判していたフランスのアフリカ政策を、大統領となったミッテランが引き継いだことは間違いがないとしている。

結局のところ、ミッテランが大統領となり第五共和制の下で政権交代を可能にしたことで、ド・ゴールが自身に合わせてあつらえた共和国が、必ずしもド・ゴールの個人的な共和国でなかったことが証明されたとヴィノックは見ている。マンデス・フランスが過渡的だと考えた第五共和制は特異ではなく、民主的な政権交代が可能な体制であると確認されたのである。

「コアビタシオン」もまた、逆説的ではあるが（大統領と議会の多数派が異なる政治勢力に属することは、ド・ゴールにとって想定外だった）第五共和制が安定した政権運営を可能にする制度を備えていることを証明した。ミッテランの下で二度（一九八六－一九八八年のシラク内閣と、一九九三－一九九五年のバラデュール内閣）、シラクの下で一度（一九九七－二〇〇二年のジョスパン内閣）現実のものとなったコアビタシオンが明らかにしたのは、第五共和制は基本的に議会制民主主義であり、ミッテランが一九六四年に『恒常的クーデター』で述べたような大統領が恣意的に個人的な権力を振るう体制ではないことだった。

フランス革命以来、フランスでは一五もの憲法が作られてきた。特に一九世紀のフランスでは、執政政府、第一帝政、王政復古、七月王政、第二共和制、第二帝政、第三共和制と、体制はめまぐるしく変化した。第三共和制は一九四〇年まで七〇年にわたり続いたが、成立後安定に至るまでにはかなりの年月を要し、小党分立と政党の組織化の遅れも手伝って内閣は短命で、一九三〇年代に入ると極右勢力の台頭に伴い不安定化した。ドイツとの戦いでの敗北は非民主的なヴィシー体制の誕生を招き、フランス解放とド・ゴールの臨時政府の後に樹立された第四共和制はアルジェリア戦争を解決できずに、一九五八年に成立後わずか一二年で第五共和制に席を譲った。政権交代を通じて、この第五共和制の安定化に貢献したのが、ミッテランだった、とヴィノックは評価しているのである。

＊＊

本書における訳語について、一言触れておきたい。

従来からの習慣に基づき、programme commun は「共同綱領」、Union de la gauche は「左翼連合」と訳した。しかしながら、日本語の「左翼」という単語は、マルクス主義的コノテーションが強い。共同綱領はマルクス主義的な側面を持ち、したがって共同綱領を掲げた三党の連合体を左翼連合と訳することへの違和感は大きくないものの、フランス語で gauche と言ったときには、フランス社会主義の歴史からして必ずしもマルクス主義的意味合いを持っているとは限らない。このため、単独で gauche の語が現れたときには、「左翼連合」の流れの中にある場合には「左翼」と訳すことを基本としつつ、文脈に応じて、主として第四共和制および第五共和制下の「左翼連合」結成以前の期間については「左派」と訳した。また、gauchisme には日本語の定訳がないと思われるが、基本的に「新左翼」と訳した。

Cohabitation は、これまで報道などを通じて「保革共存」と訳されてきた。しかし、二一世紀の日本語では「保守」は生きていても、「革新」は死語に近い。そうした事情もあってか、最近では日本語でも「保革共存」ではなく「コアビタシオン」と表記する例、もしくは両者を併記する例が増えているように思われる。本書を訳するにあたっても、基本的には「コアビタシオン」と表現し、必要に応じ「コアビタシオン（保革共存）」と補うこととした。

Ouverture は、「開放」と訳した。この語の意味するところは、政権の門戸を野党勢力ないしはそれに近い人々にも「開放」し、こうした人々を閣僚ポストに起用することで政権の裾野を広げることである。ミッテランは、一九八八年に大統領に再選されると、ジャン＝ピエール・ソワソン（労働・雇用・職業訓練相）、ミシェル・デュラフール（公務員・行政改革相）、ジャン＝マリー・ローシュ（外国貿易相）、リオネル・ストレリュ（経済計画担当閣外相）など、中道右派の政治家をロカール内閣の閣僚に任命した。より近年では、二〇〇七年に大統領に就任した際、ニコラ・サルコジが、フィヨン内閣の閣僚に左派系の政治家を起用した例がある。外相ベルナール・クシュネル、欧州担当閣外相ジャン＝ピエール・ジュイエらである。もっとも、いずれの ouverture（開放）も、数人の政治家を一本釣りする形で終わっており、左派と中道右派（ミッテランの場合）、あるいは右派と中道左派（サルコジの場合）の政党同士の本格的な連携に至るものではなかった。

Ni-ni は、「両否定」と訳した。これは、一九八八年の大統領選に際してミッテランが公約として掲げた、企業の新たな国有化も、国営企業の民営化も、いずれをも行なわないとする政策を指す。国有化、民営化のいずれのオプションも選択しない、という意味である。この表現は後年、異なる意味で用いられるようになった。下院選挙および地方選挙（市町村議会選挙、県議会選挙、地域圏議会選挙）において、極右政党国民戦線（FN）が決選投票に進出し、勝利を収める可能性があるときに、左派が「共和戦線」（Front républicain）の名の下に、第一回投票で三位となった候補者（名簿）が決選投票を辞退することで、共和派勢力が勝利するよう支援することを提唱したのに対し、ニコラ・サルコジが国民戦線と、社会党を中心とする左派のいずれも選択しないとして、「共和戦線」を拒否した方針がプレスなどで ni-ni と呼ばれるようになったものである。

＊＊

本書の著者ミシェル・ヴィノック（一九三七年生まれ）は、フランス近・現代政治史とフランス政治思想史の分野でフランスを代表する歴史家の一人である。特に、フランスにおける知識人の政治的役割に深い関心を寄せ、『知識人の時代――バレス／ジッド／サルトル』（塚原史・立花英裕・築山和也・久保昭博訳、紀伊國屋書店、二〇〇七年、原書は *Le siècle des intellectuels*, Seuil,1997、同年メディシス・エッセイ賞受賞）、『自由の声』（*Les voix de la liberté*, Seuil, 2001、同年アカデミー・フランセーズ・ロラン・ド・ジュヴネル賞受賞）などの著書がある。また、フランスのナショナリズムと反ユダヤ主義に関しては『ナショナリズム、反ユダヤ主義、ファシズム』（川上勉・中谷猛監訳、藤原書店、一九九五年、*Nationalisme, antisémitisme et fascisme en France*, Seuil, 1990）、『フランスとユダヤ人――一七八九年から現代まで』（*La France et les Juifs, de 1789 à nos jours*, Seuil, 2004）などがある。近年は伝記を多く書き、『クレマンソー』（*Clemenceau*, Perrin, 2007、オージュルデュイ賞受賞）、『スタール夫人』（*Madame de Staël*, Fayard, 2010、ゴンクール伝記賞およびアカデミー・フランセーズ・ゴベール大賞受賞）、『フロベール』（*Flaubert*, Gallimard, 2013、「リール」誌最優秀伝記賞受賞）がある。

本書は、これらの伝記の流れに属するものだと言うことができるが、やや異なる面もある。なぜなら、ミッテランはクレマンソーなどとは違って、ミシェル・ヴィノックの同時代人だからだ。ヴィノック自身の経歴については、『フランスの肖像――歴史・政治・思想』（大嶋厚訳、吉田書店、二〇一四年、原書 *Parlez-moi de la France, Histoire, Idées, Passions*, Perrin, 2010）巻末の訳者解説（三八四－三八六ページ）を参照願いたいが、彼自身学生時代にアルジェリア戦争に反対する活動に加わった経験を持つなど（この時期、ミッテランはマンデス・フランス内閣内相、モレ内閣法相などを務めていた）、ミッテランとは異なる政治的立場にあった。その一方で、ヴィノックはミッテランが出馬した四回の大統領選挙のすべてで、ミッテランに投票したとも語っており、ミッテランに対しては、全面的に支持するでもなく、かといって対立するというのでもない、複雑な感覚を抱いていた。ヴィノック自身、『死にゆく共和国――一九五六–一九五八年の記録』（*La République se meurt, Chronique 1956-1958*, Seuil, 1978）、『第四共和制の終焉――一九五八年五月一三日』（*L'agonie de la Quatrième République, 13 mai 1958*, Gallimard, 2006）、『政治日誌――ド・ゴールの共和国、一九五八–一九八一』（*Journal politique : la république gaulienne, 1958-1981*, Thierry Marchaisse, 2015）といった著書でこの時期に触れている。本書は歴史家としての著作であるとともに、同時代人の視線でフランスの政治を観察した結果でもあるのだ。本書で、ヴィノックは政治家としてのミッテランの功績を歴史的に位置づけようとしながらも、同時代人としての評価を踏まえていると思われる。ガリマール社のウェブサイト上で読むことのできるインタビューで、ミシェル・ヴィノックは本書について次のように語っている。

この本は、また個人的なパラドックスに応えようとするものでもあります。当初、私はこの人物［ミッテラン］に対して親近感を持っていませんでした。それでも、一九六五年、一九七四年、一九八一年、そして一九八八年に、私は毎回彼に投票したのです！　それはなぜでしょうか。実は、何百万人もの人々が同じような行動をとったのです。私たちは、ミッテランに限りない愛着を覚えたわけではありませんでしたが、それでも彼は左派のかけがえのない指導者になっていたのです。一定の距離感と感情移入の間で、私はミッテランという人物、彼の魅力、彼の弱点、彼の人を惹きつける能力、知性、頭脳明晰な部分を理解したいと考えたのです。

そして、ヴィノックは本書の最後で、果たしてミッテランは未来の展望を描くことのできる大政治家だったのか、という問いを発し、こう結論づけた。「その点については、疑問を持つことも許されている」と。

＊＊

最後になるが、本書の刊行にあたっては、今回も吉田書店代表の吉田真也さんに大変お世話になった。ここに、感謝の意を表する次第である。

大嶋　厚

【付録】フランスの選挙制度について

本書で頻繁に言及されるフランスの選挙制度等については、日本の読者にはあまりなじみがないものと思われる。ここでは、ミッテランが政治活動を行なった第四共和制及び第五共和制における選挙制度に関し、ごく概略を説明することとした。フランスの選挙制度は複雑であり、しかも時代により変更があるため、詳細に解説することは紙幅の関係もあり困難である。このため、説明を簡略化した部分がある点を、あらかじめご了解いただきたい。読者の理解の一助となれば幸いである。

①大統領

大統領は国家元首であるが、その権限と選挙方法は第四共和制と第五共和制では大きく異なる。

第四共和制においては、大統領（任期七年）の政治的権限は限定的で、行政上の権限は首相（Président du conseil）が持っていた。大統領選挙は間接選挙で、上下両院議員の投票により行なわれた。一九四六年にはヴァンサン・オーリオル（社会党）が、一九五三年にはルネ・コティー（保守系）が選出されている。

第五共和制では大統領権限は広く、本文中にあるように、実質的に行政府の長の立場にある（憲法上は、首相が政策を決定し、実施するとされている）。任期は、第四共和制下と同じく、七年とされた。大統領は、最初の選挙となる一九五八年一二月の選挙においては間接選挙で行なわれ、国会議員、県議会議員および市町村議会議員の代表、計八万一七四六人の選挙人の投票により行なわれ、ド・ゴールが当選した。

しかし、ド・ゴールは一九六二年に国民投票を実施して、大統領選を有権者による直接選挙とするべく憲法を改正し、一九六五年一二月の大統領選は直接選挙により行なわれた。選挙は二回投票制で、第一回投票で有効投票の過半数を占める候補がない場合には、上位二候補による決選投票が行なわれることとされた。この選挙では、ド・ゴールは第一回投票で過半数の票を得ることができず、左翼共同候補のミッテランを相手に決選投票で当選を果たした。

その後、二〇〇〇年の憲法改正により大統領任期は五年に短縮された。さらに二〇〇八年の憲法改正で、大統領任期は連続二期までと規定され、現在に至っている。

②下院議員

下院議員の選挙法式は、時期により異なるが、第四共和制下では県単位の比例代表選挙により行なわれた。各政党（ないしは政党連合）は、候補者名簿を作成し、得票率に応じて議席が配分された。

一九五一年の選挙法改正で、「名簿連合」が認められた。これは、政権を担う主要政党である社会党（ＳＦＩＯ）と共和民衆連合（ＭＲＰ）が、共産党（ＰＣＦ）およびド・ゴール派のフランス民衆連合（ＲＰＦ）両党が得票を伸ばしていることに危機感を覚え、両党が下院で多数を得るのを阻止するために編み出した方式で、複数の候補者名簿が選挙前に協定を結ぶ（これを「名簿連合」apparentement と称する）ことで、協定を結んだ名簿の得票の合計が有効投票の五〇パーセントを上回る場合には、当該選挙区の全議席を獲得できるというものである。

第五共和制下では、下院選は小選挙区二回投票制で行なわれるようになる。第一回投票で有効投票の過半数を獲得する候補がない場合には、登録有権者総数に対して一二・五パーセント以上を得票した候補（この条件を満たす候補がいない場合には、上位二候補）が決選投票に進出し、最大得票を得た候補が（有効投票総数の過半数に満たずとも）当選する。

候補者は、補欠候補と二人一組で立候補する。国会議員と大臣の兼職は法律で禁止されているため、当選した議員が大臣に就任する場合には補欠候補が代わって議員となる（現行法では、大臣でなくなると自動的に議席を回復するものと定められている）。

一九八五年の選挙法改正により、一九八六年の総選挙では県単位の比例代表制が採用された。しかし、選挙後に成立したコアビタシオン下のシラク内閣は再度選挙法を改正して小選挙区二回投票制を復活させ、現在に至っている。

③上院議員

上院は、第四共和制下では共和国評議会（Conseil de la République）、第五共和制では元老院（Sénat）と呼ばれる。上院議員は間接選挙で選出される。任期は九年（二〇〇八年の憲法改正により六年に短縮）。選挙は県単位で行なわれ、県選出国会議員、県議会議員および市町村議会の代表からなる選挙人団により選出される。

選挙は二回投票制で行なわれ、第一回投票で過半数の票を得た候補者がない場合、もしくは当選者数が割り当てられた定員に満たない場合には第二回投票が行なわれた。二〇〇〇年以降は、定数三以上の県においては比例代表方式により選挙が行なわれるようになり、定数二以下の県でのみ二回投票制が維持されている。

④地方首長・議員（地域圏、県および市町村）

現在のフランスでは、地方自治体には三つの段階がある。市町村（commune）、県（département）、そして複数の県から構成される地域圏（région）である。その中で規模的に最も大きい地域圏は、一九八二年の地方分権化法（ドフェール法）により設置されたもので、歴史的に新しい。これに対し、市町村と県はフランス革命時代に制定された制度に基づいている。

フランスでは、地方首長（地域圏議会議長、県議会議長、市町村長）は地方議会議員の互選で選ばれる。このため、地方選挙では各党ないしは各政党連合が、名簿筆頭候補を首長候補として選挙戦を戦う。ただし、小選挙区制で選ばれる県議会は別である。

最小の単位である市町村（commune）は、フランス全国に約三万六〇〇〇存在する。選挙法式は時代および市町村の人口規模により若干の差ないし変更があるが、基本的に比例代表方式（二回投票制）で行なわれる。第一回投票で有効投票の過半数の票を得る名簿がない場合は、第二回投票が行なわれ、一位となった名簿には得票に応じた議席に加えて、あらかじめ決められた一定数の議席が与えられる。

県（département）はフランス革命時に制定された地方行政の単位で、現在ではフランス本土九六県と海外県五県が置かれている。県は郡（arrondissement）に分割され、郡はさらに小郡（canton）に分かれる。県議会（conseil général）選挙は小選挙区二回投票制で、小郡ごとに県議会議員一名を選出する。選挙法式は、国民議会の小選挙区二回投票制と基本的に同一である。任期は六年。議員は互選で県議会議長を選出する。議長は、県の首長として、行政上の権限を有する。

二〇一三年の法改正により、県議会の選挙方式が改められ、名称も従来の conseil général から conseil départemental に変更された。議員を男女同数にするとの趣旨から、議員は男女一名ずつの組で立候補することと定められた。選挙法式はそれまでと同じ二回投票方式であるが、選挙区ごとに二人一組の議員が選ばれる。この結果、すべての県議会が男女同数の議員で構成されることとなった。

地域圏（région）は複数の県からなる、県よりも上位の単位である。一九八二年のドフェール法により、フランス本土の二二の地域圏は、住民の直接投票により選ばれる議会を持つこととなった。二〇一五年の改革でいくつかの地域圏が統合され、総数は一三となった。地域圏議会議員選挙は地域圏を構成する県単位で行なわれ、比例代表二回投票制である。方式は市町村議会選挙とほぼ同一である。議員の任期は六年。議員は互選により議長を選出する。議長は地域圏の首長として、行政上の権限を持つ。

⑤兼職

国会議員と市長など、選挙で選ばれる公職を兼任するのは、第三共和制以来の伝統と言える。国会議員と市長、もしくは県議会議長などを兼務する例が多い。たとえば、急進党の指導者で首相や下院議長も務めたエドゥアール・エリオ（一八七二―一九五七）は、一九〇五年にリヨン市長となり、ヴィシー政権期を除き、一九五七年に没するまで市長職にとどまった。この間上院議員、下院議員も歴任している。フランソワ・ミッテランは、本書中にあるように下院もしくは上院に議席を持つ一方で、同時にシャトー＝シノン町長を務め（一九五九―一九八一）、またニエーヴル県議会議長も兼ねた（一九六四―一九八一）。ジャック・シラクは、コレーズ県選出下院議員（一九六七―一九九五）であると同時に、パリ市長（一九七七―一九九五）を務めた。

時代が下るとともに兼職は法律で制限されるようになり、二〇〇〇年の法改正では国会議員は地方議会議員の職を一つのみ兼職できると定められた。二〇一四年の法改正では、国会議員と地方首長の職を兼務することが禁止された。この規定は、二〇一七年から適用される。

また、下院議員の項で述べたとおり、国会議員と大臣の兼職は認められていない。

カール・シュミット『政治的なものの概念』、田中浩・原田武雄訳、未来社、84 頁。

(15) F. Mitterrand, *Ici et maintenant, op. cit.*, p. 35. このやや短絡的な政治理論は、有権者が自己の経済的利益を守ることのみを目的として投票するとの仮定に基づくものだが、ミッテラン自身、数ページ後ではこれを次のように否定している。「私は、民衆的右派の存続を確信している」。(p. 37).

(16) *Ibid.*, p. 20.

(17) Lionel Jospin, *L'Invention du possible*, Flammarion, 1991, p. 59.

(18) Alain Bergounioux, « La seule rupture historique du PS, c'est celle de 1982-1983 », *Le Monde*, 6 septembre 2014.

(19) J.-F. Revel, *Mémoires : Le Voleur dans la maison vide, op. cit.*, p. 390.

12章

（1） Bruno Frappat, « Usures », *Le Monde*, 23 mars 1993.

（2） *21 mars - 28 mars 1993, élections législatives*, Dossiers et documents du Monde, 1993, p. 55

（3） J. Lacouture, *Mitterrand, une histoire de Français, op. cit.*, t. I, p. 513 より引用。

（4） Sofres, *L'État de l'opinion*, Éd. du Seuil, 1994, p. 79.

（5） *Le Monde*, 5 mars 1993.

（6） *Idem*, 6 septembre 1994.

（7） *Idem*, 9 septembre 1994.

（8） Gilles Martinet, « Le crépuscule du mitterrandisme », *Le Monde*, 10 septembre 1994.

（9） J. Lacouture, *Mitterrand, une histoire de Français, op. cit.*, t. II, p. 524.

（10） Bruno Frappat, *Le Monde*, 4 mai 1994.

（11） F.-O. Giesbert, *François Mitterrand, une vie, op. cit.*, p. 666.

（12） *Ibid.*, p. 704.

（13） Claude Gubler, Michel Gonod, *Le Grand Secret*, Plon, 1996, p. 57.

（14） Hugues Le Paige et Jean-François Bastin, *François de Jarnac, portrait en surimpressions*, RTBF-TSR, 1994 より引用。

（15） Régis Debray, « La Route de Sauveterre », *Le Monde*, 9 janvier 1996.

エピローグ

（1） Jacques Julliard, « De de Gaulle à Mitterrand et retour », in J. Julliard (dir.), *La Mort du roi, essai d'ethnographie politique comparée*, Gallimard, 1999, p. 53.

（2） Alain Duhamel, « L'artiste de la politique », *François Mitterrand, le pouvoir et la séduction*, Hors-Série *Le Monde*, p. 7.

（3） P. Joxe, *Pourquoi Mitterrand ?, op. cit.*, p. 12.

（4） J. Lang, « L'Exigence de la création », in *François Mitterrand, le pouvoir et la séduction, op. cit.*, p. 91.

（5） H. Védrine, *Les Mondes de François Mitterrand…, op. cit.*, p. 759.

（6） Louis Mermaz, *Il faut que je vous dise, Mémoires*, Odile Jacob, 2013, p. 486.

（7） *Ibid.*, p. 728.

（8） R. Debray, *Loués soient nos seigneurs, op. cit.*, p. 326-343.

（9） Paul Thibaud, « L'homme au-dessus des lois », *Le Débat*, n° 81, sept.-oct. 1994.

（10） Jean-François Revel, *Mémoires : Le Voleur dans la maison vide*, Plon, 1997, p. 390.

（11） *Le Nouvel Observateur*, 18 mai 1995.

（12） P. Joxe, *Pourquoi Mitterrand ?, op. cit.*, p. 112.

（13） Alain Duhamel, *Portrait d'un artiste*, Flammarion, 1997, p. 45.

（14） Carl Schmitt, *La Notion de politique, théorie du partisan*, Calmann-Lévy, 1972, p. 114.

(15) F. Mitterrand, *Ici et maintenant, op. cit.*, p. 120.
(16) 1964年1月31日のド・ゴール将軍の記者会見。
(17) Alain Peyrefitte, *C'était de Gaulle*, Éd. de Fallois/Fayard, 2000, t. III, p. 87-89.
(18) J. Lacouture, *Mitterrand, une histoire de Français, op. cit.*, t. I, p. 241.
(19) J. Attali, *Verbatim II, op. cit.*, p. 23.
(20) *Ibid.*, p. 121.
(21) *Ibid.*, p. 136.
(22) *Ibid.*, p. 361.
(23) *Ibid.*, p. 231.
(24) *Ibid.*, p. 291.
(25) *Le Monde*, 16 juillet 1993.
(26) Le Monde, 26 octobre 1993.「不満」だとする回答者は49%に上ったが、「満足」とする回答者は47%であり、二年間で大幅に上昇した。
(27) *L'Express*, 10 novembre 1996.

11章

(1) P. Joxe, *Pourquoi Mitterrand ?, op. cit.*, p. 23.
(2) François Chaslin, *Les Paris de François Mitterrand*, Gallimard, 1985, « Folio Actuel », p. 18.
(3) Hubert Védrine, *Les Mondes de François Mitterrand…, op. cit.*, p. 340.
(4) Jean Lacouture, « Le Grand Turc et la tête de Turc », *Le Débat*, n° 81, sept.-oct. 1994, p. 148.
(5) H. Védrine, *Les Mondes de François Mitterrand…, op. cit.*, p. 315.
(6) François Mitterrand, *Réflexions sur la politique extérieure de la France. Introduction à vingt-cinq discours (1981-1985)*, Fayard, 1986.
(7) J. Attali, *Verbatim I, op. cit.*, p. 388.
(8) H. Védrine, *Les Mondes de François Mitterrand…, op. cit.*, p. 595.
(9) *Ibid.*, p. 636.
(10) *Ibid.*, p. 638.
(11) Bernard Kouchner, *Ce que je crois*, Grasset, 1994, p. 35-51.
(12) Paul Garde, *Vie et mort de la Yougoslavie*, Fayard, rééd. 1994, p. 422.
(13) 2014年8月29日の、筆者との対談。
(14) H. Védrine, *Les Mondes de François Mitterrand, op. cit.*, p. 758.
(15) *Ibid.*, p. 554.
(16) *Ibid.*, p. 578.
(17) Claude Bartolone, *Je ne me tairai plus*, Flammarion, 2014, p. 151.

るとは誰も考えていなかった政策の実施とその成功だった。それは、インフレ抑止と国際収支の均衡の実現だった」と語った。« Le faux tournant de 1983 », in « François Mitterrand, le pouvoir et la séduction », *Hors-Série Le Monde, Une vie, une oeuvre*, sd, p. 107. ジャン＝シャルル・アスラン（次の注を参照）は、しかしながらジャック・アタリの 1982 年秋の次のような発言を引用している。「イデオロギー面での重要な転換が行なわれた。もはや、話題に上るのは、社会保険料の企業負担分の軽減ばかりだった」。

(12) Jean-Charles Asselain, « L'expérience socialiste face à la contrainte extérieure (1981-1983) », in Serge Berstein, Pierre Milza, Jean-Louis Bianco (dir.), *François Mitterrand, les années du changement, 1981-1984*, Perrin, 2001, p. 420.

(13) Jacques Attali, *Verbatim II*, Fayard, 1995, p. 483-484.

(14) Sofres, *L'État de l'opinion. Clés pour 1989*, Éd. du Seuil, p. 119.

(15) J. Attali, *Verbatim II, op. cit.*, p. 502.

(16) Régis Debray, *Loués soient nos seigneurs*, Gallimard, 1996, p. 342.

(17) 1984 年 9 月 6 日の、サヴォワ地方での発言。

(18) F.-O. Giesbert, *François Mitterrand, une vie, op. cit.*, p. 552.

(19) Jacques Attali, *Verbatim III*, Fayard, 1995, p. 444.

(20) *Ibid.*, p. 447.

(21) *Ibid.*, p. 448.

(22) François Bazin, *Jacques Pilhan, le sorcier de l'Élysée*, Tempus/Perrin, 2011, p. 404-405.

10 章

(1) Hubert Védrine, *Les Mondes de François Mitterrand, à l'Élysée, 1981-1995*, Fayard, 1996, p. 71.

(2) Érik Orsenna, *Grand Amour, Mémoires d'un nègre*, Points-Seuil, 1993, p 192-193.

(3) Jean Daniel, *Les Miens*, Gallimard, 2010, « Folio », p. 269.

(4) H. Védrine, *Les Mondes de François Mitterrand…, op. cit.*, p. 68.

(5) F.-O. Giesbert, *François Mitterrand, une vie, op. cit.*, p. 361 より引用。

(6) P. Favier, M. Martin-Roland, *La Décennie Mitterrand, op. cit.*, t. II, p. 127.

(7) Denis Jeambar, *Le PC dans la maison*, Calmann-Lévy, 1984.

(8) F.-O. Giesbert, *François Mitterrand, une vie, op. cit.*, p. 481.

(9) *Ibid.*, p. 137.

(10) *Ibid.*, p. 174.

(11) *Ibid.*, p. 261.

(12) J. Lacouture, *Mitterrand, une histoire de Français, op. cit.*, t. II, p. 485 より引用。

(13) *Ibid.*, p. 504.

(14) *Ibid.*, p. 505.

(6) *Ibid.*, p. 47.
(7) *Ibid.*, p. 66.
(8) *Ibid.*, p. 306-307.
(9) *Le Monde*, 1er août 1975.
(10) F. Mitterrand, *L'Abeille et l'Architecte, op. cit.*, p. 90.
(11) *L'Humanité*, 9 février 1976.
(12) F. Mitterrand, *L'Abeille et l'Architecte, op. cit.*, p. 200.
(13) *Ibid.*, p. 319.
(14) F. Mitterrand, *Ici et maintenant, op. cit.*, p. 43.
(15) R. Schneider, *Michel Rocard, op. cit.*, p. 222.
(16) *Ibid.*, p. 34.
(17) *Ibid.*, p. 172.
(18) *Ibid.*, p. 225.
(19) F. Mitterrand, *L'Abeille et l'Architecte, op. cit.*, p. 157.
(20) *Ibid.*, p. 382.
(21) *Ibid.*, p. 257.
(22) *Ibid.*, p. 169.
(23) Robert Schneider, *La Haine tranquille*, Fayard, 1992, p. 266 より引用。
(24) *Libération*, 15 janvier 1988.
(25) Michèle Cotta, *Carnets secrets de la Ve République*, t. II, Fayard, p. 510.

９章

(1) P. Joxe, *Pourquoi Mitterrand ?, op. cit.*, p. 91.
(2) C. Fiterman, *Profession de foi, op. cit.*, p. 149.
(3) Pierre Favier, Michel Martin-Roland, *La Décennie Mitterrand*, Points/Seuil, t. I, p. 172.
(4) *Ibid.*, p. 182.
(5) F.-O. Giesbert, *François Mitterrand, une vie, op. cit.*, p. 377. J. Lacouture, *Mitterrand, une histoire de Français, op. cit.*, t. II, p. 42 にも、ほぼ同じ内容の発言が記されている。
(6) F.-O. Giesbert, *François Mitterrand, une vie, op. cit.*, p. 380-381.
(7) Sofres, *Opinion publique*, Gallimard, 1984, p. 40.
(8) P. Favier, M. Martin-Roland, *La Décennie Mitterrand, op. cit.*, t. I, p. 514.
(9) *Ibid.*, p. 530.
(10) *Ibid.*, p. 586.
(11) ジャック・アタリは「フランソワ・ミッテランに関して繰り返し言われる批判は、1983 年に公約に背を向け、改革を断念して市場の命令に屈した、というものだ。それは、まったく事実に反する。1983 年のいわゆる〝転換〟は、実際には 1981 年に開始された改革の再確認であり、さらには左翼が実現でき

avec Jacques Julliard et Robert Fossaert, Éd. du Seuil, 1971.
(12) *L'Année politique, économique, sociale et diplomatique en France, 1970*, PUF, 1971, p. 52.
(13) Gaston Defferre, *Le Monde*, 14 novembre 1970.
(14) J. Lacouture, *Mitterrand, une histoire de Français, op. cit.*, t. I, p. 294-295 より引用。
(15) C. Moulin, *Mitterrand intime, op. cit.*, p. 218.

7章
(1) Philippe Alexandre, *Le Roman de la gauche*, Plon, 1977 より引用。
(2) F. Mitterrand, *La Paille et le Grain, op. cit.*, p. 106-113.
(3) Stéphane Courtois et Marc Lazar, *Histoire du Parti communiste français*, PUF, 1995, p. 353.
(4) Claude Estier, *La Plume au poing*, Stock, 1977.
(5) Albert Camus, *Œuvres complètes*, Gallimard, 2006, « La Pléiade », t. II, p. 539-540.
(6) F. Mitterrand, *La Paille et le Grain, op. cit.*, p. 248.
(7) François Mitterrand, *La Rose au poing*, Flammarion, 1973, p. 20.
(8) F. Mitterrand, *La Paille et le Grain, op. cit.*, p. 143-144.
(9) Jean Daniel, *Œuvres autobiographiques*, Grasset, 2002, p. 494.
(10) F. Mitterrand, *La Paille et le Grain, op. cit.*, p. 255.
(11) リップ社の従業員はこの単語を認めていなかったが、彼らの行動はその方向性にあるものと多くの人々から見なされていた。
(12) Robert Schneider, *Michel Rocard*, Stock, 1987, p. 205.
(13) J. Lacouture, *Mitterrand, une histoire de Français, op. cit.*, t. I, p. 323. 実際には、これはもっと後のことである。
(14) F. Mitterrand, *La Paille et le Grain, op. cit.*, p. 277.
(15) F.-O. Giesbert, *François Mitterrand, une vie, op. cit.*, p. 277 より引用。
(16) F. Mitterrand, *La Paille et le Grain, op. cit.*, p. 209.
(17) *Ibid.*, p. 214.
(18) *Ibid.*, p. 218-219.
(19) *Ibid.*, p. 177.
(20) David Le Bailly, *La Captive de Mitterrand*, Stock, 2014, p. 195.

8章
(1) G. Martinet, *L'Observateur engagé, op. cit.*, p. 182.
(2) François Mitterrand, *L'Abeille et l'Architecte*, Flammarion, 1978, p. 347.
(3) F. Mitterrand, *Ici et maintenant, op. cit.*, p. 13.
(4) *Ibid.*, p. 51.
(5) *Ibid.*, p. 18.

(3) J. Battut, *François Mitterrand le Nivernais, op. cit.*, p. 70 より引用。
(4) F.-O. Giesbert, *François Mitterrand, une vie, op. cit.*, p. 189 より引用。
(5) Pierre Viansson-Ponté, *Lettre ouverte aux hommes politiques*, Albin Michel, 1976 参照。
(6) *Le Monde*, 24 octobre 1959.
(7) F. Mauriac, *Bloc-notes, t. II, 1958-1960, op. cit.*, p. 333-334.
(8) F. Mitterrand, *Ma part de vérité, op. cit.*, p. 46.
(9) R. Schneider, *Les Mitterrand, op. cit.*, p. 295.
(10) ダニエル・ミッテランは、『回想録』中ではジャンには触れていないが、ティエリー・マシャドのドキュメンタリー映画『反抗者ダニエル・ミッテラン』(Thierry Machado, *Danielle Mitterrand l'insoumise*) で語っている。
(11) F. Mitterrand, *Ma part de vérité, op. cit.*, p. 61.
(12) この場面を、シャルル・フィテルマンは著書『わが信条』に記している。(Charles Fiterman dans *Profession de foi*, Éd. du Seuil, 2005, p. 77.)
(13) François Mauriac, *Bloc-notes, t. IV, 1965-1967*, Éd. du Seuil, 1993, p. 130.
(14) J. Battut, *François Mitterrand le Nivernais, op. cit.*, p. 98.
(15) Jean-Marie Domenach, « Sauver la gauche ? », *Esprit*, novembre 1965.
(16) F. Mitterrand, *Ma part de vérité, op. cit.*, p. 53.
(17) C. Nay, *Le Noir et le Rouge…, op. cit.*, p. 286.
(18) Raymond Aron, « Que s'est-il passé ? », *Le Figaro*, 11-12 décembre 1965.
(19) F. Mauriac, *Bloc-notes, t. IV, op. cit.*, p. 177.
(20) F. Mitterrand, *Ma part de vérité, op. cit.*, p. 55.
(21) R. Aron, « Que s'est-il passé ? », art. cité.
(22) *Le Nouvel Observateur*, 15 septembre 1965.

６章

(1) Pierre Lévêque, *Souvenirs du vingtième siècle*, t. II, L'Harmattan, 2012, p. 46-47.
(2) *Ibid.*, p. 49.
(3) Gilles Martinet, *L'Observateur engagé*, Jean-Claude Lattès, 2004, p. 150.
(4) F. Mitterrand, *Ma part de vérité, op. cit.*, p. 65.
(5) *L'Année politique, économique, sociale et diplomatique en France, 1967*, PUF, 1968, p. 91.
(6) J. Battut, *François Mitterrand le Nivernais, op. cit.*, p. 118 より引用。
(7) C. Moulin, *Mitterrand intime, op. cit.*, p. 205-206.
(8) *Paris-Match*, n° 1015, 19 octobre 1968.
(9) Roger Priouret, « La Vérité de M. Mitterrand », *L'Express*, 7 juillet 1969. Raymond Barrillon, « Visages de François Mitterrand », *Le Monde*, 10 juillet 1969.
(10) J. Battut, *François Mitterrand le Nivernais, op. cit.*, p. 113.
(11) *Un socialisme du possible*, ouvrage collectif, précédé d'un entretien de François Mitterrand

(5) 内務省通達第333号、ジョルジェット・エルジェイ資料（fonds Georgette Elgey)、国立公文書館（Archives nationales)。F. Malye et B. Stora, *François Mitterrand et la guerre d'Algérie, op. cit.*, p. 72 より。
(6) *Ibid.*, p. 73.
(7) Pierre Vidal-Naquet, *La Raison d'État, textes publiés par le comité Maurice Audin*, Éd. de Minuit, 1962, p. 89.
(8) *Le Monde*, 30 octobre 1956.
(9) F. Malye et B. Stora, *François Mitterrand et la guerre d'Algérie, op. cit.*, p. 161.
(10) Georgette Elgey, *La République des tourmentes*, 1954-1959, Fayard, 2008, p. 561.
(11) Le Monde, 2 mai 2001. Pierre Vidal-Naquet est l'auteur de *La Torture dans la République : essai d'histoire et de politique contemporaine (1954-1962)*, Éd. de Minuit, 1972 ; *Face à la raison d'État, un historien dans la guerre d'Algérie*, La Découverte/essais, 1989 ; *L'Affaire Audin, 1957-1978*, Éd. de Minuit, 1989.
(12) F. Malye et B. Stora, *François Mitterrand et la guerre d'Algérie, op. cit.*, p. 187, 189.
(13) Albert Camus, *Réflexions sur la guillotine*, Gallimard, 2008, « La Pléiade », p. 155. これは当初、未完成版が *La Nouvelle Revue française*, juin 1957 に発表された。完成版は以下に掲載された。Arthur Koestler, Albert Camus, *Réflexions sur la peine capitale*, Calmann-Lévy, 1957.
(14) Olivier Todd, *Albert Camus, une vie*, Gallimard, 1996, « Folio », p. 945.
(15) Pierre-Henri Simon, *Contre la torture*, Éd. du Seuil, 1957, p. 108.
(16) C. Nay, *Le Noir et le Rouge…, op. cit.*, p. 220.
(17) François Mitterrand, *Le Coup d'État permanent* (Plon, 1964), 10/18, 1973, p. 22.
(18) François Mitterrand, *Présence française et abandon, op. cit.*, p. 237.
(19) Georgette Elgey, *De Gaulle à Matignon. La république des tourmentes,* t. IV, Fayard, 2012. Michel Winock, *13 Mai 1958. L'Agonie de la IVe République*, Gallimard, « Les Journées qui ont fait la France », 2006, et Folio Histoire, 2013 を参照。
(20) J. Lacouture, *Mitterrand, une histoire de Français, op. cit.*, t. I, p. 198.
(21) « Raymond Aron (1905-1983), histoire et politique, textes, études et témoignages», Commentaire, n° 28-29, février 1985, p. 441.
(22) F. Mitterrand, *Ma part de vérité, op. cit.*, p. 40.
(23) *Ibid.*, p. 39.
(24) C. Nay, *Le Noir et le Rouge…, op. cit.*, p. 243 より引用。
(25) J. Battut, *François Mitterrand le Nivernais…, op. cit.*, p. 61.

5章

(1) F. Mitterrand, *Ma part de vérité, op. cit.*, p. 196.
(2) C. Moulin, *Mitterrand intime, op. cit.*, p. 140.

(39) *Ibid.*, p. 152.

(40) Raymond Abellio, *Les Militants*, Gallimard, 1975, p. 42.

3章

(1) Jean Battut, *François Mitterrand le Nivernais, 1946-1971, la conquête d'un fief*, L'Harmattan, 2011, p. 36-37に採録されているミッテランの選挙公約の複写を参照のこと。第三共和制初期以来議員の選挙公約を採録してきた「ル・バロデ」(Le Barodet)には1946年の選挙公約は採録がなく、また国民議会図書館、パリ政治学院図書館も収蔵していない。

(2) C. Nay, *Le Noir et le Rouge…, op. cit.*, p. 147-148より引用。

(3) ロジェ・プリウレによるフランソワ・ミッテランのインタビュー。*L'Expansion*, art. cité.

(4) J. Battut, *François Mitterrand le Nivernais…, op. cit.*, p. 43.

(5) Pierre Joxe, *Pourquoi Mitterrand ?*, Philippe Rey, 2006, p. 17.

(6) Vincent Auriol, *Journal du septennat*, t. II, Armand Colin, p. 415.

(7) F. Mitterrand, *Ma part de vérité, op. cit.*, p. 27.

(8) C. Nay, *Le Noir et le Rouge…, op. cit.*, p. 183.

(9) Paul-Henri Siriex, *Félix Houphouët-Boigny, l'homme de la paix*, Seghers, 1975, p. 131.

(10) *Ibid.*, p. 138.

(11) François Mitterrand, *Présence française et abandon*, Plon, 1957.

(12) François Mitterrand, *Aux frontières de l'Union française*, Julliard, 1953.

(13) Jacques Bloch-Morhange, *La Grenouille et le Scorpion*, Éditions France-Empire, 1982, p. 164-165.

(14) Franz-Olivier Giesbert, *François Mitterrand, une vie*, Éd. du Seuil, 2011, p. 153.

(15) Philippe Bernert, *Roger Wybot et la bataille pour la DST*, Presses de la Cité, 1975.

4章

(1) J. Lacouture, *Mitterrand, une histoire de Français, op. cit.*, t. I, p. 185より引用。

(2) ルネ・コティーの署名入り議事録以外に、アルジェリア行政担当の内務担当閣外相マルセル・シャンペイ(社会党)の詳細なメモが存在する。この貴重な資料はOURS (Office universitaire de recherche socialiste)に所蔵されている. François Malye et Benjamin Stora, *François Mitterrand et la guerre d'Algérie*, Calmann-Lévy, 2010, p. 30参照。

(3) フレデリック・ブリュンケル(Frédéric Brunnquell)、パスカル・ヴァルスラン(Pascal Varselin)監督のドキュメンタリー『拷問者』(Tortionnaires)、France 2, 1999。F. Malye et B. Stora, *François Mitterrand et la guerre d'Algérie, op. cit.*, p. 95より。

(4) F. Malye et B. Stora, *François Mitterrand et la guerre d'Algérie, op. cit.*, p. 119.

(12) J. Delperrié de Bayac, *Histoire de la Milice*, Fayard, 1969, p. 72 より引用。
(13) R. Schneider, *Les Mitterrand, op. cit.*, p. 257 より引用。
(14) P. Péan, *Une jeunesse française…, op. cit.*, p. 288.
(15) ロジェ・プリウレによるフランソワ・ミッテランのインタビュー。*L'Expansion*, art. cité.
(16) *Ibid.*
(17) F. Mitterrand, *Mémoires interrompus, op. cit.*, p. 82.
(18) Jean Lacouture, *Mitterrand, une histoire de Français*, Éd. du Seuil, 1998, t. I, p. 220.
(19) Alain Peyrefitte, *C'était de Gaulle*, t. II, Fallois/Fayard, 1997, p. 602.
(20) 1943 年 9 月 20 日のルサージュ報告書 (AN—3 AG2/223)。Bénédicte Vergez-Chaignon, *Les Vichysto-Résistants*, Perrin, 2008, p. 378 より引用。
(21) 戦争捕虜・移送者・難民局。1943 年 11 月 29 日付パッシー大佐宛メモ（ロンドン）(AN—171Mi146).
(22) F. Mitterrand, *Ma part de vérité, op. cit.*, p. 21.
(23) 1944 年 3 月 18 日付捕虜・難民・移送者局長発ヴェルジェンヌ（カイヨー）宛書簡 (AN-72AJ2174)。この手紙のファクシミリが、ピエール・ペアンの著書に掲載されている。
(24) Marguerite Duras, François Mitterrand, *Le Bureau de poste de la rue Dupin*, Gallimard, 2006, p. 15.
(25) *Ibid.*, p. 18-21. *La Douleur* de Marguerite Duras (POL, 1985) 参照。
(26) P. Péan, *Une jeunesse française…, op. cit.*, p. 424.
(27) F. Mitterrand, *Mémoires interrompus, op. cit.*, p. 152.
(28) « L'insulte aux martyrs », *L'Humanité*, 13 novembre 1992.
(29) Claire Andrieu, « Questions d'une historienne », *Le Monde*, 15 septembre 1994.
(30) F. Mitterrand, *Mémoires interrompus, op. cit.*, p. 81.
(31) *Ibid.*, p. 80.
(32) B. Vergez-Chaignon, *Les Vichysto-Résistants, op. cit.*, p. 470.
(33) P. Péan, *Une jeunesse française…, op. cit.*, p. 292.
(34) Denis Peschanski, « Questions d'un historien à une historienne », *Le Monde*, 18-19 septembre 1994.
(35) ジャン＝ピエール・アゼマは、フランソワ・ミッテランを「ヴィシー派レジスタンス闘士の代表例」だとしている。« Pétainiste ou résistant ? », *L'Histoire*, n° 253, avril 2001.
(36) Simon Arbellot, « La francisque de François Mitterrand », *Écrits de Paris*, janvier 1966.
(37) 政令「フランス解放時における公権力の組織について」第 17 条は、「女性は男性と同一の条件において選挙権および被選挙権を有する」としている。
(38) F. Mitterrand, *Mémoires interrompus, op. cit.*, p. 153.

以下の筆者の批判を参照願いたい。« Retour sur le fascisme français » et « En lisant Robert Soucy », dans *Vingtième siècle. Revue d'histoire*, n° 90, avril-juin 2006, et n° 95, juillet-septembre 2007.

(28) ラ・ロックの1935年2月1日付通達。Archives du Centre d'histoire de l'Europe du vingtième siècle (CHEVS), Fonds La Rocque 1845-1946.

(29) 上記ジャック・ベネ発ユーグ・ド・ラ・ロック宛書簡。

(30) F.-O. Giesbert, *François Mitterrand ou la Tentation de l'histoire, op. cit.*, p. 29.

(31) Pierre Boujut, *Un mauvais Français*, Arléa, 1989.

(32) 上記ジャック・ベネ発ユーグ・ド・ラ・ロック宛書簡。

(33) P. Péan, *Une jeunesse française..., op. cit.*, p. 79.

(34) *Revue Montalembert*, avril 1938, et *Politique I*, Fayard, 1977, p. 6.

(35) Charles Moulin, *Mitterrand intime*, Albin Michel, 1982, p. 30-31.

(36) 1994年3月21日のピエール・ペアンによるインタビュー。*Une jeunesse française..., op. cit.*, p. 100.

(37) J. Chardonne, *Le Bonheur de Barbezieux, op. cit.*, p. 151.

(38) R. Mitterrand, *Frère de quelqu'un, op. cit.*, p. 140.

(39) ミッテランとマリー＝クレール・サラザンとの書簡。R. Schneider, *Les Mitterrand, op. cit.*, p. 194-195参照。

(40) *Ibid.*, p. 197.

(41) *Le Nouvel Observateur*, 11 janvier 1996.

(42) F. Mitterrand, É. Wiesel, *Mémoire à deux voix, op. cit.*, p. 72.

2章

(1) F. Mitterrand, *Ma part de vérité, op. cit.*, p. 20.

(2) F.-O. Giesbert, *François Mitterrand ou la Tentation de l'histoire, op. cit.*, p. 34より引用。

(3) ロジェ・プリウレによるフランソワ・ミッテランのインタビュー。*L'Expansion*, art. cité.

(4) R. Schneider, *Les Mitterrand, op. cit.*, p. 222.

(5) *Ibid.*, p. 207.

(6) F.-O. Giesbert, *François Mitterrand ou la Tentation de l'histoire, op. cit.*, p. 36.

(7) F. Mitterrand, *La Paille et le Grain, op. cit.*, p. 23.

(8) R. Schneider, *Les Mitterrand, op. cit.*, p. 243より引用。

(9) フィリップ・ビュランは、「この時期の出来事は、未来が不透明だったという事実を踏まえて見られるべきだ（後略）」と書いているが、これは正当である。Philippe Burrin, *La France à l'heure allemande*, Points-Histoire/Seuil, 1995, p. 10.

(10) François Mitterrand, *Mémoires interrompus*, Odile Jacob, 1996, p. 76.

(11) P. Péan, *Une jeunesse française..., op. cit.*, p. 187-188.

原　注

1 章

（1） François Mauriac, *Bloc-notes, t. II : 1958-1960*, Éd. du Seuil, 1993, p. 333.（出版社の所在地が明示されていない場合、パリがその所在地である）。

（2） Robert Mitterrand, *Frère de quelqu'un*, Robert Laffont, 1998, p. 47 et suiv. 参照。

（3） François Mitterrand, Élie Wiesel, *Mémoire à deux voix*, Éd. Odile Jacob, 1995, p. 13.

（4） *Ibid.*, p. 31.

（5） *Ibid.*, p. 22.

（6） Eugène Fromentin, *Dominique*, Plon, 1885, p. 85.

（7） François Mitterrand, *La Paille et le Grain* (Flammarion, 1975), Le Livre de Poche, p. 94.

（8） Jacques Chardonne, *Le Bonheur de Barbezieux*, Stock, 1938.

（9） François Mitterrand, *Ma part de vérité*, Fayard, 1969, p. 16.

（10） François Mitterrand, *Ici et maintenant*, Fayard, 1980, p. 183.

（11） F. Mitterrand, É. Wiesel, *Mémoire à deux voix*, *op. cit.*, p. 44.

（12） *Ibid.*, p. 45.

（13） Robert Schneider, *Les Mitterrand*, Perrin, 2009, p. 121. より引用。

（14） F. Mitterrand, É. Wiesel, *Mémoire à deux voix*, *op. cit.*, p. 82.

（15） Claude Roy, *Moi je*, Gallimard, 1969, p. 228.

（16） Henry de Montherlant, *Essais*, Gallimard, 1963, « La Pléiade », p. 720.

（17） F. Mitterrand, *Ma part de vérité*, *op. cit.*, p. 18-19.

（18） F. Mitterrand, É. Wiesel, *Mémoire à deux voix*, *op. cit.*, p. 119.

（19） Franz-Olivier Giesbert, *François Mitterrand ou la Tentation de l'histoire*, Éd. du Seuil, 1977, p. 29.

（20） ロジェ・プリウレによるフランソワ・ミッテランのインタビュー、*L'Expansion*, n° 54, juillet-août 1972.

（21） *L'Histoire*, n° 51, décembre 1982.

（22） Catherine Nay, *Le Noir et le Rouge ou l'Histoire d'une ambition*, Grasset, 1984.

（23） Pierre Péan, *Une jeunesse française, François Mitterrand 1934-1947*, Fayard, 1994.

（24） P. Péan, *Une jeunesse française…*, *op. cit.*, p. 30. より引用。

（25） *Ibid.*, p. 33.

（26） ジャック・ベネ発ユーグ・ド・ラ・ロック宛 2002 年 4 月 3 日付書簡。ユーグ・ド・ラ・ロックより提供があったもの。

（27） Robert Soucy, *Le Fascisme français*, Autrement, 2004. R. スーシーの説については、

François Mitterrand ou le roman du pouvoir, de Patrick Rotman, en 4 parties de 52 min, 2000.
Conversations avec un président, entretiens entre François Mitterrand et Jean-Pierre Elkabbach, 2001.
Le Promeneur du Champ-de-Mars, de Robert Guédiguian, avec Michel Bouquet, 2005.
Changer la vie, de Serge Moati, avec Philippe Magnan, 2011.
Mitterrand contre de Gaulle (1940-1970), de Joël Calmettes, 2011.
Le pouvoir ne se partage pas, docu-fiction de Jérôme Korkikian, 2013.
Rocard/Mitterrand, émission de Lucien Cariès, « Duels », FR5, 2014.

LABI, Philippe, *Mitterrand : le pouvoir et la guerre*, Ramsay, 1991.
LAURENT, Frédéric, *Le Cabinet noir : avec François de Grossouvre au cœur de l'Élysée de François Mitterrand*, Albin Michel, 2006.
LE PAIGE, Hugues, *Mitterrand, 1965-1995 : la continuité paradoxale*, La Tour d'Aigues, Éd. de l'Aube, 1995.
LESTROHAN, Patrice, *L'Observatoire : l'affaire qui faillit emporter François Mitterrand*, N. Eybalin, 2012.
LHOMEAU, Jean-Yves, COLOMBANI, *Jean-Marie, Le Mariage blanc : Mitterrand-Chirac*, Grasset, 1986.
LIÉGEOIS, Jean-Paul, BÉDÉÏ, Jean-Pierre, *Le Feu et l'eau : Mitterrand-Rocard, histoire d'une longue rivalité*, Grasset, 1990.
MALYE, François, STORA, Benjamin, *François Mitterrand et la guerre d'Algérie*, Calmann-Lévy, 2010.
MONTALDO, Jean, *Mitterrand et les quarante voleurs*, Albin Michel, 1994.
MORRAY, Joseph P., *Grand disillusion : François Mitterrand and the French Left*, Westport, Conn., Praeger, 1997.
PEYREFITTE, Alain, *Quand la rose se fanera : du malentendu à l'espoir*, Plon,1983.
PFISTER, Thierry, *Dans les coulisses du pouvoir : la comédie de la cohabitation*, A. Michel, 1986.
PLANTU, *Le Petit Mitterrand illustré*, Éd. du Seuil, 1995.
PONTAUT, Jean-Marie, DUPUIS, Jérôme, *Les Oreilles du Président, suivi de la liste de 2000 personnes écoutées par François Mitterrand*, Fayard, 1996.
REVEL, Jean-François, *L'Absolutisme inefficace ou Contre le présidentialisme à la française*, Pocket/Plon, 1993.
SÉGUÉLA, Jacques, *La Parole de Dieu*, Albin Michel, 1995.
La Social-démocratie en questions, avec des réflexions de François Mitterrand, Éd. de la « RPP », diffusion PUF, 1981.
STASSE, François, *La Morale de l'Histoire : Mitterrand - Mendès France 1943-1982*, Éd. du Seuil, 1994.
TRANO, Stéphane, *Mitterrand, les amis d'abord*, L'Archipel, 2000.
VIDAL-NAQUET, Pierre, *La Torture dans la République : essai d'histoire et de politique contemporaine (1954–1962)*, La Découverte, 1989 ; Éd. de Minuit,1972.
VIRARD, Marie-Paule, *Comment Mitterrand a découvert l'économie : les onze journées qui ont fait passer la France des nationalisations au franc fort*, Albin Michel, 1993.

ドキュメンタリー、劇映画等

François de Jarnac, portrait en surimpressions, Hugues Le Paige et Jean-François Bastin, RTBF-TSR, 1994.

TIERSKY, Ronald, *François Mitterrand : a Very French President*, Lanham, Md, Rowman and Littlefield Publ., 2003.

TOURLIER, Pierre, *Conduite à gauche : Mémoires du chauffeur de François Mitterrand*, Denoël, 2000.

VEDRINE, Hubert, *Les Mondes de François Mitterrand, à l'Élysée, 1981-1995*, Fayard, 1996.

個別テーマに関する図書

ALEXANDRE, Philippe, *Paysages de campagne*, Grasset, 1988.

——, *Plaidoyer impossible pour un vieux président abandonné par les siens*, Albin Michel, 1994.

AZEROUAL, Yves, *Mitterrand, Israël et les Juifs*, Laffont, 1990.

BACQUÉ, Raphaëlle, *Le Dernier mort de Mitterrand*, Grasset, 2010.

BAUMANN-REYNOLDS, Sally, *François Mitterrand : The Making of a Socialist Prince in Republican France*, Westport, Conn., Praeger, 1995.

BAZIN, François, *Jacques Pilhan, le sorcier de l'Élysée*, Tempus/Perrin, 2011.

BERSTEIN Serge, MILZA, Pierre, BIANCO, Jean-Louis (dir.), *François Mitterrand, les années du changement, 1981-1984*, Perrin, 2001.

BLOT, Yvan, *Mitterrand, Le Pen : le piège*, Monaco, Éd. du Rocher, 2007.

BRAUNSTEIN, Mathieu, *François Mitterrand à Sarajevo, 28 juin 1992: le rendez-vous manqué*, L'Harmattan, 2001.

CAUCHY, Pascal, *L'Élection d'un notable*, Vendémiaire, 2013.

Changer la vie : programme de gouvernement du Parti socialiste, présentation par François Mitterrand, Flammarion, 1972.

CHASLIN, François, *Les Paris de François Mitterrand*, Gallimard, 1985, « Folio Actuel ».

CLAUDE, Henri, *Mitterrand ou l'atlantisme masqué*, Messidor/Éd. sociales, 1986.

CLEMENT, Claude, *L'Affaire des fuites : objectif Mitterrand*, O. Orban, 1980.

COLE, Alistair, *François Mitterrand : a Study in Polical Leadership*, London, Routledge, 1997.

DUHAMEL, Éric, *L'UDSR ou la Genèse de François Mitterrand*, Presses du CNRS, 2007.

FAUX, Emmanuel, LEGRAND, Thomas, PEREZ, Gilles, *La Main droite de Dieu*, Éd. du Seuil, 1994.

FILIU, Jean-Pierre, *Mitterrand et la Palestine : l'ami d'Israël qui sauva par trois fois Yasser Arafat*, Fayard, 2005.

GATTAZ, Yvon, *Mitterrand et les patrons, 1981-1986*, Fayard, 1999.

JULLIARD, Jacques (dir.), *La Mort du roi, essai d'ethnographie politique comparée*, Gallimard, 1999.

JULY, Serge, *Les années Mitterrand : histoire baroque d'une normalisation inachevée*, Grasset, 1986.

LABBE, Dominique, *Le Vocabulaire de François Mitterrand*, Presses de la FNSP, 1990.

YONNET, Paul, *François Mitterrand le phénix*, Fallois, 2003.

回想録等

ATTALI, Jacques, *Verbatim*, 3 vol., Fayard, 1993-1995.
BALLADUR, Édouard, *Le pouvoir ne se partage pas : conversations avec François Mitterrand*, Fayard, 2009.
COTTA, Michèle, *Cahiers secrets de la Ve République*, 1, 2 et 3, Fayard, 2007-2009.
DANIEL, Jean, *Œuvres autobiographiques*, Grasset, 2002.
DEBRAY, Régis, *Loués soient nos seigneurs*, Gallimard, 1996.
DECRAENE, Paulette, *Secrétariat particulier*, préface de Louis Mermaz, L'Archipel, 2008.
FITERMAN, Charles, *Profession de foi*, Éd. du Seuil, 2005.
GISCARD D'ESTAING, Valéry, *Le Pouvoir et la Vie*, 3 vol., Compagnie 12, 2004-2006.
GUITTON, Jean, *L'Absurde et le mystère : ce que j'ai dit à François Mitterrand*, Desclée de Brouwer, 1997.
HANIN, Roger, *Lettre à un ami mystérieux*, Grasset, 2001.
JOSPIN, Lionel, *L'Invention du possible*, Flammarion, 1991.
JOXE, Pierre, *Pourquoi Mitterrand ?*, Philippe Rey, 2006.
LÉVÊQUE, Pierre, *Souvenirs du vingtième siècle*, 2 vol., L'Harmattan, 2012.
MARCHAIS, Georges, *Le Défi démocratique*, Grasset, 1973.
MARTINET, Gilles, *L'Observateur engagé*, Jean-Claude Lattès, 2004.
MAURIAC, François, *Bloc-Notes*, 5 vol., Points Seuil, 1993.
MERMAZ, Louis, *Il faut que je vous dise, Mémoires*, Odile Jacob, 2013.
MEXANDEAU, Louis, *François Mitterrand, le militant : trente années de complicité*, Le Cherche Midi, 2006.
MITTERRAND, Danielle, *En toute liberté*, Ramsay, 1996.
MITTERRAND, Robert, *Frère de quelqu'un*, Robert Laffont, 1998.
MOATI, Serge, *Trente Ans après*, Éd. du Seuil, 2011.
NEIERTZ, Véronique, ESTIER, Claude, *Véridique Histoire d'un septennat peu ordinaire*, Grasset, 1987.
ORSENNA, Érik, *Grand Amour, Mémoires d'un nègre*, Points Seuil, 1993.
PEYREFITTE, Alain, *C'était de Gaulle*, 3 vol., Fallois/Fayard, 2000.
PINGEOT, Mazarine, *Bouche cousue*, Julliard, 2005.
REVEL, Jean-François, *Mémoires. Le Voleur dans la maison vide*, Plon, 1997.
ROCARD, Michel, *Si ça vous amuse : chronique de mes faits et méfaits*, Flammarion, 2010.
ROY, Claude, *Moi je*, Gallimard, 1969.
SALZMANN, Charles, *Le Bruit de la main gauche : 30 ans d'amitié et de confidences avec François Mitterrand*, R. Laffont, 1996.

GENESTAR, Alain, *Les Péchés du prince*, Grasset, 1992.
GIESBERT, Franz-Olivier, *François Mitterrand, une vie*, Éd. du Seuil, 2011.
GOUZE, Roger, *Mitterrand par Mitterrand*, Le Cherche-Midi, 1994.
GUBLER, Claude, GONOD Michel, *Le Grand Secret*, Monaco, Éd. du Rocher, 2005.
HALPHEN, Éric, *Mitterrand, ombres et lumières*, Scali, 2005.
L'Histoire, « Le dossier Mitterrand », n° 253, avril 2001.
HOURMANT, François, *François Mitterrand, le pouvoir et la plume : portrait d'un président en écrivain*, PUF, 2010.
JAMET, Dominique, *À chacun son coup d'État*, Neuilly-sur-Seine, Éd. du Quotidien, 1984.
LACOUTURE, Jean, *Mitterrand, une histoire de Français, I. Les risques de l'escalade ; II. Les vertiges du sommet*, Éd. du Seuil, 1998.
——, *Pierre Mendès France*, Éd. du Seuil, 1981.
LE BAILLY, David, *La Captive de Mitterrand*, Stock, 2014.
LE PAIGE, Hugues, *Mitterrand, 1965-1995, la continuité paradoxale*, Éd. de L'Aube, 1995.
MAGOUDI, Ali, *Rendez-vous : la psychanalyse de François Mitterrand*, M. Sell éditeur, 2005.
MOULIN, Charles, *Mitterrand intime*, Albin Michel, 1982.
NAY, Catherine, *Le Noir et le Rouge ou l'Histoire d'une ambition*, Grasset, 1984.
——, *Les Sept Mitterrand : les métamorphoses d'un septennat*, Grasset, 1988.
　邦訳　カトリーヌ・ネイ『ミッテラン――フランス 1981 - 88』村田晃治訳、世界思想社、1992 年
NORTHCUTT, Wayna, *Mitterrand : a political biography*, New York, Holmes and Meier, 1992.
PATOZ, Jacques, *François Mitterrand ou le Triomphe de la contradiction*, B. Giovanangeli, 2005.
PEAN, Pierre, *Une jeunesse française. François Mitterrand 1934-1947*, Fayard, 1947.
——, *Dernières Volontés, derniers combats, dernières souffrances*, Plon, 2002.
RIMBAUD, Christiane, *Bérégovoy*, Perrin, 1994.
ROUSSET, Vincent, *François Mitterrand et les Charentes*, Le Croît vif, 1998.
SCHNEIDER, Robert, *Les Mitterrand*, Perrin, 2009.
——, *Michel Rocard*, Stock, 1987.
——, *La Haine tranquille*, Fayard, 1992.
SEVRAN, Pascal, *Mitterrand, les autres jours*, Albin Michel, 1998.
SHORT, Philip, *Mitterrand : a Study in Ambiguity*, London, The Bodley Head, 2013.
TRANO, Stéphane, *Mitterrand, une affaire d'amitié*, préface de Mazarine Pingeot, postface de Jack Lang, L'Archipel, 2005.
UNGER, Gérard, *Gaston Defferre*, Fayard, 2011.
VÉDRINE, Hubert, *François Mitterrand, un dessein, un destin*, Gallimard, 2005, « Découvertes ».
VULSER, Nicole, *André Rousselet : les trois vies d'un homme d'influence*, Calmann-Lévy, 2001.
WEBSTER, Paul, *Mitterrand, l'autre histoire, 1946-1995*, Éd. du Félin, 1995.

Gaulle à François Mitterrand, STH, 1983.
RIOUX, Jean-Pierre, *Nouvelle Histoire de la France contemporaine. La France de la Quatrième République 1944-1958*, Points-Histoire/Seuil, 1980 et 1983.
VERGEZ-CHAIGNON, Bénédicte, *Les Vichysto-Résistants*, Perrin, 2008.
VIANSSON-PONTE, Pierre, *Histoire de la République gaullienne*, Fayard, 1971.
WERTH, Alexander, *La France depuis la guerre 1944-1957*, Gallimard, 1957.
WIEVIORKA, Olivier, *Histoire de la Résistance 1940-1945*, Perrin, 2013.
WINOCK, Michel, *La Gauche en France*, « Tempus »/Perrin, 2006.
——, *La France politique XIXe-XXe siècle*, Points-Histoire/Seuil, 1999.

評伝

APPARU, Benoist, *François Mitterrand 1981-1995*, La Ferté-Saint-Aubin, Aucher, 1999.
ATTALI, Jacques, *C'était François Mitterrand*, Le Grand Livre du mois, 2005.
BALVET, Marie, *Le Roman familial de François Mitterrand*, Plon, 1994.
BARBIER, Christophe, *Les Derniers Jours de François Mitterrand*, Grasset, 2010.
BATTUT, Jean, *François Mitterrand le Nivernais, 1946-1971, la conquête d'un fief*, L'Harmattan, 2011.
BOISDEFFRE, Pierre de, *Le Lion et le Renard : de Gaulle, Mitterrand*, Monaco, Éd. du Rocher, 1998.
BOEZEIX, Jean-Marie, *Mitterrand lui-même*, Stock, 1973.
BOUJUT, Pierre, *Un mauvais Français*, Arléa, 1989.
CARLE, Françoise, *Les Archives du Président : Mitterrand intime*, Monaco, Éd. du Rocher, 1998.
CHARMONT, François, *François Mitterrand et la Nièvre : géopolitique de la Nièvre 1945-1995*, L'Harmattan, 2001.
CHEMIN, Ariane, CATALANO, Géraldine, *Une famille au secret : le Président, Anne et Mazarine*, Stock, 2005.
COLOMBANI, Jean-Marie, *Portrait d'un président : le monarque imaginaire*, Gallimard, 1985.
DANIEL, Jean, *Les Religions d'un président : regards sur les aventures du mitterrandisme*, Grasset, 1988.
DENIS, Stéphane, *L'Amoraliste*, Fayard, 1992.
DESJARDINS, Thierry, *François Mitterrand, un socialiste gaullien*, Hachette, 1978.
DUHAMEL, Alain, *François Mitterrand, portrait d'un artiste*, Flammarion, 1997.
DUHAMEL, Éric, *François Mitterrand : l'unité d'un homme*, Flammarion, 1998.
DUNILAC, Julien, *François Mitterrand sous la loupe*, Genève, Slatkine, 1981.
DUPIN, Éric, *L'Après-Mitterrand : le parti socialiste à la dérive*, Calmann-Lévy, 1991.
EVIN, Kathleen, *François Mitterrand : chronique d'une victoire annoncée*, Fayard,1981.
GAUTHIER, Guy, *François Mitterrand : le dernier des Capétiens*, France-Empire, 2005.

Mémoire à deux voix (avec Élie Wiesel), Odile Jacob, 1995.
邦訳『ある回想――大統領の深淵』（エリー・ウィーゼルと共著）平野新介訳、朝日新聞社、1995年
De l'Allemagne, de la France, Odile Jacob, 1996.
Mémoires interrompus, Odile Jacob, 1996.
Le Bureau de poste de la rue Dupin et autres entretiens (avec Marguerite Duras), Gallimard, 2006.

定期刊行物

Commentaire ; Le Courrier de la Nièvre ; Le Débat ; Écrits de Paris ; Esprit ; L'Expansion ; L'Express ; Le Figaro ; France, revue de l'État nouveau ; L'Homme libre ; L'Humanité ; Libres ; Le Matin de Paris ; Le Monde ; Le Nouvel Observateur ; Paris-Match ; Paris-Presse ; Le Point ; Le Progrès social ; Revue Montalembert ; Revue nationale de Sciences politiques ; Rivarol ; Les Temps modernes ; Tribune socialiste ; L'Unité ; Vingtième Siècle, revue d'histoire.

総論

AGULHON, Maurice, *La République, de Jules Ferry à Charles de Gaulle*, Hachette, 1990.
ALEXANDRE, Philippe, *Le Roman de la gauche*, Plon, 1977.
AZÉMA, Jean-Pierre, *Nouvelle Histoire de la France contemporaine, t. XIV, De Munich à la Libération 1938-1944*, Points-Histoire/Seuil, 1979.
BECKER, Jean-Jacques, *Nouvelle Histoire de la France contemporaine, t. XIX, Crises et alternances 1974-1995*, Points-Histoire/Seuil, 1998.
BERGOUNIOUX, Alain, GRUNBERG, Gérard, *L'Ambition et le remords : les socialistes français et le pouvoir (1905-2005)*, Fayard, 2005.
BERSTEIN, Serge, *Nouvelle Histoire de la France contemporaine, t. XVII et XVIII, La France de l'expansion, 1958-1974*, Points-Histoire/Seuil, 2 vol., 1989.
BURRIN, Philippe, *La France à l'heure allemande*, Points-Histoire/Seuil, 1995.
COURTOIS, Stéphane, LAZAR, Marc, *Histoire du parti communiste français*, PUF, 1995.
ELGEY, Georgette, *La République des illusions, 1945-1951*, Fayard, 1993.
——, *La République des contradictions, 1951-1954*, Fayard, 1993.
——, *La République des tourmentes, 1954-1959*, Fayard, 1992-2012.
FAVIER, Pierre, MARTIN-ROLAND, Michel, *La Décennie Mitterrand*, 4 vol., Éd. du Seuil.
FERENCZY, Thomas, *Chronologie du septennat : 1981-1988*, Lyon, La Manufacture, 1988.
Journal de la France et des Français. Chronologie politique, culturelle et religieuse de Clovis à 2000, Gallimard, 2001, « Quarto ».
JULLIARD, Jacques, *Les Gauches françaises. 1762-2012 : histoire, politique et imaginaire*, Flammarion, 2012.
LE MONG NGUYEN, *La Constitution de la Ve République : théorie et pratique, de Charles de*

一次資料、参考図書および映像資料

一次資料

Institut François Mitterrand : archives privées, documents sonores, fonds documentaire sur l'ensemble de l'activité du président de la République de 1981 à 1995.

Les archives de la présidence de la République, Archives nationales, série AG.

Agnès Bos, Vaisse Damien, « Les archives présidentielles de François Mitterrand », *Vingtième Siècle*, n° 86, avril-juin 2005.

Le Journal officiel, débats parlementaires.

Programmes et engagements électoraux (le Barodet), Assemblée nationale.

L'Année politique, Presses universitaires de France.

Sondages, revue française de l'opinion publique.

Sofres, *L'État de l'opinion*, Gallimard, puis Éd. du Seuil.

Dictionnaire de la vie politique française, sous la dir. de Jean-François Sirinelli, PUF, 1995.

Who's who in France.

Dictionnaire des ministres (1789-1989), sous la dir. de Benoît Yvert, Perrin, 1990.

フランソワ・ミッテランの著作

Les Prisonniers de guerre devant la politique, Éd. du Rond-Point, 1945.

Aux frontières de l'Union française. Indochine, Tunisie, Julliard, 1953.

Présence française et abandon, Plon, 1957.

La Chine au défi, Julliard, 1961.

Le Coup d'État permanent, Plon, 1964.

Ma part de vérité, Fayard, 1969.

Un socialisme du possible, Éd. du Seuil, 1971.

La Rose au poing, Flammarion, 1973.

La Paille et le Grain, Flammarion, 1975.

邦訳『大統領への道』（上下 2 巻）、川島太郎訳、広済堂出版、1982 年

Politique I et II, Fayard, 1977 et 1981.

L'Abeille et l'Architecte, Flammarion, 1978.

Ici et maintenant, Fayard, 1980.

邦訳『いま、フランスでは——ミッテランの社会主義』早良哲夫訳、サイマル出版会、1982 年

Réflexions sur la politique extérieure de la France. Introduction à vingt-cinq discours (1981-1985), Fayard, 1986.

1994年	9月	ピエール・ペアン『あるフランスの青春』出版。12日、フランソワ・ミッテランは健康状態とペタン派としての活動について説明する
	11月10日	「パリ・マッチ」誌、これまで秘密にされてきたフランソワ・ミッテランの娘、マザリーヌの写真を掲載
1995年	3月13日	大統領選では、ジョスパン候補に投票すると言明するも、選挙期間中は目立たないよう行動
	3月30日	フランス国立図書館開館式
	4月	エリー・ウィーゼルとの共著『ある回想――大統領の深淵』で、青春時代の言動について、「心は平穏だ」と述べる
	5月7日	ジャック・シラク、大統領に当選
1996年	1月8日	フランソワ・ミッテラン、パリで死去
	1月11日	ジャルナックで葬儀。パリのノートル・ダムで追悼ミサ
	1月17日	ギュブレール医師の著書『大いなる秘密』刊行

	3月18日	総選挙で、比例代表制採用に伴い、極右政党が勢力を拡大。右派の勝利。フランソワ・ミッテラン、ジャック・シラクを首相に任命。第1次コアビタシオン
1988年	3月4日	ルーヴル美術館のピラミッド落成式
	3月22日	フランソワ・ミッテラン、再選出馬を表明
	4月7日	「フランス国民への手紙」を発表。国有化も、民営化も行なわない「両否定」政策を明らかにする
	5月8日	フランソワ・ミッテラン、決選投票で54%を得票し、ジャック・シラクを破る。ミシェル・ロカールを首相に任命し、国民議会を解散
	6月	総選挙で、左翼が僅差で勝利
	11月6日	ニュー・カレドニアの地位に関する国民投票実施
	12月1日	統合最低所得（RMI）創設
1989年	7月	ラ・デファンスのグランダルシュと、オペラ・バスティーユ落成式
	11月	ベルリンの壁崩壊。ドイツ再統一についての議論の渦中で、フランソワ・ミッテラン東ドイツを訪問
1990年	3月15～18日	社会党のレンヌ党大会で、「ジョスパン派」と「ファビウス派」が激しく衝突。「ミッテラン派」の分裂を引き起こす
1991年	1月～2月	フランス、イラクに対する湾岸戦争に参加
	5月15日	エディト・クレソン、首相に就任。フランス初の女性首相
1992年	4月2日	ピエール・ベレゴヴォワが首相に。ベルナール・タピ、入閣するも5月に辞任
	7月14日	大統領、ヴィシー政権の犯罪行為におけるフランスの責任を認めることを拒否
	9月20日	フランソワ・ミッテラン、マーストリヒト条約批准のための国民投票実施を決定。フランス国民の51.04%が賛成する
	11月	フランソワ・ミッテラン、テレビのインタビューで前立腺がんであることを明らかにする。1回目の手術を、9月11日に受けていた
	12月	失業者数、300万人に近づく
1993年	3月29日	総選挙で右派が勝利。エドゥアール・バラデュール、第2次コアビタシオンの首相に就任
	5月1日	ピエール・ベレゴヴォワが自殺

	6 月 21 日	社会党、総選挙で単独過半数を獲得。政策綱領のうち、象徴的な重要政策に関する法律を可決。富裕税の創設、最低賃金、家族手当、老齢最低年金の引き上げ等
	8 月 11 日	不法滞在移民 30 万人を正規化
	9 月 18 日	死刑廃止
	10 月	地域ラジオ局開設を承認する法案が最終的に成立。フランの第 1 次切り下げ
	11 月 4 日	失業者数、200 万人を突破
	12 月 18 日	国有化法案、最終的に成立
1982年	1 月 13 日	週当たり労働時間 39 時間に引き下げ。有給休暇 5 週間目付与
	3 月 2 日	地方分権に関する第 1 次ドフェール法
	3 月 3 ～ 5 日	ミッテラン、仏大統領として初のイスラエル訪問
	6 月 10 日	キヨ法により、家主と借家人との関係が、後者に有利に改められる
	6 月 13 日	景気刺激策の失敗。ジャック・ドロールによる第 1 次緊縮策
	7 月～ 12 月	給与所得者の権利を強化するオルー法成立
	8 月 22 日	放送高等審議会設置
1983年	3 月 25 日	第 2 次緊縮策実施。ミッテラン、フランの SME 残留を選択
	4 月 1 日	退職年齢を 60 歳とする法律施行
	6 月 18 日	アリアン・ロケットの初の発射成功
	8 月 10 日	フランス軍部隊、イッセン・ハブレ保護のためチャドに到着
1984年	3 月 29 日	石炭、造船、鉄鋼に関する「産業再編」計画を決定
	6 月 24 日	学校教育をライックで一元的な公教育に統一しようとするアラン・サヴァリの法案が国民議会で可決されたことに伴い、私立学校擁護派が 100 万人近い大反対デモを組織。ミッテラン、7 月に法案を撤回
	7 月 19 日	首相にローラン・ファビウスを任命
	9 月 22 日	ヴェルダンにて、コールと手をつなぐ
1985年	7 月 10 日	グリーンピース事件。レインボー・ワリアー号沈没に仏情報機関が関与したことを、フランスが認める
1986年	1 月 20 日	フランソワ・ミッテランが認可したフランス初の無料民間放送テレビ局、ラ・サンク放送開始

	10月15日	オブセルヴァトワール事件。11月、上院はミッテランの議員不逮捕特権の解除を決定
1963年		LCR（共和国闘争同盟）を結成。その後、他の政策クラブ等と統合し、CAI（制度行動委員会）となる
1964年		プロン社より、『恒常的クーデター』を刊行。6月、左派の政策クラブを糾合した共和国制度協議会（CIR）を結成し、その指導者となる
1965年	10月8日	ド・ゴールの対立候補として、大統領選出馬を表明
	12月5日	ド・ゴール将軍、第1回投票での当選を果たせず。左翼統一候補のミッテランは、31.72%の票を獲得。決選投票では、45.5%を得て敗れる
1968年	5月28日	5月革命のさなか、ミッテラン、大統領が空席となった場合、大統領選に出馬の意向を明らかにする
1969年	4月28日	ド・ゴール退陣。フランソワ・ミッテラン、アラン・デュアメルとの対話集『我が真実』を出版。ポンピドゥーに対抗しての大統領選立候補を断念
	7月1～13日	SFIO、新社会党結成のためのアルフォールヴィル党大会第2部にあたるイシー＝レ＝ムリノー党大会で社会党（PS）となる。アラン・サヴァリが第一書記に選出される
1971年	6月	エピネー党大会。フランソワ・ミッテラン、PSに入党。その直後、第一書記に就任
1972年	6月26日	共産党、左派急進運動と政府共同綱領に調印
1974年		ヴァレリー・ジスカール・デスタン、大統領に当選。「統一左翼」の候補者フランソワ・ミッテランは、決選投票で49.19%を得票
1977年	3月	市町村議会選挙で左翼の勝利
	9月23日	左翼連合分裂
1979年	4月6～8日	「第二左翼」のリーダーのミシェル・ロカール、共同綱領の理念に忠実なフランソワ・ミッテランと対立する
1980年		『いま、フランスでは』を出版し、1981年大統領選出馬の意向を表明
1981年	1月24日	フランソワ・ミッテラン、クレテイユ党大会で大統領候補に指名される。政策綱領となる「110の提案」を採択
	5月10日	51.75%の票を得て、大統領に当選
	5月21日	ピエール・モロワを首相に指名し、国民議会を解散。4人の共産党員が入閣

1945年	4月	ランズベルクおよびダハウ収容所解放に、フランス代表としてルイス将軍に同行。ロベール・アンテルムを救出
		元捕虜の新聞「リーブル」編集長、次いでロレアル社の雑誌「ヴォートル・ボーテ」編集長を務める
1946年	11月10日	セーヌ県での落選後、ニエーヴル県から「共和国行動連合」候補として総選挙に出馬し、当選
1947年	1月28日	中道右派から中道左派に至る小政党UDSR議員団に所属。ラマディエ内閣在郷軍人相となる
	11月	ロベール・シューマン（MRP）内閣の在郷軍人相となる
1948年	5月7～10日	当初から欧州統合を支持するミッテラン、ハーグ大会に出席
	7月	急進党のクイユ内閣で、情報担当閣外相に就任
1949年	3月	ニエーヴル県モンソーシュから県議会議員に当選
1950年	7月	プレヴェン（UDSR）内閣で海外相に就任
1952年	1月	エドガール・フォール内閣で国務大臣となる
1953年	6月	ラニエル（右派）内閣欧州担当相
	9月	モロッコのスルタンの廃位に反対し、ラニエル内閣を辞職。「レクスプレス」誌に寄稿し、ピエール・マンデス・フランスと親交を結ぶ
1954－1955年	6月18日～2月5日	マンデス・フランス内閣内相
	9月～12月（1954年）	情報漏洩事件（インドシナ戦争に関する文書漏洩）。フランソワ・ミッテランに疑惑が持たれるが、1956年に無実が証明される。
1955年	12月	マンデス・フランスの後任首相、エドガール・フォール下院を解散。PMF、ミッテラン、モレとシャバン＝デルマスは共和戦線を結成し、1956年1月2日の総選挙で勝利
1956年	1月	ミッテラン、ギィ・モレ内閣法相に就任
	2月6日	ギィ・モレ、アルジェリアで抑圧的政策をやむなく実施。PMFは5月23日に閣僚を辞任するが、ミッテランは閣内にとどまる
1957年		『フランスのプレゼンスと放棄』を出版
1958年		ド・ゴール将軍の「クーデター」を糾弾する。総選挙で落選。1962年の選挙で下院議員として復活
1959年		シャトー＝シノン町長となる。上院議員に当選

フランソワ・ミッテラン略年譜

1916年	10月26日	フランソワ・ミッテラン、ジャルナックに生まれる
1925年	10月	アングレームのサン＝ポール校に入学
1934年	10月	パリのヴォージラール通り104番地の、マリスト修道会士が運営する学生寮に入寮。法学部と自由政治学院に登録する
1935年		国民義勇兵団（火の十字団）で活動。
1936年		「レコー・ド・パリ」紙に寄稿
1938年		法学博士号取得。自由政治学院を卒業。兵役にて、ジョルジュ・ダヤンと知り合う
1940年	3月	マリー＝ルイーズ・テラスと婚約
	6月	戦場で負傷。捕虜となる
1941年	12月15日	三度目の試みで、脱走に成功
1942年	1月	ヴィシーにて、在郷軍人奉公会に契約職員として勤務。その後、戦争捕虜復員局で働く
	10月15日	元捕虜相互扶助委員会の責任者数人とともに、ペタン元帥と面会
1943年	1月	戦争捕虜復員局を退職
	2月	全国戦争捕虜連合（RNPG）を結成
	春	フランシスク勲章を授与される
	7月10日	戦争捕虜の「交代」に関する、ワグラム・ホールでの集会。ミッテランは、戦争捕虜復員局で、ピノの後任局長となったアンドレ・マソンに突然質問する。「モルラン」の偽名で、地下活動に入る
	11月15日	ロンドンに向け出発。その後アルジェに赴き、ド・ゴール将軍と面会。アンリ・フレネイ、ジロー将軍とピエール・マンデス・フランスが同席
1944年	2月	フランス国内で、戦争捕虜・流刑者レジスタンス運動を指導
	6月	ド・ゴールにより、戦争捕虜局（暫定）局長に任命される
	8月	パリ解放に加わる
	9月	フレネイの下でナンバー・ツーとなることを拒否し、辞任
	10月28日	ダニエル・グーズと結婚

マティニョン館（首相府） Hôtel Matignon 89, 122, 130, 312, 333-335, 400
民主・社会主義レジスタンス連合（UDSR） Union démorcratique et socialiste de la résistance 81-84, 90, 91, 93, 94, 96, 97, 99, 102, 117, 120, 127, 142, 144, 145, 152, 153, 167, 171, 195, 437
メス党大会 Congrès de Metz 275, 288, 325
モルヴァン〔地方〕 Morvan 87, 152, 153, 167, 168, 246

【ヤ行】

ユーゴスラヴィア紛争 Guerres de Yougoslavie 366-368, 372, 373
ユルバ事件 Affaire Urba 381

【ラ行】

ラッチュ〔ミッテランの別荘の所在地〕 Latche 215, 232, 245, 324, 330, 348, 363, 375, 391, 407
リベラシオン〔新聞〕 *Libération* 107, 227, 237, 328, 387, 397
リュニテ〔社会党機関誌〕 *L'Unité* 224, 235, 245, 259, 261, 301
リュマニテ〔新聞〕 *L'Humanité* 143, 148, 222, 223, 230, 235, 254, 257, 262, 263, 397
ル・カナール・アンシェネ〔週刊新聞〕 *Le canard enchaîné* 174, 279, 342, 383
ル・ヌーヴェル・オプセルヴァトゥール〔雑誌〕 *Le Nouvel Observateur* 179, 217, 234, 235, 239, 274, 275, 300, 395
ル・フィガロ〔新聞〕 *Le Figaro* 223, 242, 290, 352, 366, 392, 398
ル・モンド〔新聞〕 *Le Monde* 109, 123, 134, 140, 142, 143, 196, 202, 224, 241, 265, 275, 317, 333, 340, 344, 354, 386, 388, 393, 418, 433
レインボー・ワリアー号事件 Affaire du Rainbow Warrior 332, 387, 474
レクスプレス〔雑誌〕 *L'Express* 103, 106, 109, 117, 135, 174, 175, 202, 224, 236, 393, 431, 476
レコー・ド・パリ〔新聞〕 *L'écho de Paris* 29, 32-34, 477
レジスタンス全国評議会（CNR） Conseil national de la Résistance 63
レスプリ〔雑誌〕 *L'Esprit* 180, 234, 415
レンヌ党大会 Congrès de Rennes 311, 337, 473
労働総同盟（CGT） Confédération générale du travail 89, 144, 196, 197, 221, 222, 226, 252, 289, 310, 340
労働総同盟-労働者の力派（CGT-FO） Confédération générale du travail-Force ouvrière 89, 252

【ワ行】

『我が真実』 *Ma part de vérité* 21, 31, 40, 43, 74, 80, 144,171, 202, 203
湾岸戦争 Guerre du Golfe 311, 338, 364, 365, 366, 473

統一社会党（PSU） Parti socialiste unifié 172, 178, 179, 189, 190, 192, 196, 201, 202, 205, 208, 218, 220, 230, 237, 239, 251, 252, 266-268, 272, 280, 288, 334, 400
同化最低所得（RMI） Revenu minimum d'insertion 310
独立社会党（PSA） Parti socialiste autonome 57, 149, 172, 212

【ナ行】

南北サミット〔カンクン〕 Conférence Nord-Sud de Cancún 357
ニエーヴル〔県〕 Nièvre 80, 81, 87, 88, 94, 96, 118, 120, 147, 148, 152, 155, 158, 165, 172, 177, 178, 191, 199, 203, 210, 244, 291, 438, 451
ニュー・カレドニア Nouvelle Calédonie 310, 335, 473

【ハ行】

バズーカ事件 Affaire du bazooka 130, 163-165
パリ・マッチ〔雑誌〕 *Paris Match* 200, 323, 395, 397, 408
火の十字団 Croix-de-Feu 25-29, 31-33, 408
秘密軍事組織（OAS） Organisation armée secrète 168, 170, 173, 199
プラハの春 Printemps de Prague 200, 229
フラン切り下げ Dévaluations du franc 293, 299, 300, 302, 318, 326, 474
フランシスク勲章 Francisque 43, 56, 57, 66, 68, 70, 148, 183, 214, 390, 393, 433, 477
フランス・オプセルヴァトゥール〔雑誌〕 *France Obsevateur* 123, 179
フランス国民解放委員会（CFLN） Comité français de libétation nationale 60, 61, 65, 71
フランス共産党（PCF） Parti communiste français 2, 6, 22, 29, 31, 34, 57, 62-64, 71-76, 79, 82-90, 92, 95, 96, 98, 99, 102, 105-109, 112, 117, 118, 120, 122, 132, 136, 139, 140, 143, 146-149, 153-156, 165, 167, 170-172, 175-178, 181, 184, 189-202, 206, 209-214, 218, 220-228, 230, 231, 234, 235, 237, 238, 242, 243, 247, 252-266, 269, 271, 273, 274, 278, 281-285, 289, 290, 294, 303, 310, 311, 315-317, 331, 332, 364-366, 380, 421, 423-427, 438, 439, 448, 475
フランス社会党（PSF） Parti social français 27, 29, 32, 81
フランスのための110の提案 110 propositions pour la France 279, 292, 344
フランス民主連合（UDF） Union pour la Démocratie Française 280, 299, 344, 380
フランス民衆連合（RPF） Rassemblement du peuple français 87, 88, 93-96, 98, 99, 108, 217, 448
ブルボン宮（下院議事堂） Palais Bourbon 25, 82, 88, 145, 149, 170, 200, 322, 353
ペシネー事件 Affaire Pechiney 337, 383
ベトミン Viêt-minh 95, 102, 103, 105
保安部隊 Service d'ordre légionnaire 54, 55

【マ行】

マーストリヒト条約 Traité de Maastricht 314, 315, 342, 366, 368, 374, 375, 376, 440

167, 170-172, 175, 176, 178, 188, 194, 195, 198, 200, 201, 203, 207, 208, 213, 214, 227, 231, 288, 427, 439, 448, 475
社会党（PS） Parti socialiste 4, 56, 200, 208, 210-214, 216-230, 234, 235, 237-239, 242, 243, 246, 251-279, 281-284, 288, 290, 293, 294, 296, 299-301, 303-306, 308, 310, 311, 313-320, 322, 324, 328, 329, 331, 334, 339, 341, 343, 344, 350, 359, 379-386, 388, 391, 392, 394, 395, 399, 400, 406, 409, 416, 423-429, 437, 438, 443, 473-475
シャトー＝シノン Château-Chinon 119, 147, 152-155, 168, 171, 182, 191, 203, 209, 210, 237, 283, 284, 291, 451, 476
シャラント〔地方〕 Charente 9, 10, 12, 15, 16, 39, 41, 52, 54, 87, 153, 420
ジャルナック Jarnac 10-13, 17-19, 31, 34, 39, 41, 45, 50, 408, 411
情報漏洩事件 Affaire des fuites 105, 113, 140
新共和国連合（UNR） Union pour la nouvelle République 170, 171, 192, 199
人民戦線 Front populaire 22, 26, 29, 31, 33, 104, 175, 225, 252, 285, 293, 298
政権交代 Alternance 6, 172, 185, 189, 223, 227, 380, 428-430, 440, 441
政策転換〔1983年〕 Tournant de 1983 303, 316, 317, 328, 416, 428, 440
全国戦争捕虜・流刑者運動（MNPGD） Mouvement national des prisonniers de guerre et déportés 63
全国戦争捕虜センター（CNPG） Centre national des prisonniers de guerre 62, 63
戦争捕虜復員局 Commissariat général au reclassement des prisonniers de guerre 53
戦争捕虜・流刑者レジスタンス運動（MRPGD） Mouvement de résistance des prisonniers de guerre et déportés 59, 477
ソリュトレ山 Roche de Solutré 215, 246, 247, 324, 407
ソルジェニーツィン事件 Affaire Soljenitsyne 233-235

【タ行】

対外保安総局 Direction Générale de la Sécurité Extérieure 332
第二左翼 Deuxième gauche 251、253、274、417、475
第三勢力 Troisième force 87, 90, 95, 96, 98, 408
第三共和制 Troisième République 1, 48, 67, 72, 88, 291, 354, 429, 430, 441, 451
第四共和制 Quatrième République 2, 5, 7, 79, 80, 84, 87, 88, 100, 113, 121, 135, 136, 138, 141, 144, 154, 183, 191, 195, 203, 291, 354, 422, 429, 430, 437, 438, 441, 442, 447, 449
第五共和制 Cinquième République 2-6, 22, 141, 147, 172, 173, 227, 274, 284, 285, 344, 352, 354, 385, 386, 409, 422, 423, 429, 437, 438, 440-442, 447-449
地方分権化（ドフェール法） Décentralisation 290-292, 319, 406, 430, 450, 474
ディエンビエンフー Diên Biên Phu 102, 103, 108, 117, 119
ドヴァケ法案（大学改革） Projet de loi Devaquet 348

急進党　Parti radical　80, 81, 83, 96, 104, 111, 112, 117, 120, 138, 144, 172, 179, 188, 192, 194, 223, 225, 451
共同綱領　Programme commun　193, 194, 222-227, 232, 233, 235-238, 240-242, 253, 254, 257-259, 262, 264, 269-273, 278, 294, 307, 319, 353, 423, 438, 442
共和国制度協議会（CIR）　Convention des institutions républicaines　167, 187, 188, 194, 200, 201, 206, 207, 208, 209, 210, 211, 212, 339, 414, 437, 475
共和国連合（RPR）　Rassemblement pour la République　170, 280, 291, 299, 344, 380
共和左派連合（RGR）　Rassemblement des gauches républicaines　74, 81, 83, 96, 97, 115
共和民衆連合（MRP）　Mouvement républicain populaire　72, 74, 79, 82-84, 87, 90, 94, 98, 103, 109, 115, 121, 139, 175, 179, 212, 448, 476
緊縮策　Politique de rigueur　279, 294, 299-303, 307, 327, 331
グランダルシュ臨時党大会　Congrès de la Grande Arche　314
景気刺激策　Politique de la relance　294, 297, 298, 300, 303, 307, 326, 331, 342, 440
コアビタシオン（保革共存）　Cohabitation　4, 6, 274, 305, 306, 334, 343-345, 350, 352-354, 376, 386, 388, 405, 429, 430, 441, 442, 449
『恒常的クーデター』　*Le coup d'Etat permanent*　3, 6, 136, 173, 174, 287, 325, 343, 423, 438, 441
国土監視局（DST）　Direction de la Surveillance du Territoire　106, 107
国民解放戦線（FLN）　Front de libération nationale　110, 116, 127, 128, 130, 132, 137, 139
国民義勇兵団　Volontaires nationaux　25, 26, 28, 30, 32, 438
国民戦線（FN）　Front National　344, 399, 418, 421, 443
国有化　Nationalisations　195, 205, 221, 223, 224, 242, 264, 270, 271, 279, 294-297, 304-306, 313, 318, 326, 342, 346, 347, 426, 428, 439, 440, 443
国立行政学院（ENA）　Ecole Nationale d'Administration　239, 268, 330, 340

【サ行】

在郷軍人奉公会　Légion française des combattants　50, 54
サヴァリ法案（教育改革）　Projet de loi Savary　328-330
急進左派運動（MRG）　Mouvement des radicaux de gauche　223, 259, 264, 280, 284
左翼連合　Union de la gauche　6, 7, 149, 150, 220, 221, 226, 230-234, 237, 238, 255, 257, 261-263, 265, 266, 273, 278, 280, 281, 289, 316, 423, 424, 442
死刑廃止　Abolition de la peine de mort　125, 290, 291, 292, 406, 416
資産連帯税（ISF）　Impôt de solidarité sur la fortune　310, 337
社会党　（SFIO）　Section française de l'Internationale ouvrière　29, 57, 72, 74, 75, 79, 82-87, 90, 93, 96-98, 103, 117, 118, 120-122, 125, 129, 136-138, 144, 148, 149, 152-156, 165,

事項索引

＊本索引では、本文中の語句が本索引中の項目名と一致しない場合でも、意味が同じであれば当該の項目中に含めることとした。

【数字・記号】

68年5月（5月革命） Mai 68 195-199, 202-207, 213, 216, 220, 270, 307, 475
EMS離脱 Sortie du SME 300-303

【ア行】

アクシオン・フランセーズ Action Française 23, 30, 34, 393
アフリカ民主連合（RDA） Rassemblement démocratique africain 92, 93, 106
アルジェリア戦争 Guerre d'Algérie 102, 110, 133, 134, 167, 170, 189, 211, 230, 267, 437, 441, 445
『あるフランスの青春』 *Une jeunesse française* 25, 43, 67, 389, 433, 437
一般社会拠出金（CSG） Contribution sociale généralisée 310
違法盗聴事件（違法盗聴スキャンダル） Affaire des écoutes de l'Élysée 388
インドシナ戦争 Guerre d'Indochine 95, 96, 99, 102, 103, 107, 130, 134, 476
ヴァランス党大会 Congrès de Valence 296
ヴァンセンヌのアイルランド人事件 Affaire des Irlandais de Vincennes 387
「開放」 Ouverture 306, 308, 334, 424, 442, 443
ヴェルサイユ・サミット Sommet des pays industrialisés à Versailles 355
ヴェルディヴ大量検挙 Rafle du Vel' d'Hiv 390-393
エリゼ宮（大統領府） Palais de l'Elysée 89, 170, 280, 288, 295, 297, 298, 321-324, 333, 335, 336, 339, 343, 346, 350, 356, 367, 387-389, 391, 401, 402, 404-406, 422, 426, 434
欧州経済共同体（EEC） Communauté économique européenne 222, 259
欧州連合（EU） Union Européenne 314, 320, 373, 374
オプセルヴァトワール事件 Affaire de l'Observatoire 158-167, 179, 183, 216, 391, 398, 423, 431
オルー法 Loi Auroux 290, 293

【カ行】

カーネーション革命〔ポルトガル〕 Révolution des œillets 254
カグール団 Cagoule 23, 24, 54, 56, 73
北大西洋条約機構（NATO） Organisation du traité de l'Atlantique nord 193, 223, 258, 259, 361

ルフォール，クロード　Lefort, Claude　234
ルリケ，ジャン　Reliquet, Jean　129-131, 137
ルロワ，ロラン　Leroy, Roland　223, 238
レヴェック，ピエール　Lévêque, Pierre　188, 189
レーガン，ロナルド　Reagan, Ronald　290, 346, 361, 362, 364, 440
レオ 13 世（ローマ法王）　Léon XIII, pape,　26, 28
レオタール，フランソワ　Léotard, François　346
レニェル，アンドレ　Laignel, André　329
ローヴェルジョン，アンヌ　Lauvergeon, Anne　401, 407
ローラン，ポール　Laurent, Paul　238
ロランス，アンドレ　Laurens, André　241
ロカール，ミシェル　Rocard, Michel　179, 201, 202, 208 218, 223, 237, 239, 240, 251-254, 266-278, 281, 284, 288, 289, 291, 293, 295, 298, 306, 309, 310-312, 314-316, 319, 320, 324-327, 334-339, 341, 344, 385, 392, 395, 399, 402, 439, 443, 473, 475
ロシェ，ワルデック　Rochet, Waldeck　107, 176, 177 192, 197, 209, 221
ロッセリ兄弟，カルロ、サバティーノ　Rosselli, Carlo et Sabatino　24
ロディエ，ロベール　Rodier, Robert　130, 163
ロブリウー，フィリップ　Robrieux, Philippe　265
ロラン，ジュール　Lorrain, Jules　10, 13, 14
ロラン，ロベール　Lorrain, Robert　19
ロラン（旧姓フォール），ウージェニー　Lorrain, née Faure, Eugénie　15
ロワ，クロード　Roy, Claude　17, 34, 54

【ワ行】

ワルデック＝ルソー，ピエール　Waldeck-Rousseau, Pierre　427
ワレサ，レフ　Walesa, Lech　333

ラ・ロック，フランソワ・ド　La Rocque, François de　25-27, 29, 30, 32, 36, 81, 320
ラ・ロック，ユーグ・ド　La Rocque, Hugues de　28
ラヴァル，ピエール　Laval , Pierre　54, 58
ラギエ，アルレット　Laguiller, Arlette　237, 280
ラクテュール，ジャン　Lacouture, Jean　123, 129, 140, 240, 341, 345, 359, 433, 436
ラコスト，ピエール　Lacoste, Pierre　332, 333
ラコスト，ロベール　Lacoste, Robert　103, 122, 126, 128, 129, 131, 132, 134-139, 142, 144, 189
ラザール，マルク　Lazar, Marc　225
ラシェラフ，モステファ　Lacheraf, Mostefa　127
ラニエル，ジョゼフ　Laniel, Joseph　98, 100, 103, 108, 128, 476
ラブリュス，ロジェ　Labrusse, Roger　107
ラフルール，ジャック　Lafleur, Jacques　310, 335
ラマディエ，ポール　Ramadier, Paul　83, 84, 86, 144, 476
ラマルティーヌ，アルフォンス・ド　Lamartine, Alphonse de　13, 420
ラリート，ジャック　Ralite, Jack　289
ラロンド，ブリース　Lalonde, Brice　280, 316
ラング，ジャック　Lang, Jack　289, 356, 407, 412, 420, 421, 434
ランクサード，ジャック　Lanxade, Jacques　338
リーヌマン，マリー＝ノエル　Lienemann, Marie-Noëlle　382
リグー，マルセル　Rigout, Marcel　289
リブー，ジャン　Riboud, Jean　300
リュスティジェ，ジャン＝マリー　Lustiger, Jean-Marie　329, 411
リヨーテイ，ユベール　Lyautey, Hubert　92, 101
ル・ガレック，ジャン　Le Garrec, Jean　294
ル・グエン，ジャン＝マリー　Le Guen, Jean-Marie　392
ル・コルベイエ，ジャック　Le Corbeiller, Jacques　50
ル・ペン，ジャン＝マリー　Le Pen, Jean-Marie　352, 353, 366, 384
ル・ポルス，アニセ　Le Pors, Anicet　289
ルアル，アラン・ド　Roualle, Alain de　82
ルアル侯爵　Marquis de Roualle,　81
ルヴェル，ジャン＝フランソワ　Revel, Jean-François　224, 225, 417, 430
ルカニュエ，ジャン　Lecanuet, Jean　179-181, 183, 192, 236, 280, 346
ルジャンドル，ベルトラン　Legendre, Bertrand　333
ルジャンドル，ジャン　Legendre, Jean　108
ルジュヌ，マックス　Lejeune, Max　85, 122, 123, 126, 132, 135, 136
ルスレ，アンドレ　Rousselet, André　119, 133, 152, 192, 240, 322, 407, 434, 437
ルディ，イヴェット　Roudy, Yvette　235
ルナン，エルネスト　Renan, Ernest　9, 52

メスメル，ピエール　Messmer, Pierre　228, 236
メテニエ，フランソワ　Méténier, François　24
メナージュ，ジル　Ménage, Gilles　389
メルマズ，ルイ　Mermaz, Louis　152, 167, 187, 192, 211, 239, 244, 256, 296, 392, 414, 437
メレ，ジャン　Mairey, Jean　126
モアティ，セルジュ　Moati, Serge　284
毛沢東　Mao, Zedong　95, 168, 204, 218, 264
モーニエ，ティエリー　Maulnier, Thierry　34
モーラス，シャルル　Maurras, Charles　23, 62
モーリアック，フランソワ　Mauriac, François　9, 13, 17-20, 33, 101, 103, 109, 165, 166, 177, 183, 216 248, 249, 431, 433
モールト，ミシェル　Mohrt, Michel　52
モスコヴィシ，ピエール　Moscovici, Pierre　392
モチャーヌ，ディディエ　Motchane, Didier　211
モック，ジュール　Moch, Jules　85
モデュイ，アントワーヌ　Mauduit, Antoine　58
モナート，ジェラール　Monate, Gérard　382
モネ，ジャン　Monnet, Jean　184, 436
モネルヴィル，ガストン　Monnerville, Gaston　165, 198
モノリ，ルネ　Monory, René　350
モラン，エドガール　Morin, Edgar　64
モレ，ギィ　Mollet, Guy　117, 120-123, 125, 126, 128-130, 134, 136-138, 143, 144, 148, 154-156, 167, 175-178, 180, 189, 190, 201, 203, 210-214, 228, 267, 425, 437, 445, 476
モロワ，ピエール　Mauroy, Pierre　211-213, 217, 223, 238, 239, 252, 256, 275, 288, 289, 293, 294, 296-301, 303, 311, 325-331, 339, 341, 374, 381, 475
モンス，ジャン　Mons, Jean　107
モンテルラン，アンリ・ド　Montherlant, Henry de　20, 21, 40

【ヤ行】

ヤナーエフ，ゲンナジー　Ianaev, Guennadi　363
ヤルゼルスキ，ヴォイチェフ　Jaruzelski, Wojciech　333, 375
ユション，ジャン＝ポール　Huchon, Jean-Paul　316
ヨヴィッチ，ボリサフ　Jović, Borisav　367

【ラ行】

ラ・ゴントリ，ピエール・ド　La Gontrie, Pierre de　164
ラ・フルニエール，ミシェル・ド　La Fournière, Michel de　268
ラ・マレーヌ，クリスティアン・ド　La Malène, Christian de　165

マルティネ，ジル　Martinet, Gilles　190, 251, 272, 394, 395, 425
マルティノ＝デプラ，レオン　Martineau-Déplat, Léon　105, 111, 120
マルロー，アンドレ　Malraux, André　21, 22, 183, 285, 359
マロ，ジャック　Marot, Jacques　29
マン，アルベール・ド　Mun, Albert de　26
マンスロン，クロード　Manceron, Claude　263
マンタン，ロベール　Mantin, Robert　153
マンデス・フランス，ピエール　Mendès France, Pierre　8, 101, 103–113, 115, 117, 118–125, 142, 145, 148, 149, 154, 156, 160, 167, 168, 172, 174, 176, 179, 189, 190, 196, 197, 199, 202, 244, 267, 288, 326, 423, 429, 433, 436–438, 441, 445, 476, 477
ミオ，ジャン　Miot, Jean　398
ミシェル，ジャン＝ピエール　Michel, Jean-Pierre　382
ミション，シャルル　Michon, Charles　215
ミッテラン，コレット　Mitterrand, Colette　24, 50
ミッテラン，ジュヌヴィエーヴ　Mitterrand, Geneviève　50
ミッテラン，ジルベール　Mitterrand, Gilbert　166, 168, 324, 407
ミッテラン，ジャック　Mitterrand, Jacques　38
ミッテラン，ジャン＝クリストフ　Mitterrand, Jean-Christophe　168, 407
ミッテラン，ジョゼフ　Mitterrand, Joseph　12–14
ミッテラン，パスカル　Mitterrand, Pascal　73
ミッテラン，フィリップ　Mitterrand, Philippe　50
ミッテラン，ロベール　Mitterrand, Robert　15, 17, 24, 38, 49, 50, 178, 432
ミッテラン（旧姓カイエ），エディト　Mitterrand, née Cahier, Edith　24
ミッテラン（旧姓グーズ），ダニエル　Mitterrand, née Gouze, Danielle　64, 72, 73, 158, 168, 169, 214, 216, 248, 283, 284, 323, 396, 407, 477
ミッテラン（旧姓ロラン），イヴォンヌ　Mitterrand, née Lorrain, Yvonne　13–15,19
ミュニエ，ジャン　Munier, Jean　45, 60, 64, 72, 75, 407
ミヨン，シャルル　Millon, Charles　293
ミルラン，アレクサンドル　Millerand, Alexandre　427
ミロシェヴィチ，ズロボダン　Milošević, Slobodan　367, 369, 372, 373
ムーラン，シャルル　Moulin, Charles　36
ムジョット，エティエンヌ　Mougeotte, Etienne　230
ムッソリーニ，ベニート　Mussolini, Benito　30, 36
ムノー，マルク　Meneau, Marc　248
メイエール，ダニエル　Mayer, Daniel　177, 178
メイエール，ルネ　Mayer, René　98, 99, 104, 111, 120
メエニュリー，ピエール　Méhaignerie, Pierre　334
メール，エドモン　Maire, Edmond　252
メクサンドー，ルイ　Mexandeau, Louis　277, 392

ペルルヴァード，ジャン　Peyrelevade, Jean　298, 326, 327
ベルンシュタイン，エドゥアルト　Bernstein, Eduard　269, 320
ベレゴヴォワ，ピエール　Bérégovoy, Pierre　188, 288, 298, 301, 312, 316-319, 326, 335, 336, 341-343, 379, 382-385, 399-402, 414, 473
ベン・アラファ，モハメド　Ben Arafa, Mohammed　100
ベン・ベラ，アハメド　Ben Bella, Ahmed　127
ベン・ユセフ，モハメド　Ben Youssef, Mohammed　100, 116, 128
ヘンドリックス，バーバラ　Hendricks, Barbara　409
ポエール，アラン　Poher, Alain　201, 233, 244
ボーシェ，アンドレ　Beauchet, André　178
ボーシャン，ジョルジュ　Beauchamp, Georges　85, 152, 167, 187, 239
ホーネッカー，エーリッヒ　Honecker, Erich　374
ボカサ，ジャン＝ブデル　Bokassa, Jean-Bedel　279
ボシャール，フィリップ　Bauchard, Philippe　327
ボナパルト，ナポレオン　Bonaparte, Napoléon　1, 2, 291, 430
ボニ，アルフォンス　Boni, Alphonse　93
ボネ，ジョルジュ　Bonnet, Georges　189
ポプレン，ジャン　Poperen, Jean　188, 224 256, 267, 270, 313
ボルジョー，アンリ　Borgeaud, Henri　111
ボルドー，アンリ　Bordeaux, Henry　33
ボレラ，フランソワ　Borella, François　268
ボワソナ，ジャン　Boissonat, Jean　283, 327
ポンティヨン，ロベール　Pontillon, Robert　239
ポンテス，エドソン　Pontès, Edson　404
ポントー，ジャン＝マリー　Pontaut, Jean-Marie　389
ポンピドゥー，ジョルジュ　Pompidou, Georges　67, 170, 173, 191-193, 197, 198, 201, 204, 205, 208, 219, 222, 228, 233, 247, 325, 402, 420

【マ行】

マーフィー，ロバート　Murphy, Robert　139
マシニョン，ルイ　Massignon, Louis　135
マシュ，ジャック　Massu, Jacques　131, 135, 139, 144, 197
マスコロ，ディオニス　Mascolo, Dyonis　64
マソン，アンドレ　Masson, André　58, 477
マルー，アンリ＝イレネ　Marrou, Henri-Irénée　123
マルシェ，ジョルジュ　Marchais, Georges　209, 210, 221-223, 225, 226, 235, 238, 240-243, 254, 256-260, 263-266, 278, 281, 282, 284, 289, 310
マルシラシ，ピエール　Marcilhacy, Pierre　180
マルスラン，レイモン　Marcellin, Raymond　208

プルトー，クリスティアン　Prouteau , Christian　389
フルニエ，ジャック　Fournier, Jacques　345
ブルム，レオン　Blum, Léon　32, 33, 83, 102, 110, 206, 213, 224, 242, 276, 307, 308, 319, 425-427, 433
ブレイエ，ティエリー　Bréhier, Thierry　353
プレヴェン，ルネ　Pleven, René　83, 91, 93, 94, 96, 98, 99, 139, 152, 476
ブレジネフ，レオニード　Brejnev, Leonid　235, 265
フレデリック＝デュポン，エドゥアール　Frédéric-Dupont, Edouard　94
フレネイ，アンリ　Frenay, Henri　60, 61, 63, 66, 72, 73, 166, 477
プレネル，エドウィー　Plenel, Edwy　333, 386, 387, 393
フロジェ，アメデ　Froger, Amédée　130
ブロック＝モランジュ，ジャック　Bloch-Morhange, Jacques　103
フロマンタン，ウジェーヌ　Fromentin, Eugène　12,18
プロントー，ジャン　Pronteau , Jean　209
ペアン，ピエール　Péan, Pierre　25, 28, 30, 34, 43, 67, 69, 389, 391, 394, 395, 399, 421, 433, 437, 472
ペイ，イオ・ミン　Pei, Ieoh Ming　356
ヘイグ，アレグザンダー　Haig, Alexander　290
ベイロ，ジャン　Baylot, Jean　105-107
ベーカー，ジョゼフィン　Baker, Josephine　63
ベギン，メナヘム　Begin, Menahem　359
ペシャンスキ，ドゥニ　Peschansky, Denis　69
ペスケ，ロベール　Pesquet, Robert　158-163, 165, 179
ペタン，フィリップ　Pétain, Philippe　28, 43, 47-56, 58, 59, 62, 63, 67-71, 75, 140, 184, 389, 390, 394, 422, 433, 472
ベタンクール，アンドレ　Bettencourt, André　68, 70, 73, 75
ベナムー，ジョルジュ＝マルク　Benamou, Georges-Marc　53, 407
ベヌーヴィル，ピエール・ド　Bénouville, Pierre de　17,70
ベネ，ジャック　Bénet, Jacques　28, 30, 32, 60, 64
ベラール，ジャン　Bérard, Jean　131
ペラン，ジョゼフ　Perrin, Joseph　99, 167
ペリエ，ジャン＝クロード　Périer, Jean-Claude　125
ペリリエ，ルイ　Périllier, Louis　167
ベルグニウー，アラン　Bergounioux, Alain　428
ベルジャンスキ，ミルコ　Beljanski, Mirko　404
ベルジュロン，アンドレ　Bergeron, André　289
ペルドリエル，クロード　Perdriel, Claude　239, 240
ベルナノス，ジョルジュ　Bernanos, Georges　18, 52
ペルフィット，アラン　Peyrefitte, Alain　344

フーシェ，クリスティアン　Fouchet, Christian　106, 107
ブーラン，ロベール　Boulin, Robert　279
ブーレ，ポール　Boulet, Paul　148
フェラジ・ベン・ムサ，アブデルカデル　Ferradj Ben Moussa, Abdelkader　124
フェレンジ，トマ　Ferenczi, Thomas　393
フォーヴェ，ジャック　Fauvet, Jacques　224
フォーキエ，ジェアン　Faulquier, Jéhan　147
フォール，エドガール　Faure, Edgard　90, 98, 106, 115-117, 120, 476
フォール，モーリス　Faure, Maurice　172, 192, 309
フォカール，ジャック　Foccart, Jacques　140, 359
プジャード，ピエール　Poujade, Pierre　117, 119, 120, 158, 375
プジャード，イヴェット　Poujade, Yvette　119
ブシャルドー，ユゲット　Bouchardeau, Huguette　280
ブジュ，ピエール　Boujut, Pierre　31, 32
ブシュー，フィリップ　Bouchoux, Philippe　153
ブスケ，ルネ　Bousquet, René　390-394, 398, 399, 421, 433
プゼ，ミシェル　Pezet, Michel　381, 382
フセイン，サダム　Hussein, Saddam　365
ブッシュ，ジョージ　Bush, George　338
ブディアフ，モハメド　Boudiaf, Mohamed　127
プティジャン，アルマン　Petitjean, Armand　62
ブノワ，アラン・ド　Benoist, Alain de　365
ブノワ，ダニエル　Benoist, Daniel　147, 153, 171
ブノワ＝メシャン，ジャック　Benoist-Méchin, Jacques　50
ブブリル，アラン　Boublil, Alain　383
プラ，ロジェ　Pelat, Roger　45, 64, 72, 74, 323, 337, 342, 381, 383, 384, 396
フラッパ，ブリューノ　Frappat, Bruno　380, 388, 400
ブラテッリ，トヴィグデ　Bratelli, Trygve　242
ブラント，ウィリー　Brandt, Willy　239, 242, 361
プリウレ，ロジェ　Priouret, Roger　62, 82, 202
フリムラン，ピエール　Pflimlin, Pierre　139, 143
ブリューヌ，シャルル　Brune, Charles　105
ブルギバ，ハビブ　Bourguiba, Habib　139
ブルジェス＝モヌリ，モーリス　Bougès-Maunoury, Maurice　122, 123, 126, 128, 135, 138, 163, 164, 166
フルシチョフ，ニキータ　Khrouchtchev, Nikita　120
ブルダン，ピエール　Bourdan, Pierre　84
ブルデ，クロード　Bourdet, Claude　123
ブルデュー，ピエール　Bourdieu, Pierre　280

バロワ，マルセル　Barrois, Marcel　66, 416
パンジョ，アンヌ　Pingeot, Anne　169, 216, 247, 248, 284, 322, 323, 401, 404, 407
パンジョ，マザリーヌ　Pingeot, Mazarine　432
パンジョ，ピエール　Pingeot, Pierre　247, 248, 322
バンダ，ジュリアン　Benda, Julien　21
ビアッジ，ジャン＝バティスト　Biaggi, Jean-Baptiste　70
ピアジェ，シャルル　Piaget, Charles　237, 239
ビアンコ，ジャン＝ルイ　Bianco, Jean-Louis　302, 338, 345, 346, 349, 362, 435
ビーリー，ハロルド　Beeley, Harold　139
ピヴォ，ベルナール　Pivot, Bernard　406
ピウス10世（ローマ法王）　Pie X, pape,　26
ピウス11世（ローマ法王）　Pie XI, pape,　23, 26, 28
ビゴ，ジュール　Bigot, Jules　88
ピザニ，エドガール　Pisani, Edgar　198
ビタート，ラバ　Bitat, Rabah　127
ビドー，ジョルジュ　Bideault, Georges　83, 84, 100, 108, 109, 139, 184
ヒトラー，アドルフ　Hitler, Adolf　34-36, 49, 51, 69, 134
ピネイ，アントワーヌ　Pinay, Antoine　8, 99, 113, 116, 178, 180, 318
ピノ，モーリス　Pinot, Maurice　53, 58-60, 62, 66,438, 477
ピノー，クリスティアン　Pineau, Christian　201
ピノチェト，アウグスト　Pinochet, Augusto　229, 230
ビユー，フランソワ　Billoux, François　84
ビュシエール，レイモン　Bussière, Raymond　148
ビュルギエール，アンドレ　Burguière, André　371
ビュロン，ロベール　Buron, Robert　103, 212
ピラン，ジャック　Pilhan, Jacques　315
ビリエール，ルネ　Billières, René　190, 203
ファーブル，ロベール　Fabre, Robert　223, 226, 264
ファイ，ヴィクトル　Faye, Victor　269
ファジョン，エティエンヌ　Fajon, Etienne　194, 257
ファビウス，ローラン　Fabius, Laurent　276, 298, 301, 303, 311, 312, 315-317, 326, 330-334, 337, 338, 348, 381, 391, 473, 474
ファルヌー，アベル　Farnoux, Abel　340
フィテルマン，シャルル　Fitermann, Charles　176, 262, 289, 293
フィニフテール，ベルナール　Finifter, Bernard　45, 73
フィリウー，ジョルジュ　Fillioud, Georges　187, 192, 239, 240
フィリップ，アンドレ　Philip, André　84
ブーヴ＝メリ，ユベール　Beuve-Méry, Hubert　134, 142
ブーヴィエ，ジャン　Bouvyer, Jean　24

【ナ行】

ナヴァール，アンリ　Navarre, Henri　102
ナウリ，ジャン=シャルル　Naouri, Jean-Charles　383
ナセル，ガマル　アブデル　Nasser, Gamal Abdel　128
ヌーヴィルト，リュシアン　Neuwirth, Lucien　158
ヌッチ，クリスティアン　Nucci, Christian　382
ネイ，カトリーヌ　Nay, Catherine　24, 182, 384, 435
ネジュレン，マルセル＝エドモン　Naegelen, Marcel-Edmond　144
ノラ，シモン　Nora, Simon　208
ノワール，ミシェル　Noir, Michel　293

【ハ行】

バール，レイモン　Barre, Raymond　262, 279, 294, 302, 309, 311, 353
パイエ，マルク　Paillet, Marc　189
ハイレ・セラシエ１世（エチオピア皇帝）　Haïlé Sélassié Ier,　30
バザン，ルネ　Bazin, René　13,40
パスカル，ブレーズ　Pascal, Blaise　20, 34, 215, 410, 425
パスクア，シャルル　Pasqua, Charles　315, 348
バダンテール，エリザベート　Badinter, Elisabeth　322
バダンテール，ロベール　Badinter, Robert　187, 289, 291, 322
バテュ，ジャン　Battut, Jean　203
パドヴァニ，マルセル　Padovani, Marcelle　217, 326
パパンドレウ，アンドレアス　Papandreou, Andhréas　358
ハブレ，イッセン　Habré, Hissène　358, 359, 474
バラシャン，エドモン　Barrachin, Edmond　81, 82
バラス，ジョアンナ　Barasz, Johannah　70
バラデュール，エドゥアール　Balladur, Edouard　306, 319, 344, 346, 350–352, 372, 405, 441, 473
バラネス，アンドレ　Baranès, André　107
パリス・ド・ボラルディエール，ジャック　Pâris de Bollardière, Jacques　135
バリヨン，レイモン　Barrillon, Raymond　202
バリル，ポール　Barril, Paul　387, 432
バルザック，オノレ・ド　Balzac, Honoré de　13, 41, 46
バルトローヌ，クロード　Bartolone, Claude　376
バルボ，マルセル　Barbot, Marcel　87
パルメ，オロフ　Palme, Olof　231, 242
バレス，モーリス　Barrès, Maurice　7, 9, 13, 16, 33, 40, 41, 444
パロディ，アレクサンドル　Parodi, Alexandre　65

テラス，マリー＝ルイーズ　Terrasse, Marie-Louise　37, 40, 47、477
デルクロワ，ジョゼフ　Delcroix, Joseph　382
デン・オイル，ヨープ　Den Uyl, Joop　242
ド・ゴール，シャルル　De Gaulle, Charles　2, 3, 5, 6, 8, 51, 57, 59-62, 65, 66, 68, 69, 71, 72, 74, 75, 79-81, 83, 86-88, 90, 91, 93, 95-97, 99, 103-105, 111, 117, 120, 136, 138, 140-152, 155-158, 161, 167, 168, 170-174, 177, 180-184, 191, 192, 196-199, 201, 204, 205, 216, 217, 222, 240, 243, 249, 279, 280, 285, 287, 289, 292, 293, 297, 315, 325, 343, 344, 353, 356, 361, 373, 376, 391, 408, 411, 419, 423, 424, 429, 430, 433, 435-438, 440, 441, 445, 447, 448, 475-477
ドヴァケ，アラン　Devaquet, Alain　348, 350
ドゥプチェク，アレクサンデル　Dubček, Alexander　200
ドゥルーズ，ジル　Deleuze, Gilles　280
ドゥルベ，マリウス　Dourbet, Marius　96
トゥレ，セク　Touré, Sékou　168, 358
ドビュ＝ブリデル，ジャック　Debû-Bridel, Jacques　243
ドフェール，ガストン　Defferre, Gaston　122, 129, 135, 148, 156, 164, 174-177, 187, 201-203, 207, 210-213, 217, 222, 227-230, 237, 239, 244, 285, 289, 291, 292, 296, 381, 438, 450
ドゥプルー，エドゥアール　Depreux, Edouard　57, 149, 179, 190
ドブレ，ベルナール　Debré, Bernard　404
ドブレ，ミシェル　Debré, Michel　23, 103, 130, 156, 161, 163-165, 170, 243, 280, 292
ドブレ，レジス　Debray, Régis　306, 308, 319, 365, 408, 414, 416, 425, 428
ドムナック，ジャン＝マリー　Domenach, Jean-Marie　180, 234
ドラージュ，ロジェ　Delage, Roger　33
トラブルシ，サミール　Traboulsi, Samir　383, 384
ドラマン，ジャック　Delamain, Jacques　12
ドラランド，ジャック　Delalande, Jacques　161, 164
トランキエ，ロジェ　Trinquier, Roger　131
ドリウー・ラ・ロシェル，ピエール　Drieu La Rochelle, Pierre　62
ドリュオン，モーリス　Druon, Maurice　100
トルプ，ルネ＝ウィリアム　Thorp, René-William　167
ドルメソン，ジャン　Ormesson, Jean d'　242, 408
ドレイ，ジュリアン　Dray, Julien　314
トレーズ，モーリス　Thorez, Maurice　71, 83, 84, 93, 114, 154, 176
ドロール，ジャック　Delors, Jacques　208, 295, 298, 300-302, 304, 326, 327, 331, 374, 439, 440, 474
トロン，リュドヴィック　Tron, Ludovic　167
ドロンクル，ウジェーヌ　Deloncle, Eugène　24
ドロンヌ，レイモン　Dronne, Raymond　57, 108

ソテール，クリスティアン　Sautter, Christian　298, 302
ソリー，ピエール　Saury, Pierre　191
ソルジェニーツィン，アレクサンドル　Soljenitsyne, Alexandre　233-236, 282
ソワソン，ジャン＝ピエール　Soisson, Jean-Pierre　309, 443

【タ行】

ダスティエ・ド・ラ・ヴィジュリー，エマニュエル　Astier de La Vigerie, Emmanuel d'　107
ダニエル，ジャン　Daniel, Jean　133, 142, 235, 245, 322
タピ，ベルナール　Tapie, Bernard　382, 384, 395, 399, 473
ダヤン，ジョルジュ　Dayan, Georges　40, 43, 44, 61, 75, 99, 151, 152, 159, 167, 187, 192, 211, 239, 330, 437, 477
ダヤン，イレーヌ　Dayan, Irène　151
ダラディエ，エドゥアール　Daladier, Edouard　67
ダル，ベルナール　Dalle, Bernard　30
ダル，フランソワ　Dalle, François　30, 73, 75
ダルキエ・ド・ペルポワ，ルイ　Darquier de Pellepoix, Louis　393
ダルナン，ジョゼフ　Darnand, Joseph　54, 55
ダルラン，フランソワ　Darlan, François　50
タロ，ジャン＝ピエール　Tarot, Jean-Pierre　404, 405, 407
タンジ，ジョゼフ　Tanzi, Joseph　154
チトー（本名ヨシップ・ブロズ）　Tito, Josip Broz, dit　366, 367
チバウ，ジャン＝マリー　Tjibaou, Jean-Marie　335
ディード，ジャン　Dides, Jean　106, 107, 140
ティクシエ＝ヴィニャンクール，ジャン＝ルイ　Tixier-Vignancour, Jean-Louis　180, 184
テイトジェン，ポール　Teitgen, Paul　132, 134, 137
テイトジェン，ピエール＝アンリ　Teitgen, Pierre-Henri　84
ティボー，ポール　Thibaud, Paul　415-417, 428
ティヨン，シャルル　Tillon, Charles　209, 239
ティリオン，ジェルメーヌ　Tillion, Germaine　133, 135
テオドラキス，ミキス　Theodorakis, Mikis　263
デュアメル，アラン　Duhamel, Alain　297, 305, 411, 421, 432, 435, 475
デュヴェルジェ，モーリス　Duverger, Maurice　140
デュヴォー，ロジェ　Duveau, Roger　145
デュクロ，ジャック　Duclos, Jacques　89, 201, 202
デュマ，ロラン　Dumas, Roland　152, 167, 187, 192, 239, 335, 338, 360, 370, 437
デュラス，マルグリート　Duras, Marguerite　64, 420
テュルパン，ジャン＝ルイ　Turpin, Jean-Louis　107
デュルベ，マリウス　Durbet, Marius　87, 147

300, 301, 303, 310, 311, 313-315, 335, 366, 374
シューマン，ロベール　Schuman, Robert　89, 90, 97, 144, 476
ジュカン，ピエール　Juquin, Pierre　282
シュネデール，ロベール　Schneider, Robert　169
ジュペ，アラン　Juppé, Alain　372
シュミット，ヘルムート　Schmidt, Helmut　361, 373
シュミット，カール　Schmitt, Carl　422
ジュリアール，ジャック　Julliard, Jacques　411
ジュリー，セルジュ　July, Serge　397
シュレール，ウジェーヌ　Schueller, Eugène　73
ジョクス，ピエール　Joxe, Pierre　88, 187, 211, 212, 225, 239, 287, 307, 329, 333, 335, 355, 366, 412, 419, 423, 429
ジョスパン，リオネル　Jospin, Lionel　258, 278, 284, 299, 300, 302, 306, 311, 330, 337, 353, 392, 406, 424, 427, 441, 472, 473
ジョビ神父，ピエール　Jobit, Pierre, abbé　18, 28, 30
ジョベール，ミシェル　Jobert, Michel　289, 374
ジョレス，ジャン　Jaurès, Jean　37, 102, 206, 242, 276, 287, 425-427
シラク，ジャック　Chirac, Jacques　4, 242, 280, 281, 283, 291, 305, 306, 309, 310, 332, 333, 335, 345-350, 352, 353, 406, 408, 441, 449, 451, 472, 473
シリエクス，ポール　アンリ　Siriex, Paul Henri　93
ジルー，フランソワーズ　Giroux, Françoise　103, 174, 419
ジロー，アンドレ　Giraud, André　333, 477
ジロー，アンリ　Giraud, Henri　59, 61, 62, 68, 140, 408
スーシー，ロバート　Soucy, Robert　29
スーステル，ジャック　Soustelle, Jacques　111, 116, 184
スーデ，ロランス　Soudet, Laurence　322
スターリン，ヨシップ　Staline, Joseph　75, 86, 90, 154, 156, 168, 176, 233-235, 242, 363
スタジ，ベルナール　Stasi, Bernard　334
スタス，フランソワ＝グザヴィエ　Stasse, François-Xavier　298, 302
スタンダール，本名アンリ・ベイル　Stendhal, Henri Beyle, dit　5
ステグ，アディ　Steg, Adi　402, 404
ストレリュ，リオネル　Stoléru, Lionel　297, 309, 443
スラマ，アラン＝ジェラール　Slama, Alain-Gérard　352, 353
セギャン，フィリップ　Séguin, Philippe　293, 315
セゲラ，ジャック　Séguéla, Jacques　281
セルヴァン＝シュレベール，ジャン＝クロード　Servan-Schreiber, Jean-Claude　199
セルヴァン＝シュレベール，ジャン＝ジャック　Servan-Schreiber, Jean-Jacques　103, 135, 174
ソアレス，マリオ　Soares, Mario　255, 257

【サ行】

サヴァリ，アラン　Savary, Alain　57, 122, 128, 149, 188, 210-212, 216, 228, 252, 267, 289, 326, 328-330, 474, 475
サッチャー，マーガレット　Thatcher, Margaret　327, 346
ザバナ，アハメド　Zabana, Ahmed　124
サラザン，マリー＝クレール　Sarrazin, Marie-Claire　34, 47, 49
サラン，ラウール　Salan, Raoul　130, 144, 163, 199
サルズマン，シャルル　Salzmann, Charles　265, 346
サルトル，ジャン＝ポール　Sartre, Jean-Paul　179, 237, 299, 444
サロート，クロード　Sarraute, Claude　340
サンニエ，マルク　Sangnier, Marc　14, 26
ジイド，アンドレ　Gide, André　37, 215
シェイソン，クロード　Cheysson, Claude　357, 360, 362, 365
ジェーズ，ガストン　Jèze, Gaston　30, 31
ジスカール・デスタン，ヴァレリー　Giscard d'Estaing, Valéry　67, 236, 243, 245, 274, 278, 279, 281-283, 325, 346, 373, 419, 433, 475
ジスベール，フランツ＝オリヴィエ　Giesbert, Franz-Olivier　23, 31, 47, 324, 397, 401, 431, 432, 434-436
シモン，ピエール＝アンリ　Simon, Pierre-Henri　133, 134
ジャケ，ジェラール　Jaquet, Gérard　172, 211, 238
シャトーブリアン，フランソワ＝ルネ・ド　Chateaubriand, François-René de　13, 326
ジャヌネイ，ジャン＝マルセル　Jeanneney, Jean-Marcel　243
シャバン＝デルマス，ジャック　Chaban-Delmas, Jacques　100, 103, 117, 129, 192, 208, 236, 242, 243, 476
シャピュイ，ロベール　Chapuis, Robert　272
ジャム，フランシス　Jammes, Francis　33
シャラス，ミシェル　Charasse, Michel　329, 346, 375, 400, 407, 411
シャラン，フランソワ　Chaslin, François　356
シャルヴェ，ポール　Charvet, Paul　48
シャルザ，ミシェル　Charzat, Michel　313, 314
シャルドンヌ，ジャック　Chardonne, Jacques　12, 17, 38, 420
ジャン＝ピエール，ティエリー　Jean-Pierre, Thierry　382
シャンソン，アンドレ　Chamson, André　21
ジャンテ，ガブリエル　Jeantet, Gabriel　56, 438
シャンデルナゴール，アンドレ　Chandernagor, André　208, 211, 326
ジャンドロー＝マサルー，ミシェル　Gendreau-Massalou, Michèle　371
ジュイエ，ジャン＝ピエール　Jouyet, Jean-Pierre　443
シュヴェーヌマン，ジャン＝ピエール　Chevènement, Jean-Pierre　211, 225, 257, 264,

グーズ，クリスティーヌ　Gouze, Christine　64, 169
グーズ，ロジェ　Gouze, Roger　21, 169
クシュネル，ベルナール　Kouchner, Bernard　368, 370, 371, 443
クニャル，アルヴァロ　Cunhal, Alvaro　255
クライスキー，ブルーノ　Kreisky, Bruno　242, 357
グラヴァニ，ジャン　Glavany, Jean　346, 392
クラヴェル，モーリス　Clavel, Maurice　234
グラシアン，バルタサール　Gracian, Baltasar　216
グラムシ，アントニオ　Gramsci, Antonio　205
クラルスフェルド，セルジュ　Klarsfeld, Serge　67, 393
クリージェル＝ヴァルリモン，モーリス　Kriegel-Valrimont, Maurice　209
クリヴィーヌ，アラン　Krivine, Alain　201, 237
グリュックスマン，アンドレ　Glucksmann, André　234
クルトワ，ステファーヌ　Courtois, Stéphane　225
クレソン，エディト　Cresson, Edith　304, 312, 339-341, 385、473
クレポー，ミシェル　Crépeau, Michel　280
クレマンソー，ジョルジュ　Clemenceau, Georges　14, 65, 173, 217, 444
クローディユス＝プティ，ウジェーヌ　Claudius-Petit, Eugène　84, 152
クローデル，ポール　Claudel, Paul　18, 33, 215
グロスーヴル，フランソワ・ド　Grossouvre, François de　239, 322, 323, 401, 402
ゲエノ，ジャン　Guéhenno, Jean　177
ケスティオー，ニコル　Questiaux, Nicole　210
ケリリス，アンリ・ド　Kérillis, Henri de　33, 35
コヴァクス，ルネ　Kovacs, René　130, 131
コール，ヘルムート　Kohl, Helmut　362, 368, 373, 374, 397, 440, 474
コーン＝ベンディット，ダニエル　Cohn-Bendit, Daniel　203-204
コタ，ミシェル　Cotta, Michèle　283, 284
コット，ジャン＝ピエール　Cot, Jean-Pierre　358, 359
コティー，ルネ　Coty, René　103, 118, 120, 130, 137-139, 143, 144, 447
ゴディノ，アントワーヌ　Gaudino, Antoine　382
コニー，ルネ　Cogny, René　130
コミティ，ピエール　Comiti, Pierre　191
コリューシュ，（本名ミシェル・コルッチ）　Coluche, Michel Colucci, dit　280
コルディエ，ダニエル　Cordier, Daniel　243
ゴルバチョフ，ミハイル　Gorbatchev, Mikhaïl　363, 374
コロンバニ，ジャン＝マリー　Colombani, Jean-Marie　388, 418
コンブ，エミール　Combes, Emile　14

オーサレス，ポール　Aussarès, Paul 131
オーダン，モーリス　Audin, Maurice 136
オーリオル，ヴァンサン　Auriol, Vincent 83, 86, 90, 104, 447
オブリ，マルティーヌ　Aubry, Martine 401
オルー，ジャン　Auroux, Jean 290, 293
オルセナ，エリック　Orsenna, Erik 322, 394
オルトリ，フランソワ＝グザヴィエ　Ortoli, François-Xavier 193

【カ行】

カイエ大佐　Cahier, colonel 50
ガイヤール，フェリックス　Gaillard, Félix 138, 139
ガイヤール，ジャン＝ミシェル　Gaillard, Jean-Michel 362
カイヨー，ミシェル　Caillaux, Michel 140
カステルノー，エドゥアール・ド　Castelnau , Edouard de 13, 33
カストロ，フィデル　Castro, Fidel 229, 323
カストロ，フランソワーズ　Castro, Françoise 331
カゼル，エルネスト　Cazelles, Ernest 212
カダフィ，ムアマール　Kadhafi, Mouammar 358
ガタリ，フェリックス　Guattari, Félix 280
カトルー，ジョルジュ　Catroux, Georges 122
カナパ，ジャン　Kanapa, Jean 223
カミュ，アルベール　Camus, Albert 100, 133, 229, 232
カラジッチ，ラドヴァン　Karadžić, Radovan 369, 372
カルカソンヌ，ギ　Carcassonne, Guy 316
カルフォン，クロード　Kalfon, Claude 404, 405
ガロー，マリー＝フランス　Garaud, Marie-France 280, 349
ガロディー，ロジェ　Garaudy, Roger 209
ギグー，エリザベート　Gigou, Elisabeth 302, 346
キッシンジャー，ヘンリー　Kissinger, Henry 362
キデル，モハメド　Khider, Mohamed 127
ギトン，ジャン　Guitton, Jean 409
ギャリ，ロマン　Gary, Romain 243
キュイペール，フィリップ・ド　Kuyper, Philippe de 404, 405
ギュブレール，クロード　Gubler, Claude 335, 402-405, 432, 472
キヨ，ロジェ　Quilliot, Roger 326
ギヨーム，オーギュスタン　Guillaume, Augustin 100
キレス，ポール　Quilès, Paul 296, 392
クイユ，アンリ　Queuille, Henri 80, 91, 476
クーヴ・ド・ミュルヴィル，モーリス　Couve de Murville, Maurice 273

ヴァリス，ジャン　Warisse, Jean　60
ヴァルス，マニュエル　Valls, Manuel　392
ヴァレリー，ポール　Valéry, Paul　33, 41, 215
ヴァロン，ルイ　Vallon, Louis　243
ヴァン・リュイムベーク，ルノー　Van Ruymbeke, Renaud　382
ヴィアネイ，フィリップ　Viannay, Philippe　243
ヴィアンソン＝ポンテ，ピエール　Viansson-Ponté, Pierre　196
ウィーゼル，エリー　Wiesel, Elie　17, 23, 405, 406, 420, 435, 472
ヴィオレット，モーリス　Viollette, Maurice　102, 110
ヴィジエ，ジャン＝ルイ　Vigier, Jean-Louis　164
ヴィダル＝ナケ，ピエール　Vidal − Naquet, Pierre　131
ヴィボ，ロジェ　Wybot, Roger　106
ヴィラール，ジャン　Vilar, Jean　177
ヴィリエ，フィリップ・ド　Villiers, Philippe de　315
ウィルソン，ハロルド　Wilson, Harold　242
ヴェイユ，シモーヌ　Veil, Simone　279, 385
ウエデイ，グクニ　Oueddei, Goukouni　358
ヴェドリーヌ，ユベール　Védrine, Hubert　321, 323, 324, 338, 346, 358, 360, 362, 364, 367, 370, 373, 375, 376, 413 ,432
ヴェドリーヌ，ジャン　Védrine, Jean　65
ヴェルジェズ＝シェニョン，ベネディクト　Vergez-Chaignon, Bénédicte　70
ヴェルディエ，ロベール　Verdier, Robert　149
ヴォワネ，ドミニク　Voynet, Dominique　315
ウセキーヌ，マリク　Oussekine, Malik　348
ウフエ＝ボワニー，フェリックス　Houphouët-Boigny, Félix　92, 93
エイケム，マリー＝テレーズ　Eyquem, Marie-Thérèse　187
エヴァン，クロード　Evin, Claude　336
エスティエ，クロード　Estier, Claude　192, 211, 229, 238, 239
エヌゼル，マリー・ド　Hennezel, Marie de　403
エマニュエリ，アンリ　Emmanuelli, Henri　382, 391, 392, 407
エリオ，エドゥアール　Herriot, Edouard　96, 168, 298, 451
エル・グラウイ，タミ　El Glaoui, Thami　100, 101
エルカバッシュ，ジャン＝ピエール　Elkabbach, Jean-Pierre　391
エルサン，ロベール　Hersant, Robert　189
エルジェイ，ジョルジェット　Elgey, Georgette　130
エルゾグ，フィリップ　Herzog, Philippe　254
エルニュ，シャルル　Hernu, Charles　167, 172, 176, 188, 190, 203, 211, 239, 332, 333, 362, 387
オヴェルネイ，ピエール　Overney, Pierre　220, 222

人名索引

※本索引においては、本書に登場する人名を仮名標記の50音順で掲載するとともに、アルファベット表記も掲げた。アルファベット表記は原則として原書に従った。なお、本書の主人公であるフランソワ・ミッテランは本索引の対象から外している。

【ア行】

アイゼンハワー，ドワイト　Eisenhower, Dwight　David　8
アイト・アハメド，ホシヌ　Aït Ahmed, Hocine　127
アジェンデ，サルヴァドール　Allende, Salvador　229, 230
アスラン，ジャン=シャルル　Asselain, Jean-Charles　303
アゼマ，ジャン＝ピエール　Azéma, Jean-Pierre　70
アタリ，ジャック　Attali, Jacques　239, 263, 267, 297, 298, 302, 303, 311, 326, 345-350, 352, 355, 362, 365, 432
アデナウアー，コンラート　Adenauer, Konrad　361, 373
アナン，ロジェ　Hanin, Roger　169, 407
アベリオ，レイモン　Abellio, Raymond　76
アムルーシュ，ジャン　Amrouche, Jean　142
アモン，マルセル　Amont, Marcel　203
アモン，ブノワ　Hamon, Benoît　392
アラゴン，ルイ　Aragon, Louis　215, 226, 247
アラファト，ヤセル　Arafat, Yasser　360
アリギ，パスカル　Arrighi, Pascal　130, 142
アリミ，ジゼル　Halimi, Gisèle　125-126
アルグー，アントワーヌ　Argoud, Antoine　124, 199
アルテュセール，ルイ　Althusser, Louis　260
アルパイヤンジュ，ピエール　Arpaillange, Pierre　309
アルベロ，シモン　Arbellot, Simon　56, 79
アレクサンドル，フィリップ　Alexandre, Philippe　383, 395-397
アロン，レイモン　Aron, Raymond　142, 183, 184, 207, 223, 361
アンテルム，ロベール　Antelme , Robert　64, 65, 476
アンドリウー，クレール　Andrieu, Claire　67, 69
イヴトン，フェルナン　Iveton, Fernand　132, 133
イズラエレヴィチ，エリック　Izraelewicz, Erik　317
イゼトベゴヴィチ，アリヤ　Izetbegović, Alija　369, 371
イゾルニ，ジャック　Isorni, Jacques　184
イリゴイエン神父，ロベール　Hirigoyen, Robert, abbé　18

著者紹介

ミシェル・ヴィノック（Michel Winock）

1937年パリ生まれ。歴史家。専門は近・現代フランス政治史、政治思想史。フランスにおけるナショナリズム、反ユダヤ主義、知識人の政治参加の代表的研究者の一人。ソルボンヌ大学卒、高等教員資格（アグレガシオン）取得。高校教員、パリ・ヴァンセンヌ大学助教授、パリ政治学院教授を経て、現在は同名誉教授。

多くの著作があるが、邦訳されているものに、『ナショナリズム・反ユダヤ主義・ファシズム』（川上勉・中谷猛監訳、藤原書店、1995年）、『知識人の時代――バレス／ジッド／サルトル』（塚原史・立花英裕・築山和也・久保昭博訳、紀伊國屋書店、2007年）、『フランスの肖像――歴史・政治・思想』（大嶋厚訳、吉田書店、2014年）などがある。

訳者紹介

大嶋 厚（おおしま・あつし）

1955年東京生まれ。翻訳者。上智大学大学院博士前期課程修了。国際交流基金に勤務し、パリ日本文化会館設立に携わる。訳書にミシェル・ヴィノック著『フランスの肖像――歴史・政治・思想』（吉田書店、2014年）、ヴァンサン・デュクレール著『ジャン・ジョレス　1859－1914　――正義と平和を求めたフランスの社会主義者』（吉田書店、2015年）、ジャン＝ルイ・ドナディウー著『黒いナポレオン――ハイチ独立の英雄　トゥサン・ルヴェルチュールの生涯』（えにし書房、2015年）。

2015年10月　於：東京

ミッテラン
カトリック少年から社会主義者の大統領へ

2016年8月5日　初版第1刷発行

著　者　M・ヴィノック
訳　者　大嶋　厚
発行者　吉田真也
発行所　合同会社 吉田書店
102-0072　東京都千代田区飯田橋2-9-6 東西館ビル本館32
TEL：03-6272-9172　FAX：03-6272-9173
http://www.yoshidapublishing.com/

装丁　折原カズヒロ　　印刷・製本　シナノ書籍印刷
DTP　閏月社
定価はカバーに表示してあります。

ISBN978-4-905497-43-1